Herbert Frei & Gunter Daniel

Unterwasser-Fotografie

Lichteinsatz und große Bildwinkel
-
Profi-Tipps und Tutorials

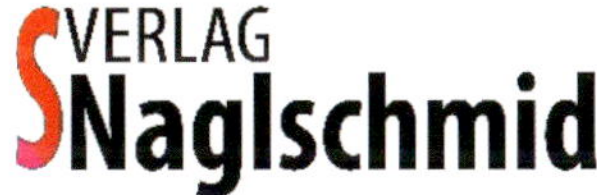

Inhalt – Hinweise – Autorenportraits - Vorwort

Inhalt

Hinweise

An diversen Stellen in diesem Buch erfolgen Sachverweise auf frühere Werke der beiden Autoren. Hierzu werden die folgenden Abkürzungen verwandt:

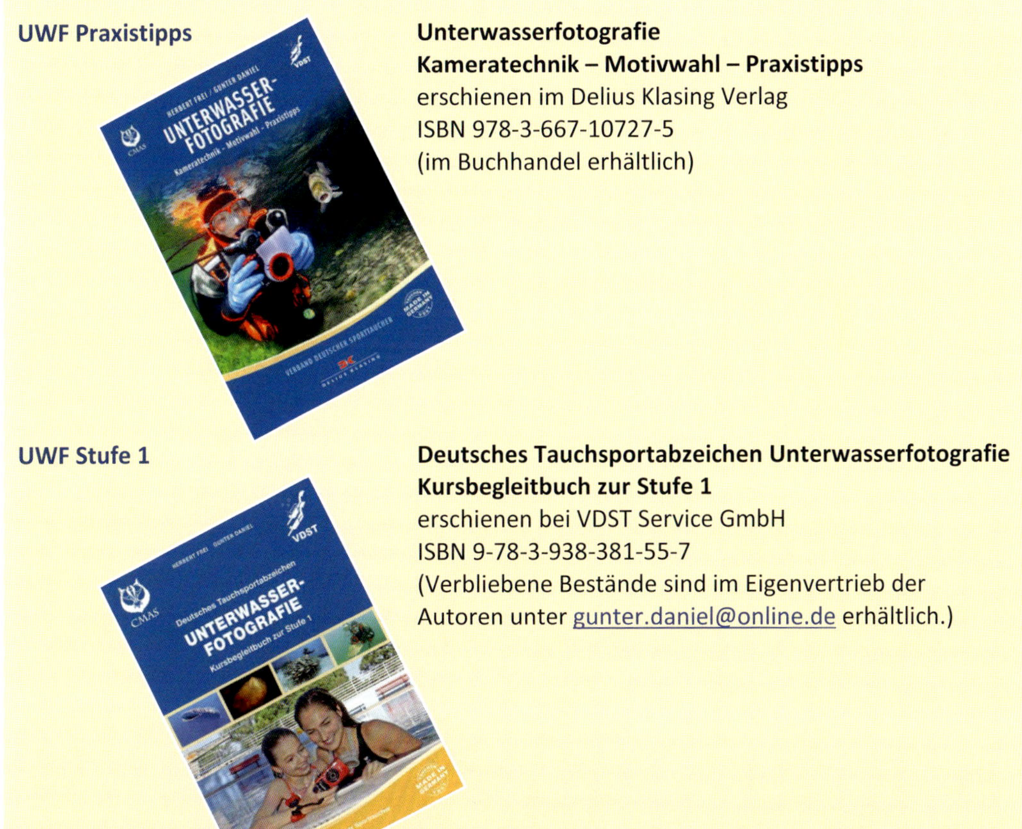

UWF Praxistipps

Unterwasserfotografie
Kameratechnik – Motivwahl – Praxistipps
erschienen im Delius Klasing Verlag
ISBN 978-3-667-10727-5
(im Buchhandel erhältlich)

UWF Stufe 1

Deutsches Tauchsportabzeichen Unterwasserfotografie
Kursbegleitbuch zur Stufe 1
erschienen bei VDST Service GmbH
ISBN 9-78-3-938-381-55-7
(Verbliebene Bestände sind im Eigenvertrieb der Autoren unter gunter.daniel@online.de erhältlich.)

Autorenportraits

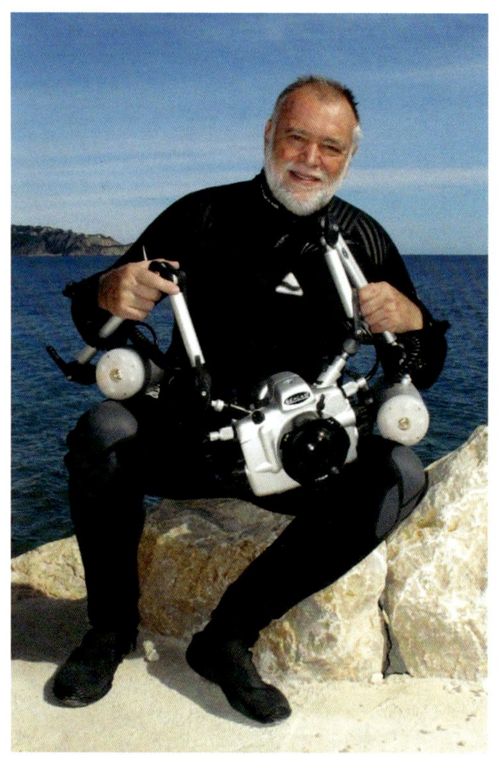

Herbert Frei hat als Sachbuchautor neben Tauchreiseführern und UW-Bildbänden zahlreiche Standardwerke zur UW-Fotografie geschaffen. Als Fotojournalist veröffentlicht er regelmäßig in nationalen und internationalen Tauchsportmagazinen. Seine UW-Aufnahmen sind in zahlreichen Publikationen und Kalendern zu finden. Seit Jahrzehnten ist er zudem international gefragter Fachjuror in Fotowettbewerben. Obwohl weltweit unterwegs, hat er sich die Liebe zur UW-Fotografie in heimischen Gewässern bewahrt.
www.underwaterpics.de

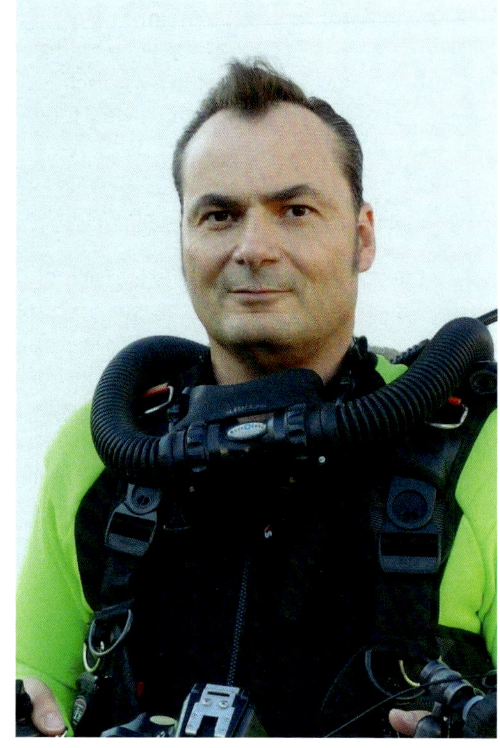

Gunter Daniel, Präsident und Sachabteilungsleiter Visuelle Medien des Saarländischen Tauchsportbundes e. V., blickt zurück auf über 25 Jahre hinter der Kamera. Als Tauchlehrer** und Fotoinstruktor*** im Verband Deutscher Sporttaucher VDST e. V. leitet er seit vielen Jahren Kurse rund um das Sporttauchen mit Schwerpunkt UW-Fotografie bis hin zur Ausbildung der VDST-Fotoinstruktoren. Sein Engagement gilt speziell der Förderung der UW-Fotografie als „Breitensport“.

Danksagung

Unser besonderer Dank gilt Helma Frei und Bettina Rudy sowie all unseren anderen Tauchpartnern und Models, die uns bei den Fotoarbeiten unterstützt haben und sich durch eine große Hingabe zur UW-Fotografie und zum Tauchsport auszeichnen.

Vorwort

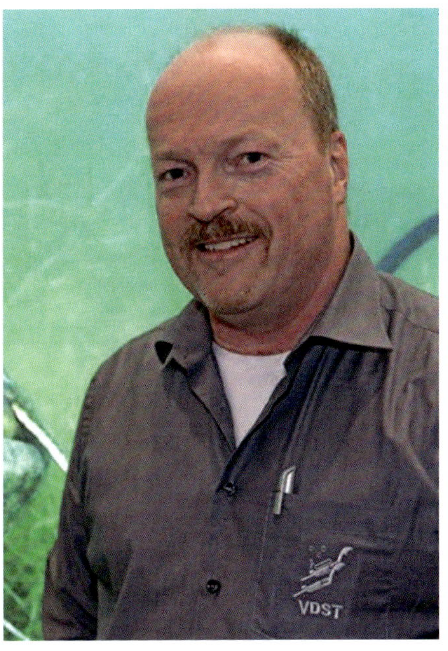

Die Unterwasser-Fotografie vereint vor allem zwei Aspekte, nämlich technisches Wissen rund um die Fotoausrüstung sowie die künstlerisch-kreative Seite. Dabei basiert beides auf einer fundierten Tauchausbildung, denn nur so ist der UW-Fotograf überhaupt in der Lage, um erfolgversprechend, dabei aber sicher und umweltschonend zu arbeiten.

Im Zeitalter der digitalen Kameras hat sich die UW-Fotografie gewandelt. Der Anteil der Sporttaucher, die Bilder mit zur Wasseroberfläche bringen, ist im Verlauf des letzten Jahrzehnts immens gewachsen. Die Hersteller haben auf die gestiegene Nachfrage reagiert und offerieren mittlerweile ganze Serien an Zubehör zu ihren Kompakt- und Mittelklasse-Kameras. Zugleich haben neben den Etablierten viele Newcomer interessante Konverteroptiken, Blitzgeräte und Accessoires im Lieferprogramm. Mit jedem neuen Baustein wachsen die Möglichkeiten.

Wer also die Möglichkeiten seiner Kamera ohne große Ausstattungsoptionen ausgereizt hat und tiefer in unser spannendes Hobby einsteigen möchte, dem steht heutzutage mannigfaltiges Zubehör zur Verfügung, durch dessen gekonnten Einsatz die Bildausbeute vielfältiger wird. Dass das gewünschte System nicht immer auf einer High End-Kamera basieren muss, haben wir im Zuge der Deutschen UW-Foto-Meisterschaft 2018 erkennen können. Beim Live-Wettbewerb mussten die Teilnehmer eine Bilderserie aus einer amphibischen Kompakten der Olympus TG-Serie einreichen. Zu unserer Überraschung standen die Resultate trotz schwieriger Sichtbedingungen den Bildern aus den Spiegelreflex-kamerasystemen in nichts nach.

In der hier vorliegenden Fortsetzung ihrer Lehrbuchreihe geben nun Herbert Frei und Gunter Daniel, beide Foto-Instruktoren aus unseren Reihen, eine umfassende Übersicht über die erhältlichen Komponenten für die UW-Fotoausrüstung. Optionen für Kompakte, spiegellose System- und Spiegelreflexkameras werden dabei gleichermaßen präsentiert und erläutert. Zugleich ergänzen sie die technische Seite mit zahlreichen Tipps und Kommentaren aus der Praxis. Den Leser lassen sie an ihrer jahrelangen Erfahrung teilhaben, so dass die Möglichkeiten, die die Technik bietet, voll ausgeschöpft werden können. Just diese Hinweise, der Mix aus Wissen und Anregung zum kreativen Arbeiten mit der UW-Kamera machen dieses Werk zu einem wertvollen Ratgeber. Vor diesem Hintergrund wünsche ich Kurzweil mit und neue Anstöße aus der Lektüre dieses Buches, viel Spaß beim Anwenden des neuen Wissens unter Wasser und zu guter Letzt natürlich grandiose Fotografien.

Joachim Schneider,
Fachbereichsleiter Visuelle Medien im Verband Deutscher Sporttaucher e. V.

Offenbach am Main, im Juni 2020

UW-Fototechnik: Kamera- und Gehäusetypen

Kameratypen im Überblick

Für welches Kamerasystem man sich entscheidet ist nicht nur eine Geldfrage. Ebenso spielt es eine Rolle, wie engagiert man die UW-Fotografie betreibt. Ohne despektierlich zu sein: Hobbyfotografen, die nur einen Tauchurlaub pro Jahr verbringen, benötigen keine Profi-SLR; außer, sie wollen diese unbedingt. Oft kommt mit der guten Kompaktkamera mehr heraus, als wenn man mit der teuren Systemkamera nur gelegentlich und zudem lustlos arbeitet.

Beim Kauf der UW-Fotogerätschaft spielen Umfang und Gewicht eine immense Rolle. Manche Airlines haben ein Handgepäcklimit von nur 5 kg oder 7 kg. Eng wird es, wenn schon die nackte Kamera 1 kg, das UW-Gehäuse 2,5 kg und die Objektive 4 kg wiegen. Tauchcomputer und Zubehör wollen auch noch rein. Das Trolleygewicht ist da noch nicht mitgerechnet, die LED-Lampe für den Nachttauchgang auch nicht. Von Blitzgeräten reden wir gar nicht; die müssen aufgegeben werden. Stressfreies Fliegen geht nur mit großen und belastbaren Jackentaschen.

Kompaktkameras

Kompaktkameras heißen so, weil sie kompakt, also klein, und meist auch leicht sind. Das Objektiv ist fest eingebaut und bis auf wenige, sehr teure Ausnahmen ein Zoom. Autofokus und ein integriertes Blitzgerät sind Standard. Manuelles Scharfstellen ist normalerweise ebenso wenig vorgesehen wie manuelles Steuern und Auslösen des eingebauten Blitzgerätes.

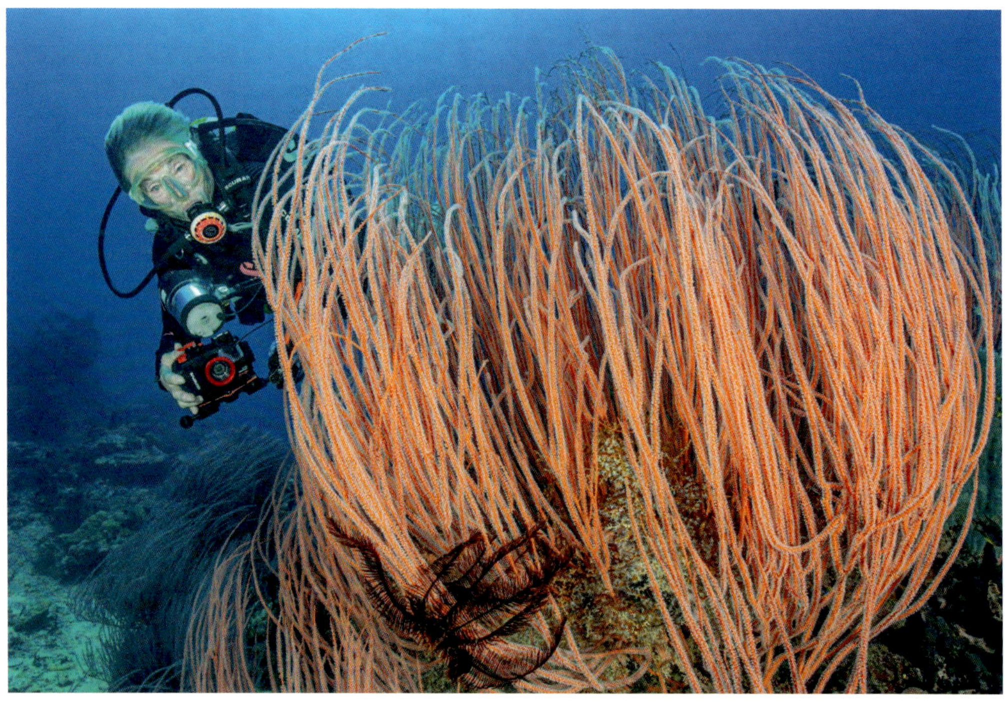

Eine kompakte Fotogerätschaft macht Tauchgänge zum Vergnügen. HF

Weil heutzutage die meisten Überwasserbilder mit Smartphones gemacht werden, sind zumindest einfache Kompaktkameras etwas in die Defensive geraten. Die meisten Kamerahersteller haben sie aus dem Programm genommen. Produziert werden in der Regel nur noch High-End- und sog. Outdoor-Kompakte. Bei den Edel-Kompakten hat sich ein steter Wandel hin zu teuren Prestige-Kompaktkameras breit gemacht. So kosten Premium-Kompaktkameras deutlich mehr als preiswerte SLRs oder CSCs.

Die Bildsensoren haben eine Entwicklung zu einer größeren Fläche mit größeren Pixeln hinter sich. Das neue Standardmaß im Premiumsektor ist der 1 Zoll-Bildsensor.

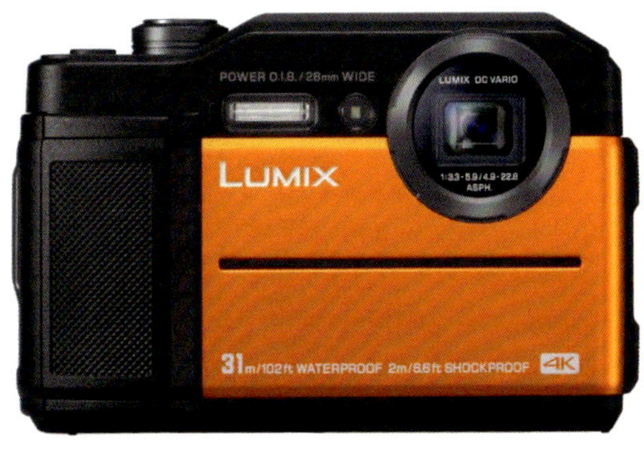

Wasserdicht bis 31 Meter erfüllt die Panasonic FT7 nahezu alle Wünsche von Tauchern, die ohne Ballast fotografieren wollen. PR

Viele Hersteller gehen noch weiter. MFT- und APS-C Bildsensoren in besseren Kompaktkameras sind keine Seltenheit mehr. Diese Aufwertung kommt in erster Linie einer besseren Bildqualität zugute. Ebenso hat bei den Pixeln ein Umdenken eingesetzt. Nicht mehr die Kompaktkamera mit den meisten Bildpunkten ist Favorit, sondern die mit der besten Bildqualität und dem schnellsten Autofokus.

Viele UW-Fotografen favorisieren für ihr Hobby wasserdichte Kompaktkameras, die man entweder bis zur Tiefengrenze der Wasserdichtheit mit nach unten nimmt, oder sie in einem passenden UW-Gehäuse dabei hat. Auf ein UW-Gehäuse kann man eventuell verzichten, wenn die Kamera mindestens bis 30 m Tiefe dicht ist. Das ist das verordnete Tiefenlimit auf den Malediven. In Ägypten liegt diese Grenze bei 40 m. Damit wären z. B. nicht mehr alle Wracks vernünftig zu betauchen. Outdoor-Kameras ohne UW-Gehäuse mit Tiefenlimits zwischen 10 m und 20 m können im Flachwasser, also an Hausriffen oder im Süßwasser eingesetzt werden.

Das passende UW-Gehäuse für eine Outdoor-Kamera ist quasi eine Muss-Anschaffung, wenn man nicht nur etwas tiefer abtauchen will, sondern auch variantenreicher fotografieren möchte. Denn an wasserdichten Kompaktkameras – die Ausnahme ist Olympus – lassen sich weder Vorsatzlinsen noch WW-Konverter montieren. Auch die Montage von externen Blitzgeräten – hier bildet Nikon die Ausnahme – stößt auf unerwartete Hindernisse. So fungiert das UW-Gehäuse für die Outdoor-Kamera als Basis für das Anbringen diverser Accessoires und die Adaption von externen amphibischen Blitzgeräten.

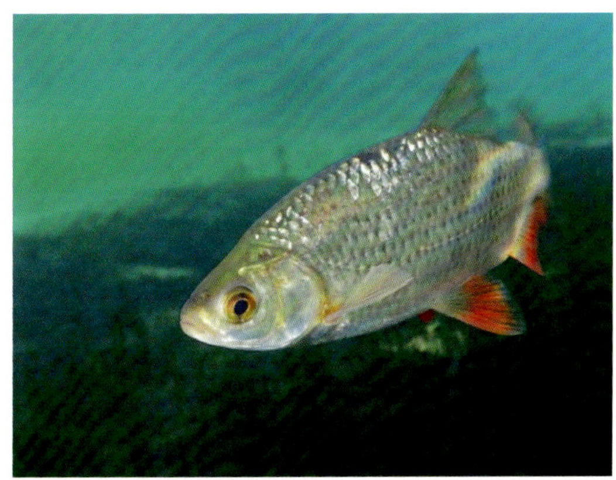

Die Bildqualität von Kompaktkameras - hier eine Olympus – ist mitunter frappierend gut. HF

Vor dem Kauf der Premium-Kompakten sollte man sich erkundigen, ob es dafür UW-Gehäuse gibt. Manche Hersteller wie z. B. Canon liefern für ihre Edel-Kompakten passende UW-Gehäuse gleich mit. Auch Fremdhersteller wie Fantasy, Ikelite, Nauticam oder Recsea mischen hier kräftig mit.

Merksätze:

- Wasserdichte Kompaktkameras in UW-Gehäusen haben den riesigen Vorteil, dass sie nach einem Leck nicht kaputt sind. Man steigt bis zur Einsatztiefe auf und nichts passiert.
- Kompaktkameras mit großen Bildsensoren liefern keine signifikant schlechteren Bilder als Systemkameras. Man muss sie nur entsprechend ihrer Möglichkeiten einsetzen.
- Outdoor-Kameras wie die TG-Serie von Olympus sind wahre Makrospezialisten. Man kann mit ihnen das Auge einer Kaulquappe ablichten.
- Die Zeiten von lang andauernden Auslöseverzögerungen sind vorbei. Hochwertige Kompaktkameras stellen mittlerweile in weniger als 0,3 s scharf.
- Die UW-Gehäuse von Premium-Kompaktkameras müssen sorgfältig gepflegt werden, sonst kann es teuer werden. Manche dieser UW-Gehäuse, so von Canon oder Fuji, besitzen ein winziges Druckausgleichsventil, das mit einer kleinen Dichtung verschlossen ist. Diese muss gelegentlich gesäubert werden.
- Die Bildqualitäten der Premium-Kompaktkameras sind denen der Outdoor-Kameras überlegen. Grund mag unter anderem sein, dass vor dem Objektiv der Letztgenannten ein zusätzliches, meist planparalleles Schutzglas angebracht ist.
- Wasserdichte Kompaktkameras können auch mit guten Ergebnissen aufwarten, wenn das UW-Gehäuse mit sauberem Süßwasser gefüllt ist.
- Wer eine Outdoor-Kamera von Olympus einsetzt, muss folgendes beachten: Wird ein Olympus-Amphibienblitz genutzt, muss der RC-Code der Kamera mittels Symbol in der Blitzleiste zugeschaltet werden. Beim Fremdblitzgerät muss dieser deaktiviert werden.
- Amphibische Blitzgeräte können an den meisten Kompaktkameras - Outdoor-Modelle sowieso – im UW-Gehäuse nur mit Lichtleiterkabeln betrieben werden.
- Wenn die Bildsensoren nicht größer als 1 Zoll sind, kann man unter Wasser in vielen Situationen bequem mit der Programmautomatik arbeiten, weil die Schärfentiefe auch im Nahbereich recht groß ist.
- Fast alle Kompaktkameras bieten eines oder mehrere spezielle UW-Fotoprogramme, die z. B. in trübem Wasser, wo sich Blitzen verbietet, gute Dienste leisten.
- Videografieren ist mit fast allen Modellen möglich. Die Besseren verfügen über das prestigeträchtige 4K.
- Wer Wert auf hochwertige Bildqualität legt und die Bildbearbeitung nicht scheut, sollte sich für eine Kompakte mit RAW-Datenformat entscheiden.

Bridgekameras

Wie das Wort Bridge, aus dem Englischen für Brücke, schon andeutet, bilden Bridgekameras die Verbindung zwischen Kompakt- und Systemkameras, insbesondere zu SLRs. Zwar sind Bridgekameras konzeptionell auch Kompaktkameras, doch ihr fest eingebautes Zoom ist größer und überstreicht oft gewaltige Brennweitenbereiche bis hin zur äquivalenten KB-Brennweite von 2.000 mm. Solche Bridgekameras verfügen über ein mehr als 80-faches Zoom und werden deshalb in Anlehnung an semiprofessionelles Fotografieren auch Superzoomer oder Prosumer genannt.

Der Hyperzoom-Bereich lässt sich nicht mit einer Innenfokussierung realisieren, weshalb solche Brennweiten das Objektiv deutlich verlängern. Bedingt durch diese enorme Flexibilität beginnen Brennweiten üblicherweise bei moderaten 28 mm KB-äquivalent, selten bei 24 mm.

Die Zahl der Bildpunkte bewegt sich im Bereich von 20 Mpx, vereinzelt und von der Sensorgröße abhängig bisweilen auch mehr.

Das Gewicht von Bridgekameras mit einem extremen Zoombereich kann unter Umständen 800 g betragen, also durchaus mehr als das einer größeren System-kamera. Hochwertige Superzooms sind schwer, vor allem, wenn sie auch noch lichtstark sind. In der Hosentasche kann man sie nicht mehr unterbringen. Der Nahbereich ist so schlecht nicht, lässt sich aber nicht immer kontinuierlich anfahren. Manchmal muss man einen Knopf drücken oder einen Makroschieber betätigen. In der Telestellung steigt die Nahgrenze, also die kürzeste Naheinstellung, stark an und ist deshalb unter Wasser nicht zu gebrauchen.

Überwasser werden Bridgekameras aber wegen ihrer praktischen Handhabung auch von Profis genutzt. Grund ist, dass diese Kameras über einen Blitzschuh für den Anschluss von Systemblitzgeräten verfügen und man die Bildschärfe bei Bedarf auch manuell einstellen kann. Neben dem Monitor auf der Kamera-rückseite besitzen Bridgekameras generell elektronische Sucher, die man bei stören-der Sonneneinstrahlung bevorzugt in Anspruch nimmt.

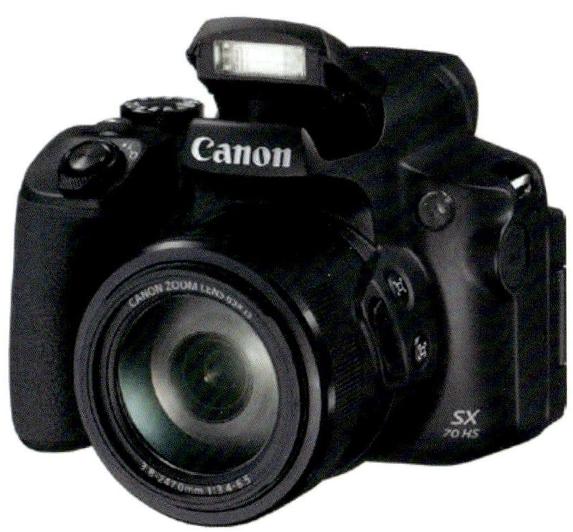

Bridgekameras werden eher selten unter Wasser eingesetzt, weil ihr Zoombereich sehr groß und daher schwer in UW-Gehäusen unterzubringen ist. PR

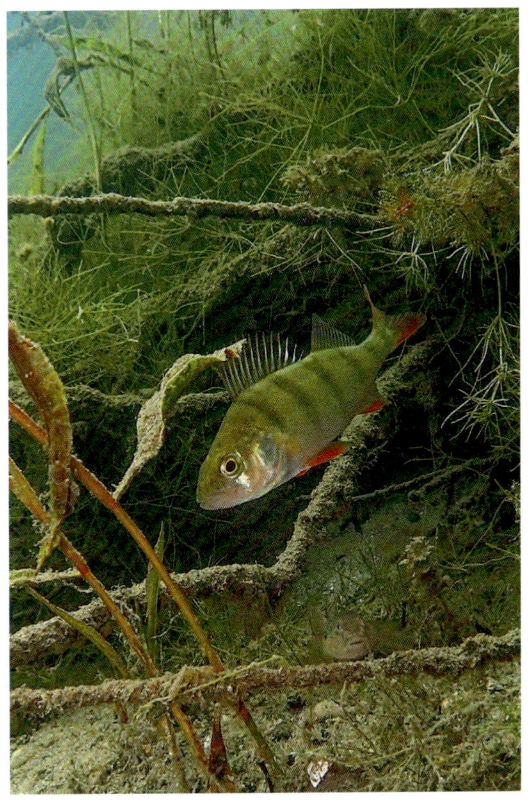

Das riesige Brennweitenspektrum der Bridgekameras passt für alle Fische im heimischen Baggersee. GD

Als Bildsensoren verwenden die Kamerahersteller vorzugsweise Bauteile vom 1 Zoll-Chip bis hin zum Vollformat. Damit können Bridgekameras durchaus im Feld der Systemkameras wildern. Dafür sorgt schon ihre Haptik, die sich von der einer Systemkamera nicht unterscheidet. Auch die inneren Werte können mit den Funktionen von SLRs und CSCs mithalten. Mittlerweile klassifizieren Kameratechniker bereits kompakte Bridgekameras, die handlicher und kleiner sind als die übliche Bridgekamera-Klasse.

Bei aller Euphorie, die Bridgekameras wecken können, muss man nüchtern und überlegt bleiben, denn UW-Gehäuse sind für die meisten Modelle nicht aufzutreiben. Grund sind die exorbitanten Zoom-Brennweiten, die unter Wasser nicht genützt werden können. Deshalb müssen Sie sich zuerst erkundigen, ob es für Ihre favorisierte Bridgekamera eine Schutzhülle gibt. Auf Bestellung baut www.bskinetics.com für beliebige Bridgekameras UW-Gehäuse aus Carbon. Mit am UW-Gehäuse vorklappbaren Nahlinsen kann man unter Wasser mit moderaten Zoombereichen bis etwa 5-fach arbeiten. Man muss ergo den extremen Zoombereich der Bridgekameras im UW-Gehäuse stark begrenzen. Abhängig ist die Nutzung des moderaten Telebereichs von den Dioptrien der Vorsatzlinsen. Denkbar ist auch die Adaption von WW-Konvertern, sofern das UW-Gehäuse diese zulässt.

Merksätze:

- Bridgekameras können ihre Zoom-Brennweiten unter Wasser nicht im gleichen Maß ausspielen wie an Land.
- Sinn macht es aber, eine Bridgekamera einzusetzen, deren Zoom maximal 5-fach ausfährt. Das sind große Kompaktkameras, die sich preislich sowie hinsichtlich Gewicht und Handhabung kaum von einer Spiegelreflexkamera unterscheiden.

Spiegellose Systemkameras

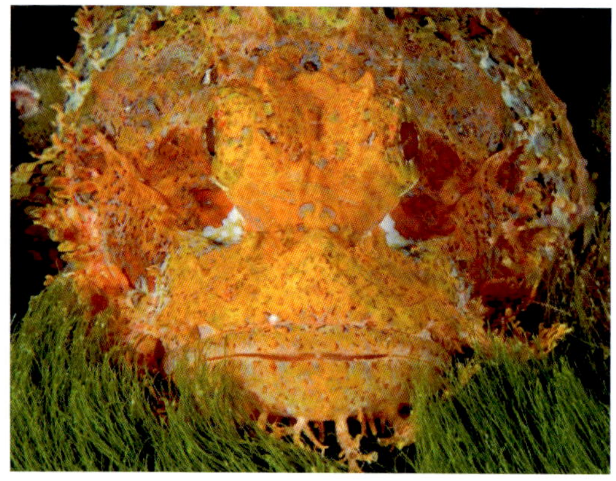

Knackscharf ohne fließende Kanten und hohe Farbtreue sind die Markenzeichen der CSCs. HF

Wenn man es etwas großzügig betrachtet, sind spiegellose Systemkameras, die man auch Compact System Cameras, kurz CSCs, nennt, etwas größere Kompaktkameras mit der Option, das Objektiv zu wechseln. Hierin liegt einer der entscheidenden Vorzüge, sich für ein solches Kamerasystem zu entscheiden. Diese Möglichkeit ist im Prinzip der Schlüssel für echtes kreatives Arbeiten mit extremen Brennweiten vom Makro-objektiv bis hin zu Hyper-WW-Zoom und Fisheye. Die Größe des Bildsensors und auch die Pixelzahl sollten für die meisten UW-Fotografen zweitrangig sein; ebenso der Preis der Kamera. Selbst mit vergleichsweise günstigen CSCs kann man Spitzenbilder gestalten, die sich problemlos in UW-Fotowettbewerben durchsetzen können. Die meisten CSCs – zumindest die mit MFT- oder APS-C Bildsensoren - sind relativ klein und handlich. Ebenso die Objektive, die leichter und kompakter sind als die von Spiegelreflexkameras, weil die Auflagemaße an den Bodys der spiegellosen Kameras kürzer sind.

CSCs sind ähnlich aufgebaut wie Kompaktkameras, also mit Monitor auf der Kamerarückseite und oft auch mit einem elektronischen Sucher. Auf diesen sollten Sie Wert legen, wenn Sie ambitioniert fotografieren, weil er die Bildgestaltung erleichtert, wenn die Sonne auf den Monitor scheint. Wenn es sich machen lässt, sollte die manuelle Umschaltung vom Monitor auf den elektronischen Sucher am UW-Gehäuse von außen durchführbar sein. An manchen UW-Gehäusen für CSCs kann man optische Gehäusesucher anbringen. Diese sind zwar teuer, aber sehr zu empfehlen, denn die elektronischen Suchereinblicke sind oft etwas klein geraten.

Hinsichtlich der Auslöseverzögerung toppen professionelle CSCs alles, was Rang und Namen hat. Die Spitzenprodukte stellen mit einem lichtstarken Normalobjektiv in weniger als 0,1 s scharf. Dass es trotzdem immer noch zu unscharfen Bildern kommt, liegt mitunter an einer noch schnelleren Motivbewegung, an Eigenbewegungen der User infolge schlechter Tarierung bzw. unkontrollierter Atemfrequenzen, aber auch an einer fehlerbehafteten motorischen Eigenbewegung bei der Motivverfolgung. Die erfolgreiche UW-Fotografie ist insgesamt ein komplexer Vorgang, der viel Übung verlangt. CSCs besitzen jede Menge Belichtungs- und Motivprogramme. Manchmal auch bis zu drei oder vier UW-Fotoprogramme sind darunter, so dass viele Nutzer nicht immer wissen, was man denn nun am besten einstellen sollte.

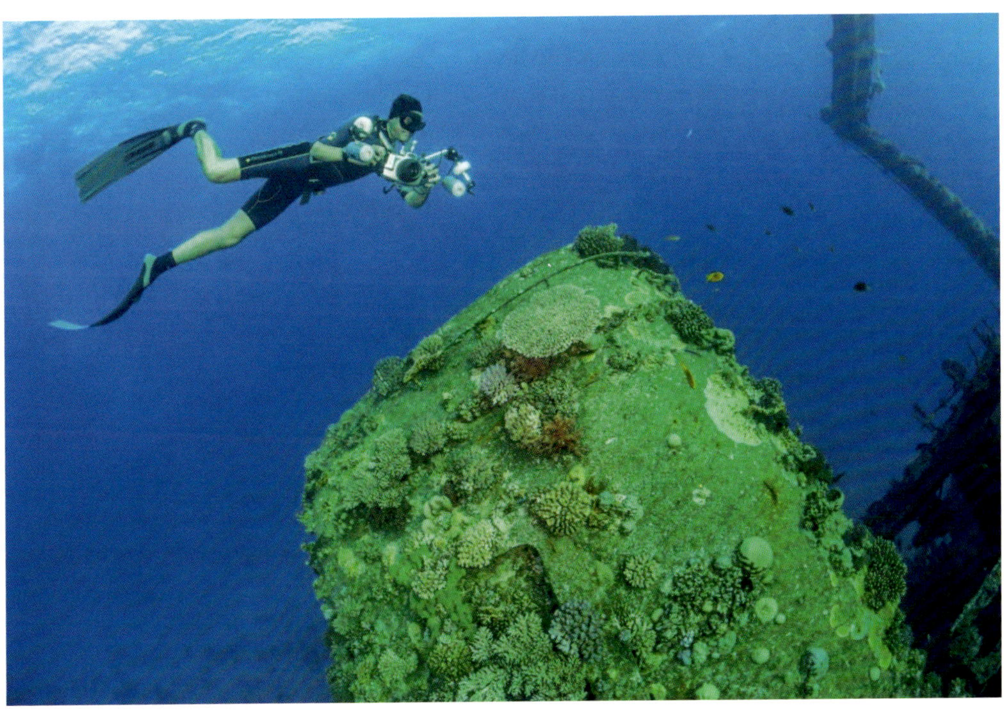

Apnoeisten arbeiten vorzugsweise mit kleinen Systemkameras. HF

CSCs gibt es mit unterschiedlichen Sensorgrößen, vom 1 Zoll-Chip bis zum Vollformat. Je größer der Bildsensor, desto mehr Pixel passen drauf. Aber das ist nicht immer erstrebenswert, denn damit steigen der Preis der Kamera und in der Folge auch der des UW-Gehäuses. Als guter Kompromiss mit besten Eigenschaften und hoher Bildqualität haben sich die MFT-Kameras von Olympus und Panasonic etabliert. Aber auch die Spiegellosen mit APS-C Bildsensoren, z. B. im Angebot von Canon und Sony, sind eine Überlegung wert.

1 Zoll-Bildsensoren werden eher selten in CSCs verbaut. Einzig Nikon hat ihnen in der N1-Serie eine Chance gegeben und die Größe CX genannt – im Gegensatz zu DX für APS-C und FX für das Vollformat. Der 1 Zoll-Bildsensor misst gerade mal 13,2 x 8,8 mm. Ein großer Erfolg ist dieser Kombination unter Wasser nicht beschieden, obwohl die Qualität für Hobbyfotografen absolut ausreichend ist. Nikon hat dafür sogar ein UW-Gehäuse kreiert und ein bis 15 m wasserdichtes Modell auf den Markt gebracht, die Nikon 1 AW1. Die gesamte Nikon 1-Serie hätte zum großen Erfolg werden können, wenn der Hersteller in praxisnähere Objektive wie Makro oder Fisheye investiert hätte. Für das Amphibienmodell gibt es leider nur zwei Zoom-Objektive, die jedoch im Süßwasser zur Hochform auflaufen, wenn man sie gekonnt einsetzt. Vom Wels bis zum Molch kann man alle Fotoarbeiten mit guter Bildqualität bewältigen. Wer ein solches Modell günstig in die Hände bekommt, sollte zugreifen. Den passenden Amphibienblitz SB-N10 liefert Nikon gleich mit; empfehlenswert, wenn auch nicht preiswert.

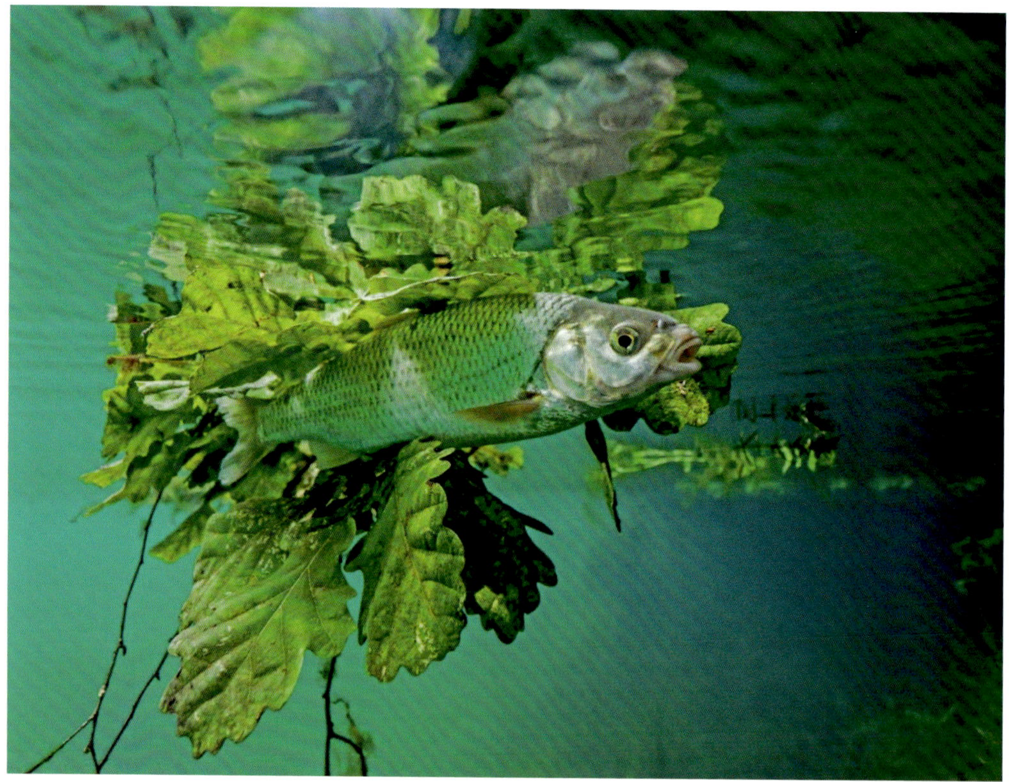

Spiegellose Systemkameras sind sehr schnell und bestens geeignet für die Fotografie von flinken Fischen – hier ein Hasel kurz vor dem Sprint. HF

Die tauchfeste AW1-Kamera überzeugt mit rasanten Auslöseverzögerungen von unter 0,1 s und einer Bildfolge von 20 B/s. Auch eine Verschlusszeit von 1/16.000 s ist durchaus der Rede wert, wenn auch unter Wasser nicht primär relevant. Leider reicht die kürzeste Synchronzeit der sympathischen Amphibienkamera nur bis 1/60 s - etwas knapp, wenn man ins Gegenlicht blitzen will. 14 Mpx sind bei dieser Sensorgröße ausreichend, zumal man die Menge der Bildpunkte mit einer förderlichen Blende 4,7 erkauft. Erwähnt werden muss noch, dass der Crop-Faktor 2,7 beträgt und man deshalb mit Blende 5,6 annähernd so komfortabel fotografiert wie ein Vollformatfotograf mit Blende 16. Die Empfindlichkeitseinstellung sollte bei ISO 400 gestoppt werden. Als Standardeinstellung wählt man ISO 200.

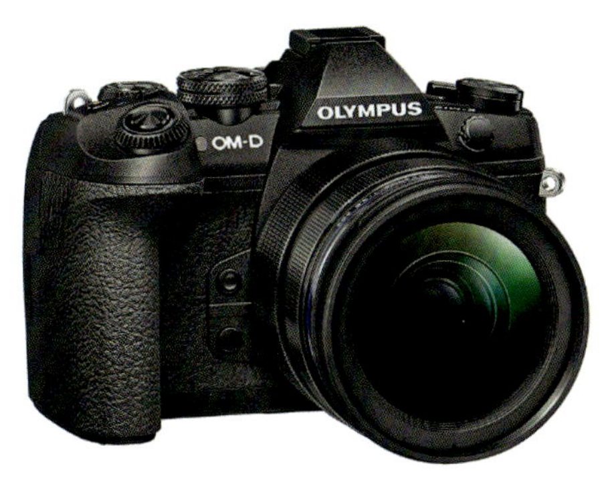

Spiegellose Systemkamera von Olympus mit MFT-Bildsensor. PR

MFT ist das Kürzel von Micro Four Thirds. Die Bildsensoren haben eine Größe von 13 x 17,3 mm und werden vorzugsweise von Olympus und Panasonic verwendet. Das Bajonett ist als offener Standard konzipiert, kann also von jedem Hersteller nachgebaut bzw. verwendet werden. Neben den eigentlichen Platzhirschen ist der chinesische Hersteller Yi eingestiegen, der preiswerte MFT-Modelle im Lieferprogramm hat. Weil das Bajonett in allen MFT-Kameras identisch ist, können die Objektive wechselseitig verwendet werden. Olympus-Linsen an Panasonic-Kameras oder umgekehrt ist unter Einbeziehung aller Kamerafunktionen problemlos möglich. Dies gilt ebenso für Yi-Kameras. Der Objektiv-Pool umfasst alle in der UW-Fotografie nutzbaren Objektive vom Fisheye über Super-WW-Zooms bis zum Makro.

Trotz des vergleichsweise kleinen Bildsensors ist dessen Abbildungsleistung überragend. Grund ist das optische Gesetz, nach dem das Bajonett einen doppelt so großen Durchmesser haben sollte wie die Sensordiagonale. Nur dann können Randstrahlen telezentrisch auf den Bildsensor treffen. Verwirklicht ist diese wichtige Regel vorbildlich bei MFT-Sensoren. Deren Diagonale passt zweimal in die des Vollformatsensors. Der Crop-Faktor beträgt also 2,0. Makroaufnahmen im Abbildungsmaßstab 1:1 wirken auf Betrachter infolge dessen wie 2:1 im Vollformat. Die Schärfentiefe ist zudem bei MFT-Kameras größer als bei APS-C- und Vollformatkameras; bezogen auf die Blende um den Faktor 2,0. Die Schärfentiefe einer MFT-Kamera bei Blende 8 entspricht damit der einer Vollformatkamera bei Blende 16.

Nachteil dieser exorbitanten Schärfentiefen ist die Schwierigkeit, Motivdetails wie die Augen eines Fisches oder ein einzelnes kleines Korallenästchen optisch herauszuarbeiten. Man muss dann sehr nah ran gehen und die Blende auf etwa 5,6 öffnen. Eine andere Crux ist die förderliche Blende, deren Einfluss sich ab einer bestimmten Blendenlochgröße auf die Bildschärfe auswirkt. Olympus und Panasonic gehen gegen dieses physikalische Gesetz rechnerisch mit Algorithmen vor. Das Resultat ist akzeptabel.

Kleine Bildsensoren rauschen bei hohen ISO-Werten mehr als große. MFT ist bis ISO 400 absolut unproblematisch, ISO 800 wird von den besseren MFT-Kameras noch gut gemeistert.

Mehr als ISO 1.600 sollte man aber auch mit den Profimodellen dieser Sensorkategorie ohne Not nicht anwählen. Festzustellen ist unter anderem, dass MFT-Kameras im Profi-Look kaum mehr kleiner und leichter als SLRs daher kommen. Insbesondere, wenn lichtstarke Objektive mit Metallfassung in hoher Fertigungsqualität montiert werden.

APS-C ist das Kürzel von Advanced Photo System Compact und wird in spiegellosen Systemkameras vorzugsweise von Canon, Fuji, Sigma und Sony verwendet. Bei Crop 1,5 beträgt das Sensormaß 15,6 x 23,7 mm. Crop 1,6 wird nur von Canon verwendet. Hier hat der Bildsensor das Maß 14,9 x 22,3 mm. Infolge der größeren Sensorfläche gegenüber MFT haben CSCs mit APS-C Bildsensoren etwas mehr Reserven hinsichtlich Rauschen. Bis ISO 400 kann man aber explizit keine Unterschiede feststellen. Dezidierte Qualitätsunterschiede zwischen Canon mit Crop 1,6 und den anderen Kameraherstellern mit Crop 1,5 sind nicht zu sehen. Die geringfügige Mehrgröße dieser Bildsensoren kann sich nicht in Szene setzen. Canon hat den scheinbaren Flächennachteil mehr als gut im Griff.

APS-C ist ein solider Kompromiss, wenn man sich nicht mit Mehrgewicht und exorbitantem Preis von Kamera und UW-Gehäuse einer spiegellosen Vollformat-Fotogerätschaft belasten möchte. Obwohl man deutlich sagen muss, dass in der Premium-Klasse eine spiegellose Systemkamera mit APS-C Bildsensor nicht mehr unbedingt ins Budget des Normalverdieners passt; insbesondere dann nicht, wenn man das UW-Gehäuse in die Planung mit einbezieht.

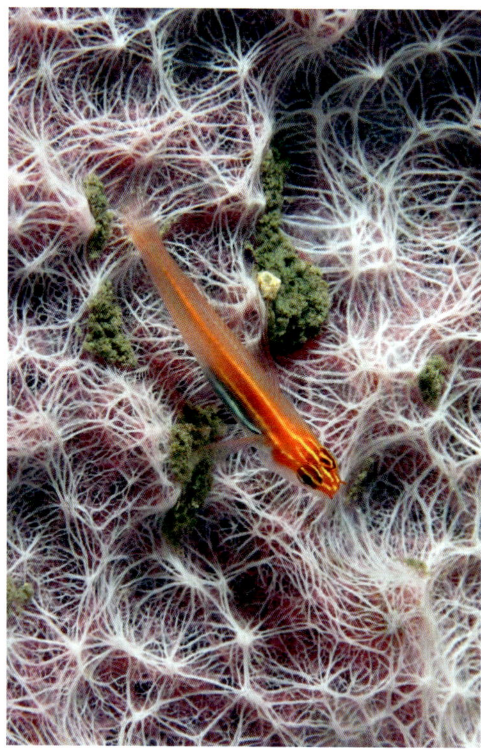

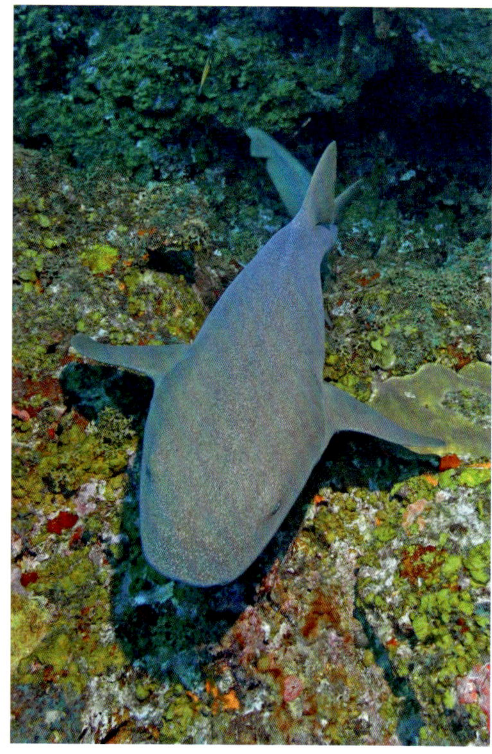

Ganz gleich ob Makro oder Weitwinkel, APS-C Kameramodelle sind dank ihrer Wechseloptiken vielseitig einsetzbar. GD

Hinsichtlich der Schärfentiefe gelten dieselben Regeln wie für MFT. Wird ein Bild mit einer spiegellosen APS-C Kamera, Crop 1,5 und Blende 8 fotografiert, muss man um dieselbe Bildwirkung zu erzielen, die Vollformatkamera auf Blende 12 respektive Blende 11 abblenden. Um mit Crop 1,6 gleichzuziehen, muss man die Vollformatkamera auf Blende 12,8 abblenden. Diesen Wert gibt es aber nicht fest einstellbar. Blende 13 lässt sich indes vorwählen, wenn die Kamera im manuellen Modus über anwählbare Drittelblendenstufen verfügt.

Während Fuji keine anderen Kameras mehr baut als CSCs mit Crop 1,5, fahren Canon, Nikon und Sony mehrgleisig, bauen auch noch Spiegelreflexkameras. Deshalb lassen sich an deren CSCs auch Vollformatobjektive mit einem entsprechenden Adapter montieren. Der Adapter muss sein, weil das Auflagemaß an den CSCs kürzer ist als das an den SLRs. Ob es klug ist, so zu fotografieren, sei dahingestellt, denn der AF wird langsamer, die Auslöseverzögerung, sonst kein Grund zur Klage, kämpft mit mehreren Zehntelsekunden. Auch das Handling verschlechtert sich, weil Vollformatobjektive größer und schwerer sind als APS-C Optiken. Vernünftig ist deshalb nur die Investition in die speziellen CSC-Objektive der jeweiligen Kamerafirmen. Mittlerweile werden auch welche von den Fremdherstellern angeboten.

Vollformat hat sich bei CSCs sowohl im Semiprofi- als auch im Profibereich etabliert. Allerdings bieten nicht alle Kamerahersteller solche Gerätschaften an. Den Boden dafür hat die Sony Alpha 7 Serie bereitet. Nomen est Omen: Wer spiegellos mit dem Vollformat fotografiert, kann quasi aus dem Vollen schöpfen. Das Sensormaß beträgt 24 x 36 mm, die Sensordiagonale misst 43,27 mm und wird als Crop 1,0 bezeichnet.

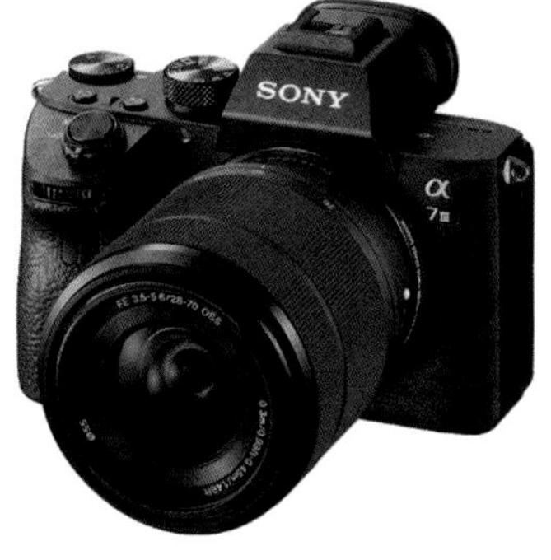

Sony war der erste Hersteller spiegelloser Systemkameras mit Vollformatsensoren. PR

Auf einem Vollformat-Bildsensor ist Platz für enorme Pixelmengen. 40, 50 oder mehr Mpx kann man hier unterbringen. Spiegellose Vollformatkameras verfügen daher über enorme Reserven bei der Auflösung. Auch das Rauschen haben CSCs mit Vollformat besser im Griff als die mit kleineren Bildsensoren. Vollformatige CSCs mit 12 Mpx können spielend Werte von ISO 6.400 oder 12.800 verkraften; und das bei einer Bildqualität, die man noch als akzeptabel bezeichnen kann. Videografen schätzen solche Kameras, weil sie damit im Halbdunkel ohne Kunstlicht ihre Streams durchziehen können.

Wer schon mal mit einer CSC im Vollformat fotografiert hat, wird auch die Freiheit schätzen lernen, von vielen Motiven qualitativ gute Bildausschnitte in doppelter Größe anfertigen zu können. Auch das Freistellen bestimmter Motive mittels selektiver Schärfeplatzierung vor einem unscharfen Hintergrund gelingt besser, weil das Vollformat eben eine geringere Schärfentiefe aufweist als MFT oder APS-C. Andererseits fehlt manchmal die benötigte Schärfentiefe im Nah- und Makrobereich. Wenn der Bildsensor einer Vollformat-CSC nur eine moderate Pixelmenge aufweist, spielt die förderliche Blende bis Blende 22 nur eine untergeordnete Rolle.

Objektive für spiegellose Vollformatkameras sind allein schon wegen des großen Sensorformates keine kleinen und zierlichen Optiken. Und leicht sind sie zweimal nicht, denn Objektiv-Hersteller wie Zeiss zeigen beispielsweise an Sony-Kameras, was optisch machbar ist. Auch an vollformatigen CSCs kann man normale SLR-Objektive mittels Adapter anbringen. Und es ist möglich, Objektive von vollformatigen CSCs an spiegellose APS-C Kameras zu adaptieren; dies immer unter der Prämisse, dass die Kameras langsamer werden, weil der AF größere Massen bewegen muss. Man sollte sich merken, dass es immer am besten ist, sich für Objektive zu entscheiden, die speziell für den spiegellosen Kameratyp konzipiert wurden.

Video in Full-HD läuft mit allen CSCs. Immer mehr Kamera-Modelle haben darüber hinaus 4K installiert. Die Fahrten laufen normalerweise ruckelfrei und zügig, der AF stellt kontinuierlich scharf und Zeitlupe ist obligatorisch. Für UW-Fotografen sind Videofunktionen interessant, die ihre Streams mit 6K und 30 B/s abspulen. Hier hat jedes Bild 18 Mpx und kann aus dem Clip extrahiert werden. Leider funktioniert bei dieser Art der Bildspeicherung kein Blitzlicht. Die Speicherkarte muss ob der anfallenden Datenmenge die Bilder in einer angemessenen Zeit speichern können und der PC sollte entsprechend leistungsfähig sein, damit er die Gigabytes verkraften kann. Bei der Fotografie von Großfischen im Flachwasser können mit dieser Methode sensationelle, vorgeplante Schnappschüsse gelingen.

Da die 4K- und 6K-Videofahrten nicht immer direkt per Knopfdruck angewählt werden können, sondern meist in einem Menü aktiviert werden, kann sich das im UW-Gehäuse negativ auswirken, wenn es schnell gehen muss. Fotografieren kann man das zwar nicht mehr nennen, aber die Bilder sind mitunter so perfekt, dass niemand merkt, wie sie entstanden sind.

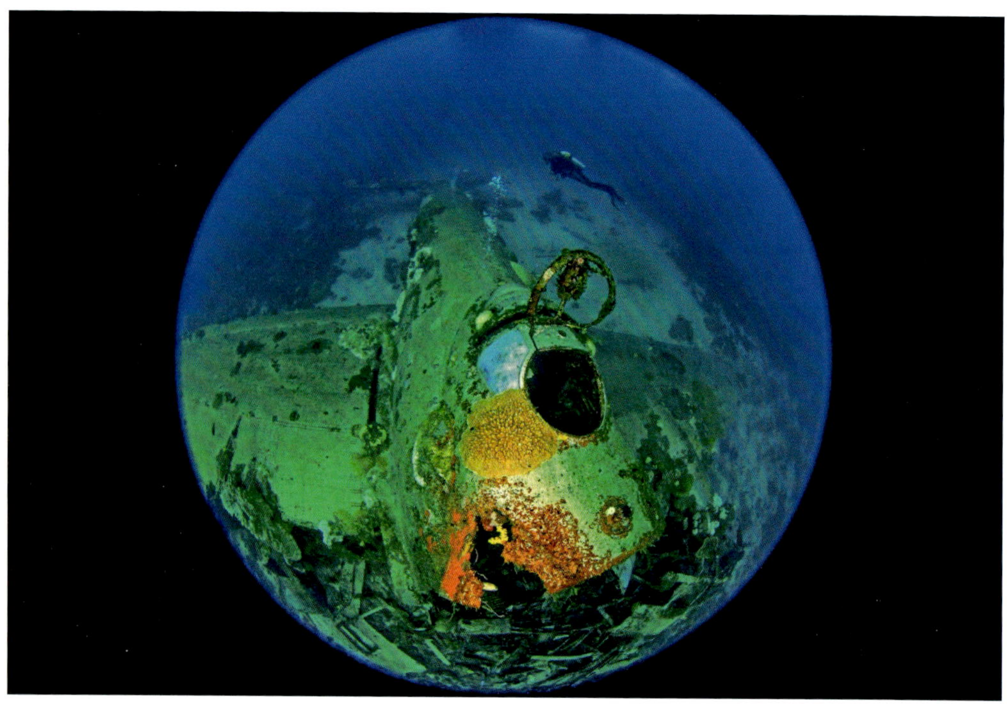

Ein Privileg der vollformatigen Systemkamera ist der Anschluss von Zirkular-Fisheyes. HF

Wer viel videografiert und sich stark engagiert, sollte beim Kauf einer CSC darauf achten, dass sie nicht zu viele Pixel hat. Sowohl bei vollformatigen CSCs als auch im MFT-Sektor finden sich spezielle Low-Pixel-Kameras mit 12 Mpx im Vollformat und 10 Mpx bei MFT, die sich insbesondere für Videografen eignen, die mit hohen ISO-Werten filmen wollen oder müssen. Aber auch UW-Fotografen können damit ohne Blitz- oder LED-Licht bei geringer Umgebungshelligkeit stimmungsvoll fotografieren.

Spiegelreflexkameras

SLR als Abkürzung für Single Lens Reflex steht für Spiegelreflexkameras. Allen Empfehlungen und gut gemeinten Hinweisen zum Trotz erfreuen sich Spiegelreflexkameras weiterhin großer Beliebtheit. Die vom SLR-Virus infizierten User stört weder die Größe noch das Gewicht. Und die SLR-Hersteller bemühen sich nach Kräften, die Kundschaft bei Laune zu halten; sowohl preislich wie auch ausstattungsmäßig. Empfehlenswerte SLRs mit Kit-Objektiv findet man zuhauf in Preislagen, wo weder bessere Kompaktkameras noch Einsteiger-CSCs anzutreffen sind. Die Gründe sich eine SLR anzuschaffen sind vielschichtig und fußen nicht selten auf einer verklärenden Nostalgie, die aber durchaus einen real-praktischen Hintergrund aufweist. SLRs gelten als robust, zuverlässig und praktisch. Sind sie übrigens auch. Wenn man die Kamera auslöst, hört man das Klappern der Spiegelvorrichtung und kann dann sicher sein, dass das Bild aufgenommen wurde. Es ist der manuelle Ablauf, der beruhigt. Wenn man durch das Okular schaut, sieht man die UW-Welt so, wie sie sich in Natura darstellt. Schwenkt man die Kamera, gibt es im optischen Sucher keine Verzögerung beim Bildaufbau, kein Ruckeln, kein Flimmern, keine Falschfarben. Wer einmal so fotografiert hat und am UW-Gehäuse auch noch einen optischen Viewfinder installiert hat, lässt sich nicht so einfach von den Vorzügen einer spiegellosen Alternative überzeugen, die da lautet: Den Kleinen, Leichten und Schnellen gehört die Zukunft!

Geht der Spiegel baden? So schnell nicht, auch wenn alles darauf hindeutet. Selbst Kamerafirmen, die sich jahrzehntelang voll und ganz der SLR-Herstellung verschrieben haben, denken um. Tatsache ist: Um Bilder mit einer Digicam zu machen, wird die Klappspiegelvorrichtung nicht benötigt. Kompaktkameras beweisen das, CSCs ebenso.

Aber noch haben wir eine immense Auswahl an SLRs und es spricht nichts dagegen, wenn sich jemand dafür entscheidet. SLRs werden noch von den Firmen Canon, Nikon, Pentax und Sigma hergestellt. In der Motivverfolgung haben die High End-SLRs teilweise noch die Nase vorn, wenn auch nur knapp. Es liegt am AF-Einstellverfahren, das auf der Phasendetektion beruht, während der AF in CSCs nach dem Kontrastverfahren arbeitet.

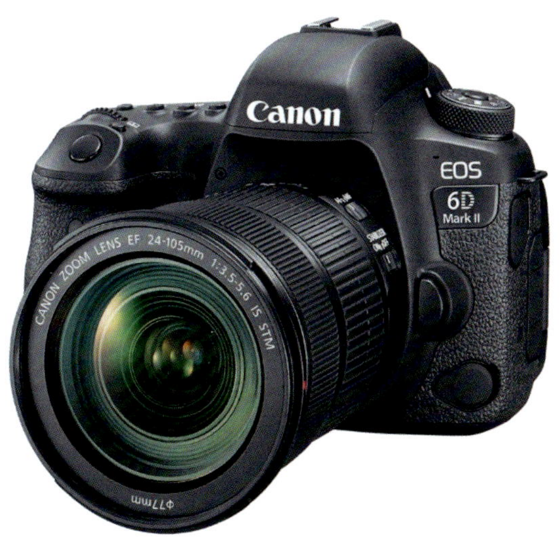

Canon hat immer wieder vollformatige SLR-Modelle im Programm, die sich auch Normalverdiener leisten können. PR

Premium-CSCs stellen aber mittlerweile mit einem Hybrid-AF scharf, der beide Technologien vereint. Dann ist der Vorsprung der SLR dahin. Bei der Auslöseverzögerung hinken SLRs den höherwertigen spiegellosen CSCs etwas hinterher.

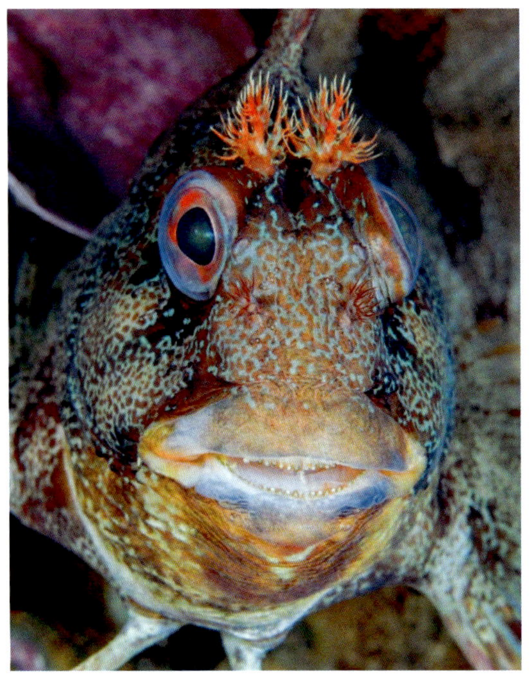

Es muss nicht immer das neueste Kameramodell sein. Dieses Bild stammt aus einer SLR Baujahr 2005. HF

SLRs werden in APS-C und Vollformatkameras unterteilt. SLRs mit APS-C Bildsensoren sind für den Großteil aller UW-Fotografen absolut ausreichend. Das Vollformat ist schön und edel, punktet auch mit enormen Qualitäts- und Bildausschnittsreserven, aber man braucht es als Hobbyfotograf nicht. Die Bildqualität von APS-C SLRs ist so gut, dass man damit jeden noch so renommierten UW-Fotowettbewerb gewinnen kann. Zudem sind die Angebote für Einsteiger-SLRs geradezu verführerisch preiswert. Weiter oben im Preisgefüge kann man aber auch mit einer APS-C Kamera sein Geld schneller loswerden, als einem lieb ist; bekommt dann aber eine Pretiose, mit der man jahrelang seinem UW-Fotovergnügen nachgehen kann.

Die Krone der SLR-Familie besetzt seit jeher die Vollformat-SLR. Wer das Geld und die Kraft besitzt einen solchen Boliden durch alle Zollschranken und über sandige Inseln zu schleppen, sollte sich einen Ruck geben und zugreifen. Ob man eine Canon, Nikon oder Pentax erwirbt, ist technologisch nicht entscheidend. Für Pentax baut allerdings nur BS-Kinetics ein UW-Gehäuse. Im echten Profibereich haben diese Kameras ein hohes Marktpotential. Wie lange noch, weiß man nicht. Was Widerstandsfähigkeit, Langlebigkeit, Robustheit, Präzision und Bildqualität anbelangt, gibt es so gut wie keine Gegner; und wenn, dann nur aus dem Lager der vollformatigen CSCs. Insbesondere bei den Einstellempfindlichkeiten jenseits von ISO 800 sind sie den SLRs mit APS-C Bildsensor überlegen. Wer Einlass in die Welt der vollformatigen SLRs begehrt, muss aber nicht unbedingt ein Sparbuch plündern. Einsteiger-SLRs mit Vollformatsensor bekommt man bereits unterhalb des Preisniveaus für Premium-SLRs mit APS-C Bildsensoren. Noch klüger handelt, wer sich für ein Vollformat-Auslaufmodell der Einsteigerklasse interessiert.

Wer sich für eine SLR entscheidet, macht definitiv nichts falsch, auch wenn die Entwicklung dieser Kameraklasse eigentlich am Ende ist. Neue Technologien finden ihren Platz vorzugsweise in den CSC-Bodys. Man sieht dergleichen am Video, wo die SLR umständlich den Spiegel hochklappen muss, um dann kontinuierlich zu belichten. In dieser Funktion leidet der AF meistens unter einer nervig langsamen Schärfeverfolgung, manchmal pumpt er oder das Video ruckelt. UW-Fotografen, die immer mal wieder einige Videoszenen aufnehmen und Wert auf eine stabile AF-Funktion legen, sind gut beraten, auf eine Spiegellose zu setzen.

Kein Kamerasystem präferiert eine so große Auswahl an Objektiven wie die SLR-Szene. Die Kamerahersteller selbst können dutzende Objektive anbieten, noch mehr die Fremdhersteller Sigma, Tamron und Tokina. Daneben drängen noch Hersteller aus China und Korea auf den Markt - oft nur mit manueller Scharfeinstellung.

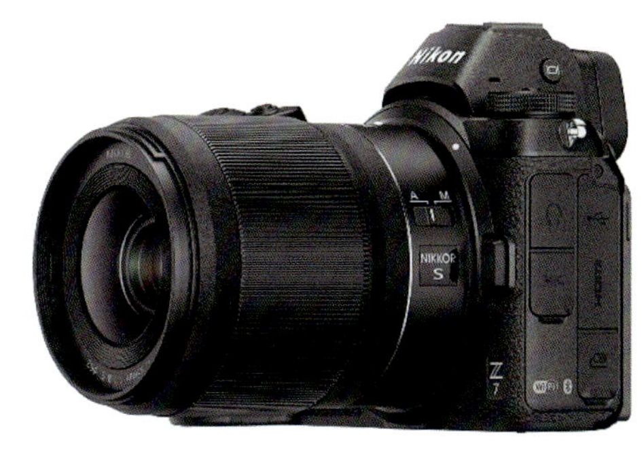

Der Traum vieler UW-Fotografen ist eine vollformatige spiegellose Systemkamera. PR

Wer sich für eine Vollformat-SLR entscheidet und hohe Pixelzahlen jenseits von 30 Mpx anstrebt, muss in die besten Objektive investieren, die es für den jeweiligen Kameratyp zu kaufen gibt. Nur dann kann die Kamera ihr Potential ausspielen und bis in die Bildecken knackscharf abbilden. Letztendlich ist nicht der Erwerb der Vollformat-SLR das finanzielle Problem, sondern die notwendigen professionellen Objektive und das UW-Gehäuse mit Ports und dem optischen Gehäusesucher. Zu guter Letzt gilt: Bildqualität kostet nicht nur, sie wiegt auch ziemlich viel.

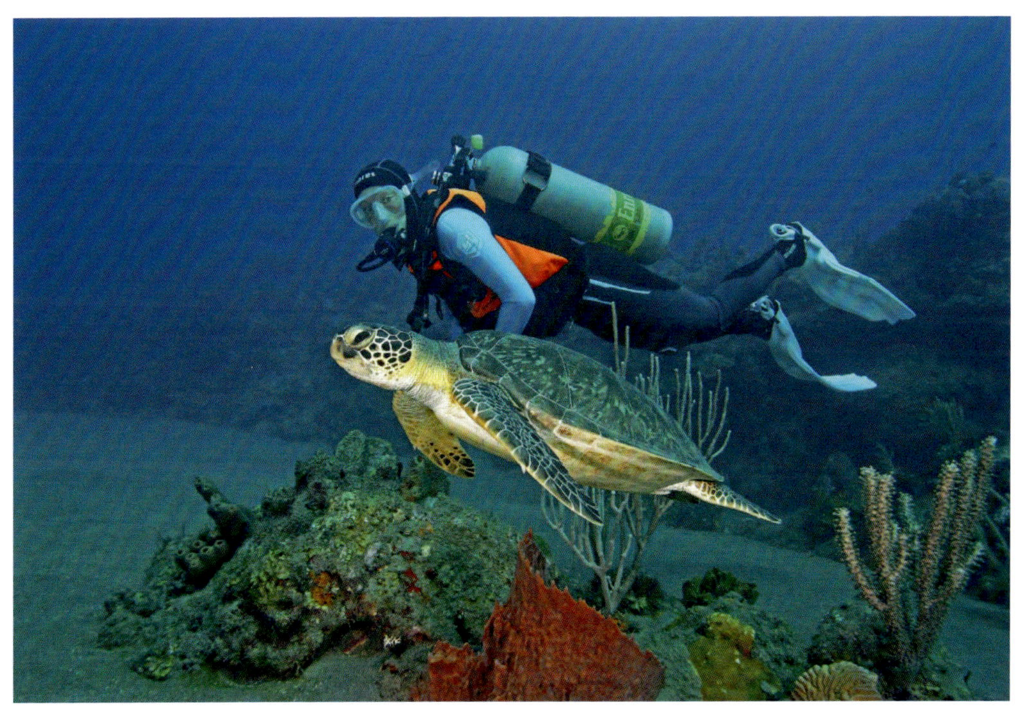

Genau so entspannt wie hier die Schildkröte mit der Taucherin durch das Wasser schwebt, fotografiert es sich mit einem sinnvoll zusammengestellten UW-Kamerasystem auf der Basis einer SLR mit APS-C oder Vollformatsensor. GD

SLT

Single Lens Translucent nennt man Kameras, die einen fest verbauten Spiegel haben. Dieser klappt nicht wie bei der SLR hoch, damit Licht auf den Bildsensor fallen kann, um nach erfolgter Belichtung umständlich wieder in die Ausgangslage zurück zu schwenken. Vielmehr wird hier das Licht von einem feststehenden Spiegel auf den Bildsensor und den elektronischen Sucher umgelenkt. SLTs besitzen deshalb keinen optischen Sucher. Weil keine Spiegelmechanik vorhanden ist, die den Spiegel beschleunigen und verzögern muss, können solche Kameras ohne Mühen mehr als 12 B/s mit aktivem Autofokus belichten.

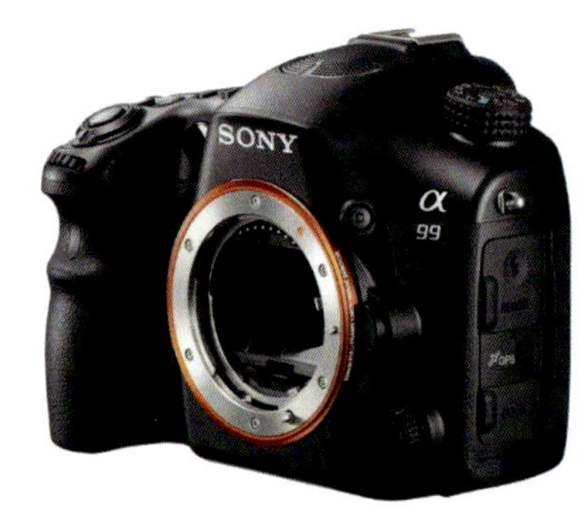

Nur Sony stellt SLT-Kameras her. Sportfotografen lieben sie, weil sie so schnell sind. PR

Einziger Anbieter dieser Technology ist Sony. SLT-Kameras gehören zu den schnellsten am Markt. Der Autofokus ist wieselflink. Positiver Nebeneffekt: Das Videosystem einer SLT ist dem jeder SLR überlegen.

Smartphones

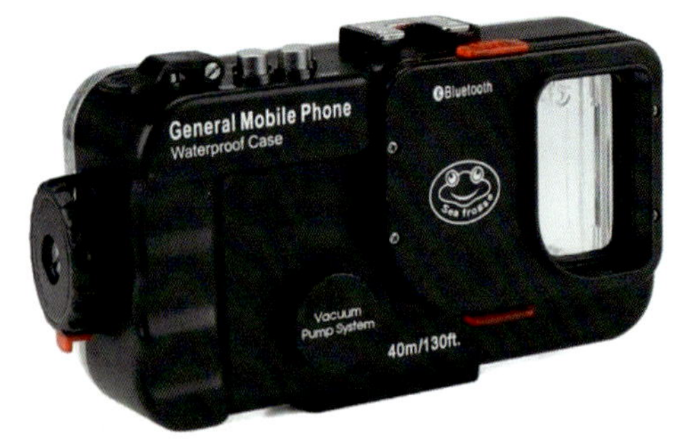

UW-Gehäuse für Smartphones dringen allmählich in die UW-Welt vor. PR

An der UW-Fotografie mit Smartphones kommen wir nicht mehr vorbei. Handys, Smartphones und iPhones, die ja auch Smartphones sind, beherrschen nicht nur die Telefonszene, auch die allgemeine Fotografie rutscht unaufhaltsam in diese Richtung. Weltweit werden die meisten Bilder mit diesen Geräten gemacht. Immer mehr Pixel, immer leistungsstärkere Prozessoren, immer bessere Objektive und eine immer brillantere Bildqualität machen mobile Telefone zu Allroundern mit Kompaktkamera-Killergenen. Kein Fotogerät – außer den Tablets – bietet einen so großen Monitor. Daher ist es verständlich, dass man sie auch unter Wasser einsetzen will. Sie sind der eigentliche Grund, warum die einfachen Kompaktkameras ums Überleben kämpfen. Leider werden sie diesen Kampf verlieren. Umsatzeinbrüche bei den Kameraherstellern belegen diesen Trend. Die Objektive und Blitzprogramme der mobilen Telefone werden immer besser. Viele Geräte stellen RAW-Daten zur Verfügung; an manchen kann man Blende, Zeit und ISO einstellen. Bildstabilisatoren halten in guten Modellen Einzug. Bis dato muss man noch mit ziemlichen Verwacklungen rechnen, wenn das Umgebungslicht nachlässt.

Nachteilig ist, dass man unter Wasser nicht vernünftig blitzen kann, weil Power fehlt und man mit dem fest eingebauten LED-Blitzgerät nicht durch Glasfenster blitzen kann. Versuche zeigen, dass das Anschließen eines Sklavenblitzes nicht richtig funktioniert. Manchmal blitzt es, oft auch nicht. Eine solide TTL-Blitzsteuerung bleibt Wunschdenken. Die angebotenen UW-Gehäuse setzen auf externe LED-Leuchten, was so schlecht nicht ist. Nur darf die Verschlusszeit dabei nicht zu lang werden, sonst kommt es zu Verwacklungsunschärfen, weil LED-Licht keine Bewegungen einfriert.

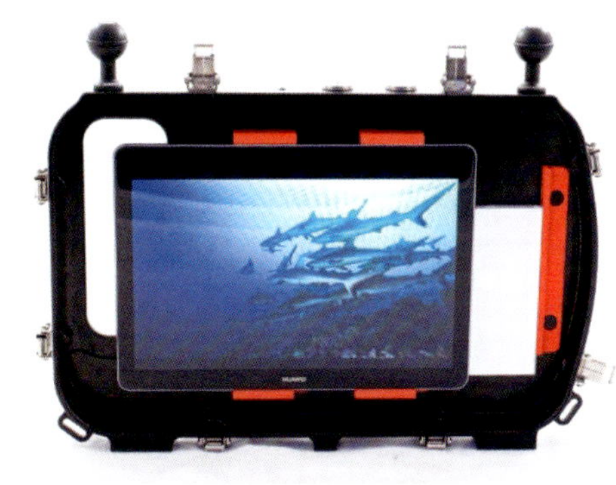

Den größten Monitor – auch unter Wasser - haben Tablets. PR

Düster wird es, wenn die Sonne auf den großen Monitor scheint. Dann geht nämlich ohne Schätzen und Zielwasser nicht mehr viel. UW-Gehäuse für Smartphones sollten daher am Monitor einen Streulichtschutz haben. Er ist wichtig, weil der Monitor sehr groß ist und somit das Umgebungslicht geradezu anzieht. In heller Umgebung kann man sonst nur wenig darauf erkennen und noch weniger ein Bild gestalten.

Rauschen und Artefakte sind noch ein ziemliches Problem, weil die Bildsensoren relativ klein sind. Die Auflösung lässt manchmal zu wünschen übrig, reicht aber im Regelfall aus. Hochwertige Smartphones generieren mittlerweile eine Bildqualität, die durchaus für größere Abdrucke geeignet ist.

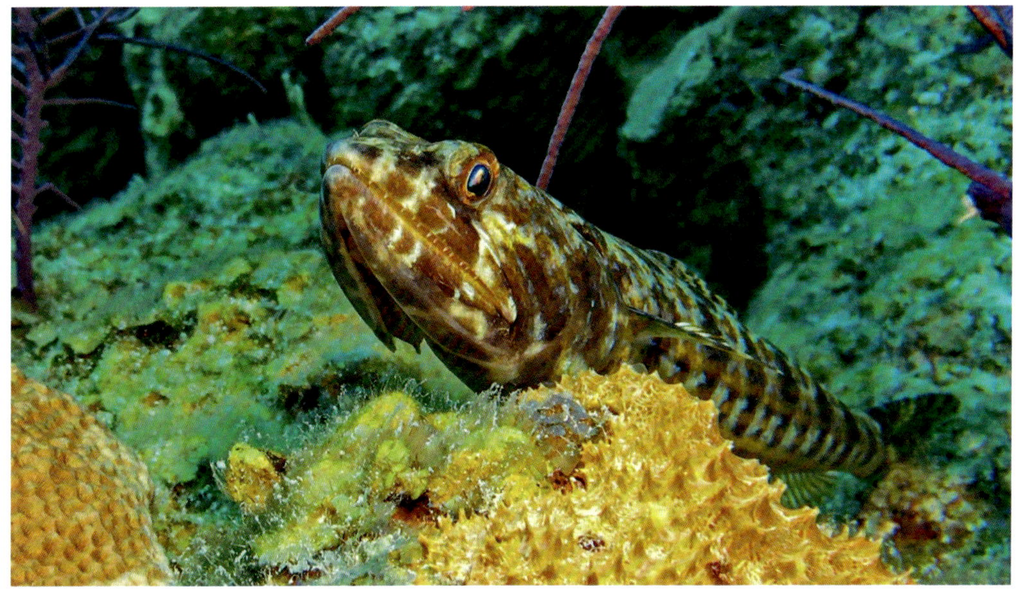

Richtig belichtet überzeugen auch Smartphone-Bilder. HF

Dass die UW-Gehäuse nicht immer zu den günstigsten Schutzhüllen zählen, muss man notgedrungen hinnehmen. Bei einigen UW-Gehäusen muss man zuerst eine App hochladen, damit man überhaupt fotografieren kann. Umständlicher geht's wirklich nicht. Wie es mit diesen Fotogeräten unter Wasser weiter geht, hängt von bestimmten Faktoren ab, die noch ungelöst sind. So gestaltet sich das Zoomen mit den kleinen Objektiven als äußerst schwierig, weshalb in vielen Smartphones zwei Objektive, eines für Weitwinkel, das andere für die üblichen Aufnahmen, vorgesehen sind. Die Vergrößerung entspricht normalerweise einem zwei- oder dreifachen Zoomfaktor. Manche Smartphones wechseln automatisch von der Normalbrennweite zur WW-Linse, wenn das Umgebungslicht schlechter wird. Damit könnten unter Wasser Aufnahmen mit dem Normalobjektiv erschwert werden.

Die Verkaufszahlen der UW-Gehäuse für Smartphones sind gelinde gesagt mehr als bescheiden. Vermutlich wird es so sein, dass viele Taucher an Land mit dem Smartphone fotografieren, unter Wasser aber auf eine Kompakt- oder Systemkamera umsteigen. Zu bedenken ist der Tag X, an dem das UW-Gehäuse im schlimmsten Fall Salzwasser zieht. Dann verschwindet alles Gespeicherte - Mails, Bilder, Telefonnummern, Adressen – manchmal das halbe Leben. Smartphone-Fotografen sollten deshalb vor dem Tauchgang alles Relevante herunter laden und extern speichern.

Die unterschiedlichen Kamerasysteme im Vergleich

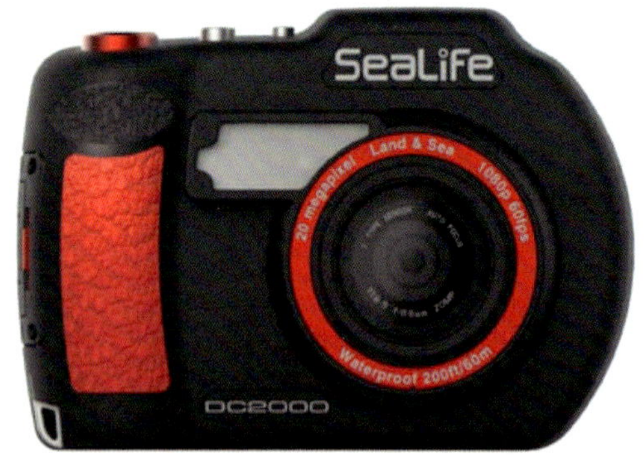

Sealife-Kompaktkameras werden häufig etwas unterschätzt. Der 1 Zoll-Bildsensor erzeugt eine gute Bildqualität. PR

Kompaktkamera-Fotografen haben Vorteile im Handling, beim Gewicht, bei der gefühlten Abbildungsgröße, bei der Schärfentiefe und beim Preis. Nachteilig sind oftmals die kleinen Bildsensoren, weil sie ab ISO 400 stärker rauschen als größere. Hat die Kompakte einen Bildsensor mit 1 Zoll oder größer, ist Rauschen bis ISO 800 kein sonderliches Thema mehr. Der optische Ausbau beschränkt sich auf Nahlinsen und WW-Konverter, was der Abbildungsleistung nicht immer gut tut. Blitzen ist im Allgemeinen nur fiberoptisch möglich, weshalb einige, meist ältere Amphibienblitzgeräte nicht angeschlossen werden können. Der AF ist meistens nicht so flott und standfest wie der in einer CSC. Beim Handling kehrt sich der Vorteil um, denn Kompaktkameras liegen auch mit UW-Gehäuse nicht so stabil und verwacklungssicher in der Hand, wie das wünschenswert wäre.

Andererseits sind wasserdichte Kompaktkameras ohne UW-Gehäuse – insbesondere die Olympus TG-6 – sehr praktisch im Nahbereich, weil man mit Hilfe des speziellen Olympus-Flash-Diffusors extreme Nahaufnahmen sogar im Freiwasser zuwege bringt, wie sie so mit Systemkameras kaum umsetzbar sind. Generell sind Kompaktkameras bestens für den Nahbereich geeignet.

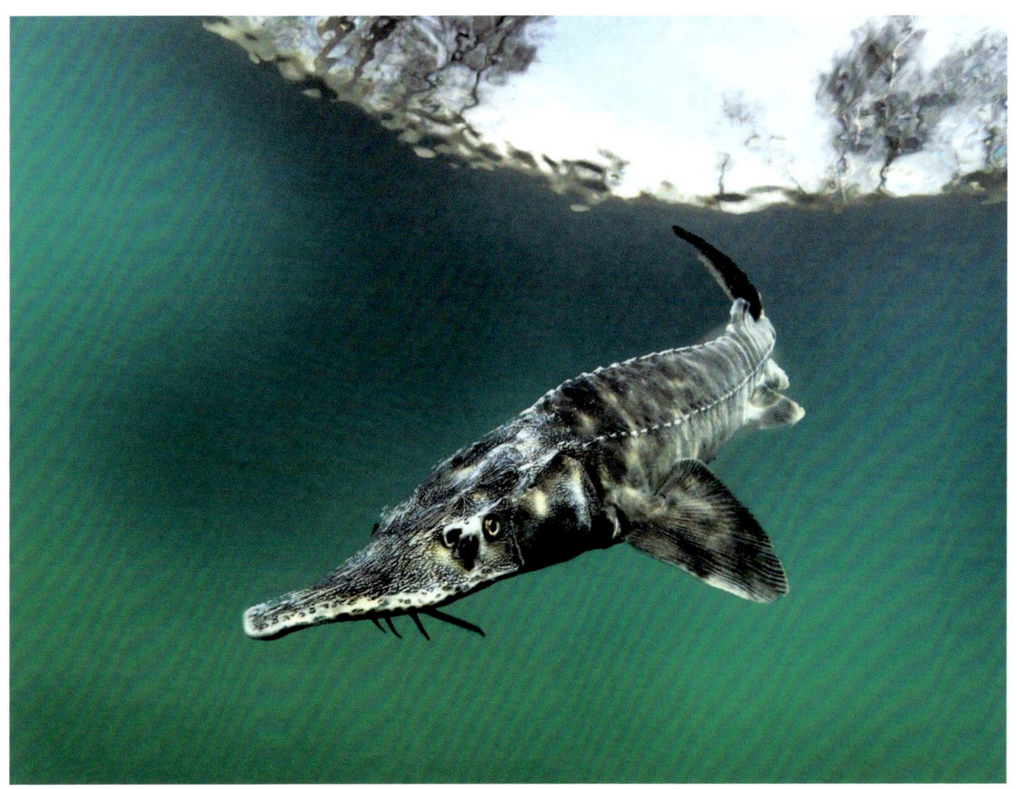

Mit Kompaktkameras ist man wendig und schnell unterwegs. HF

Spiegellosen Systemkameras gehört die Zukunft in der anspruchsvollen UW-Fotografie. An dieser Vorhersage wird sich auch nichts ändern, selbst wenn gut betuchte Zeitgenossen oder Wettbewerbsfotografen weiterhin auf die massigen Profi-Boliden aus dem SLR-Lager setzen. Die entscheidenden Fortschritte in der Kameratechnik werden seit Jahren ausschließlich bei den CSCs gemacht. Noch gibt es auch Nachteile, aber sie sind gering. Mancher kommt mit dem elektronischen Sucher nicht klar, andere bemängeln die uferlosen Menüeinträge, die oft Verwirrung stiften. So muss man, wenn eine CSC mit elektronischem Sucher in ein UW-Gehäuse eingebaut wird, zuerst die automatische Umschaltung vom Monitor auf den elektronischen Sucher abschalten, sonst kann man unter Wasser das Monitorbild nicht nutzen, weil mit dem Schließen des UW-Gehäuserückdeckels nur der elektronische Sucher aktiv ist. Gut gemeint für die Landfotografie, schlecht unter Wasser. Da jede Kamerafirma diese Umschaltprozedur anders benennt und an unterschiedlichen Stellen hinterlegt, ist man mitunter lange am Suchen, bis man den Button findet. Vorzugsweise sollten Sie eine CSC kaufen, bei der man die Umschaltung vom Monitor auf den elektronischen Sucher manuell vornehmen kann. Auch das UW-Gehäuse muss die Übertragung aufweisen.

Weil sich in CSCs Informatiker aller Couleur austoben können, gibt es auch eine Funktion, die lautloses Auslösen gewährleistet. Diese darf man keinesfalls aktivieren, denn hier funktioniert der Kamerablitz nicht.

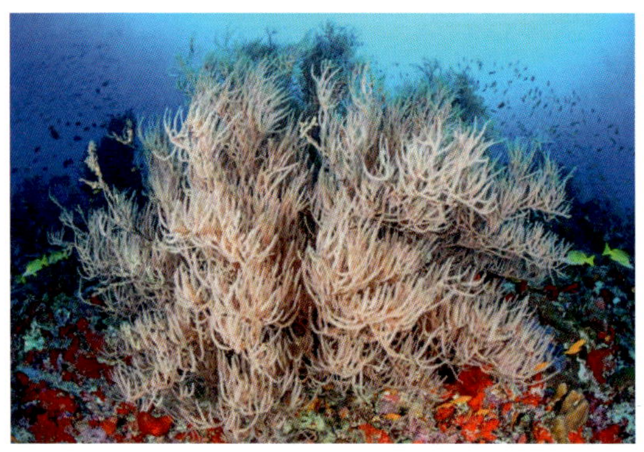

Systemkameras bieten mehr Möglichkeiten als Kompaktkameras. HF

Die Vorteile einer CSC sind hinlänglich bekannt. Alles ist kleiner und leichter. Selbst lichtstarke Fisheyes kann man quasi in der hohlen Hand verschwinden lassen. Die Videofunktionen sind derart perfektioniert, dass die Premium-Modelle sogar mit professionellen Camcordern mithalten können.

Es erhebt sich die Frage, ob man SLR-Kameras noch braucht? Prinzipiell nicht, aber ihr Handling wirkt vertraut, der technische Ablauf ist bekannt, Robustheit ist eines ihrer Markenzeichen. Wenn der Spiegelschlag ertönt, ist die Welt für Nostalgiker, Präzisionsfanatiker und Menschen mit dem Ewigkeitssyndrom in Ordnung. Schlecht ist diese Einstellung nicht, denn SLRs zeigen uns, dass auch Technologien, die es seit den 30er Jahren des letzten Jahrhunderts gibt, immer noch aktuell sind.

Professionelle Spiegelreflexkameras sind für Auslösungen von 300.000 und mehr Bildern ausgelegt. Selbst wer 10.000 Bilder im Jahr verballert, kann das sorgenfrei 30 Jahre lang machen. Ob und dass eine CSC so lange halten wird, ist nicht bewiesen. Wer mit UW-Bildern Geld verdienen muss oder einfach das Solide im Kamerabau sucht, macht nichts falsch, wenn er in eine hochwertige SLR investiert. Dauerfeuer über Jahre hinweg versprechen mittlerweile auch Einsteigergeräte, die für 50.000 bis 100.000 Auslösungen gut sind. Hobbyfotografen, die 5.000 Bilder im Jahr durchjagen, haben mindestens zehn bis 20 Jahre Ruhe. Bis dahin gibt es dann wieder etwas Neues.

Nicht übersehen sollte man Pentax-Kameras, die zum Widerstandsfähigsten gehören, was der SLR-Kamerabau hervorgebracht hat. Es sind Fotogeräte, mit denen man unter der Dusche stehen kann und die in einem UW-Gehäuse für entspannte Tauchgänge stehen, weil Wassereinbruch wie ein lästiger Mitesser behandelt werden kann.

Nicht zuletzt lassen sich an Nikon-SLRs mit Vollformatsensoren die echten UW-Objektive aus der Nikonos RS-Ära adaptieren, vorzugsweise das 13 mm Fisheye-, das 20-35 mm Zoom- sowie das brillante 28 mm WW-Objektiv. Schärfere Ecken und Ränder gibt es auch mit den besten Domeports nicht. Insofern gilt: SLRs sind zwar technologisch überholt, aber noch lange nicht veraltet.

Bild rechts: Die Kombination aus Olympus-Kompaktkameras und –Blitzgerät arbeitet zuverlässig und vollautomatisch, wenn die Aufnahmedistanz kurz und das Motiv formatfüllend sind. GD

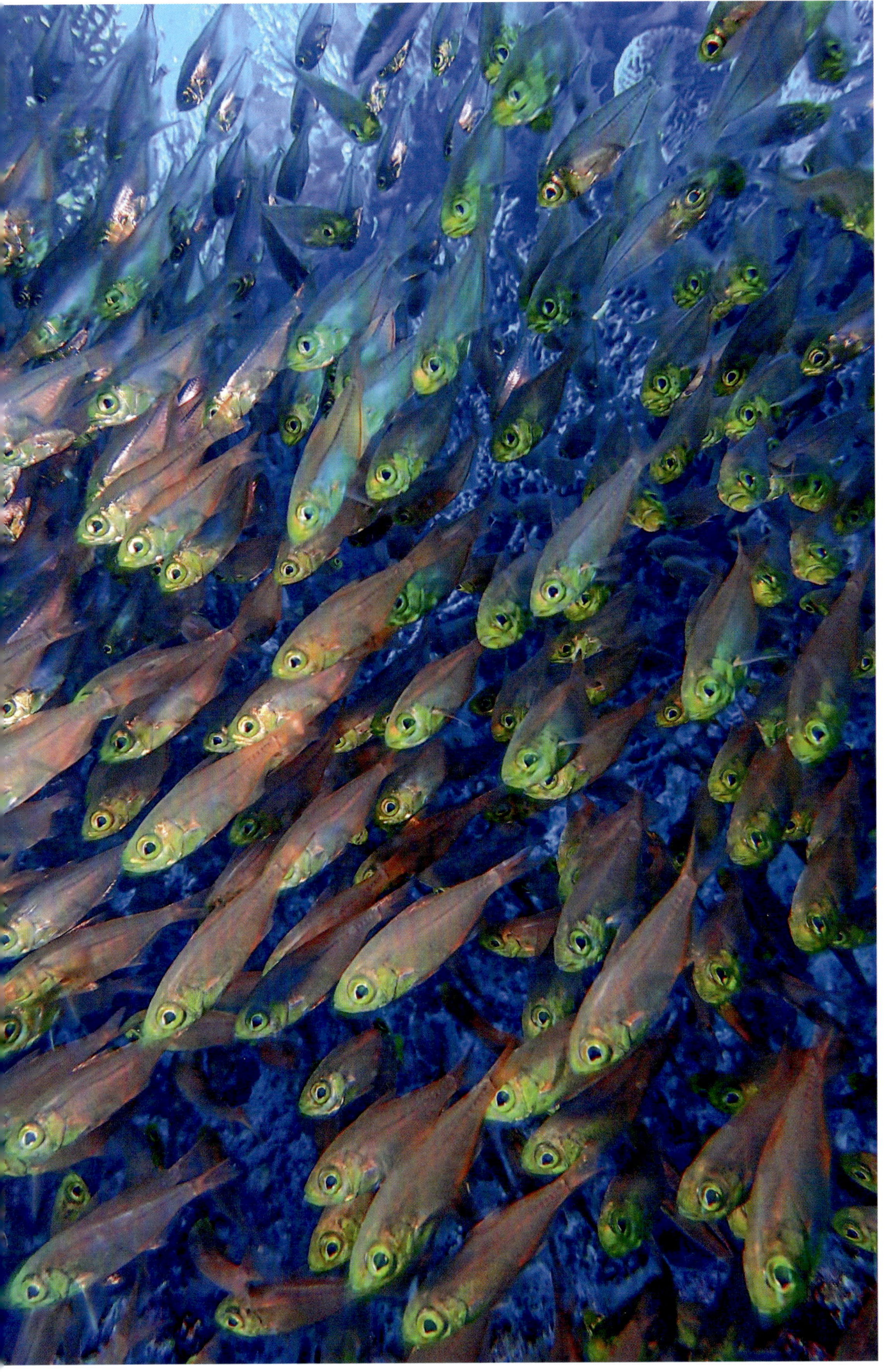

Gehäusetypen im Überblick

Nur wenige Kameras sind wirklich wasserdicht; und wenn, dann nur bis 15 oder 20 m, selten bis 30 m oder mehr. Die Anschaffung eines UW-Gehäuses ist für gestandene Taucher mit Fotoambitionen also geradezu zwingend und hier gilt wie beim Kauf einer Kamera: Möchte ich bis an die Spitze vordringen und mit einem Metallgehäuse der Luxusklasse losziehen oder bin ich mit einer Kunststoff-Schutzhülle für Normalverdiener zufrieden?

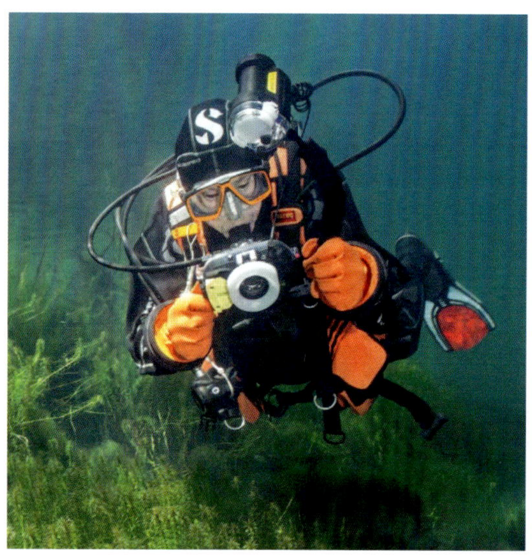

Kompaktkamera, externer Blitz und Ringdiffusor bilden eine perfekte Kombination für Urlaubsfotografen. HF

Was will ich wirklich, wie weit ich es treiben mag, ist mehr noch als bei der Kamera eine Preisfrage. Denn UW-Gehäuse für den Einbau von Profi-Kameras kennen hinsichtlich des Preisschildes nur einen Weg, nämlich den nach oben. Wer das edle Teil möchte und bezahlen kann, ist ein glücklicher Mensch. Er bekommt dann tatsächlich das Beste für seine Investition. Nur tragen – das ist der einzige Wermutstropfen - muss er die Ausrüstung meistens selbst. Der Preis von UW-Gehäusen orientiert sich primär an dem der Kamera. Das liegt schlichtweg daran, dass von den Profi-Boliden weit weniger verkauft werden. Analog dazu sind die Produktionszahlen der passenden UW-Gehäuse deutlich geringer bis hin zur Einzelanfertigung. Es gilt folglich, dass der Investition in eine teure Kamera die in ein hochpreisiges Gehäuse folgt.

Polykarbonat

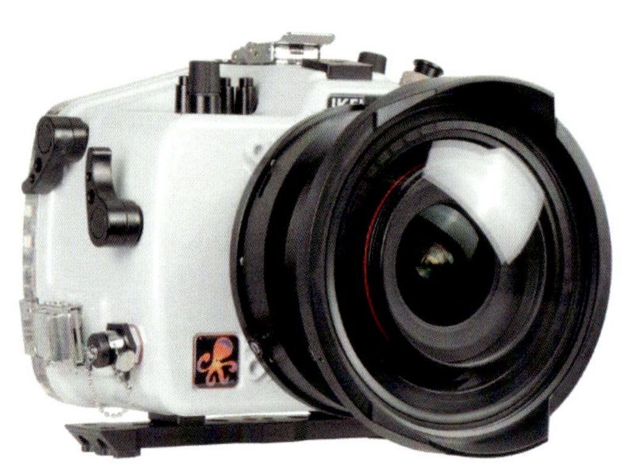

Ikelite bietet eine Produktreihe aus schlagfestem Kunststoff mit transparenter Rückseite. PR

Die Verwendung von Polykarbonat oder ähnlichen, transparenten Kunststoffen für die Herstellung von UW-Gehäuse kann lange zurückverfolgt werden. Der erste Hersteller war Ikelite, der sich an dieses Material wagte und bereits in den frühen 1970er Jahren Schutzgehäuse für Systemblitzgeräte und Kameras baute. Mittlerweile ist Ikelite der größte Gehäusehersteller für schlagfeste und transparente UW-Gehäuse.

Mit Aufkommen der digitalen Kompakten hat sich ein neuer Typ für Einsteigerkameras etabliert. Polykarbonat-Gehäuse sind fester Bestandteil der Zubehörpalette von Actioncams und Kompaktkameras. Hin und wieder trifft man Polykarbonat-Gehäuse auch bei den Schutzhüllen für CSCs. Meikon und Olympus setzen auf dieses Material und fahren damit keineswegs schlecht.

Die Vorteile liegen auf der Hand: Die UW-Gehäuse sind leicht, in die meisten kann man hineinschauen; es gibt allerdings auch schwarze Einfärbungen von Polykarbonat-Gehäusen. Man gestaltet insbesondere den Mittelteil des UW-Gehäuses und den Port etwas dunkler bis hin zu schwarz, um Streulicht im Inneren zu vermeiden. Ein ungetrübter Einblick ins Gehäuseinnere beruhigt durchaus, da man eindringendes Wasser sogleich bemerkt und die Eingriffe besser kontrollieren kann. Dies sorgt im Falle komplizierten Übertragungen für Erleichterung. Bei Kompaktkameras muss man für gewöhnlich nichts kontrollieren oder nachbessern. Man legt die Kamera ins Gehäuse, verschließt dieses und alles passt. Die Fertigung der Spritzguss-Technik hat eine Präzision erreicht, die mit einem Metallgehäuse nur mit Mühe zu schaffen ist.

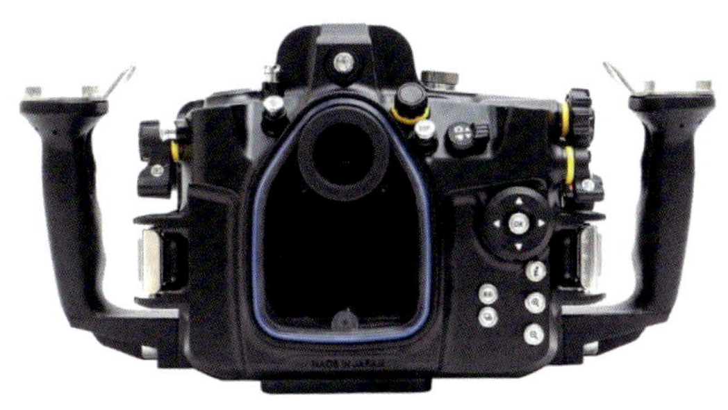

Sea & Sea hat sehr durchdachte UW-Gehäuse für SLRs und CSCs im Programm. PR

Nachteile kann man bei der Lebensdauer verbuchen, obwohl man das relativieren muss. Polykarbonat-Gehäuse halten Jahrzehnte, wenn man sie nicht in die Sonne legt. UV-Strahlen können eventuell das Material schädigen, was aber von den Herstellern strikt dementiert wird. Ikelite-Produkte, die mehr als 15 Jahre im Dauereinsatz in den Tropen waren, Sonne und Salzwasser über sich ergehen lassen mussten, zeigten keine Ermüdungserscheinungen. Fallen Polykarbonat-Gehäuse auf harten Boden, können sie Risse bekommen oder splittern. Solche Schäden sind irreparabel. Keinesfalls darf man Polykarbonat-Gehäuse mit Reinigungsmitteln säubern. Dann verfärben sie sich, können spröde werden und feine Risse bekommen.

Außer bei Ikelite kann man an billigen, in China gefertigten Polycarbonat-Gehäusen keine Ports wechseln. Mittelteil und Port bestehen aus einem Stück. Das verbilligt den Herstellungsprozess, macht die UW-Fotografie aber auch unflexibel, da nur ein oder zwei Objektive, meist das Kit-Zoom und ein Makro, passen. Wenn der fest verbaute Port mit dem M67-Frontgewinde ausgestattet ist, lassen sich Nahlinsen und WW-Konverter montieren. Bei UW-Gehäusen für Kompaktkameras ist das fast immer der Fall. Kann man den Port nicht vom UW-Gehäuse trennen, sollten Sie bei Flugreisen den Rückdeckel-O-Ring heraus nehmen und im Gehäuse lagern, damit er sich wieder findet. So lässt sich das UW-Gehäuse am Meer ohne Kraftaufwand öffnen.

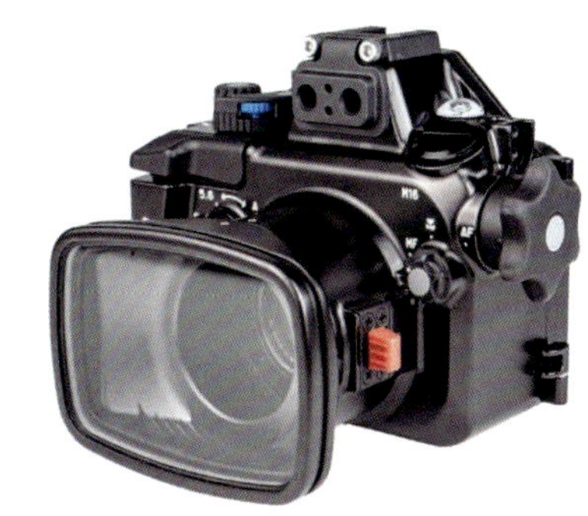

Mit UW-Gehäusen für Kompaktkameras fotografiert man durch Planglas. PR

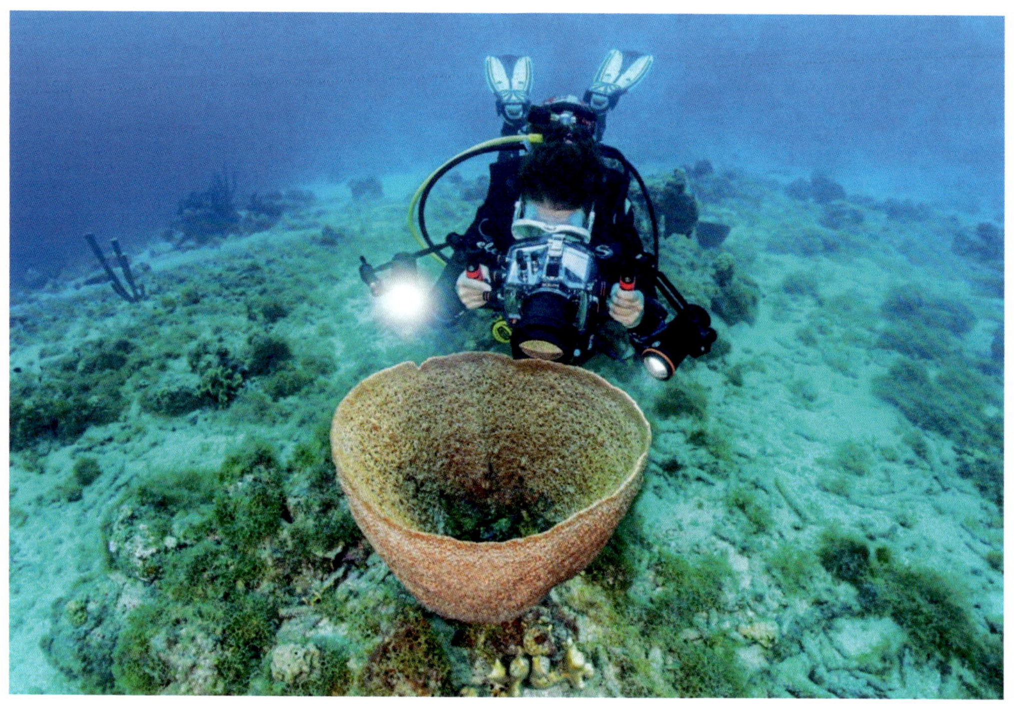

Ikelite-Gehäuse sind mit die preiswertesten am Markt. In den USA haben sie eine große Fangemeinde. HF

Carbon

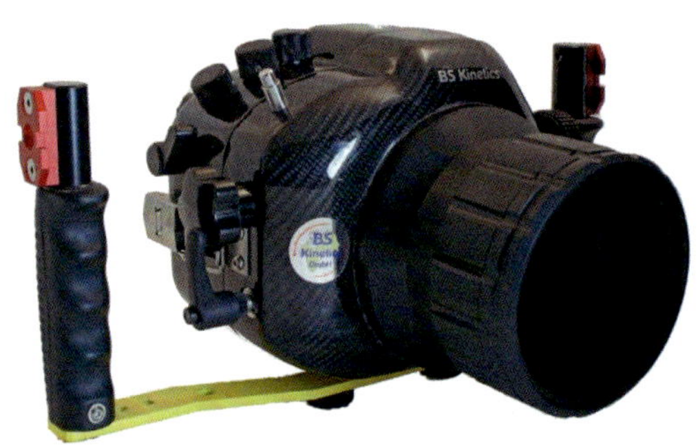

BS-Kinetics ist Europas einziger Hersteller von Carbon-Gehäusen. PR

Carbon ist ein edler Kunststoff, der in Rennwagen, der Luft- und Raumfahrt, aber exklusiv auch im UW-Gehäusebau verwendet wird. In Europa - eventuell sogar weltweit - gibt es nur einen einzigen Hersteller, BS-Kinetics in Großweier bei Achern. Da jedes Carbon-Gehäuse quasi eine Einzelfertigung ist, ist BS-Kinetics bemüht, für jede Kamera eine Schutzhülle bauen zu können. Wer sich für ein Kameramodell interessiert, für das es nirgends Polykarbonat- oder Metall-Alternativen gibt, sollte bei BS-Kinetics vorsprechen. Hier findet man, was sonst nicht aufzutreiben ist: UW-Gehäuse für Face One, Fuji, Yi, Leica, Pentax, Hasselblad und natürlich alle anderen. Einzigartig ist ein UW-Gehäuse für das Leica S-System, eine der besten und auch teuersten Kameras der Welt, für deren Gegenwert zusammen mit dem UW-Gehäuse man sich einen hübschen fahrbaren Untersatz der oberen Mittelklasse aussuchen könnte.

BS-Kinetics-Gehäuse sind schwarz, können auf Wunsch aber auch mit farbigen Einlagen bestellt werden. Zu jedem Carbon-Gehäuse gehört eine metallene Umlaufschiene, die zur Aufnahme von LED-Leuchten und Blitzgeräten dient. Gleichzeitig kann man mit ihr die

Fotogerätschaft tragen. Carbon ist schlagfest. Wenn das Gehäuse zu Boden fällt, ist es nicht gleich kaputt. Wenn doch, können Risse mit Epoxidharz repariert werden. UV-Strahlung, Salzwasser, Hitze und Kälte beeindrucken das Material nicht. Allerdings heizen sich die schwarzen UW-Gehäuse stark auf, wenn man sie in der Sonne liegen lässt. Selbst wenn nichts passiert, ist das schlecht für die eingebaute Kamera, weil ein stark erwärmter Bildsensor schlechtere Bildergebnisse liefert als ein kalter.

Carbon-Gehäuse lassen sich nicht wie die aus Metall oder Polykarbonat maschinell am Fließband fertigen. Die Aura des Unikats haftet an diesen Produkten wie Honig auf einem Butterbrot. Das könnte der Grund sein, weshalb sich BS-Kinetics mit seinen Carbon-Produkten allein auf weiter Flur bewegt. Nachahmer haben es schwer, denn Carbon zu verarbeiten erfordert ein fundamentales Wissen um diesen Werkstoff.

Metall

UW-Gehäuse aus Metall waren die ersten Schutzhüllen für SLRs. Bereits in den 1950er Jahren wurden die Ersten von Rene Hugenschmidt in Küsnacht bei Zürich gefertigt. Seitdem erfolgte ein steter Wandel mit enormen Verbesserungen. Wurden noch in den 1970er Jahren UW-Gehäuse aus Gusseisen vorgestellt, die so schwer waren, dass auf den Bleigurt verzichtet werden konnte, wird heutzutage nur noch Leichtmetall in Form von salzwasserresistentem Alu-Guss verwendet. Oberflächen werden grundiert und lackiert, manchmal auch eloxiert. So gut wie keine Probleme gibt es mit der Verarbeitung und den Eingriffen bei Metallgehäusen. Die Präzision der Bedienelemente ist durchweg bei allen Herstellern sehr hoch.

Seacam verarbeitet einen sogenannten Silberguss, der so heißt, weil er eine durchgehend silbrige Farbe hat. Dieses Design macht aus schnöden UW-Gehäusen begehrenswerte Pretiosen. Die Farbe eines Metallgehäuses ist zumindest aus fotografischer Sicht nicht so unbedeutend wie man glauben möchte. Ein schwarzes UW-Gehäuse lässt sich in der Hand eines Models, das mit einem dunklen Anzug und schwarzem Jacket taucht, optisch schlecht darstellen. Silbrige UW-Gehäuse neigen zur Reflexion, sind aber über größere Entfernung beim Ablichten des Tauchpartners gut zu sehen.

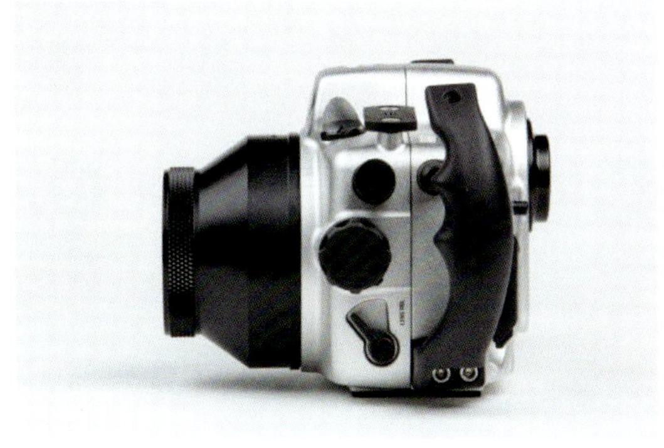

Edler Silberguss zeichnet die UW-Gehäuse von Seacam aus. PR

Metallgehäuse wirken auf die meisten UW-Fotografen beruhigend. Man traut ihnen alles zu, aber nicht, dass sie kaputt gehen. Da ist was dran. Wenn man sein Alu-Gehäuse ein wenig pflegt, wird es den Besitzer überleben. Ob das auch auf die eingebaute Kamera zutrifft, ist ungewiss. Metallgehäuse sind resistent gegen UV-Strahlung, Salzwasser, Kälte und Hitze sowie gegen chemische Reinigungsmittel, die man aber wegen der Dichtungen nicht verwenden sollte. Wenn Metallgehäuse vom Tisch fallen, ist höchstens mal ein Hebel abgebrochen oder eine Welle verbogen. Auch die eingebaute Kamera hat eventuell einen Schaden erlitten. Die Befürchtung, dass Metallgehäuse unsäglich schwer sind, trifft zumindest für solche mit eingebauten CSCs und kleinen SLRs nicht zu. Hier hat sich viel getan. Durch konstruktive Maßnahmen konnten die Wandstärken deutlich verringert werden.

Anders sieht es aus, wenn man Metallgehäuse für Kompaktkameras mit solchen aus Kunststoff vergleicht. Da gibt es spürbare Unterschiede beim Gewicht. Metallgehäuse für Kompaktkameras ergeben nur Sinn, wenn man sich für ein Premium-Kameramodell entscheidet, denn die preisliche Differenz zu Polykarbonat kann ein Mehrfaches betragen. Die besten, wohl auch die teuersten Metallgehäuse für Kompaktkameras bauen Fantasy und Nauticam, wobei die Auswahl an Accessoires bei Nauticam am größten ist. Von der Halteschiene bis zum Pistolengriffauslöser ist alles vorhanden; ergänzt um Filter, vorschwenkbare Nahlinsen und WW-Konverter. Es gibt sogar Kompaktkameragehäuse aus Metall, bei denen man die Ports wechseln kann. Der Port dient dann gleichsam als WW- oder Fisheye-Linse.

Ports

An Systemkameras kann man das Objektiv wechseln. Dies bietet ungeahnte Möglichkeiten für eine individuelle, kreative Bildgestaltung sowie für gewagte Perspektiven. Nun geht ein Objektivumbau mit einem Brennweitenwechsel einher. Somit ändert sich auch der Bildwinkel; beispielsweise vom Makroobjektiv zum Superweitwinkel oder vom Kit-Zoom zum Fisheye. Dies bedingt dann meist, dass man am UW-Gehäuse den Port wechseln muss. Ports sind die wechselbaren Frontteile eines UW-Gehäuses.

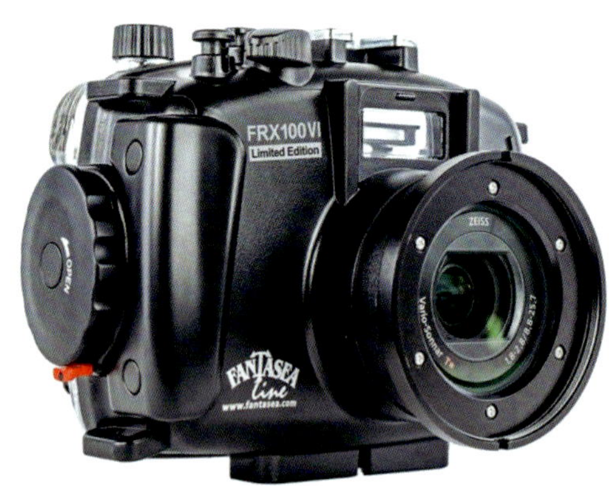

Das Fantasea-Gehäuse zu RX 100 VI und RX 100 VII von Sony erlaubt keinen Portwechsel. Das Tele der Kamera kann im Gehäuse statt möglicher 200 mm nur bis 66 mm ausgefahren werden; jedoch lassen sich Konverter montieren. PR

Üblicherweise besteht das UW-Gehäuse für Systemkameras aus drei Teilen, dem Rückdeckel, dem Mittel- oder Hauptteil und dem Port. An sehr preiswerten Kunststoffgehäusen für Systemkameras, so z. B. an denen der Firma Meikon und der Olympus PEN-Serie, kann man die Ports nicht wechseln. Ein solches UW-Gehäuse besteht dann nur aus zwei Teilen, einem meist aufklappbaren Rückdeckel und dem eigentlichen UW-Gehäuse samt Port. Normalerweise kann man dann nur zwei Objektive verwenden, das Kit-Zoom und ein kürzeres Makroobjektiv. Wenn der Hersteller vorne am Port ein M67 Frontgewinde vorgesehen hat, sind Adaptionen von Nahlinsen und WW-Konvertern möglich. Diesen Weg geht beispielsweise Olympus bei seinen UW-Gehäusen für die PEN-Serie. Etliche UW-Fotografen, die mit Systemkameras arbeiten, brauchen nicht mehr und wollen sich auch nicht mit weitergehenden Accessoires belasten. Nicht jeder, der mit einer Systemkamera fotografiert, will mit Superweitwinkel- und Fisheye-Objektiven hinter großen Domeports seine Freizeit unter Wasser verbringen.

An den üblichen, dreiteiligen UW-Gehäusen für CSCs und SLRs werden Ports per Bajonett mit zwei bis vier Nasen, mittels Gewinde, gesteckt oder mit einem Mix aus Bajonett und Gewinde befestigt.

Ports können sich durch versehentliches Drehen vom UW-Gehäuse lösen. Das Gewinde-Bajonett von Seacam ist wohl das sicherste Verfahren, wenn die Ports keine zusätzliche Verriegelung wie bei Nauticam und Sea & Sea enthalten.

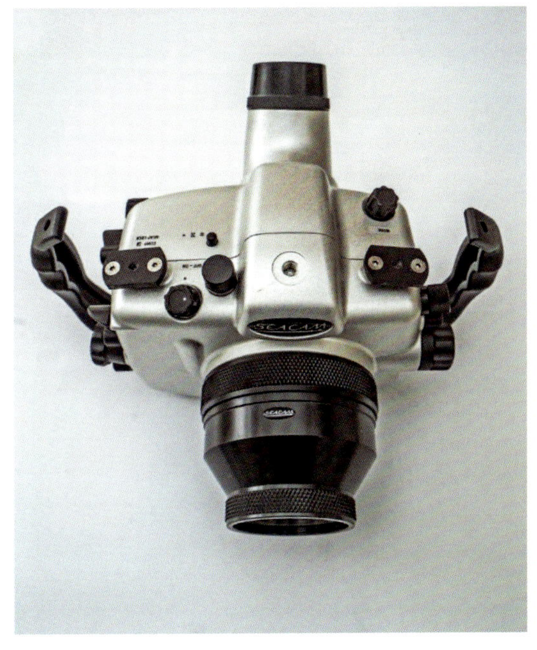

Bisweilen werden Rückdeckel, Mittelteil und Port noch um Zwischenringe ergänzt. Diese sorgen dafür, dass die Geometrie zwischen Port und Objektiv perfekt abgestimmt ist. Abgerundet wird das System durch diverse Sucher, die den Komfort sichtlich steigern. HF

Ein Fall ist bekannt, da reichte der Taucher dem Helfer an Bord seine Fotogerätschaft an. Beide hielten sich am Gehäuse fest; der Helfer am Port, der Fotograf am Gehäuse. Dann drehte eine größere Welle den Taucher, der sein UW-Gehäuse nicht los ließ. Infolge dessen löste sich der Port aus dem Bajonett und das Gehäuseinnere wurde geflutet. Mit Portsicherung oder Bajonett-Gewinde wäre das nicht passiert. Übliche Bajonett-Ports lösen sich bereits nach einer Drehung von 90°, manche sogar schon von 45°.

Man unterscheidet generell in Plan- und Domeport. Plan- oder Planglas-Ports besitzen vorne als Abschluss ein plan-paralleles Mineralglas. Acrylgläser sind erhältlich, werden aber selten angeboten, da dieses Material recht schnell zerkratzt.

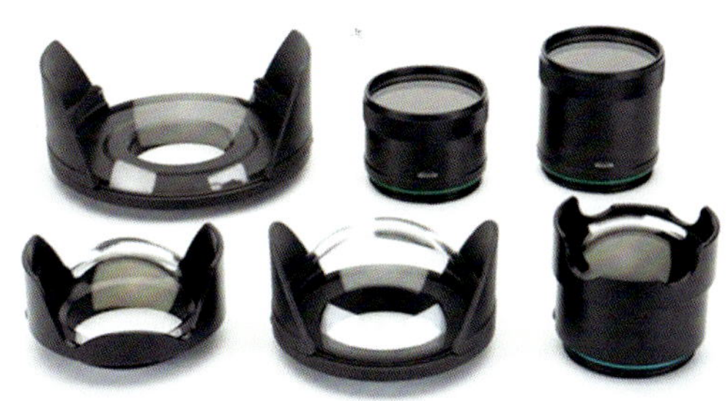

Passend zu den diversen Objektiven haben die renommierten Hersteller jeweils eine ganze Palette passender Ports in ihren Lieferprogrammen. PR

Durch Planglas fotografiert man bis zu einem Bildwinkel von 75°. Das entspricht einem KB-Objektiv mit 28 mm, einem APS-C Objektiv mit 18 mm oder einem MFT-Objektiv mit 14 mm Brennweite.

Wer mit größeren Bildwinkeln, sprich kürzeren Brennweiten, durch Planglas fotografiert, riskiert Rand- und Eckenunschärfen bzw. kissenförmige Deformationen, wobei diese in der Natur eher nicht zu sehen sind, wohl aber in einem gekachelten Pool. Zu beachten ist, dass man mit einem MFT-Bildsensor im Notfall bis zu einem Bildwinkel von 84° gehen kann, ohne dass die Bilder total unbrauchbar werden würden. Allerdings sind Bildränder und Ecken auch nicht mehr scharf. 84° entspricht einer KB-Brennweite von 24 mm und die sollte man nicht mehr hinter Planglas einsetzen. Bei APS-C entspricht es einer Brennweite von 16 mm und kann nur mit viel Wohlwollen toleriert werden. Am besten machen es Kompaktkameras mit einem

1/2,3 Zoll-Bildsensor. Kompakte mit einer kürzesten äquivalenten KB-Brennweite von 25 mm, was bei einem Crop-Faktor von 5,6 einer echten Digitalbrennweite von 4,5 mm entspricht, werden in UW-Gehäusen in den allermeisten Fällen hinter Planglas eingesetzt. Es gibt asiatische Hersteller, an deren Kompaktkameragehäusen man den Port abnehmen und durch eine Domeglas-Linse ersetzen kann. KB-äquivalente Brennweiten von 28 mm verdauen Kompaktkameras hinter Planglas erstaunlich gut. Die weltweit fotografierten Kompaktkamera-Bilder vieler UW-Fotografen beweisen es mit ihrer akzeptablen Bildqualität.

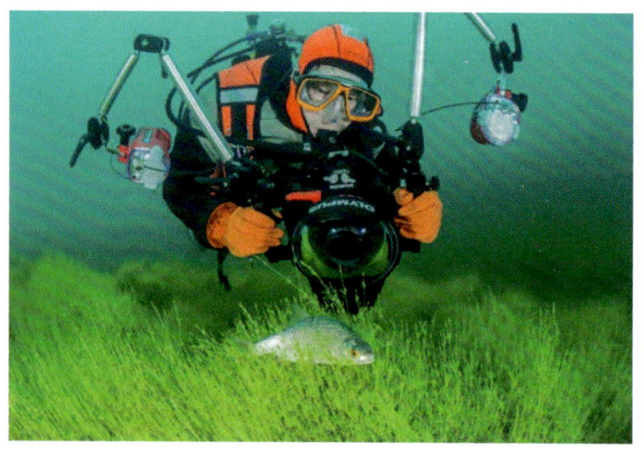

Fast ein wenig deplatziert wirkt der große Domeport zusammen mit dem kleinen Fisch. HF

Wenn der Bildwinkel 75° übersteigt, ist es vernünftig, das Objektiv hinter einem sphärischen gewölbten Glas, dem so genannten Domeglas, zu verwenden. Man nennt diesen Vorbau daher Domeport. Domegläser sind konvexe Linsen, idealerweise so nach außen gewölbt, dass der Überwasserbildwinkel auch unter Wasser erhalten bleibt. Beim Planglas-Port ist das nämlich nicht der Fall, weil die Lichtbrechung am Planglas eine scheinbare Verlängerung der Brennweite um den Faktor 1,33 bewirkt. Gleichzeitig rücken im Sucher bzw. auf dem Monitor die Motive 25% näher und wirken 33% größer. Als weniger erfreuliche Nebenerscheinung wird die Schärfentiefe kleiner, und zwar um den Betrag, den eine um den Faktor 1,33 verlängerte Brennweite bei gleicher Blende und identischer Motiventfernung aufweisen würde. Domegläser arbeiten optisch anders als Plangläser. Sie besitzen selbst eine negative Brechkraft, rücken deshalb zwar Motive optisch näher an das UW-Gehäuse, doch die Größenverhältnisse bleiben erhalten. Je größer der Bildwinkel, desto gekrümmter muss das Domeglas gestaltet sein. Fisheye-Objektive benötigen eine Glas-Halbkugel als Portabschluss.

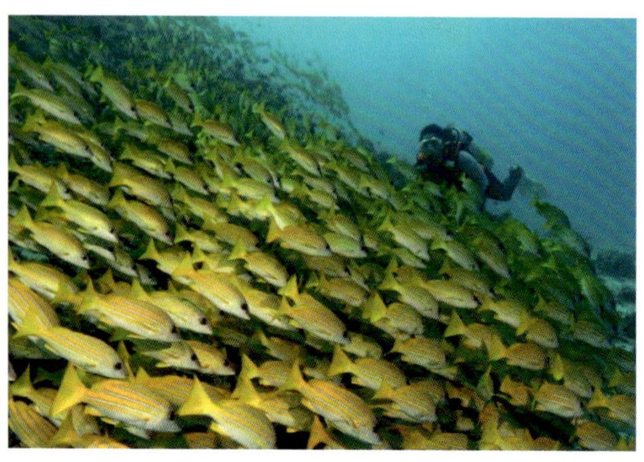

Bauteile verschiedener Hersteller können via Adapter kombiniert werden; hier arbeiteten ein Sea & Sea-Gehäuse und ein Nauticam-Domeport zusammen. GD

Die größten Probleme hinter Domegläsern verursachen Super-WW-Zoome für das Vollformat. Diese teuren Objektive mit ihren Bildwinkeln von 114° bis 130° bedingen sehr große Domegläser – von den Gehäuseherstellern Superdome, Hyperdome oder Masterdome genannt. Der Durchmesser des Domeports sollte mindestens 23 cm bis 26 cm betragen. Trotzdem kann die Abbildungsqualität, bezogen auf die Rand- und Eckenschärfen, nicht wirklich befriedigen. Es gelten im Wesentlichen dieselben Regeln wie für Plangläser.

Je kleiner der Bildsensor desto unproblematischer ist die Handhabung und desto schärfer werden die Ränder dargestellt. Gift für die Abbildungsleistung von UW-Kamerasystemen mit Domeports sind allerdings weit geöffnete Blenden. Bei Blendenzahlen kleiner als 5,6 fallen die Verzeichnungen deutlich aus. Für den Fall einer nicht ganz perfekten Abstimmung zwischen Domeport und Objektiv sowie beim Einsatz von WW-Zooms sind nur Blendenwerte ab 8 aufwärts anzuraten.

Merksätze:

- Wird durch Planglas fotografiert, verkleinert sich der Bildwinkel aufgrund der Lichtbrechung am Planglas.
- Würde man mit einem Fisheye oder einem extremen WW-Objektiv durch Planglas fotografieren, ergäben sich ab einem Überwasserbildwinkel von 114° bzw. einem UW-Bildwinkel von mehr als 97° in den Ecken Totalreflexionen. Die Ecken wären dunkel.
- Domegläser wirken im Wasser wie überdimensionale, negative Menisken, also Vorsatzlinsen, die das Brechungsverhalten von Wasser neutralisieren.
- Im Gegensatz zum Planglas vergrößern Domegläser die Motive nicht.
- Je kleiner das Domeglas, desto näher rücken Motive optisch heran; im Extremfall bis zum Glas. Mit kleiner werdendem Durchmesser schrumpft allerdings die Schärfentiefe.
- Je größer das Domeglas, desto größer ist seine Schärfentiefe.
- Mit großen Domegläsern und großen Bildwinkeln lassen sich Halb und Halb-Aufnahmen gestalten, bei denen sowohl der Überwasser- als auch der Unterwasserpart scharf abgebildet werden können.
- Domegläser haben an jeder Stelle des Glases die gleiche Materialstärke.
- Frontgläser in Ports mit unterschiedlicher Materialstärke – in der Mitte dünner als am Rand – sind definitionsgemäß keine normalen Domegläser, sondern Domeglas-Linsen.
- Besteht das Frontglas aus einer Plan-Konkav-Linse bezeichnet man den Port nach seinem Erfinder auch als Ivanoff-Vorsatz. Diese Frontlinse generiert bis zum Bildwinkel von 94° sehr gute Abbildungsleistungen.
- Ist das Domeglas gut berechnet und montagemäßig auf die Objektiv-Position abgestimmt, sind Randunschärfen, Farbränder und Verzeichnungen weitgehend beseitigt. Alle einfallenden Lichtstrahlen werden ungebrochen und ohne Versatz zum optischen Mittelpunkt des Objektivs gelenkt.
- Objektive zum Einsatz hinter Domegläsern sollten eine Nahgrenze kleiner als 30 cm anbieten. Grund ist die scheinbare Entfernung des Unendlichkeitspunktes vor dem Domeglas. Dieser rückt mit kleiner werdendem Domeglas immer näher. Irgendwann sind die Motive so nah, dass man das Objektiv nicht mehr auf unendlich stellen kann. Dann muss man das Objektiv in die kürzeste Naheinstellung fokussieren, um ein scharfes Bild zu bekommen.
- Wer mit einem Makrofisheye-Port, einem sehr kleinen Domeport, arbeiten will – manche Gehäusehersteller bieten einen solchen an – benötigt ein Fisheye-Objektiv mit einer Naheinstellung von mindestens 15 bis 20 cm. Damit kann man eine Nacktschnecke mit Taucher im Hintergrund ablichten. Weil kleine Domeports auch geringe Schärfentiefen aufweisen, wählt man Blende 22, eine verlängerte Verschlusszeit von mindestens 1/30 s oder 1/20 s und ISO 200 bis ISO 400 je nach Umgebungshelligkeit bzw. Tauchtiefe.

UW-Blitzlichtfotografie in der Praxis

Ohne Kunstlicht kann die UW-Fotografie - zumindest im Nah- und Makrobereich - selbst im Flachwasser nicht überzeugen. Wer Farben darstellen möchte, kommt an der Investition in ein Blitzgerät oder eine LED-Leuchte nicht vorbei. Soll neben der UW-Fotografie bisweilen eine Videosequenz erstellt werden, sind beide Lichtquellen ein Muss; links von der Kamera der Blitz als Hauptlichtquelle, rechts die Videoleuchte, die zudem als Schatten-Aufheller dienen kann. Dabei hat das Blitzgerät als primäre Lichtquelle für UW-Fotografen nichts von seiner Unverzichtbarkeit verloren, denn Blitzlicht ist wegen seiner hohen Energie und kurzzeitigen Leistungsabgabe jeder LED-Leuchte überlegen. Von daher ist eines der gewichtigen Themen dieses Buches die UW-Blitzlichtfotografie in der Praxis. Deren Bedeutung tragen die Autoren ganz bewusst mit einer großen Seitenzahl und vielen Details Rechnung.

UWF Praxistipps	Kapitel 11: Was bringt das externe Blitzgerät? Kapitel 21: Wie reduziert man Trübstoffreflexionen? Kapitel 32: Blitzlicht Kapitel 33: Lampenlicht
UWF Stufe 1	Kapitel Makrofotografie ist Blitzlichtfotografie Kapitel Erläuterungen zum Blitzlichteinsatz Kapitel Mischlicht

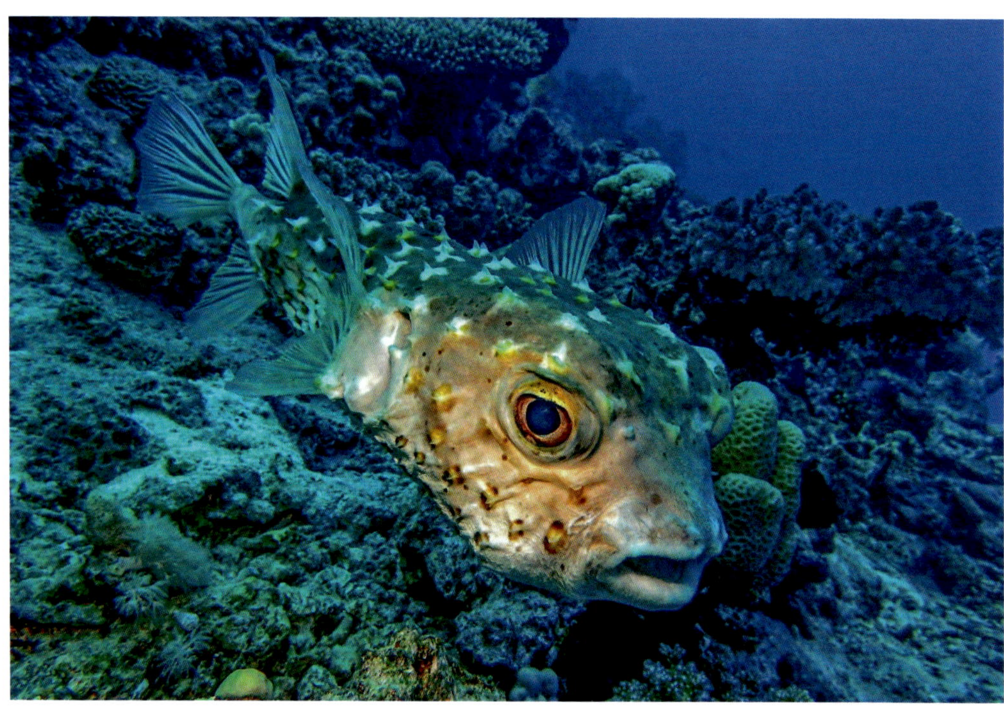

Die Extinktion wirkt gnadenlos; dort wo kein Kunstlicht auftrifft versinkt die UW-Welt in Blau-Grau. GD

Kunstlichtquellen im Überblick

Systemblitzgeräte

Unter dem Begriff Systemblitzgeräte fasst man alle Blitzgeräte zusammen, die sich im Blitzschuh einer Kamera befestigen lassen. Der Kameratyp spielt zunächst keine Rolle, denn diese Blitzgeräte können sowohl an hochwertigen Kompaktkameras, als auch an CSCs oder SLRs verwendet werden. Ausgenommen sind wasserdichte Kompaktkameras, die nicht über einen funktionsfähigen Blitzschuh verfügen. Meistens handelt es sich um Blitzgeräte, die von den Kamerafirmen selbst hergestellt werden und deshalb überwiegend an Land zum Einsatz kommen. Aber auch Fremdhersteller wie Yongnuo, Metz, Nissin oder Sigma mischen hier mit.

Wenn man Systemblitzgeräte in der UW-Fotografie verwenden will, muss man sie in ein UW-Gehäuse stecken. Das kann ein Problem werden, wenn es für das anvisierte Blitzgerät kein passendes Teil gibt. In der Regel werden Systemblitz-Gehäuse nur für die großen Canon- und Nikon-Systemblitzgeräte angeboten. Wer sich für andere Systemblitzgeräte im UW-Einsatz interessiert, weil er beispielsweise mit einer Kamera von Olympus, Panasonic, Pentax oder Sony unterwegs ist, wird bei www.bskinetics.com oder Isotta unter www.PanOceanPhoto.com fündig.

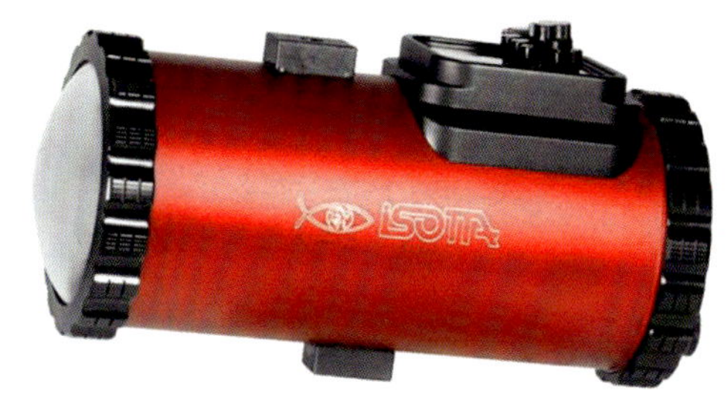

Der italienische Hersteller Isotta fertigt Rohrgehäuse für Systemblitzgeräte. PR

Systemblitzgeräte sind besser als ihr Ruf. Insbesondere funktionieren sie im Nah- und Makrobereich TTL-gesteuert perfekter als die meisten Amphibienblitze. Grund ist, dass sie mit dem Blitzprotokoll der Kamera zu 100% arbeiten können, was bei den Amphibischen eher nicht der Fall ist. Die Blitzbelichtungssicherheit ist deshalb im Rahmen ihres Einsatzbereiches unerreicht; erstaunlich, dass sie in der UW-Fotografie nur noch eine Außenseiterrolle spielen.

Systemblitzgeräte haben indes auch Nachteile. Der Ausleuchtwinkel ist normalerweise kleiner als bei gut abgestimmten Amphibienblitzgeräten. Mehr als 85° diagonal sind trotz Streuscheibe eher nicht drin. Grund ist der relativ kleine Rechteckreflektor. Wer große Bildwinkel ausleuchten will, benötigt zwei Geräte. Dabei gilt es zu beachten, dass man immer zwei identische und gleichstarke Systemblitzgeräte verwendet, weil es sonst mit einer ausgeglichenen TTL-Blitzbelichtung Probleme gibt. Systemblitzgeräte sind, wenn es sich um professionelle Ausführungen handelt, ausreichend stark.

Leitzahlen und Ausleuchtwinkel verändern sich bei vielen Systemblitzgeräten automatisch mit der Veränderung des Bildwinkels am Zoomobjektiv oder bei einem Objektivwechsel, können aber auch manuell beeinflusst werden. Meistens werden Systemblitzgeräte mit der Blitzbelichtungsautomatik eingesetzt. Manuell blitzen ist generell möglich, aber das UW-Systemblitzgehäuse muss diese Eingriffe schnell und irrtumsfrei zulassen, sonst scheitert man an der umständlichen Bedienung.

Fiberoptisches Blitzen ist normalerweise nicht oder nur sehr umständlich machbar. Das UW-Kameragehäuse muss daher über eine Blitzbuchse mit N5- oder S6-Anschluss verfügen. Die TTL-Blitzsteuerung bzw. das Blitzprotokoll und die Konfiguration des Blitzschuhs stehen fest. Es ist ergo unmöglich, mit einem Canon-Systemblitz an einer Nikon-Kamera oder umgekehrt zu arbeiten. Ebenso kann ein Sony-Systemblitz nicht an einer Pentax oder Olympus verwendet werden. Man ist quasi an den Hersteller gebunden, für den der Systemblitz vorgesehen ist. Einzig Olympus und Panasonic lassen wechselweises Arbeiten mit ihren Systemblitzgeräten zu.

Bei den UW-Systemblitzgehäusen unterscheidet man in Systemblitzrohre und echte Systemblitzgehäuse. In Systemblitzrohren kann der Systemblitz nur in längs ausgeklapptem Zustand verwendet werden. Im echten UW-Systemblitzgehäuse wird er rechtwinkelig eingeklappt. Mit Systemblitzrohren kann man besser anpeilen, geht aber das Risiko ein, dass es Rohrmodelle gibt, mit denen man nicht alle Funktionen bedienen kann. UW-Systemblitzgehäuse, ob als Rohr oder abgewinkeltes Gehäuse konzipiert, sind mitunter für Pilotlampen vorgesehen, so dass problemlos auch Nachttauchgänge damit durchgeführt werden können. Klar muss einem sein, dass sich die Verwendung eines Systemblitzes im UW-Gehäuse nur rechnet, wenn man den Blitz ohnehin schon besitzt, denn in der Addition kostet ein professioneller Systemblitz plus UW-Gehäuse fast so viel wie ein wirklich gutes Amphibienblitzgerät.

Amphibienblitzgeräte

Amphibienblitzgeräte verdanken ihren Namen der Tatsache, dass sie wasserdicht sind und theoretisch auch an Land benützt werden können, was aber kaum jemand macht; höchstens einmal an Bord eines Tauchbootes, wenn die Kamera noch im UW-Gehäuse eingebaut ist. Die korrekte Bezeichnung wäre eigentlich Unterwasserblitz, aber in der taucherischen Umgangssprache hat sich das Wort Amphibienblitzgerät durchgesetzt.

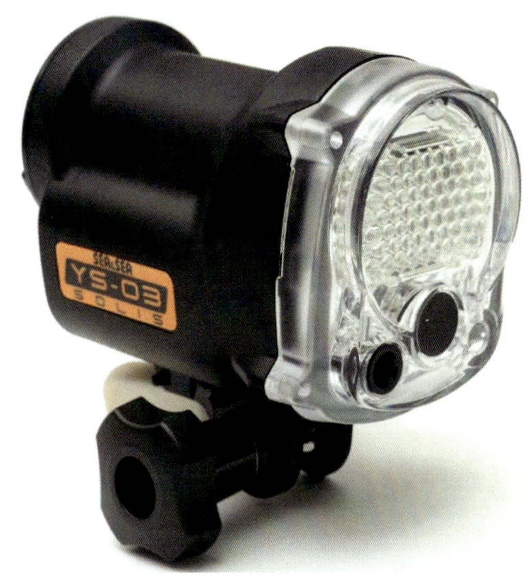

Zusammen mit den INON-Geräten sieht man Sea & Sea-Blitze weltweit am häufigsten. PR

Amphibienblitzgeräte gibt es in unterschiedlichen Ausführungen. Populär sind bei vielen UW-Fotografen die kleinen und handlichen amphibischen Kunststoffblitzgeräte von Nikon, INON, Olympus, Retra, Sea & Sea und Symbiosis, auch weil sie für Normalverdiener bezahlbar sind und mit Mignon-Zellen bestückt werden. Die amphibischen Blitzgeräte von Canon und Olympus sind optische Anleihen von Sea & Sea mit den elektronischen Ingredienzien der jeweiligen Kamerafirmen. Ein Grund, weshalb die TTL-Blitzbelichtung bei beiden Probanden sehr gut funktioniert, wenn man die Blitzgeräte an den hauseigenen Kameras verwendet. Wer auf Kunststoff steht, wird eventuell auch mit amphibischen Blitzgeräten von Ikelite glücklich.

Ambitionierte bzw. professionelle UW-Fotografen fotografieren zwar auch mit diesen Kunststoff-Blitzgeräten, setzen aber bei UW-Landschaftsaufnahmen und geblitzten Gegenlichtszenen mehrheitlich auf größere und stärkere Amphibienblitzgeräte aus Aluminium von Seacam und Subtronic, selten von Hartenberger. Dies insbesondere bei geblitzten Gegenlichtaufnahmen, wenn die Objekte im Vordergrund lichtschluckende, gedeckte Farben aufweisen. Dann ist manuelle Power gefragt.

Große Ausleuchtwinkel sind das Markenzeichen von kräftigen amphibischen Blitzgeräten, wobei man hier einschränkend erwähnen muss, dass Ausleuchtwinkel jenseits von 100° nicht so ohne weiteres generiert werden. Zwar schreiben Hersteller in ihren Bedienungsanleitungen, dass sogar 120° erreicht werden, aber das sind Angaben, die durch nichts gedeckt sind. 110° ist ein Wert, der erstmal erreicht werden will. Dazu ist ein Frontglas am Blitzgerät erforderlich, das als Linse konzipiert ist. Die UW-Leitzahl, ein Maß für die Leistung eines Blitzgerätes, sollte bei ISO 100 für weitwinkelige Aufgaben mindestens 8 betragen. Für kleine Kunststoff-Blitzgeräte ist das eine Hürde, die nicht immer übersprungen wird.

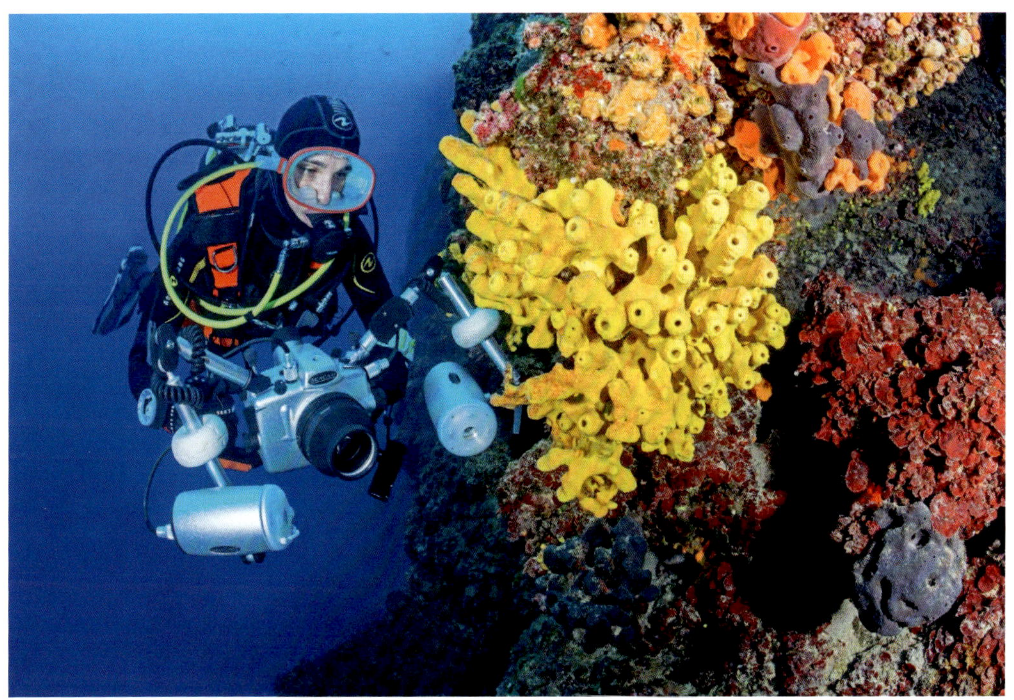

Licht kann man nie genug haben. Ambitionierte UW-Fotografen konfigurieren gerne ein Blitztandem. HF

Amphibische Blitzgeräte sind gemeinhin druckfest bis 60 m, manchmal bis 80 m und in Off Shore-Ausführung für Tec-Taucher auch bis 150 oder 200 m. Die Blitzfolgezeit sollte bei Volllast unter einer Sekunde liegen, sonst muss man bei schnellen Serien zu lange warten, bis die volle Leistung wieder zur Verfügung steht. Das packen allerdings oft nur Premium-Blitzgeräte mit einem kräftigen Wandler. Ein Kriterium ist allerdings die maximale Leistungsabgabe. Wenn diese sehr hoch ist, genügen mitunter Teillaststufen von 1/2 oder 1/4 der vollen Last, um trotzdem bei Dauerfeuer noch sicher belichten zu können.

Bilder von Kompaktkameras und vielen Systemkameras werden in UW-Gehäusen grundsätzlich mit fiberoptischen Signalen blitzbelichtet. Die kleinen amphibischen Kunststoffblitzgeräte von INON und Sea & Sea sowie die Makroblitzgeräte von Seacam sind dafür gerüstet. An besseren Ausführungen können sowohl Synchronkabel als auch Lichtleiter angeschlossen werden. Bei den großen Amphibienblitzgeräten von Ikelite, Seacam und Subtronic sind Sowohl-als-auch-Lösungen möglich.

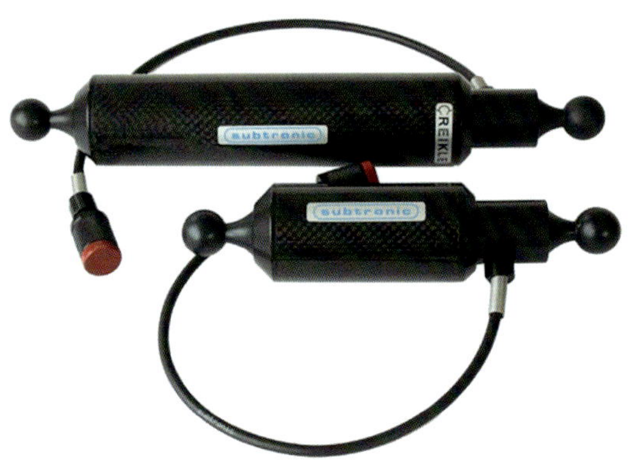

Akkus im Blitzarm sind ungewohnt, aber notwendig, wenn man einen Subtronic-Blitz verwendet. Es gibt sie bis 9 Ah in Carbon-Armen. PR

Ein besonderes Merkmal begleitet Subtronic-Blitzgeräte. Der Akku ist im Blitzarm verbaut. Das macht zwar den Blitzkopf handlich, ist aber etwas ungünstig bei Blitzgeräten mit kleinen Durchmessern, weil auf der Schalttafel zwei Kabel montiert werden müssen. Das engt ein.

Beim Erwerb eines Ersatz-Akkus ist ein komplettes Blitzarm-Teil erforderlich. Andererseits kann man im Blitzarm nahezu beliebig starke Akkus verbauen und sie ohne besondere Vorkehrungen an allen Blitzgeräte-Modellen des Herstellers verwenden.

Videoleuchten

Video- bzw. LED-Leuchten werden für den Dauerlichteinsatz verwendet. Sie brennen permanent, um mit diesem Licht Videos oder Standbilder zu belichten. In vielfältiger Form werden sie als Pilotlampen für Nachttauchgänge hergenommen. In den meisten amphibischen Blitzgeräten sind LED-Brenner fest eingebaut, leider nur sehr selten in so prägnanter Ausführung, dass man damit sogar videografieren kann.

Videoleuchten besitzen größere Ausleuchtwinkel als normale LED-Taucherlampen. Das hat gute Gründe, denn zum Videografieren oder Belichten von Bildern sind große Ausleuchtwinkel wünschenswert. Eine LED-Taucherlampe ist hingegen geeigneter, wenn der Winkel kleiner ist, weil das gebündelte Licht weiter reicht und so zum Suchen geeigneter ist. Punktstrahler sind indes zum Videografieren und Fotografieren generell ungeeignet, weil viele Motive nicht mehr vollständig ausgeleuchtet werden. Andererseits findet man mittlerweile auch LED-Leuchten mit einem extrem schmalen Ausleuchtwinkel, um insbesondere beim Fotografieren bestimmte Effekte erzielen zu können. Man nennt diese Aufnahmen LED-Snoot-Bilder. Die speziellen LED-Leuchten werden als LED-Lichtformer bezeichnet.

Für Actioncams haben die Hersteller kompakte LED-Pads konzipiert, die man über oder unter die Actioncams montiert. Somit bleiben die kleinen Würfelkameras trotz der Adaption von Kunstlichtelementen extrem handlich. Allerdings beschränkt sich der Wirkungskreis der meisten LED-Pads auf den Nahbereich. Größere LED-Pads, auch solche, die als Ringleuchte geformt sind, können als Kombination aus Pad und Ringleuchte für Nahaufnahmen und mittelgroße WW-Ausleuchtungen hergenommen werden.

Wer während eines Tauchgangs Fotografieren und Videografieren möchte, benötigt für farbstarke Bilder oder Streams eigentlich Blitz plus Lampe. Da aber nur wenige UW-Fotografen gleichzeitig den Nerv und die kreative Vielfalt für beide Darstellungsweisen besitzen, sollte man sich für eine einzige Option entscheiden. Es könnte auch das Videolicht sein; warum auch nicht?

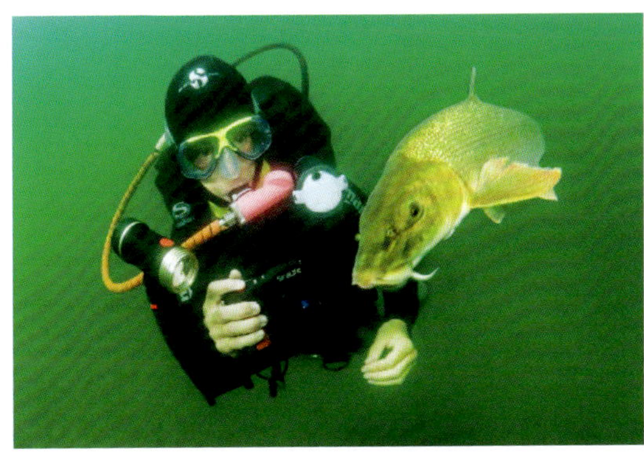

Sealife-Fotogeräte werden vorzugsweise mit Blitz- und Videolicht eingesetzt. HF

Kann man nun mit Videoleuchten fotografieren? Ja, das geht, aber das Motiv darf nicht zu schnell schwimmen, weil sich sonst Bewegungsunschärfen ergeben. Dauerlicht kann - anders als Blitzlicht - keine Bewegung einfrieren. Motive müssen still halten oder sich nur langsam bewegen. Problemlos können daher Korallen, Schwämme, Schnecken, Muscheln oder Bodenfische mit LED-Licht fotografiert werden. Eher weniger geeignete Motive sind flinke Korallenfische; es sein denn, die Verschlusszeit wird extrem kurz gehalten. Das hat aber Grenzen, weil dazu die Blende weit geöffnet oder die ISO-Zahl ziemlich nach oben gedreht werden muss. Hier sind die Kompakten den Systemkameras teilweise überlegen, weil selbst eine große Blendenöffnung für genügend Schärfentiefe sorgt, so dass sich bequem mit der Programmautomatik arbeiten lässt. Die ISO-Einstellung sollte aber nicht höher als ISO 400 vorgegeben werden.

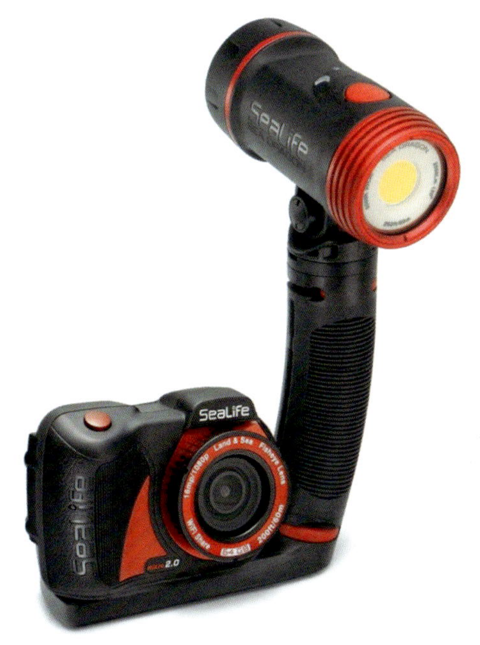

Minimalpaket: Kompaktkamera mit LED-Leuchte. PR

LED-Leuchten sind aber vorrangig eine Sache für Kompaktkameras. UW-Fotografen, die ihre Erfüllung im Umgang mit CSCs und SLRs gefunden haben, sind von dieser Form der Belichtung in der Regel wenig begeistert. Aber warum ist das so? LED-Leuchten sind oft schwächer als Blitzlicht. Das alleine wäre aber noch kein Grund, davon Abstand zu nehmen. Die eigentliche Crux liegt eben darin, dass Lampenlicht im Gegensatz zu Blitzlicht keine Bewegungen einfrieren kann.

Wer mit Videoleuchten fotografiert stellt - sofern vorhanden - das Programm Blendenautomatik ein und gibt dazu eine schnelle Verschlusszeit vor; die passende Blende stellt sich automatisch ein. Bei hochwertigen Systemkameras sind hierbei ISO 800 möglich, ohne dass es zu einem störenden Rauschen kommt. Wer komfortabel mit LED-Licht fotografieren will, sollte in zwei Leuchten investieren.

Mit Kompaktkameras, die keine geeigneten Motivprogramme und UW-Filter anbieten, sollte man bei der Verwendung von LED-Pads mit der Programmautomatik arbeiten. Besser ausgestattete Kompakte verfügen über eine Blendenautomatik, die sich ideal dafür anbietet. Als Standardeinstellung wählt man hier eine Belichtungszeit von 1/125 s; 1/60 s nur, wenn das Motiv fest gewachsen oder unbeweglich ist. Agile Objekte fotografiert man, um sie nicht verwischt abzubilden, eher mit 1/250 s.

Wenn man mit der Blendenautomatik fotografiert, braucht man sich um die Blende nicht zu kümmern. Die Kamera stellt diese automatisch richtig ein. Trotzdem sollte man den Blendenwert im Auge behalten, denn im Nah- und Makrobereich beeinflusst die Schärfentiefe die Bildwirkung. Möchte man mit der Blendenautomatik eine große Schärfentiefe haben, geht das einzig über einen kleinen Blendenwert. Diesen bekommt man nur, wenn die ISO-Zahl hoch geht, die Verschlusszeit länger wird oder beides kombiniert wird.

Die ISO-Zahl wiederum richtet sich nach dem Rauschverhalten der Kamera. Profigeräte schlucken locker ISO 400 und mehr. Usergeräte sollte man mit ISO 200 bis maximal ISO 400 beaufschlagen. Generell empfiehlt es sich, vor dem Kauf einer Kamera zumindest entsprechende Tests hinsichtlich des ISO-bedingten Rauschverhaltens anzuschauen. Besser noch sind eigene Testaufnahmen. Eine Testreihe über alle ISO-Einstellungen einer neuen Kamera fertigt man spätestens nach deren Kauf an, um festzustellen, was man an Bildrauschen noch tolerieren möchte.

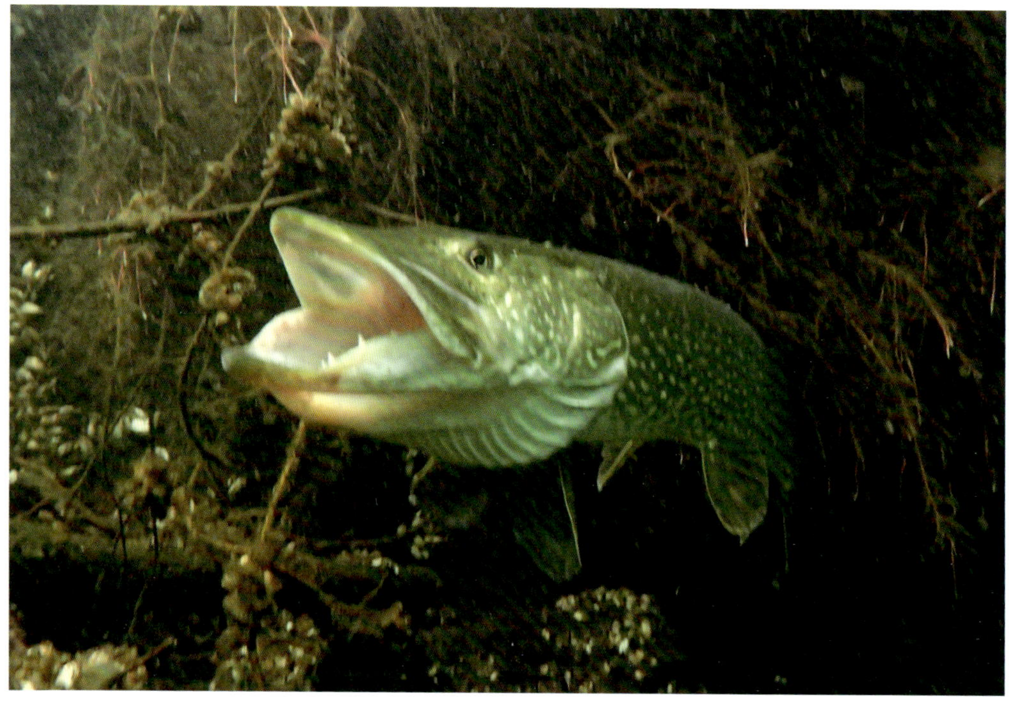

Die Kameraautomatik hat den ISO-Wert auf 800 hoch gezogen und 1/30 s lang belichtet. Bildrauschen und Verwacklung summieren sich; das Resultat ist nicht zu gebrauchen. In solchen Fällen hilft Kunstlicht jedweder Art. GD

Lampenlicht ist anders als Blitzlicht. Um Farbtöne anpassen zu können und das Bildresultat zu verbessern, sollte man mit RAW-Dateien arbeiten. Leider geht das nicht mit allen Kompaktkameras. Man kommt aber auch mit JPEG zurande, muss jedoch etwas akkurater belichten. Wenn die Kamera einen HDR-Modus besitzt, sollte man diesen bemühen. Hier speichert die Kamera meistens drei identische Bilder mit unterschiedlichen Belichtungen, nämlich je einmal zu dunkel, zu hell und korrekt, und setzt diese zu einem einzigen Bild mit ausgewogenen Lichtern und Schatten zusammen. Weil in diesem Modus das Blitzlicht nicht funktioniert, greift man zur LED-Leuchte. Das funktioniert recht gut bei stationären Motiven wie Bodenfischen, Korallen, Muscheln, Schnecken, Seeigel, Seesternen, Schwämmen, Seescheiden und Seegurken. Durch das Licht der LED-Leuchte entstehen oft faszinierende Farbeindrücke mit Mischlicht im Hintergrund.

Fürs Fotografieren nimmt man LED-Leuchten mit Flooder-Reflektor und mindestens 2.500 Lumen, eher mehr. Der Abstrahlwinkel sollte 80° nicht unterschreiten – und zwar unter Wasser! Durch starkes Lampenlicht wird der Autofokus auch am Tag beschleunigt, was wiederum ein Vorteil ist. Wer seine Bilder harmonisch ausleuchten will, sollte mit mehreren LED-Leuchten arbeiten. Diese müssen nicht identisch sein. Die Stärkere wird immer links montiert. Die Leuchten sollten dimmbar sein bzw. sich auf eine geringere Leuchtkraft umschalten lassen. Nur so ist man in der Lage, Aufnahmen so auszuleuchten, dass aufgerissene Farben und Lichter vermieden werden. LED-Licht ist oft etwas bläulicher und kühler als Blitzlicht. Farbstiche kann man nachträglich am PC korrigieren oder man setzt den Weißabgleich in der Kamera auf eine Kelvinzahl nahe an die der Leuchte.

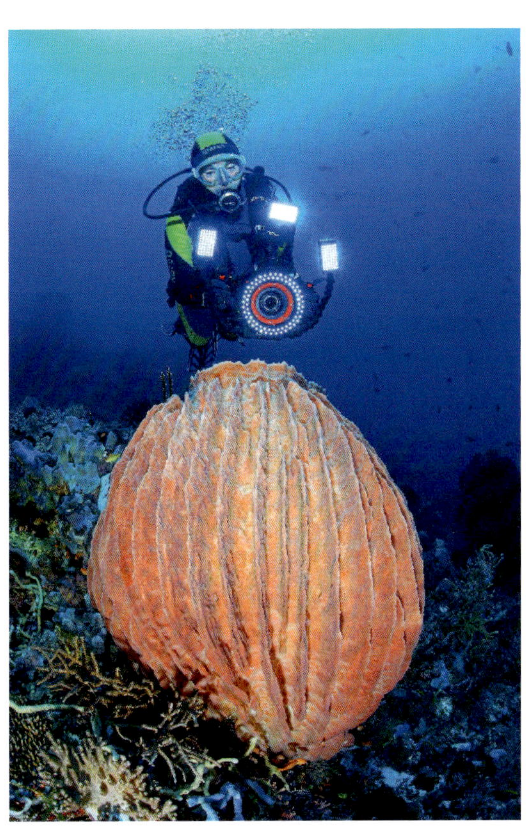

Die Vollausstattung mit LED-Leuchten bietet ein Maximum an Flexibilität und Kreativität. HF

Dass eine Videoleuchte bzw. eine LED-Lampe den Blitz komplett ersetzen kann, ist eine irrige Meinung; wenn, dann geht das nur im Nahbereich und auch da nur eingeschränkt. Blitzlicht ist Kurzlicht, Lampenlicht ist Dauerlicht. Aus dieser Definition ist ersichtlich, dass beide Lichtquellen für unterschiedliche Anwendungsbereiche vorgesehen und geeignet sind. Mit Dauerlicht kann man beispielsweise die Kamera so ausrichten, dass übermäßig viele Schwebeteilchen vermieden werden können, denn man sieht sie explizit bereits im Vorschaubild. Aufgrund dessen besteht die Möglichkeit die Kamera zu schwenken, zu senken oder etwas zu heben, um die Trübstoffreflexionen klein zu halten. Mit Blitz geht das nicht. Man erkennt die aufgehellten Schwebeteilchen frühestens im fertigen Bild.

Blitzlicht ist kürzer, weshalb man damit Motivbewegungen einfrieren kann. Mit Lampenlicht geht das nicht. Im Gegenzug kann Lampenlicht in allen Motivprogrammen und mit allen Kamerafiltern eingesetzt werden, auch im HDR-Modus. Blitzlicht ist eigentlich grundsätzlich stärker. Um die Leuchtstärke eines Blitzgerätes von Typ Seaflash 150 mittels LED-Licht zu generieren, würde die Lampe unverhältnismäßig groß, schwer und unhandlich ausfallen. Kein UW-Fotograf würde damit vernünftig arbeiten können. Andererseits bieten Videoleuchten – und nur die verfügen über einen vernünftigen Abstrahlwinkel – die Möglichkeit zum Filmen. Durchaus kann man ein Motiv mit der Leuchte fotografieren und es dann auch noch filmen. Wer so arbeiten will, sollte sich aber für zwei getrennte Systeme entscheiden. Rechts ein Blitzgerät und links eine Videoleuchte.

Manche UW-Fotografen greifen, um solchen Investitionen aus dem Weg zu gehen, zu einem Blitz mit vermeintlich ausreichend starkem LED-Licht. Damit, so hoffen sie, könne man zwei Fliegen mit einer Klappe schlagen. Die Idee an sich ist frappierend, aber kaum ein Hersteller hat es bisher geschafft, ein vernünftiges Blitzgerät mit einer wirklich praxistauglichen LED-Leuchte zu kombinieren, so dass sowohl Foto als auch Video zu gleichen Teilen umgesetzt werden können. Das einzige Hybridgerät, das diesem Ideal nahe kommt, ist der Symbiosis-Blitz SS-2 mit einer 4.000 Lumen starken Rucksack-LED-Leuchte. Kleiner Nachteil: Der Symbiosis SS-2 kann nur fiberoptisch gezündet werden.

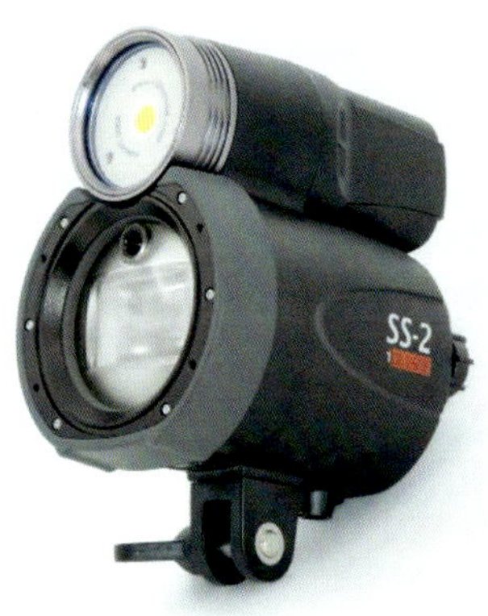

Als einziger Hybridblitz bedient der Symbiosis SS-2 Foto- und Videografen gleichermaßen dank seiner 4.000 Lumen Rucksackleuchte. PR

Halogen-Lampen, früher Standardausstattung eines Tauchers, werden nicht mehr gebaut. Sie sind größer, schwerer und brennen auch nicht so lange wie vergleichbare LED-Pendants. Wer zuhause noch eine Halogenlampe herumliegen hat, kann sie selbstverständlich noch verwenden. Man braucht schließlich nichts zu entsorgen, was funktioniert.

Bild rechts: Nur eine Konfiguration mit zwei Blitzgeräten ermöglicht eine Ausleuchtung, die allenfalls sanfte Schatten zeigt. Im Nahbereich genügen zwei kleine Amphibienblitzgeräte gleicher Bauart. GD

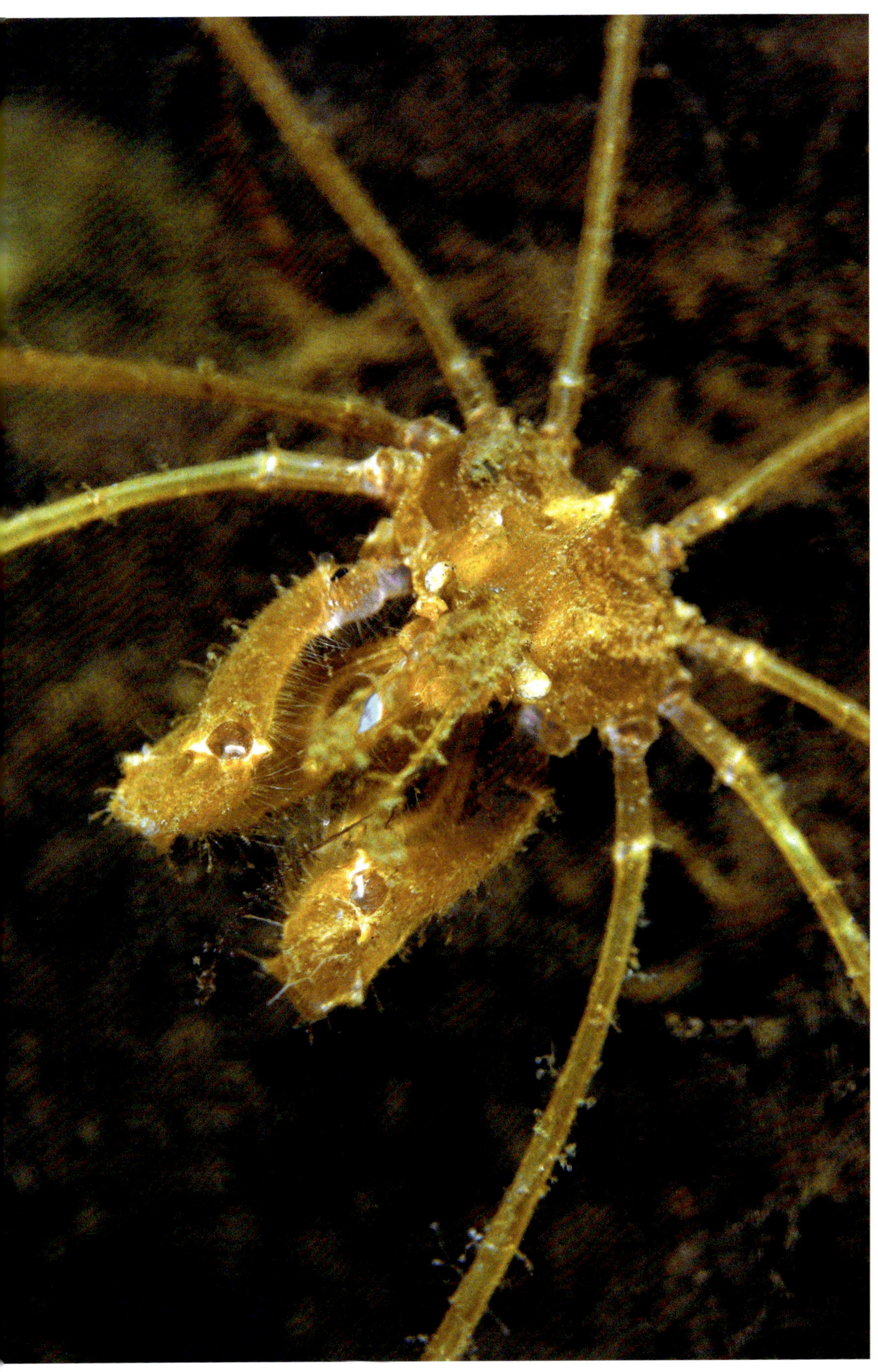

Technische Parameter

Lichtleistung und Leitzahl

Lichtleistung ist ein umgangssprachlicher Begriff, der vielschichtig angewendet wird und daher vieles bedeuten kann, so z. B. Lichtstrom, Lichtstärke, Strahlungsleistung, Leuchtdichte, elektrische Leistung, photometrisches Strahlungsäquivalent, Leuchtweite, Leuchtkraft oder Leitzahl. In Fachartikeln wird das Wort Lichtleistung daher eher sparsam verwendet.

Bei Blitzgeräten wird die abgegebene Lichtenergie mit dem Begriff Leitzahl bezeichnet. Die meisten UW-Fotografen verstehen darunter die Leistungsabgabe des betreffenden Gerätes. Das ist zwar nicht korrekt, stört aber das Verständnis darüber nicht. Die Leitzahl ist das Produkt aus Motivabstand und Blendenzahl. Es ist eine Maßzahl für die Blitzreichweite. Hat man die Leitzahl, kann man mit der Formel Leitzahl durch Blende errechnen, bis zu welcher Motivdistanz man mit seinem Blitzgerät bei welcher Blende noch vernünftig blitzbelichten kann. Ebenso ist die Berechnung der erforderlichen Blendenzahl kein Hexenwerk.

Es gilt:

Leitzahl = geometrischer Motivabstand in [m] x Blendenzahl

Geometrischer Motivabstand in [m] = Leitzahl / Blendenzahl

Blendenzahl = Leitzahl / geometrischer Motivabstand in [m]

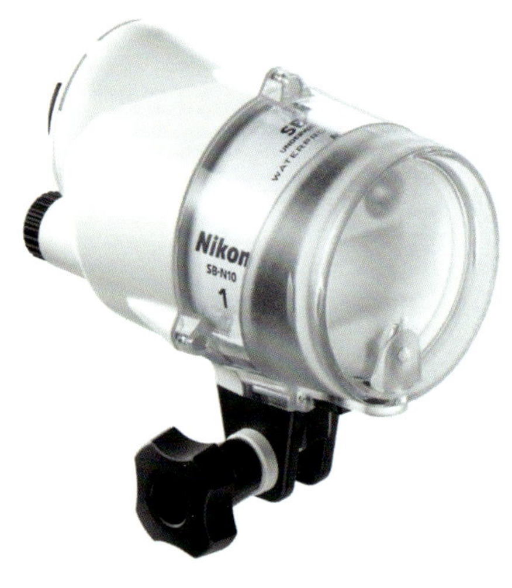

Der SB-10N von Nikon kann an die Outdoorkamera Coolpix W300 ohne zusätzliches UW-Gehäuse angebaut werden. Damit haben Kamera und Blitz ein Alleinstellungsmerkmal. Die Lichtkanone wartet immerhin mit Leitzahl 28 bei ISO 100 an Land auf. PR

Die Leitzahl eines Blitzgerätes wird vom Hersteller mit einem Belichtungsmesser bei ISO 100, einem Abstand von 1 m, voller Leistungsabgabe und einem vorgegebenen Ausleuchtwinkel ermittelt. Diese Leitzahl gilt als Überwasser-Leitzahl und ist maßgebend für die weiteren Berechnungen im Hinblick auf die UW-Fotografie. Unter Wasser herrschen andere physikalische Bedingungen, denn Wasser ist abhängig von seiner Temperatur, dem Salzgehalt und dem Verschmutzungsgrad rund 760 Mal dichter als Luft. Außerdem gilt unter Wasser der Lichtweg, den das Blitzlicht vom Blitzreflektor zum Motiv und von dort wieder zurück zum Bildsensor zurücklegen muss. Die Leitzahl und der Ausleucht-winkel ändern sich, wenn das UW-Blitzgerät über einen abnehmbaren Stoßschutz verfügt. Ebenso greift ein montierter Diffusor in die Basiswerte ein.

Die wenigsten Hersteller messen an ihren Amphibienblitzgeräten die echte UW-Leitzahl, weil das etwas umständlich ist. Hergenommen werden deshalb Faustformeln für klares und weniger klares Wasser. Für die Höhe der Leitzahl sind diverse Faktoren maßgebend:

- Die Angabe der elektrischen Arbeit in Ws
- Form und Qualität des Reflektors
- Größe und Art der Blitzröhre
- Plan- oder Domeglas
- Farbtemperatur des Blitzlichtes

Für klares Wasser gilt, dass die Überwasser-Leitzahl durch √5, also den Quotienten 2,24, geteilt werden muss. In weniger klarem Wasser sollte man die Überwasser-Leitzahl durch die √8, also den Quotienten 2,83, teilen, um eine realistische UW-Leitzahl zu erhalten. Der unter Wasser geringere Wert ergibt sich aus dem Lichtweg des Blitzgerätes, der doppelt so groß ist wie die an Land vorgegebene Messdistanz von 1 m. Die UW-Leitzahl bezieht sich immer auf einen Lichtweg von 2 m, der einer Motivdistanz von 1 m entspricht. Wer seinem Amphibienblitzgerät nicht traut, kann prophylaktisch die Überwasser-Leitzahl durch drei teilen. Da liegt man definitiv immer auf der sicheren Seite.

Mit ISO 100 fotografiert man meistens nur noch im Nah- und Makrobereich. Selbst gewöhnliche Digicams können problemlos mit ISO 200 betrieben werden. Premium-Kameras vertragen ISO 400 und ISO 800 ohne sichtbares Rauschen. Wenn die Empfindlichkeitseinstellung verdoppelt wird, also von ISO 100 auf ISO 200, erhöht sich die Leitzahl sowohl über als auch unter Wasser um den Faktor aus √2, also 1,41. Aus einer UW-Leitzahl von 8 wird demzufolge eine von 11. Fotografiert man mit ISO 400 steigt sie auf 16 an. Das muss man berücksichtigen, wenn man manuell blitzbelichtet.

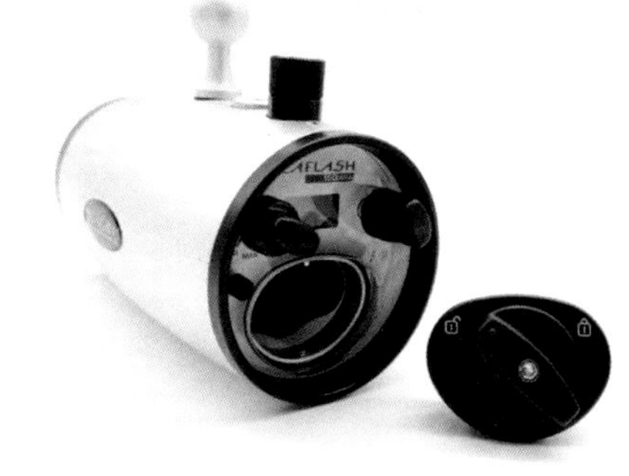

Seacam offeriert mit dem Seaflash 160 eines der modernsten Amphibienblitzgeräte überhaupt. Das edle Teil wartet mit rückseitigem Monitor, individuellen Einstellungen, TTL-Optionen für Canon, Nikon und Sony und zu guter Letzt bei ISO 100 mit Leitzahlen von 35 über bzw. 15 unter Wasser auf. PR

Bei der TTL-Blitzbelichtung regelt das – solange der Blitz stark genug ist - die Kamera. Reicht die Power jedoch nicht mehr für eine akkurate Belichtung, dann sollte der TTL-Nutzer zumindest wissen, dass die Unterbelichtung wahlweise oder in Kombination mit einem Öffnen der Blende, einem Hochsetzen der ISO-Einstellung oder einer Verringerung der Aufnahmedistanz zu korrigieren ist.

Hinweise:

- Aufgepasst, es gilt im Zusammenhang mit Blitzlicht immer die geometrische Motiventfernung, nicht die scheinbare, wie sie uns beim Blick durch das Planglas der Tauchmaske suggeriert wird. Wenn der Autofokus hinter Planglas auf das scheinbare Sucherbild scharf stellt, fehlen zur geometrischen Motiventfernung von 1 m immerhin ein Viertel der Motivdistanz, nämlich 25 cm. Das wäre dann eine Unterbelichtung von gut und gern einer Blende. Bei Verwendung eines Domeglases kann das je nach Wölbungsgrad noch mehr ausmachen.
- Besitzt Ihr Blitzgerät eine echte UW-Leitzahl von 8, können Sie ein Motiv in klarem Wasser mit Blende 8, ISO 100 und einem Blitz unter Volllast in 1 m Entfernung korrekt belichten.
- Die Leitzahl unterliegt keiner Norm. Von daher ist genau zu eruieren, für welche Bedingungen die vom Hersteller angegebene Leitzahl gilt. Da sich die Leitzahl bei ISO 400 oder an Land ermittelt natürlich deutlich attraktiver liest als bei ISO 100 oder unter Wasser, ist ein Blick in das Kleingedruckte immer ratsam.
- Bestehen Zweifel an einer Angabe der Leitzahl eines Blitzgerätes, lässt sich ein Versuch rasch durchführen. Die ISO-Einstellung wird entsprechend der Angabe eingestellt. Die Distanz von einem Meter wird ausgemessen und eine Farbkarte, die unter anderem 18% Grau enthält, ist im Fotofachgeschäft erhältlich. Wird die Blendenzahl eingestellt, die der Leitzahl entspricht, dann muss die 18% Graufläche auf die Distanz von einem Meter korrekt belichtet werden. Der Versuch darf nicht in grellem Sonnenschein durchgeführt werden, weil das zu einer Verfälschung der zu ermittelnden Leitzahl führen kann.

Ausleuchtwinkel

Unter dem Ausleucht- oder Abstrahlwinkel versteht man sowohl bei Blitzgeräten als auch bei LED-Leuchten das Aufhellen einer Fläche bis das Licht an den Rändern um einen Blendenwert schwächer wird. Mit der Angabe des Ausleuchtwinkels setzen die Hersteller von Blitzgeräten und LED-Leuchten ein Maß in die Welt, das zumindest unter Wasser nur mit einem erheblichen Aufwand nachgeprüft werden kann. Messungen haben ergeben, dass 90° ein sehr guter Wert ist. Blitzgeräte, die realistische 100° erreichen, sind sehr gut konzipiert. Mehr als 100° können nur erzielt werden, wenn das Frontglas des Amphibienblitzgerätes aus einer Linse besteht, deren Mitte abgeflacht ist. Dann sind unter günstigen Bedingungen 115° möglich. 130°, wie sie mittlerweile von vielen Herstellern angegeben werden, sind eher Wunschdenken als wirklichkeitsnah. Man schreibt diese Zahlen ins Prospekt, weil es die Mitbewerber auch machen. Kleinblitzgeräte mit Rechteckreflektor generieren ihren maximalen Ausleuchtwinkel nur, wenn der Reflektor horizontal ausgerichtet ist.

Für das am Frontglas austretende Blitz- oder Lampenlicht gelten dieselben Regeln wie am Port eines UW-Gehäuses. Muss das Licht unter Wasser durch ein Planglas strahlen, verringert sich der Ausleuchtwinkel um den Faktor des Brechungsindexes von Wasser, also um 1,33. Das austretende Licht wird quasi gebündelt. Gleichzeitig steigt hierdurch die UW-Leitzahl an. Auch mit einem Domeglas gibt es Abweichungen, weil die Lichtstrahlen zum Rand des Bildes einen weiteren Weg zurücklegen müssen. Mit Diffusoren kann man den Ausleuchtwinkel amphibischer Blitzgeräte etwas erweitern. Machbar ist eine Vergrößerung von etwa 10°; dies aber nur, wenn die Wölbung des Diffusors an das Domeglas des UW-Blitzgerätes angepasst und der milchglasähnliche Vorsatz bis an den Rand des Frontglases wirksam ist. Diffusoren, die planparallel vor einem UW-Blitz sitzen, bringen keine sichtbare Erweiterung des Ausleuchtwinkels; manchmal sogar eine Verschlechterung.

Für LED-Leuchten gilt sinngemäß dasselbe. Abstrahlwinkel von 80° sind gut, 90° wünschenswert, 100° traumhaft. Je größer der Abstrahlwinkel, desto schwächer wird das auf der anvisierten Fläche bzw. dem Motiv auftreffende Licht.

Hinweise:

- An Land gemessene Ausleuchtwinkel können nicht 1:1 auf unter Wasser übertragen werden.
- Manche Hersteller ermitteln den Ausleuchtwinkel, indem sie das Blitzgerät drehen. Das ist messtechnisch falsch, weil die Messung der in einer Kugel gleicht. Korrekt, weil realistisch, ist dagegen die Messung an einer ebenen Wand.

Farbtemperatur

Die Farbtemperatur von Licht wird in Kelvin gemessen und steht für die Charakteristik der Farben. Kelvin ist die Einheit der thermodynamischen Temperatur. Die Skala beginnt dem zu Folge bei 0 K, was -273,15 °C entspricht. Benannt ist das Kelvin nach dem englischen Physiker William Thomson Lord Kelvin. Kelvin ist die physikalische Basiseinheit der Temperatur. Die Celsius-Skala mit Plus- und Minusgraden ist im Alltag allerdings übersichtlicher.

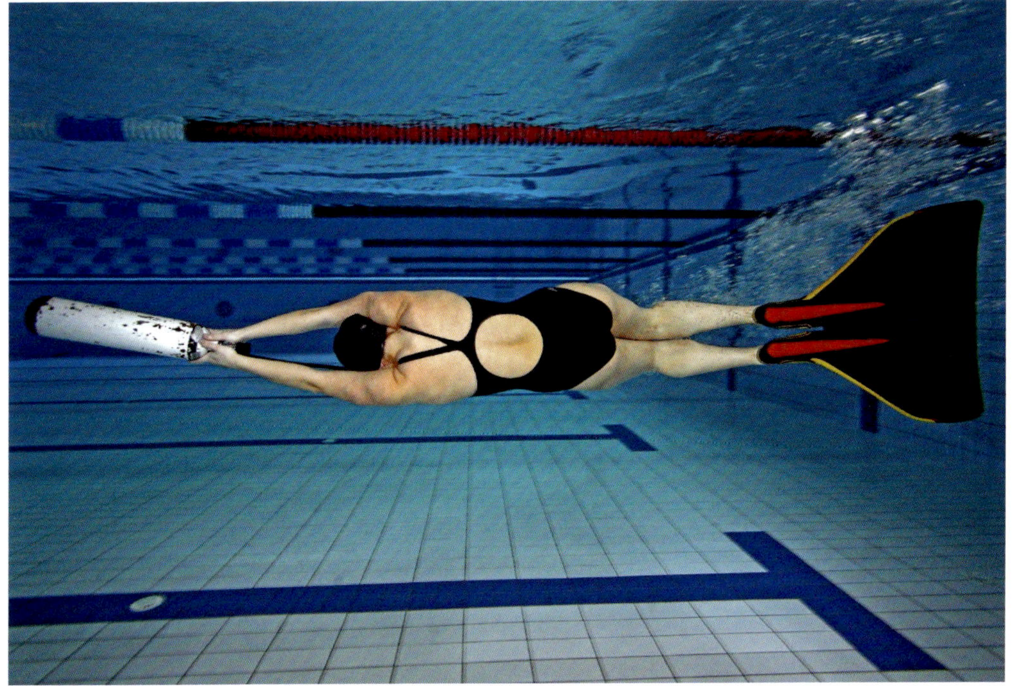

In der Poolfotografie hat die richtige Farbtemperatur eine hohe Bedeutung. Fehler wirken sich auf die Darstellung der Haut aus und werden vom Betrachter sofort erkannt. GD

Die Farbtemperatur von Blitzlicht und Lampenlicht ist ein wichtiges Kriterium für den Farbeindruck von UW-Bildern und Videostreams. Etwa 5.200 K bis 5.400 K sollte die ideale Farbtemperatur von Kunstlicht unter Wasser betragen. Farbtemperaturen unter 5.000 K sind gut für das Abbilden von UW-Landschaften, passen perfekt zur Modelfotografie und kommen gut rüber bei Wrackaufnahmen. Im Nahbereich überwiegen hingegen süßliche Farben. Der Farbeindruck von Bildern wird indes sehr vom persönlichen Geschmack geprägt. Viele UW-Fotografen lieben starke und warme Farben. Es ist ihnen weitgehend gleich, ob die Bilder dann noch natürlich wirken oder nicht. Bei Subtronic-Geräten besteht unabhängig vom Zeitgeist immer noch die Möglichkeit, einen Amphibienblitz mit Goldton-Blitzröhre zu bestellen. Andere beeinflussen die Farbtemperatur beim Blitzen mittels Diffusoren, die es in unterschiedlichen Ausführungen und Farbtönen gibt. Im Nahbereich mag das für den einen oder anderen zu viel an warmen Farben sein. Bei Blitzentfernungen jenseits von 70 cm bekommt man aber trotz des Farbverlustes durch die spektrale Extinktion, also die Absorption der Spektralfarben, immer noch angenehme Farbtöne aufs Bild.

Jenseits einer Temperatur von 5.600 K werden Farben kühl wiedergegeben. Solche Eindrücke wollen die Wenigsten auf ihren Bildern sehen. Man muss allerdings konstatieren, dass in der nachträglichen Bildbearbeitung, sofern mit RAW fotografiert wurde, sowohl die Farbtemperatur, als auch der Farbton immer noch korrigiert bzw. beeinflusst werden können.

Zum besseren Verständnis:

- Kerze: 1.500 K
- Sonnenuntergang: 3.400 K
- Mondlicht: 4.100 K
- Systemblitzgerät: 5.600 K
- Bedeckter Himmel: 7.000 K
- Blauer Himmel: 10.000 K

Insbesondere LED-Leuchten bringen nicht immer das Licht auf die Motive, das man erhofft. Oft wirken die Farben nicht nur kühl, sondern auch noch bläulich. Die Spektralfarbe Rot hat nicht das erwartete Maß an Intensität. Das liegt allerdings nicht an der Farbtemperatur, sondern am Color Rendering Index, kurz dem CRI-Wert, dem Maß für den Farbwiedergabeindex der Lichtquelle. CRI ist eine photometrische Größe, mit der die Qualität der Farbwiedergabe einer Lichtquelle ermittelt wird. Vergleichen lassen sich aber nur Lichtquellen mit identischer Kelvinzahl. Die Dimension wird mit Ra angeben.

Während man bei amphibischen Blitzgeräten den CRI-Wert nicht angibt, ist er für LED-Leuchten ein wichtiges Kriterium. Die Sonne besitzt einen CRI-Wert von 100 Ra. Dieses Ideal wird aber von LED-Leuchten nicht erreicht, wohl aber von Glühlampen. Der CRI-Wert bewegt sich bei preiswerten LED-Leuchten zwischen 65 Ra und 85 Ra. Hochwertige und gut abgestimmte LED-Leuchten liegen mit ihrem CRI-Wert zwischen 85 Ra und 97 Ra. Man merke sich: Je höher der CRI-Wert, desto angenehmer empfindet man die Farbwiedergabe von Kunstlicht.

Lumen und Lux

Die Maßeinheit für die Gesamtmenge an Licht, die von einer LED-Leuchte emittiert wird, ist in Anlehnung an das lateinische Wort für Licht das Lumen. Zum besseren Verständnis: Der Vollmond emittiert bei klarem Himmel ein Lumen. LED-Leuchten im Handy kommt auf etwa 20 Lumen. Die Industrie hat den Lichtstrom in Lumen als Qualitätsmerkmal für LED-Leuchten festgelegt; wohlwissend, dass eigentlich Lux die maßgebliche Einheit für die Messung der Helligkeit eines Lichtstrahls ist. Dabei bezieht sich die Angabe in Lux auf die auszuleuchtende Fläche. Ein Lux entspricht einer Lichtmenge von einem Lumen pro Quadratmeter.

Es gilt:

Beleuchtungsdichte bzw. Lichtdichte E [Lux] = Lichtstrom [Lumen] / Fläche [m^2]

Um damit vernünftig fotografieren oder videografieren zu können, müssen LED-Leuchten mindestens 2.500 bis 3.000 Lumen besitzen. Mehr ist besser, aber die LED-Leuchte muss sich dimmen bzw. umschalten lassen, um die Lichtstärke dem Reflexionsverhalten des Motivs anpassen zu können. Wie viele Lumen eine LED-Leuchte hat, kann man nicht selbst prüfen. Man ist auf die Herstellerangabe angewiesen. Leider gibt es keine exakte Umrechnung von Watt auf Lumen. Es existieren sogar unterschiedliche Berechnungen, mal auf Glühbirnen mal auf Halogen-Leuchtmittel bezogen.

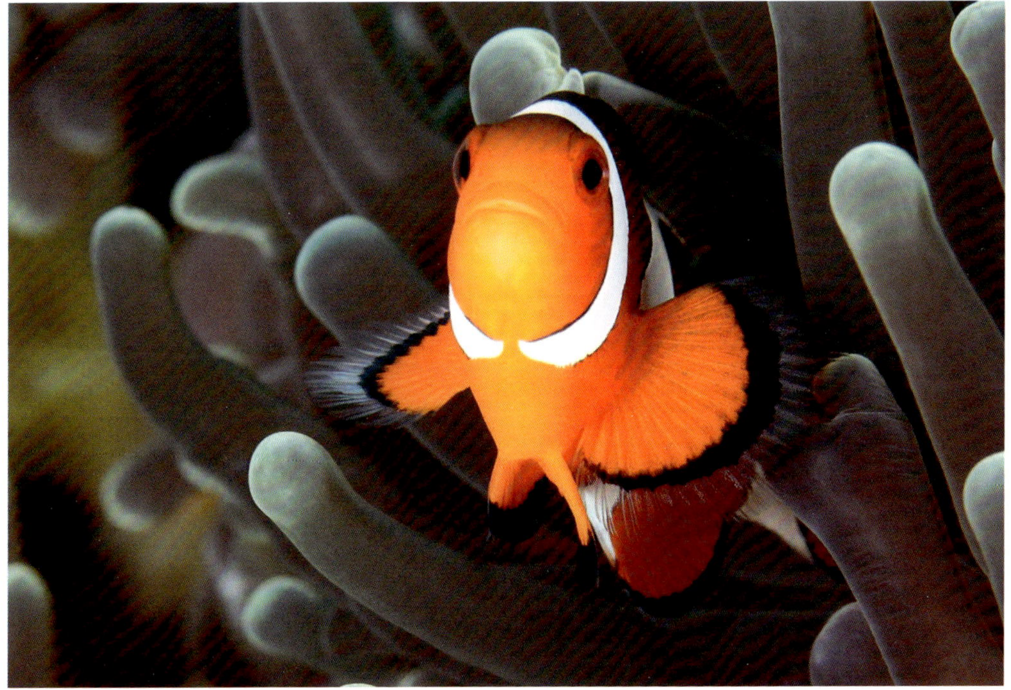

Um den quirligen Anemonenfisch derart abzubilden, braucht es einiges an LED-Power und eine sehr kurze Belichtungszeit, hier 1/200 s. Gut, dass sich diese kleinen Kerle nicht vom Licht vertreiben lassen, sondern tapfer ihr Zuhause verteidigen. GD

Der Großteil aller LED-Leuchten kommt aus Asien. Sie sind preiswert, aber die technischen Angaben wecken mitunter Zweifel. So beeinflussen viele LED-Hersteller das Helligkeitsempfinden der Kunden mit zu viel Grün- und Gelbanteilen im LED-Licht. Das ist trickreich, denn das menschliche Auge reagiert sehr sensibel auf Grün und Gelb. Dadurch ergeben sich höhere Lumen-Angaben. Es fehlt aber an der wichtigen Rotkomponente, weshalb viele LED-Leuchten sehr kühles Licht abgeben, das zudem seinen hohen Blauanteil nicht verbergen kann. Farbtreue, Farbton, Farbwahrnehmung, Farbwiedergabe und auch die Farbtemperatur entsprechen oft nicht unseren Vorstellungen. Man sollte beim Kauf von LED-Leuchten neben der Farbtemperatur und dem Abstrahlwinkel immer auch den CRI-Wert erfragen. Er sollte nahe bei einem CRI-Wert von 90 Ra oder darüber liegen.

Multifunktions-Leuchten

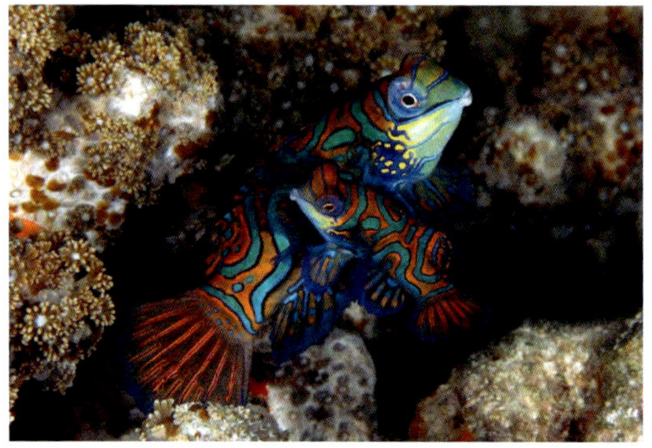

Der Mandaringoby gehört zu den Spezies, die auf intensives Pilotlicht sensibel reagieren. Kameras mit hochwertiger AF-Messung sind dann im Vorteil. GD

Manche LED-Leuchten lassen sich auf Blau- und Rotlicht einstellen. Diese Multifunktionsleuchten sind einerseits bequem, weil sie sich umschalten lassen, andererseits kann insbesondere das hierbei abgegebene Blaulicht nicht immer mit der gewünschten Brillanz überzeugen. Spezielle Ultraviolett-Leuchten mit einem Blaulichtmodul aus königsblauen LEDs plus eingebautem Dichroitischen Interferenz-Glasfilter sind besser. Rotlicht dient einzig der Unterstützung des AF in der Nacht, wenn Motive wie Mandarinfische oder Aale vom weißen LED-Licht erschreckt werden. Mit Rotlicht kann der AF problemlos arbeiten.

In ähnlicher Form gilt Gleiches für das blaue Licht. Mit Blaulicht, dessen Wellenlänge zwischen 450 und 465 nm liegt, lässt sich das grün-fluoreszierende Protein der Korallen und Medusen auf Bildern darstellen. Das Objektiv muss dabei mit einem gelben Sperrfilter beaufschlagt werden. Ebenso ist es wünschenswert, auch die Tauchmaske mit einem Gelbfilter zu versehen, damit man die Wirkung der Fluoreszenz besser erkennen kann. Das Procedere ist lästig, aber unumgänglich. Eine hohe Lumenzahl ist in diesem Fall wünschenswert, denn der Dichroitische Interferenz-Glasfilter schluckt Licht bzw. Energie. Allerdings ist für die korrekte Belichtung mit den Fluoreszenz-Leuchten die Angabe in Lux entscheidend, denn nur damit kann das am Motiv ankommende Licht in seiner Stärke bzw. Wirkungsweise beurteilt werden. Wie schon erwähnt, wird die Beleuchtungs- bzw. Lichtdichte E in Lux leider nur von wenigen Leuchten-Herstellern explizit angegeben.

Bild rechts: Beim Ablichten von Tauchpartnern, die UW-Fotogeräte halten, wirkt eine eingeschaltete LED-Leuchte natürlich wesentlich attraktiver als ein Blitz, der gerade nicht arbeitet. Zwar ist es möglich, die Blitzgeräte des Models mit denen der Fotografen per Sklavenfunktion anzusteuern. Dies ist jedoch reichlich umständlich und im Ergebnis mehr oder weniger zufallsbehaftet. HF

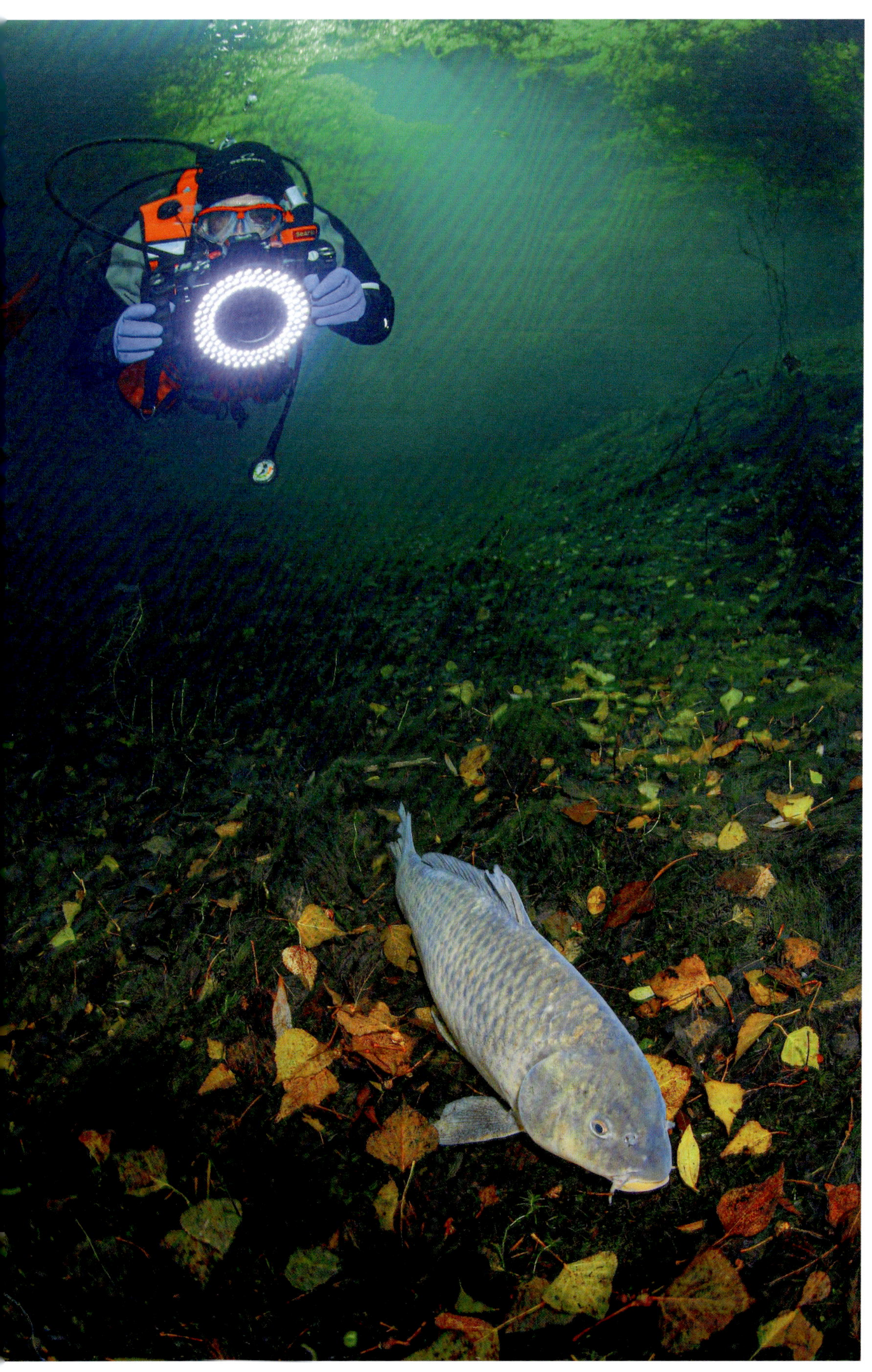

Referenzgerät: Amphibienblitz Olympus UFL-3

Die von Olympus angebotenen amphibischen Blitzgeräte können an allen Olympus-Kameras – gleich, ob CSC oder Kompaktkameras – im TTL-Blitzmodus verwendet werden. Voraussetzung ist, dass die Kameras in den fiberoptisch gesteuerten RC-Blitzmodus versetzt werden müssen. Diesen findet man bei CSCs in einem Untermenü, in Kompaktkameras der TG-Reihe im Blitzmenü, das man mittels Vierwegeschalter ansteuern kann. Dort wählen Sie den Blitz-Modus RC. Man kann die RC-Blitzsteuerung immer aktiviert lassen, denn der Kamerablitz kann auch unabhängig davon im TTL-Blitzbetrieb ausgelöst werden.

Bisher wurden von Olympus folgende amphibische Blitzmodelle vertrieben:

- UFL-1 als Einsteigerblitz; wird nicht mehr produziert
- UFL-2 als Aufsteigerblitz; wird nicht mehr produziert
- UFL-3 gilt als moderner TTL-Blitz und wird für Olympus-Kompaktkameras empfohlen.

Diese Olympus-Blitzgeräte können untereinander gemixt werden. Das aber macht keinen Sinn, wenn sie unterschiedlich stark sind. Denn dann kann es im TTL-Blitzbetrieb zu Belichtungsausreißern kommen. Vernünftig ist hingegen die Kombination von zwei identischen Olympus-Blitzgeräten zur besseren Ausleuchtung. Welche das sind, ist letztendlich egal. Der zeitgemäße Amphibienblitz für Olympus-Kompaktkameras ist der UFL-3.

Zum Zünden stellt man den Blitz auf die Markierung RC A. So blitzt der UFL-3 im TTL-Modus mit der via Lichtleiterkabel verbundenen Olympus-Kompaktkamera. Eingestellt auf RC B erfolgt keine Blitz-zündung. Diese Einstellung können Sie ignorieren.

Manuelles Blitzen ist möglich, wenn der Bereichsschalter am Blitz weiter auf die Markierung Manuell gedreht wird. Die Blitzstärke wird zunächst nach Erfahrung oder Gefühl am Lichtstärke-Einstellrad vorgewählt. Das Bildergebnis ist danach am Monitor hinsichtlich Über- oder Unterbelichtung zu bewerten, die Licht-stärke entsprechend nach zu regeln.

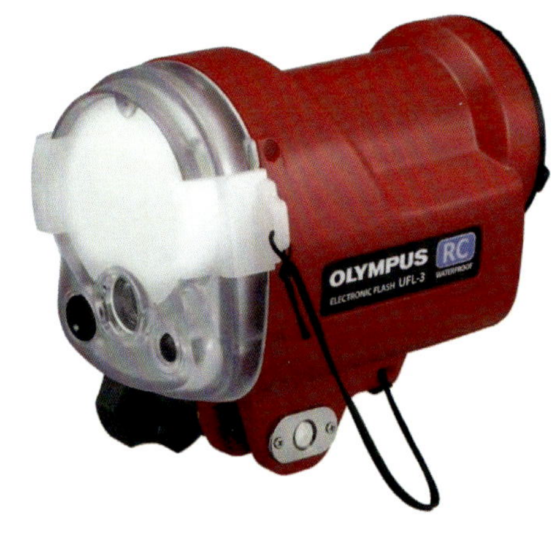

Speziell für Olympus-Kameras ist der UFL-3 vorgesehen. PR

Manuelles Blitzen macht Sinn, wenn die Reflexionseigenschaften des Motivs keine exakte Blitzbelichtung im TTL-Modus zulassen. Beispielsweise, wenn das Motiv zu dunkel ist oder helles Umgebungslicht den TTL-Blitz zu sehr dämpft, so dass die Farben der Objekte nicht zur Geltung kommen.

Hinweise:

- Damit mit dem Olympus-Amphibienblitz gearbeitet werden kann, muss das RC-Blitzsymbol an Kameras der TG-Reihe angewählt werden. Im UW-Modus, gekennzeichnet durch das Fischsymbol, kann dieser direkt über den Vierwege-Schalter ausgewählt werden. In Programmautomatik P und Blendenpriorität A ist im Kameramenü 2 und weiter unter Zubehöreinstellungen der RC-Modus zu aktivieren.
- Eingestellt auf Auto-Blitz oder erzwungener Blitz zündet der UFL-3 im TTL-Modus nicht; wohl aber andere amphibische Blitzgeräte wie die der Hersteller INON, Sea & Sea, Seacam und Subtronic.
- Wenn die TTL-Blitzbelichtung korrekt erfolgt ist, die Blitzstärke also ausreichend war, leuchtet die ansonsten orange Bereitschaftslampe kurzzeitig für ca. 2 s in Grün.

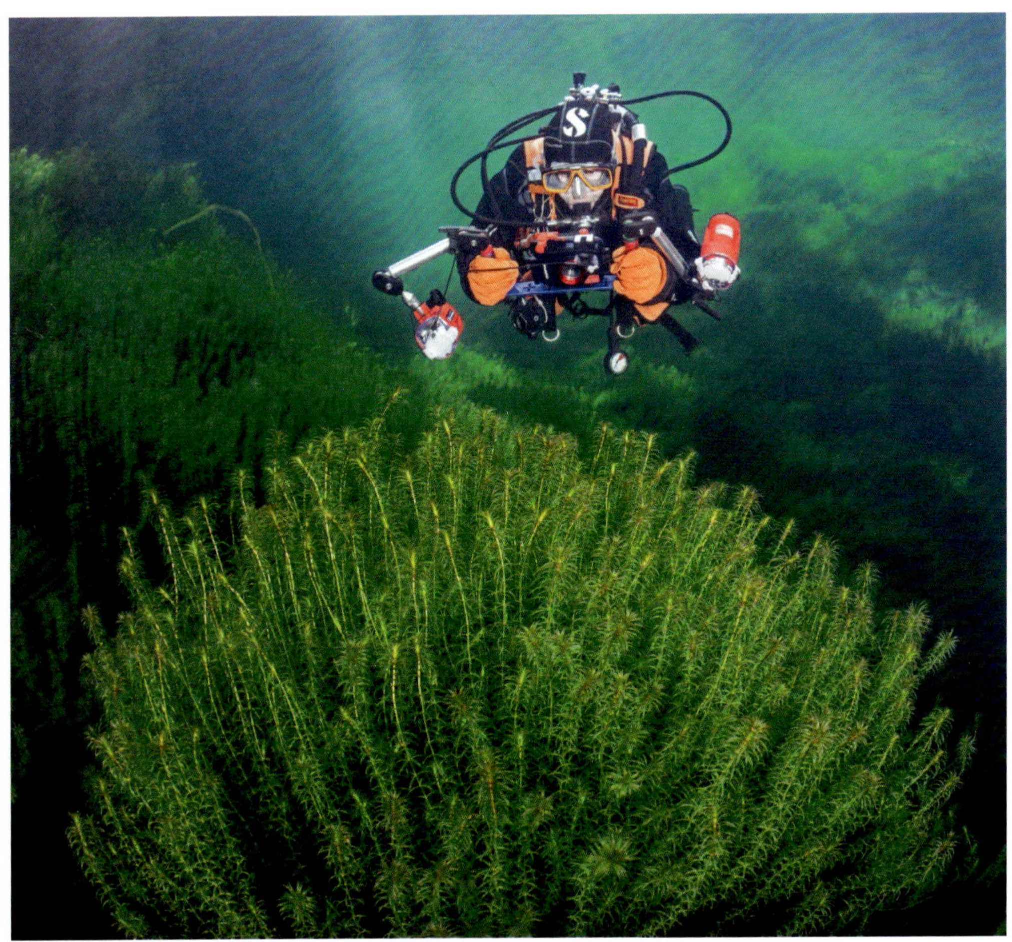

Auch bei Kompaktkameras macht es Sinn, mit zwei Blitzgeräten zu arbeiten. HF

Technische Daten

Blitzgeräte-Modell	Amphibisches Blitzgerät für Olympus-Kompakt- und Systemkameras
Modell	UFL-3
Leitzahl an Land	31 bei ISO 200
Leitzahl in klarem Wasser	14 bei ISO 200
Leitzahl in klarem Wasser mit Diffusor	8 bei ISO 200
Ausleuchtwinkel	84°
Blitzeinstellungen	TTL und manuell
TTL-Einstellung	RC A
Blitzbereitschaftsanzeige	Ja, orange Lampe
TTL-Anzeige	Ja, grüne Lampe 2 s nach dem Auslösen
Lichtstärken-Drehschalter	8 Blenden, in Stufen einstellbar
Pilotlampe	Ja
Blitzfolgezeit bei Volllast	3 s mit Alkaline-Batterien 4 s mit LI-Batterien 2 s mit NiMH-Akkus 5 s mit Sanyo eneloop-Akkus
Akkus/Batterien	4 AA-Zellen
Farbtemperatur	5.400 K; 5.200 K mit Diffusor
Maximale Einsatztiefe	75 m
Gewicht	465 g ohne Akkus/Batterien
Abmessungen	69 mm (B) x 109 mm (H) x 133 mm (L)
Abtrieb	ca. 10 g im Süßwasser

Der UFL-3 setzt die Reihe der amphibischen Olympus-Blitzgeräte fort. Die Konfiguration ist bis auf die Schalttafel weitgehend mit den Sea & Sea-Blitzgeräten YS-01/02/03 identisch. Der Batteriefachdeckel ist ein Klon desselben Bauteils von Sea & Sea. Wenn die Kamera auf den RC-Blitzmodus programmiert ist und der Modus-Schalter des externen Blitzgerätes auf RC A steht, kann im Rahmen der technischen Möglichkeiten zumindest im Nahbereich fast sorgenlos TTL-geblitzt werden. Wie immer muss als Voraussetzung das Wasser eine gewisse Klarheit besitzen, das Motiv mindestens 30% der Bildfläche einnehmen und die Hintergrundhelligkeit um nicht mehr als 3 Blenden abweichen.

Die Blitzfolgezeit liegt bei 2 bis 3 s im Volllastbetrieb. Für eine durchgehend standfeste und kontinuierliche Blitzbereitschaft über mehrere Tauchgänge hinweg empfehlen wir Sanyo eneloop-AA-Akkus oder Lithium-Batterien. Am sichersten fährt man mit dem UFL-3, wenn man zwei davon miteinander kombiniert. Hierzu muss man allerdings ein fiberoptisches Tandemkabel montieren. Man bekommt das nicht bei Olympus, sondern nur im Zubehörhandel. Gleiches gilt für Halteschienen und Blitzarme.

Bild rechts: Die Population der Blauhaie hat leider stark abgenommen. Wegen der weißen Unterseite darf Blitzlicht nur sehr behutsam eingesetzt werden. HF

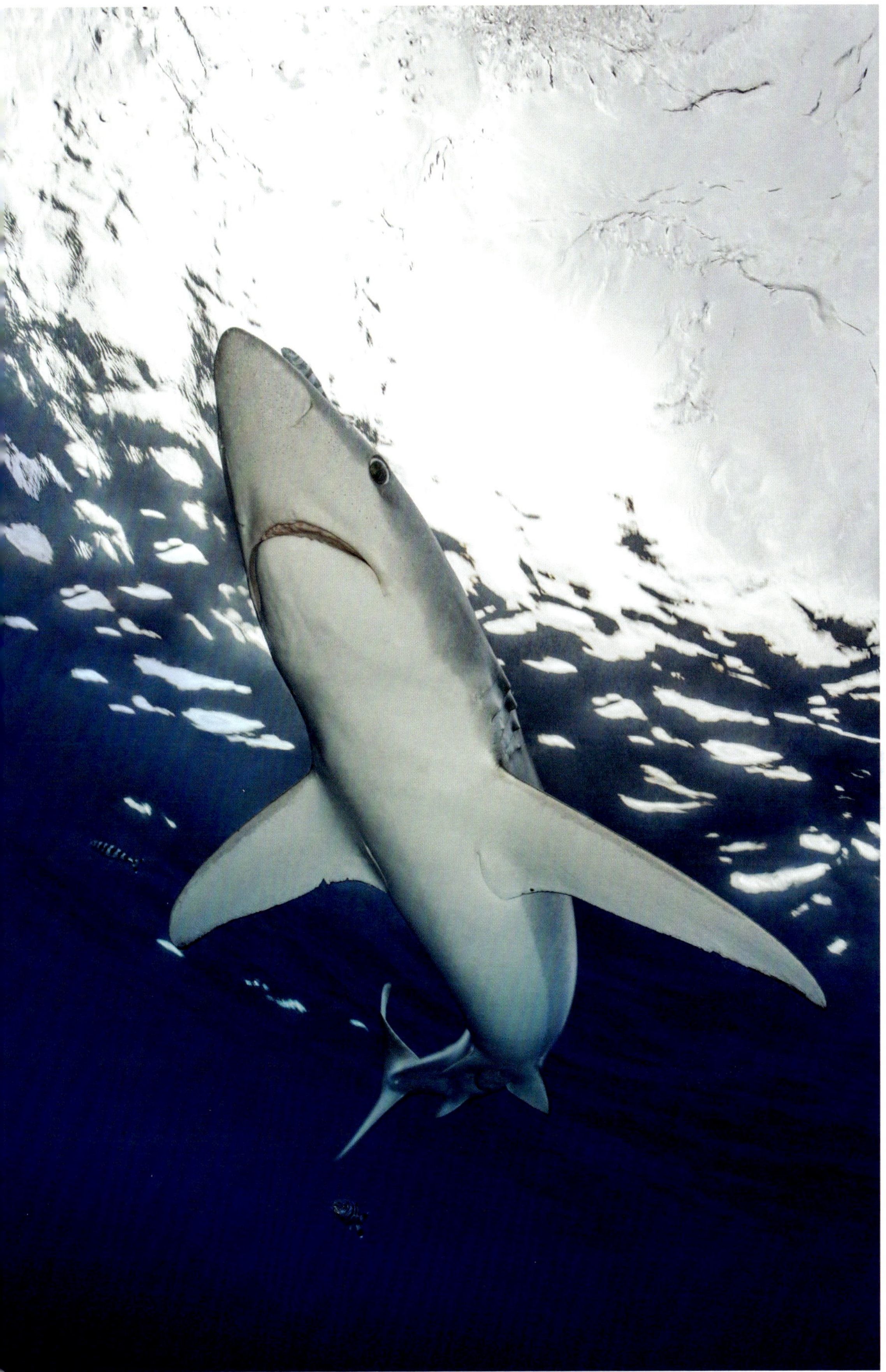

Blitzzubehör

Amphibische Blitzgeräte sind unverzichtbare Elemente der UW-Fotografie mit vielfältigen Möglichkeiten zum kreativen Einsatz. Mit dem Blitzgerät allein kann man jedoch nur bedingt etwas anfangen. Es muss auf einer Schiene befestigt werden, ein geeigneter Blitzarm hält es in Position und eventuell möchte man einen Farbfilter, Diffusor oder Snoot-Vorsatz anbringen. Auftriebskörper stellen die Tarierung der Fotogerätschaft sicher, ein Pilotlicht unterstützt den AF in dunkler Umgebung.

Halteschienen

Kamera bzw. UW-Gehäuse insbesondere von Kompaktkameras müssen sicher auf einer Halteschiene befestigt werden. Das liest sich so easy, ist es aber beileibe nicht, denn alle Teile müssen so fixiert werden, dass sie sich während des Tauchgangs nicht verdrehen. Deshalb sind entweder zwei Schrauben erforderlich oder die Halteschiene muss eine Anschlagkante besitzen, die ein Verdrehen verhindert.

Empfehlenswerte Halteschienen offeriert Sealife. Hier werden Kamera oder UW-Gehäuse mit einem Drehknebel auf einer rutschfesten Oberfläche fixiert. Nachteil: Die Adaption von Blitzgeräten ist nur mit Sealife-Produkten möglich. Wer LED-Leuchten-affin ist, kann Sealife-LED-Leuchten nicht nur sicher befestigen, sondern auch im Point-Shooting-Modus einsetzen.

Auf der Halteschiene selbst werden entweder der internationale T-Nutstein oder eine Kugel angebracht. Auf diese wird dann der Blitzarm montiert, je nachdem, was er für einen Befestigungsmodus aufweist. Da es hier keine Norm gibt, findet man auch Kugeladapter mit unterschiedlichen Durchmessern und T-Stücke mit abweichenden Maßen vom Üblichen. Von daher ist sorgfältiges Abmessen und Vergleichen geboten.

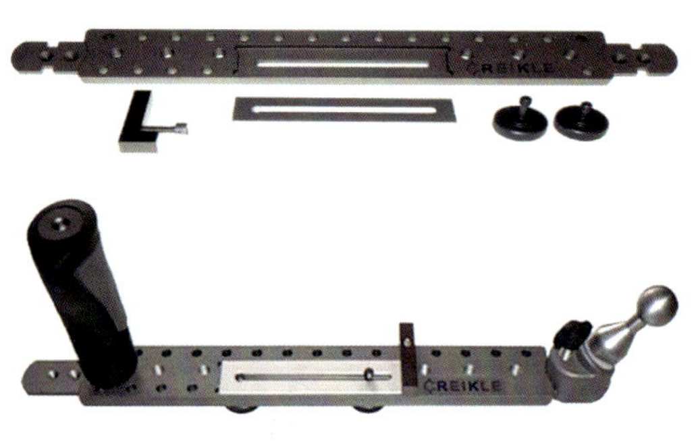

Findige Hersteller wie Reikle ermöglichen es, individuelle Schienen aus einem Baukastensystem zu designen. PR

Wichtig:

Amphibienkameras und UW-Gehäuse werden mit Schrauben an der Schiene befestigt. Vom Durchmesser her sind diese genormt, nicht aber in der Länge. Wird eine zu lange Schraube eingesetzt, erreicht sie das Gehäuse ohne die Kamera zu fixieren. Mit einem weiteren Drehen werden solche Kräfte entwickelt, dass Kamerabody oder UW-Gehäuse irreparabel reißen oder gar brechen können.

Blitzarme

Die richtige Positionierung eines Blitzgerätes ist extrem wichtig, denn durch eine intelligente Ausrichtung kann man Bilder mit nicht alltäglicher Ausleuchtcharakteristik schaffen. Ob man das mit einem oder zwei Blitzgeräten macht, ist eher sekundär. Auch mit einem amphibischen Blitzgerät kann man kreativ fotografieren, wenn man die Beweglichkeit des Blitzarmes nutzt.

Blitzarme werden in mannigfaltiger Ausführung angeboten. Durchgesetzt hat sich aber nur der Kugelgelenkarm, dessen einzelne Glieder mit Kugelgelenkschalen verbunden sind. Unterschiedliche Längen lassen große Spielräume zu. Über die Gesamtlänge des Blitzarmes gehen die Meinungen etwas auseinander. Weitwinkel-Freaks können sie nicht lang genug sein, weil das Zurücksetzen der Blitzgeräte oder das Hochstellen eines einzelnen Blitzgerätes die Reflexion der Trübstoffe reduziert. Man sollte die Grenze aber bei etwa einem Meter Länge ziehen, weil sonst Unhandlichkeit und Wasserwiderstand überproportional steigen. Kugelgelenkarme besitzen den Vorteil, dass sie sich längenmäßig anpassen lassen. Auf kurze Distanz genügen für gewöhnlich kurze Armstücke.

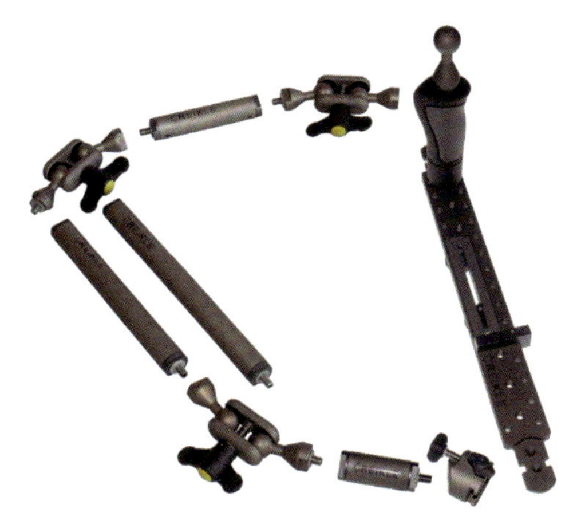

Blitzarme, die aus mehreren Einzelelementen bestehen, können beliebig kombiniert werden; eher kurz für Makro- und Nahaufnahmen, ein wenig länger für den WW-Einsatz. PR

Flexarme werden häufig im Set mit Kompaktkameras angeboten. Ihre große Beweglichkeit ist verführerisch, aber sie brechen leicht, wenn man sie stark biegt. Auch verstellen sie sich mitunter in der Strömung und sind für schwere Blitzgeräte ungeeignet. Starre Blitzarme, an denen das Blitzgerät nur in einer Dimension geschwenkt werden kann, sind für die kreative UW-Fotografie eher ungeeignet.

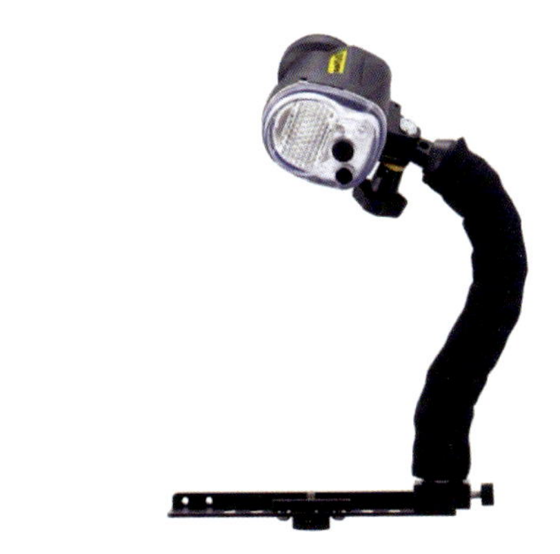

Bisweilen sind Blitzgerät, Flexarm und Halteschiene im Set erhältlich. PR

Interessant sind Blitzarmsysteme, die sich unkompliziert, meist durch Knopfdruck entkoppeln lassen. Der Blitz wird dann an einem kurzen Griff in der Hand geführt. Man nennt dieses speziell Verfahren Point Shooting. Damit kann man ausgesprochen variabel blitzbelichten und neue Wege in der Ausleuchtung beschreiten. Allerdings macht das nur Sinn, wenn sich die Kamera einhändig bedienen lässt; dies vorzugsweise unter Verwendung einer Handschlaufe und durch eine absolut neutrale Wasserlage.

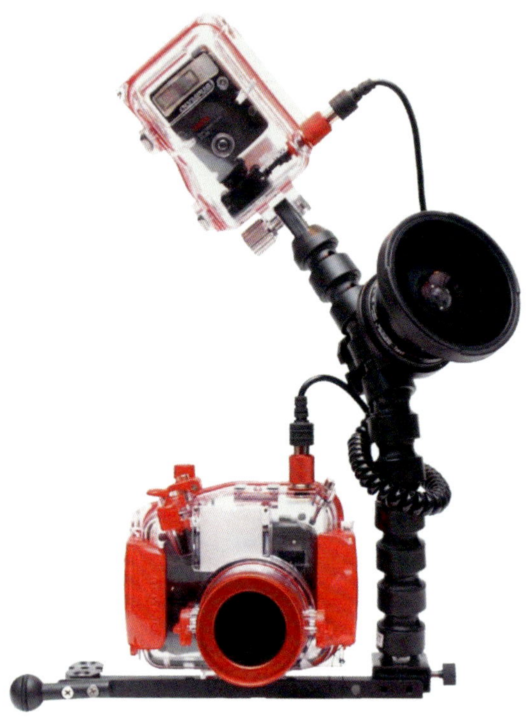

Praktisch sind Aufnahmen für Zubehör wie Makro- oder WW-Konverter am Blitzarm; auf stabilen Sitz ist zu achten. PR

Blitzarme dienen oft noch zur Befestigung von Vorrichtungen, um Nahlinsen oder WW-Konverter zu parken. Diese Lens-Holder sind wichtig für Kompaktfotografen, die mit Vorsätzen arbeiten, diese gerne aber öfter einmal tauschen.

Hinweis:

Kaufen Sie Blitzarm und Schienen immer zusammen. Probieren Sie, ob alles passt, nichts wackelt, nichts klemmt und von guter Qualität ist; und auch, ob das Blitzgerät sich ohne Fisimatenten am Blitzarm befestigen lässt. Sparen Sie nicht an der falschen Stelle. Diese Accessoires sind wichtiger als man denkt. Ein klappriger und störrischer Blitzarm sowie eine wackelige Schienenbefestigung können einen Fototauchgang komplett zunichtemachen.

Auftriebskörper

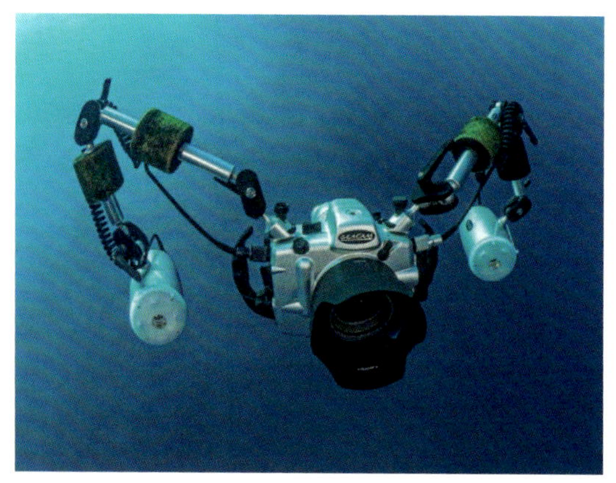

Ein Kamerasystem im perfekten hydrostatischen Gleichgewicht schwebt. Unter dieser Voraussetzung lässt sich auch mit einer voluminösen Fotoausrüstung spielend leicht arbeiten. HF

Eine UW-Fotogerätschaft sollte neutral austariert sein. Immer lässt sich das nicht perfektionieren, aber man sollte es zumindest versuchen. Wenn die Kamera samt UW-Blitz stark sinkt, tut man sich mit ausgeklügelten Bildgestaltungen schwer, weil es auf Dauer anstrengend ist, die Fotogerätschaft ruhig und korrekt zu halten. Aber nicht nur Bequemlichkeit ist der Grund, die Kamera neutral im Wasser zu halten, sondern die UW-Fotografie wird insgesamt auf ein anderes Level gehoben. Eine tarierte UW-Fotogerätschaft kann mit längeren Verschlusszeiten ausgelöst werden ohne Verwackler zu verursachen. Auch eine gute Bildstabilisation in der Kamera schützt nicht vor Unschärfen, wenn man beim Einstellen und Anvisieren verkrampft und beim Speichern der Bildschärfe mit nachträglichem Schwenk die Motivdistanz unabsichtlich verändert.

Auftriebskörper sind dazu da, starkes Sinken der Fotogerätschaft zu unterbinden. Manche UW-Fotografen ziehen druckfeste Fischernetzringe über die Blitzarme oder befestigen Kunststoffkugeln daran. Es gibt aber auch professionell konzipierte Auftriebskörper, die man je nach Fotogerätschaft optisch sehr gut an Blitzarmen und Schienen integrieren kann. Keinesfalls darf die Fotogerätschaft stark aufschwimmen, weil man sie im Notfall nicht ablegen kann und sie einen ständig zwingt, der Auftriebskraft durch Gegendrücken entgegen zu wirken. Auf Dauer ist das ähnlich unangenehm wie zu viel Abtrieb.

Eine tarierte Fotogerätschaft ist hilfreich, wenn man am Ende des Tauchgangs die Boje aufblasen muss und an ihr vielleicht noch längere Zeit treibt, bis man aufgelesen wird. Ganz klar kann man sagen, dass eine sorgfältig austarierte UW-Fotogerätschaft zu einer besseren UW-Fotografie beiträgt. Man denke nur an Halb und Halb-Aufnahmen.

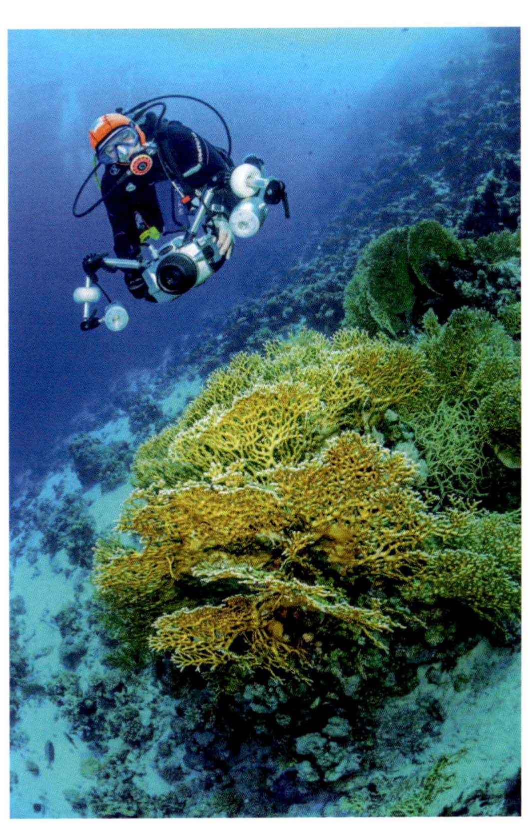

Gehäuse, Blitzgeräte und –arme werden mit Gewichten oder Auftriebskörpern neutral tariert. HF

Hinzu kommen diverse Aspekte zur Tauchsicherheit. Wird ein Kamerasystem übergeben, das sich deutlich nicht im hydrostatischen Gleichgewicht befindet, wird die Tarierung beider Taucher mit jeweils einer entgegengesetzten Wirkung verändert. Geschieht die Übergabe, weil bereits eine Stresssituation vorliegt, kommt ein weiterer Störfaktor hinzu.

Wer sich nicht mit Auftriebskörpern anfreunden mag, kann auch mit Luft gefüllte Blitzarme aus Carbon oder Aluminium montieren. Mittlerweile gibt es sie in extremer Ausführung mit Auftriebskräften je Armstück von fast 700 g. Zu beachten ist, dass die Bauteile mit einem Durchmesser von etwa 7 cm aufwarten, so dass man sie mit einer Hand kaum noch greifen kann. Oftmals reichen auch moderate Durchmesser, denn der Blitzarm besteht ja meistens aus zwei Armstücken mit je einer Kugel an den Enden.

Raffiniert sind sogenannte Float-Tuben. Man bezeichnet damit Blitzarmstücke, die sich mit Wasser fluten lassen. Auf diese Weise kann man seine Fotogerätschaft auf das Gramm tarieren. Ein solches System hat Vorteile, wenn man von einem kleinen Makroport auf einen großen Mineralglas-Dome wechselt oder ein schweres Objektiv einbaut.

Blitztechnik – ein Blick auf die Geräteausstattung

Das Referenzgerät Olympus UFL-3 wartet mit einer Ausstattung auf, die dem Standard eines vernünftigen Einsteigergerätes entspricht. Geräte, die diese Parameter nicht oder nur zum Teil haben, können bei Anschaffungsplänen nicht ernsthaft in Erwägung gezogen werden und bleiben bei unseren Betrachtungen außen vor.

Lichtleistung

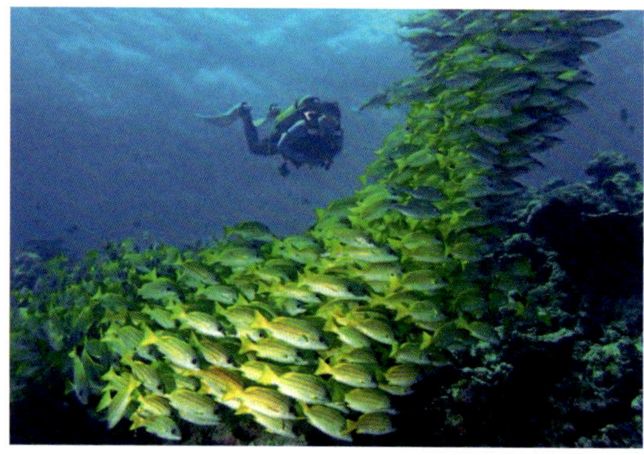

Bei der Ausleuchtung einer Weitwinkelszene sind die Grenzen eines einzelnen UFL-3 klar zu erkennen. GD

Ein Leistungsriese ist der UFL-3 nicht, was er angesichts seiner Abmessungen und des Preises auch nicht sein kann. Mit ISO 200 kommt er aber insgesamt gut zurecht, auch im dunkelgrünen See und mit montiertem Diffusor. Ist eine WW-Optik an der Kamera adaptiert, sieht man die Grenzen der Ausleuchtung. Mehr als 84° schafft der Blitz nicht einmal mit Diffusor. Zwei UFL-3 sind geboten, wenn man sich Bildwinkeln um 100° nähert. Die Herstellerangabe mit Leitzahl 22 an Land bei ISO 100 mit Volllast und 1 m Motiventfernung ist sehr optimistisch.

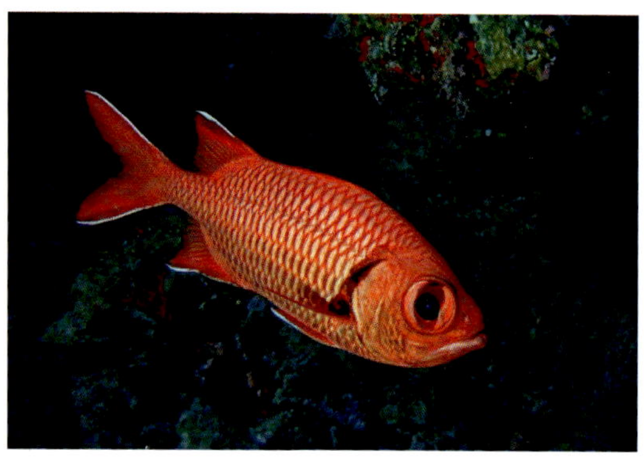

Portraits handflächengroßer Fische gelingen mit einem UFL-3 im Zusammenspiel mit Kameras der TG-Serie extrem zuverlässig im Automatikbetrieb. GD

Mit einer realistisch gemessenen UW-Leitzahl von knapp 4,5 ohne Diffusor bei ISO 200 und 1 m Motivabstand hat der UFL-3 ausreichend Reserven, wenn an der zugehörigen Olympus TG-6 der Wert 2,8 im Modus Blendenpriorität A vorgewählt wird. Allerdings erfährt die Blitzleistung mit Anbringen des Diffusors eine Schrumpfkur und die UW-Leitzahl fällt mit 2,8 eher mager aus. Das ist nicht eben viel und zwingt zur Aufmerksamkeit, damit man sich bei der Distanz nicht verschätzt. Wer sicher gehen will, dass er sich nicht vertut, sollte bei der Blendenpriorität A besser mit offener Blende, also dem Wert 2,0, oder aber gleich mit der Programmautomatik P arbeiten und dazu keinesfalls Motive jenseits von 1 m anpeilen.

Einsatz des Diffusors

Blitzlicht empfinden viele Betrachter von UW-Bildern als kühl und hart. Zum Teil liegt das aber am Blitzgerät selbst, am Motiv, an der Blitzleistung und an der Lichtführung. Man hat aber vielleicht bereits ein Blitzgerät und kann die Konstellation nun nicht mehr ändern; wohl aber verbessern, und zwar mit einem Diffusor! Diffusoren sind Milchglasscheiben aus Kunststoff. In einfacher Form sind sie als Planglasscheiben ausgelegt und werden vor dem Blitzreflektor bzw.

dem Frontglas des Amphibienblitzgerätes angebracht. Bessere Diffusoren sind gewölbt, besitzen im Idealfall die Krümmung des Blitzgeräte-Frontglases. Wenn Diffusoren plan sind, ist eine spürbare Vergrößerung des Ausleuchtwinkels kaum zu erwarten. Ihre Aufgabe liegt dann lediglich in der Erzeugung von weichem und warmem Licht.

Warme Farben von Korallen und Fischen machen UW-Fotografen an, wecken auch Emotionen; wohl wissend, dass solche Eindrücke nicht real sind. Aber der Mensch kann gegen seine Gefühle nicht gut angehen. Weiße Diffusoren machen das Blitzlicht etwa 300 K wärmer. Rosa oder fleischfarben getönte Diffusoren drücken die Farbtemperatur um bis zu 1.000 K. Für Nah- und Makroaufnahmen sind sie deshalb weniger geeignet, machen aber im WW- und Fisheye-Bereich sowie bei UW-Landschaftsaufnahmen und insbesondere bei der Modelfotografie eine sehr gute Figur, weil sie der selektiven Farbauslöschung entgegenwirken.

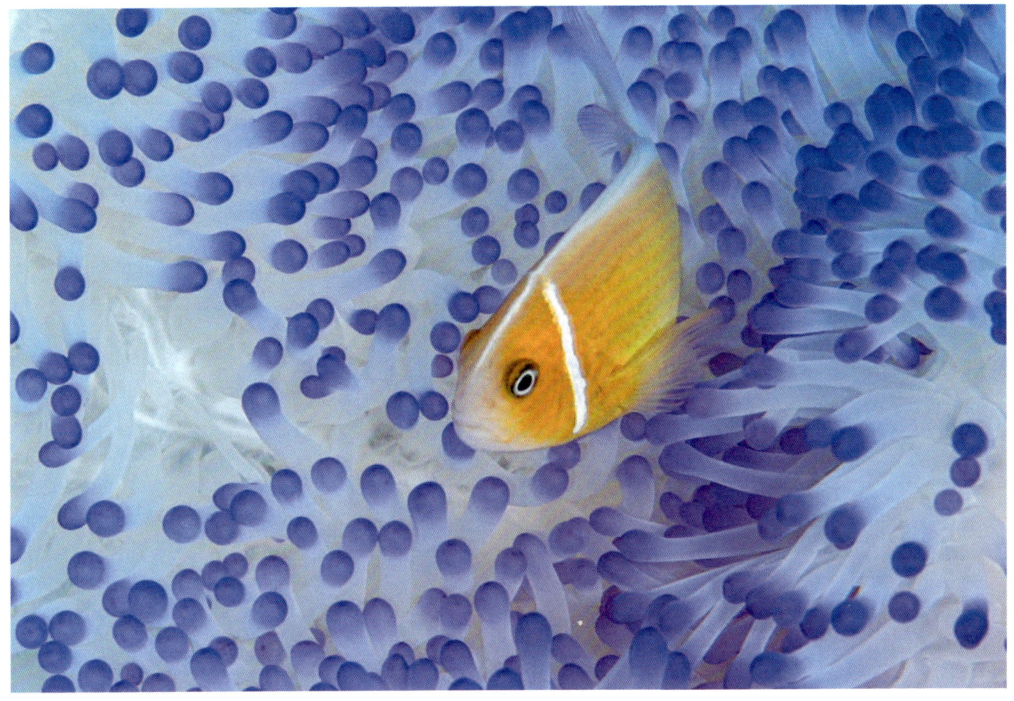

Für ein solches Motiv reichen zwei Kleinblitzgeräte aus. Die Diffusoren sorgen für die ebenmäßige und schattenfreie Ausleuchtung. HF

Gewölbte Diffusoren mit üblicher Konfiguration können hingegen den Ausleuchtwinkel um etwa 10° erweitern. Extremer gehen Light-Dome-Strobe-Diffusoren zur Sache. Für Amphibienblitze von Epoque, Ikelite, INON und Sea & Sea liefert der Hersteller www.lightdome.works Halbkugel-Diffusoren, die das Blitzlicht sehr weit streuen. So kann man damit im Makrobereich, wenn sich das Motiv nur Zentimeter vom Frontglas des UW-Gehäuses entfernt befindet, dieses noch sehr harmonisch und nahezu schattenfrei ausleuchten. Für Wettbewerbsfotografen ist das eine empfehlenswerte Option.

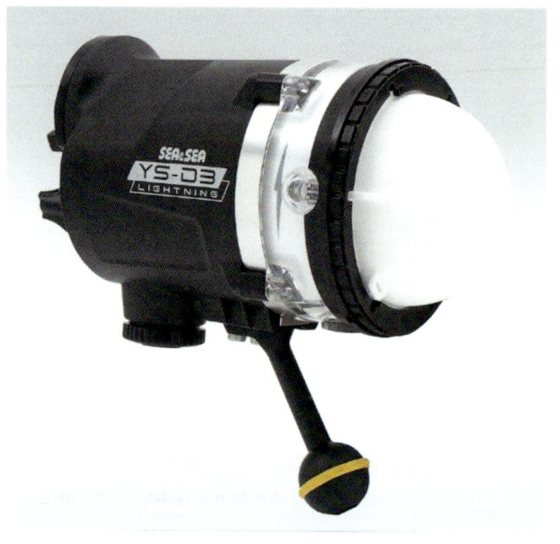

Halbkugel-Diffusoren verbreiten ein sehr sanftes und gleichmäßiges Licht bis unmittelbar vor die Portscheibe des UW-Gehäuses. PR

Brechen wir noch eine Lanze für den Halbkugel-Diffusor: Seine Oberfläche ist etwa fünf bis sechs Mal so groß wie die eines normalen Diffusors, was sich selbst auf hellen Manta-Bäuchen in zarten Farbtönen bemerkbar macht. Nicht unterschätzen darf man den Lichtverlust gewölbter Diffusoren; bei kugelförmigen noch mehr als bei leicht gewölbten. Das dahinter platzierte Blitzgerät darf deshalb nicht zu schwach sein. Die Einstell-empfindlichkeit sollte mindestens ISO 200, bei weiter entfernten Motiven ISO 400 oder mehr betragen. Wenn Halbkugel-Diffusoren nahe der Kamera treibende Schwebeteilchen unangenehm aufhellen, sollte man sie demontieren, damit der Abstrahlwinkel kleiner wird und vor der Kamera Wasser bleibt, das nicht vom Blitzlicht erfasst wird.

Auch für Videoleuchten werden die Halbkugel-Diffusoren hergestellt. LED-Licht erhält dadurch einen ganz anderen Charakter und macht Nah- und Makrostreams sehenswerter.

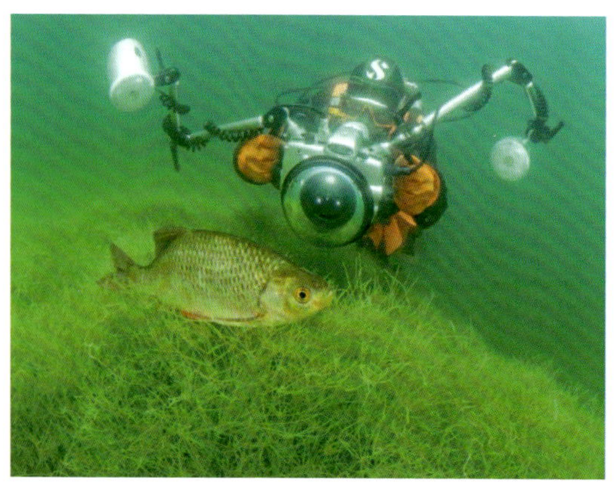

Gute Sichtweiten kann man sich nicht immer aussuchen. Wenn die Blitzgeräte mit Diffusoren bestückt sind, kommt man im Trüben eher klar. HF

Fast noch wichtiger als das Aufhellen von Schatten, ist das Dämpfen von Reflexen an silbrigen Fischkörpern. Beim Fotografieren von hellen und glänzenden Fischschwärmen kann man ohne Diffusor kaum vermeiden, dass sich Blitzlicht zumindest auf einigen Fischkörpern bricht; unangenehm, weil man diese Reflexionen auch in der Bildbearbeitung nur aufwendig und zeitintensiv, oft gar nicht, beseitigen kann.

Diffusoren werden von vielen UW-Fotografen als Allheilmittel gegen Trüb-stoffreflexionen angesehen. Teilweise stimmt das, aber man darf dabei nicht übersehen, dass Diffusoren Licht nicht nur weicher machen, sondern es auch streuen. Dann werden auch Schwebeteilchen angestrahlt, die man eigentlich nicht auf dem Schirm hatte. Dies betrifft vor allem stark gewölbte Modelle.

Einige Diffusoren, z. B. von INON oder Seacam, kann man mit Rotlichteinsätzen bestücken. Das sind kleine Rotfilter, die das weiße Licht der Pilotlampe in rotes umwandeln, damit scheue Lebewesen beim Anvisieren nicht flüchten. Zum gleichen Zweck werden neutral gefärbte Filter angeboten, die weißes Pilotlicht dämpfen. INON offeriert hellblaue Diffusoren, die Biologen bevorzugen, weil sie Motive klar und farbneutral abbilden. UW-Fotografen kann man dafür weniger begeistern. Sie stellen Bilder farblich gern etwas überzogen dar.

Diffusoren fressen Licht. Schwache Diffusoren kosten Blitzenergie in der Größenordnung einer Blendenstufe; starke sind mit zwei Stufen dabei. Geht man davon aus, dass stark gewölbte bzw. Halbkugel-Diffusoren den Ausleuchtwinkel massiv vergrößern, also die Lichtdichte pro m^2 verringern, dann kann man sich vorstellen, dass man eine UW-Szenerie nur mit einem starken Amphibienblitz, etwas höherer ISO-Zahl und einer nicht allzu kleinen Blende ausleuchten kann.

Zum Referenzblitzgerät UFL-3 liefert Olympus einen Diffusor, der an das Reflektorglas gesteckt wird. Dieser dämpft um 1,5 bis 2 Blendenstufen, unterdrückt aber Trübstoffreflexionen. Zugleich wird die Farbtemperatur leicht gesenkt, so dass das Blitzlicht wärmer wird und weicher erscheint. Aus besagtem Grund ist der UFL-3 mit Diffusor primär ein Fall für den Nahbereich. Dort aber kann er gut mithalten und trägt mit dazu bei, ansehnliche Ergebnisse zu liefern. Da die UW-Leitzahl mit Aufbringen des Diffusors auf 2,8 sinkt, empfiehlt es sich, auch im Nahbereich mit ISO 200 zu arbeiten. In der Bedienungsanleitung zum UFL-3 spricht Olympus dem Diffusor keine Vergrößerung des Ausleuchtwinkels zu. Die oben beschriebene Streuwirkung durch ein konvexes Design liegt also nicht vor.

Da man Diffusoren leicht verlieren kann, binden Sie diese sorgfältig am Blitzgerät an. Oft gehört die passende Schnur zum Lieferumfang. Wenn es doch zu einem Verlust kommt, ist es eine sehr schmerzhafte Erfahrung, was ein so kleines Stück Milchglasplastik kostet.

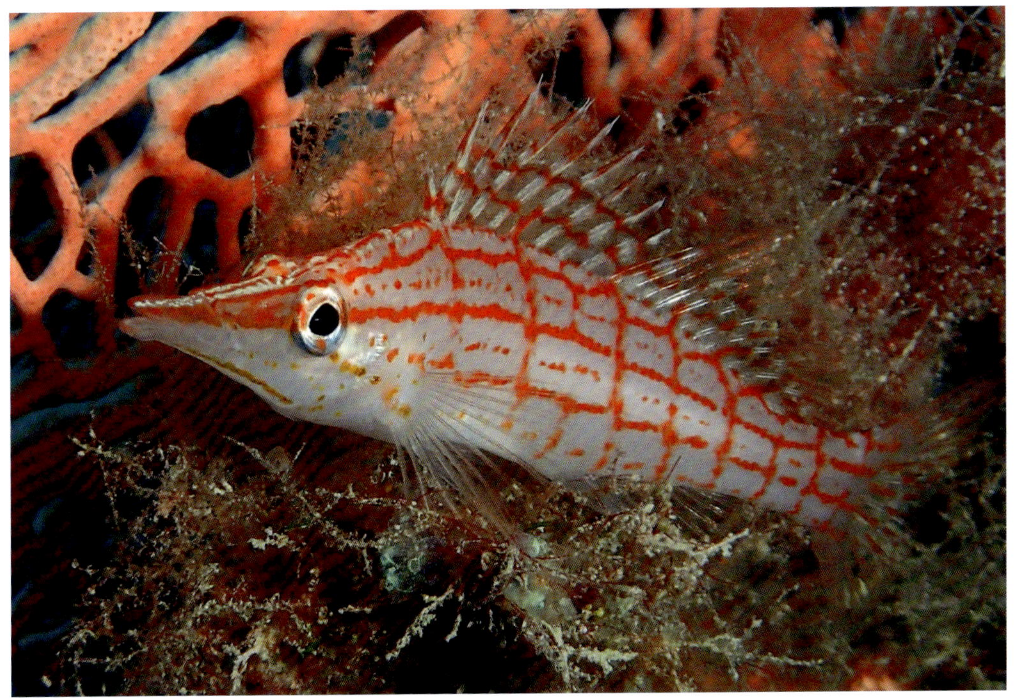

Ein Diffusor hilft gerade bei Motiven mit viel Weiß oder hellen Farben, ein Aufreißen zu verhindern, und dämpft die Reflexionen durch silbrige Fischschuppen ganz erheblich. GD

Einsatz von Farbfiltern

Mit händisch aufgebrachten Farbfiltern auf Blitzgeräten wird eher selten fotografiert. Es gibt auch nur wenige Blitzgerätehersteller wie Seacam und Subtronic, die solche Vorsätze im Programm haben. Farbfilter vor Blitzgeräten verwendet man fast nur noch als Effektlicht beim Kabel- oder Sklavenblitzen im Pool, im Riff und bei der Modelfotografie. Echte Farbfilter vor dem Blitzgerät können aber nicht durch zuschaltbare Farbfilter in der Kamera oder in einem Bildbearbeitungsprogramm ersetzt werden. Der Effekt ist hier wie dort ein ganz anderer.

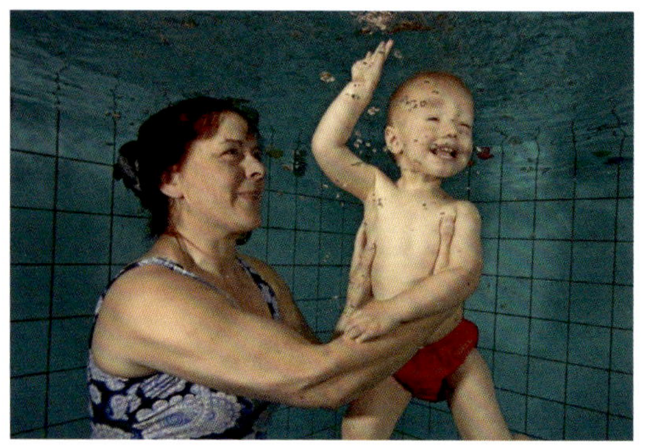

Mit einem leicht braun getönten Diffusor lässt sich ein Aufkalken der Haut durch das Blitzlicht vermeiden. GD

Wer gerne bastelt, kann mit dem Diffusor auch Farbfilter kreieren. Für bunte Effekte, wie sie bisweilen bei Wettbewerben in der Kategorie Kreativ gesetzt werden, reicht es, eine Farbfolie mit Hilfe des Diffusors vor den Blitz zu klemmen. Bei der Beschaffung dieser Folien hilft ein Besuch während des Aufbaus zum nächsten Dorf oder Stadtfest. Immer noch gängig sind dort auf den Bühnen Farbflutlichter, deren Folien aus Rohlingen zugeschnitten werden. Die Reste hiervon hieraus reichen dicke aus, um die Front des Blitzgerätes komplett abzudecken.

Brauntöne dagegen werden eher nicht als Effekt eingesetzt. Hier geht es vorrangig darum, Hauttöne realistisch im Bild festzuhalten. Wer je versucht hat, beim Babyschwimmen in einer dunklen Ecke des Hallenbades die Kombination aus zartweißer Babyhaut und reinweißem Blitzlicht zu meistern, wird früher oder später dankbar den Tipp annehmen, einfach ein Stück Damenstrumpfhose in der gewünschten Tönung zwischen Blitz und Diffusor zu klemmen. Dank zahlloser Laufmaschen dürften hier keinerlei Versorgungsschwierigkeiten bestehen.

Einsatz der Pilotlampe

Die meisten amphibischen Blitzgeräte haben ein Pilotlicht eingebaut. Es dient primär zum Positionieren des Blitzgerätes. Dort, wo das Pilotlicht hin leuchtet, wird später beim Auslösen der Kamera der Mittelpunkt des Lichtkegels aus dem Blitz liegen. Auf den ersten Blick mag dies eine banale Erkenntnis sein, aber es gibt durchaus Aspekte, diese Funktion zu nutzen. Rufen wir uns in das Gedächtnis zurück, dass der Blitz nicht auf die scheinbare, sondern auf die geometrische Distanz ausgerichtet werden muss, so wird das Pilotlicht gerade dem Anfänger eine große Hilfe sein, um die korrekte Blitzausrichtung in den Griff zu bekommen. Weiter werden im nächsten Kapitel kreative Lichtführungen beschrieben, die eine akkurate Ausrichtung des Blitzes bedingen. Auch hier ist ein Pilotlicht eine gerne in Anspruch genommene Unterstützung.

Die Funktion als Zieleinrichtung kann eine Pilotlampe bei Tageslicht nur erfüllen, wenn die LED stark genug ist. Deshalb wird das Pilotlicht vor allem in dunklen und schattigen Arealen, wenn der AF Probleme beim Fokussieren bekommt, eingesetzt. Die Stärke der Pilotlampe braucht 10 bis 20 Watt, respektive 200 Lumen nicht zu überschreiten. Man will damit ja weder filmen noch fotografieren. Starke Pilotlampen, die zu diesem Zweck in einzelnen Amphibienblitzgeräten verbaut sind, heißen dann Video- oder LED-Leuchten.

Wer mit einer Pilotlampe einen Nachttauchgang unternimmt, darf diese nicht als vollwertige Tauchlampe einkalkulieren. Neben der eventuell reichlich schwachen Lichtleistung kann auch nicht ausgeschlossen werden, dass die Pilotlampe bald zu Brennen aufhört, da sich die Kapazität des Blitz-Akkus zu Ende neigt. Oft haben die Hersteller eine Kapazitätsbremse eingebaut, damit sich die Akkus nicht total entleeren. Dann blinkt die Pilotlampe einige Mal auf und erlischt danach. Wer mit zwei Blitzgeräten taucht, die beide mit Pilotlampen ausgestattet sind, hat bessere Chancen, ist vor einem Totalausfall aber auch nicht 100-prozentig gefeit.

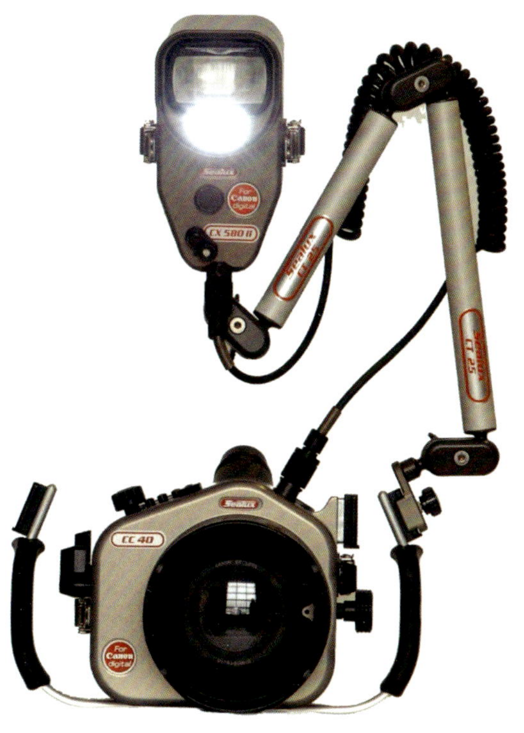

Ein Pilotlicht gehört zum Standard; die Anschaffung eines Amphibienblitzes oder eines UW-Blitzgehäuses ohne dieses Merkmal ist nicht zu empfehlen. PR

An besseren Blitzgeräten lässt sich das Pilotlicht dimmen, um dessen Helligkeit an diverse Situationen anzupassen.

Eine sinnvolle Ausstattung ist eine SOS-Schaltung, deren Blitze man sogar gegen die untergehende Sonne erkennen kann. Auch dies bieten Amphibienblitzgeräte bisweilen serienmäßig.

Im Fall des UFL-3 geht durch Drücken des Programmeinstellknopfes eine Pilotlampe an, die allerdings nur einen bescheidenen Lichtkegel erzeugt. Die Lampe saugt zusätzlich zur Blitzbelichtung Strom, so dass es ratsam ist, immer mit frischen Akkus zu tauchen. Lithium-AA-Zellen sind dafür zu schade, weil zu teuer.

Unabhängig von der Funktion als Zieleinrichtung sorgt das Pilotlicht UFL-3 sowohl bei Nachttauchgängen als auch bei tieferen Abstiegen mit wenig Umgebungslicht dafür, dass das Motiv, auf das Kamera und Blitz ausgerichtet werden, aufgehellt wird. Dadurch steigt der Kontrast und der Autofokus der Kamera tut sich wesentlich leichter. Beim Auslösen des Blitzes schaltet sich das Pilotlicht dann automatisch aus, um wenige Sekunden danach auch von alleine wieder aufzuleuchten.

Wessen Amphibienblitz keine Pilotlampe aufweist, der sollte mit Kabelbindern eine kleine Lampe am Blitzgerät befestigen. Handlampen oder sogenannte Pointer, die einen Blitz erkennen und dann für wenige Sekunden ihr Licht automatisch abschalten, sind im Handel erhältlich.

Blitzbelichtungssteuerung

Ohne Blitzlicht geht es in der fortgeschrittenen UW-Fotografie nicht. Der echte UW-Blitz kann auch durch LED-Leuchten nicht komplett ersetzt werden. Moderne Amphibienblitzgeräte sind zum Teil mit vielen und oft auch verwirrenden Funktionsschaltern versehen, so dass Einsteiger damit ihre liebe Not haben. Erschwerend kommt hinzu, dass Blitzen unter Wasser nicht mit der vergleichsweise sorglosen Blitzbelichtung an Land verglichen werden kann. Wasser hat andere Eigenschaften als Luft, ist selten wirklich klar und filtert zu allem Übel das Blitzlicht bereits nach einer Motivdistanz von einem Meter so stark heraus, dass die Farbe Rot deutlich abgeschwächt wiedergegeben wird.

TTL-Blitzsteuerung

Automatisches Blitzen ist angenehm, weil man sich ganz auf die Bildgestaltung konzentrieren kann. Diese Funktion nennt man TTL-Blitzsteuerung. TTL ist das Kürzel von Through The Lens, also Blitzbelichtung durch das Objektiv. Es ist nach heutigem Stand die genaueste Belichtung mit einem Blitzgerät. An Land funktioniert das traumhaft gut. Unter Wasser nur im Nah- und Makrobereich. Mit WW- und Fisheye-Objektiven sind die Ergebnisse eher mäßig. Beim Blitzen im Gegenlicht hilft nur der Zufall bzw. ein helles Motiv wie der Bauch eines Hais; denn Gegenlichtblitzen überfordert die Automatik, weil von vorne viel Licht einströmt und der Kameracomputer meint, man benötige auf Grund dessen kein starkes Blitzlicht. In den meisten Fällen werden deshalb die anvisierten Motive unterbelichtet.

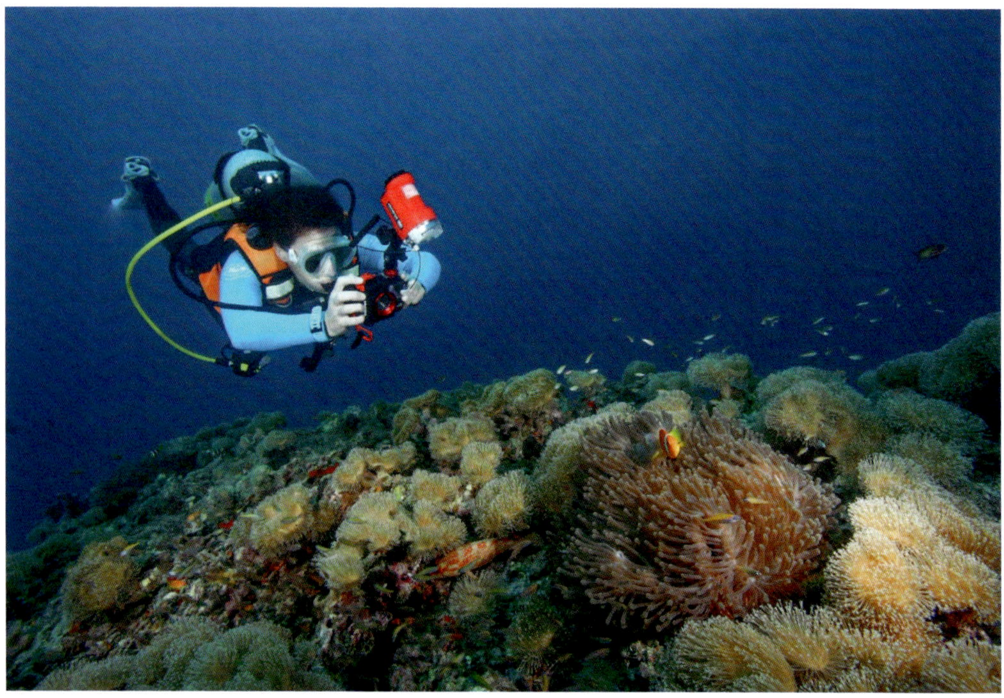

Beim Drift-Dive bleibt kaum die Zeit, um manuelle Einstellungen vorzunehmen; die TTL-Blitzsteuerung ist hier die erste Wahl. GD

Dem eigentlichen Hauptblitz wird immer ein Mess- bzw. Vorblitz voraus geschickt, manchmal auch zwei oder selten noch mehr. Die daraus erfolgte Motiv-Reflexion wird von einem im Kamerakasten sitzenden Sensor erfasst und an den Mikroprozessor weitergeleitet. Dieser gibt daraufhin ein Signal an das Blitzgerät, das Motiv mit einer bestimmten Blitzdauer bzw. Blitzstärke zu belichten. Wie gesagt, mit einem Amphibienblitzgerät, das umfänglich mit dem Blitzprotokoll der Kamera kommuniziert, können sich die Ergebnisse im Nahbereich durchaus sehen lassen. Zumal man die TTL-Blitzsteuerung mit der Blitzbelichtungskorrektur beeinflussen kann.

Da aber unter Wasser deutlich andere Bedingungen als an Land herrschen, kommt es hier zu Abweichungen bei der Erfassung der Messblitze, wenn das Motiv auf größerer Distanz angepeilt wird. Denn wenn sich der Messblitz im Blau oder Grün des Wassers verliert, kommt eine falsche Rückmeldung bei der Kamera an und der Hauptblitz macht quasi was er will. Manchmal blitzt er zu schwach, oft aber zu stark. Deshalb sollte man weitwinklige UW-Aufnahmen manuell blitzbelichten. Aber wie gesagt, es gibt UW-Fotografen, die ihren Amphibienblitz sehr gut kennen und wissen, wie er reagiert. Man kann durchaus das Blitzlicht mit der Blitzbelichtungskorrektur beeinflussen und auf diese Weise mit der TTL-Blitzsteuerung bei größeren Bildwinkeln punkten. Schneller - außer wenn der direkte Zugriff auf die Funktion am UW-Gehäuse gegeben ist - und genauer als manuell zu blitzen geht es aber letztendlich auch nicht, denn die Blitzbelichtungskorrektur muss zuerst angewählt werden.

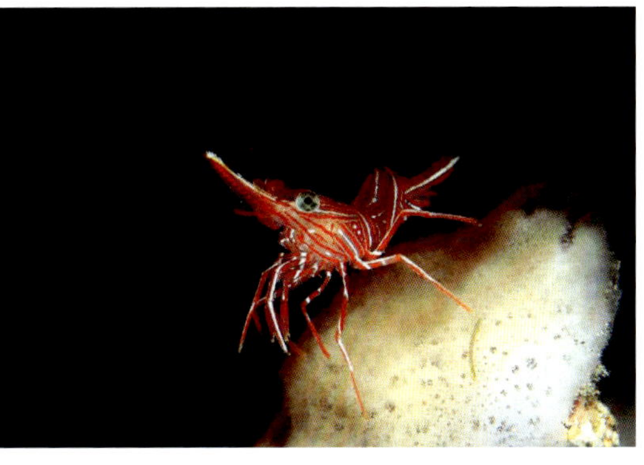

Viel Schwarz und reichlich Weiß im Bild; trotzdem arbeitet die TTL-Steuerung zuverlässig. GD

Systemblitzgeräte sind, was die Kommunikation mit der Kamera anbelangt, die beste Option. Leider werden diese Blitzgeräte in der UW-Fotografie etwas stiefmütterlich behandelt, kaum jemand verwendet sie noch, obwohl es immer noch UW-Gehäuse dafür gibt. Der Grund könnte sein, dass ein Systemblitzgerät plus UW-Gehäuse kaum preiswerter da steht als ein mittelpreisiger Amphibienblitz. Grundsätzlich gilt aber für alle TTL-Blitzbelichtungen: Wenn das automatische Blitzbelichtungssystem korrekt arbeitet, sollten die Blende, die ISO-Zahl und die Verschlusszeit keine Rolle spielen. TTL-Blitzbelichten heißt ja, dass man von solchen Einstellungen unbeeinflusst blitzen kann.

Soweit die Theorie. In der Praxis ist es aber so, dass sowohl die Blende als auch die ISO-Zahl eine größere Rolle spielen als man ihnen zugestehen will. Mit offener oder weitgehend offener Blende werden die Bilder sehr licht und gefühlsmäßig auch zu hell blitzbelichtet. Man sollte sich angewöhnen, den Blendenwert 5,6 als unteres Limit zu betrachten. Ebenso sind sehr hohe ISO-Werte mit der TTL-Blitzbelichtung riskant, weil viele amphibische Blitzgeräte nicht schnell genug abschalten, wenn die korrekte Belichtung erreicht ist. Mehr als ISO 800 sollte man im TTL-Blitzbetrieb nicht vorwählen. Solche ISO-Zahlen bewältigen die verschmähten Systemblitzgeräte übrigens noch locker. Bei ihnen liegen die Grenzen etwa bei ISO 1.600 bis ISO 3.200.

Synchronkabel und Lichtleiter

Synchronkabel werden über Blitzsteckdosen am UW-Gehäuse elektronisch mit der Kamera verbunden. Sie werden entweder mit N5- oder S6-Blitzsteckern versehen. Der S6-Blitzstecker mit je drei Pins und Kontaktlöchern ist der bessere, weil er sich ohne Fummelei mit der Blitzsteckdose verbinden lässt. Bei der Handhabung des N5-Verbundes ist beim Zusammenstecken etwas Gefühl erforderlich, weil man von den fünf Pins die drei fest eingebauten knicken kann, wenn man nicht aufpasst. Zwei Pins sind gefedert gelagert, über ihre Kontaktflächen werden die TTL-Signale übertragen. Das Synchronkabel wird als Spirale ausgeliefert, ist ergo dehnbar. Salzwassereinbruch in den Blitzbuchsen bedeutet meistens das Ende der TTL-Blitzbelichtung. Meistens dringt dann das Wasser auch noch durch die Blitzstecker ins Kabel hinein. Dann ist auch das kaputt. Trotz dieser offensichtlichen Problematik sind Synchronkabel nicht aus der Welt. Ihre Zuverlässigkeit beim TTL-Blitzen ist sprichwörtlich. Es kann passieren, dass Synchronkabel beim Transport übermäßig geknickt werden. Dann kann es zu Kontaktproblemen kommen, weil die TTL-Signale nicht mehr störungsfrei übertragen werden. Manuelles Blitzen geht aber meistens noch. Die O-Ringe am Blitzstecker sollten leicht gefettet und von Zeit zu Zeit auf Oberflächenbeschädigungen kontrolliert werden. Die Schutzkappen sollten immer auf die Blitzstecker und Blitzbuchsen geschraubt werden.

Das Pendant zu den Synchronkabeln sind die Lichtleiter, auch fiberoptische Kabel genannt. Lichtleiter werden generell beim amphibischen Blitzen mit Kompaktkameras eingesetzt. Zusehends findet man sie aber auch beim Fotografieren mit CSCs und Einsteiger-SLRs. Lichtleiter sind dünne Glasfaserkabel mit je einem kleinen Kontaktstöpsel an den Enden, die in optische bzw. transparente Blitzbuchsen gesteckt werden. Manche Systeme lassen sich frei stecken und verschrauben. Auch fiberoptische Kabel werden vorzugsweise als Spirale ausgeliefert. Sie sind aber auf Dauer nicht so dehnbar gefertigt wie Synchronkabel. Man bekommt sie aber in diversen Längen und kann sie sich mit einer Schere passend zurecht schneiden. Knickschäden vertragen sie gar nicht.

Um mit Lichtleitern blitzen zu können, muss die Kamera über einen kamerainternen Blitz verfügen; entweder fest verbaut oder im Blitzschuh aufgesteckt. Da Profikameras aber nur selten mit eingebauten Blitzen versehen sind, kann man nur mit den wenigsten High-End Systemkameras fiberoptisch blitzen.

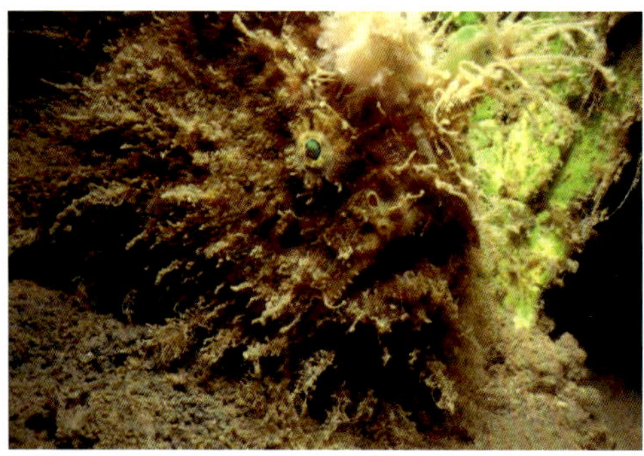

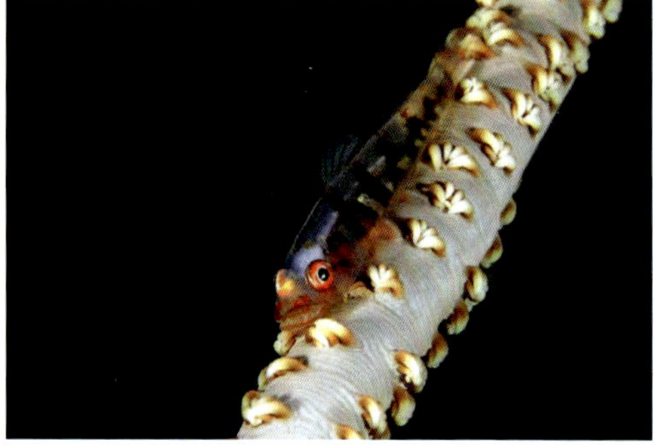

Beide Systeme, also mit Synchronkabel (li.) oder Lichtleiterkabel (re.) arbeiten gleichermaßen zuverlässig, solange alle Bauteile qualitativ solide gefertigt sind. GD

Mit Lichtleitern ist TTL-Blitzen ohne TTL-Konverter möglich. Der interne Kamerablitz gibt einen Messblitz ab, der über das Lichtleiterkabel zum Amphibienblitz gelangt. Dieser zündet dann seinerseits einen zeitlich parallel laufenden Messblitz. Die Motivreflexion wird von der Kamera registriert und der Hauptblitz zur Bildbelichtung vom Kamerablitzgerät in errechneter Stärke gezündet. Dieses Signal wird vom Amphibienblitz wieder empfangen und dort wird ebenfalls als Hauptblitz in entsprechender Stärke abgegeben, der TTL-gesteuert im Rahmen seiner Möglichkeiten richtig blitzbelichtet. Weil das nur funktioniert, wenn der Amphibienblitz über eine Sklavenblitz-Zelle verfügt, nennt man diese TTL-Blitzsteuerung auch S-TTL, also Slave-TTL.

Der angeflanschte Amphibienblitz muss allerdings so schnell sein, dass er den oder die Messblitze registrieren kann, um zeitgleich den Hauptblitz zu zünden. Das ist jedoch nicht in jedem Fall gewährleistet. Insbesondere Olympus mit seinem RC-Code macht fiberoptisch den meisten Fremdblitzgeräten zu schaffen, so dass man in diesem Fall bei der TTL-Blitzbelichtung einem Original-Olympus-Amphibienblitzgerät den Vorzug geben sollte. Fremdblitzgeräte können aber nach Abschalten des RC-Codes manuell an allen Olympus-Kameras verwendet werden.

Wie genau ist S-TTL nun? Sehr genau, wenn der angesteuerte Amphibienblitz ausreichend schnell reagieren kann. Signifikante Belichtungsunterschiede zu Synchronkabel-Blitzbelichtungen lassen sich dann nicht feststellen.

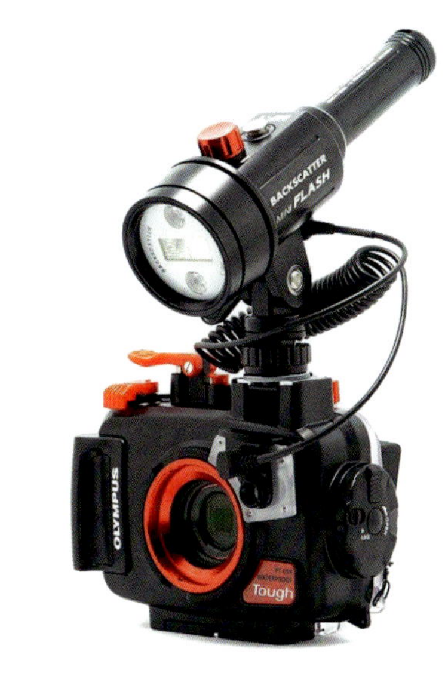

Die Montage der Lichtleiterkabel ist denkbar einfach: Einstecken in die Buchsen an UW-Gehäuse und Amphibienblitz und es kann losgehen. PR

Wenn die Lichtleiter in den optischen Buchsen stecken, können sie sich lösen, wenn man mit ihnen hängen bleibt, und baumeln dann herum. Man merkt das aber, wenn die Bilder nicht mehr harmonisch ausgeleuchtet sind. Wenn es dumm zugeht, kann man sie sogar verlieren. Also gelegentlich kontrollieren, ob sie noch sicher in den optischen Buchsen stecken. Verwenden Sie keine Lichtleiter unbekannter Hersteller. Viele preiswerte Alternativen aus asiatischer Fertigung halten nicht, was sie versprechen. Die besten Lichtleiterkabel liefert Sea & Sea. Sie werden deshalb auch von Nikon und Olympus verwendet.

TTL-Konverter

Der TTL-Konverter ist ein elektronisches Bauteil, das ein Fremdblitzgerät – also hier einen Amphibienblitz – steuerungsmäßig mit dem Blitzprogramm der Kamera verbindet. Hochwertige Digicams verfügen zumeist über extrem variable Blitzsteuerungen wie das Blitzen auf den zweiten Verschlussvorhang, Kurzzeitblitzen, Stroboskop-Blitzen oder Langzeitblitzen. Das beherrschen nicht alle TTL-Konverter. Manche Kamerahersteller verschlüsseln ihre Blitzprogramme derart, dass Fremdblitzgeräte wie vor einer verschlossenen Tür stehen.

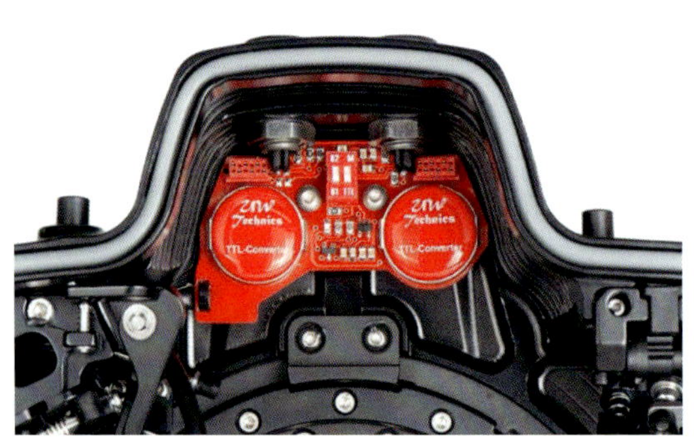

TTL-Konverter für Synchronblitztechnik und fiberoptische Auslösungen werden in UW-Gehäusen verbaut. PR

Amphibienblitzgeräte haben sich in der UW-Fotografie auf breiter Basis durchgesetzt. Da sie aber nur selten über fest eingebaute TTL-Konverter verfügen, werden diese entweder im UW-Gehäuse verbaut oder alternativ im Synchronkabel integrieret. Die Problematik beginnt damit, dass die separaten TTL-Konverter bei jeder Neuauflage einer Kamera upgedatet werden müssen. Wer ergo aufsteigt, sich eine neue Digitalkamera, auch der gleichen Marke, zulegt, kann den TTL-Konverter nicht immer sorgenfrei mitnehmen. Das Updaten ist ein Vorgang, den nur der Blitzgerätehersteller oder der Konverterlieferant vornehmen können.

TTL-Konverter arbeiten meist nur mit einem System zusammen. Canon-TTL-Konverter können deshalb nicht mit Nikon-Kameras verbunden werden, Sony-Kameras nicht mit einem Pentax-TTL-Konverter. Nur zwischen Olympus und Panasonic herrscht Gleichstand. Eine weitere Crux ist die Komplexität der Steuercodes. Kaum ein Fremdhersteller kann die Blitzprotokolle der diversen Kameras vollständig knacken. Der Aufwand übersteigt oft den finanziellen sowie den praktischen Nutzen.

Schwierigkeiten treten auf, wenn man zwei Blitzgeräte via Konverter im TTL-Betrieb verwendet. Zwei Geräte unterschiedlicher Hersteller funktionieren im TTL-Betrieb generell nicht. Probleme können, müssen aber nicht auftreten, wenn vom selben Hersteller zwei unterschiedlich starke Amphibienblitze gekoppelt werden. Die Kamera wird dann mit zwei unterschiedlichen Signalen angesteuert und weiß oft nicht, auf welches sie reagieren soll. Es blitzt, aber das Ergebnis ist oft sehr ambivalent. Verschiedene Konverter-Hersteller lösen die TTL-Aufgabe mitunter sehr differenziert und speziell. So arbeitet der Ikelite-TTL-Konverter zufriedenstellend nur mit Ikelite-Blitzgeräten, auch verschiedenen, zusammen. Andere TTL-Konverter erkennen daher keine Ikelite-Blitzgeräte. Letztlich ist die zuverlässigste Herangehensweise, zwei identische Produkte an den TTL-Konverter anzuschließen.

Normalerweise kann man nur fiberoptisch blitzen, wenn die Kamera über einen fest eingebauten oder aufgesteckten Blitz verfügt. Um auch mit Kameras ohne diese Voraussetzungen fiberoptisch blitzen zu können, wurden TTL-Konverter entwickelt, die sowohl mit Synchronkabeln als auch fiberoptisch zusammen arbeiten können. Ein solcher TTL-Konverter wird entweder direkt im Blitzschuh der Kamera oder im UW-Gehäuse befestigt. Mittels zweier LEDs werden die Lichtimpulse über die optischen Fenster durch die Lichtleiter zum Amphibienblitz weiter befördert.

Ganz gleich, ob man Kamera und Amphibienblitz, gegebenenfalls noch einen TTL-Konverter, im Set oder getrennt kauft, empfiehlt sich angesichts der Komplexität im Voraus ein ausgiebiger Test, ob und wie zuverlässig die Geräte gemeinsam TTL-fähig sind und in verschiedenen Situationen miteinander harmonieren. Wer nicht explizit nur manuell blitzbelichten möchte, darf hier keine Kompromisse eingehen.

Manuelles Blitzen vs. TTL-Steuerung

Vieles funktioniert mit der TTL-Blitzbelichtung, aber beileibe nicht alles. Manuelles Blitzen geht aber immer. Voraussetzung ist jedoch, dass das amphibische Blitzgerät über manuell einstellbare Laststufen verfügt. Vier gerätetechnische Lösungen stehen zur Auswahl.

1. Das amphibische TTL-Blitzgerät wird am Drehschalter auf eine manuelle Stufe umgeschaltet, weil die Aufnahmebedingungen, also Motiv zu weit weg, Wasser zu trüb, Gegenlicht etc., für Automatikbelichtung zu ungünstig sind. In dieser Konfiguration steuert das eingeschaltete Blitzgerät die Kamera an. Ausgelöst wird über ein Synchronkabel.

2. Es wird ein amphibisches Fremdblitzgerät mit Synchronkabel verwendet, das die Kamera nicht ansteuert. Dann kann der Amphibienblitz nur zum Zünden gebracht werden, wenn die Kontakte im Blitzschuh der Kamera auf einen oder zwei reduziert werden. Der Blitz wird ergo nur manuell ausgelöst, das aber zuverlässig. Die Pins des aufgesteckten Kontaktschuhs kann man normalerweise herausziehen.

3. Amphibienblitzgeräte zünden mittels fiberoptischem Kabel auch im TTL-Betrieb. Ändern sich die Bedingungen so, dass man nicht mehr vernünftig automatisch blitzen kann, lassen sich solche Blitzgeräte normalerweise auf eine manuelle Blitzauslösung umschalten.

4. Verwendet man einen Amphibienblitz mit fiberoptischem Kabel, der aber mit der Kamera nicht kommuniziert, also nur getriggert wird, muss man am Drehschalter des Blitzgerätes immer eine manuelle Laststufe vorwählen. Sinn macht es zudem, wenn man den Kamerablitz auf eine kleine manuelle Blitzstufe stellt, beispielsweise 1/8 oder 1/16 Last. Dann spart man Akku-Strom der Kamera und kann gleichzeitig schnell hintereinander blitzen, weil der Kamerablitz gleich wieder blitzbereit ist.

Der Vorteil der manuellen Blitzbelichtung, die bei Premium-Kompaktkameras ebenso mit dem Kamerablitz zelebriert werden kann, ist die gleichmäßige Blitzstärke. Ein großer Vorteil beim Gegenlichtblitzen und beim Aufhellen von Motiven mit gedeckten Farben.

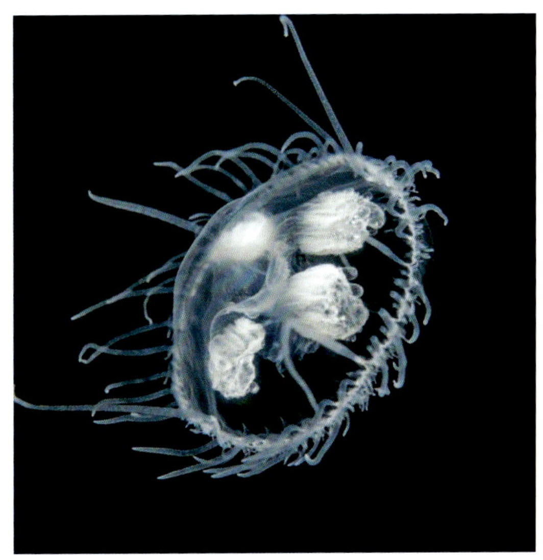

Süßwasserquallen sind transparent und verlangen nach einem sehr dezenten Blitzlicht. HF

Manuelles Blitzen setzt etwas Erfahrung voraus, denn die Laststufe, mit der man die Stärke des Blitzlichts vorwählt, sollte mit Motiventfernung und Reflexionsverhalten des Motivs harmonieren. Außerdem ist die Wahl der manuellen Blitzstufe auch abhängig vom Blitzgerät selbst. Bei einem schwachen und kleinen Amphibienblitz muss man eventuell häufig mit voller oder halber Blitzleistung arbeiten. Ein starkes Gerät kann dieselben Motive aber eventuell mit 1/4 oder 1/8 Blitzleistung korrekt blitzbelichten. Einfluss nimmt auf die manuelle Blitzbelichtung auch der Ausleuchtwinkel. Große Ausleuchtwinkel verteilen das Blitzlicht, so dass die Intensität pro ausgeleuchteter Fläche schwächer wird.

Die manuellen Laststufen werden folgendermaßen aufgeteilt:

1/1 - 1/2 - 1/4 - 1/8 - 1/16 - 1/32 - 1/ 64 - 1/128 - 1/ 256

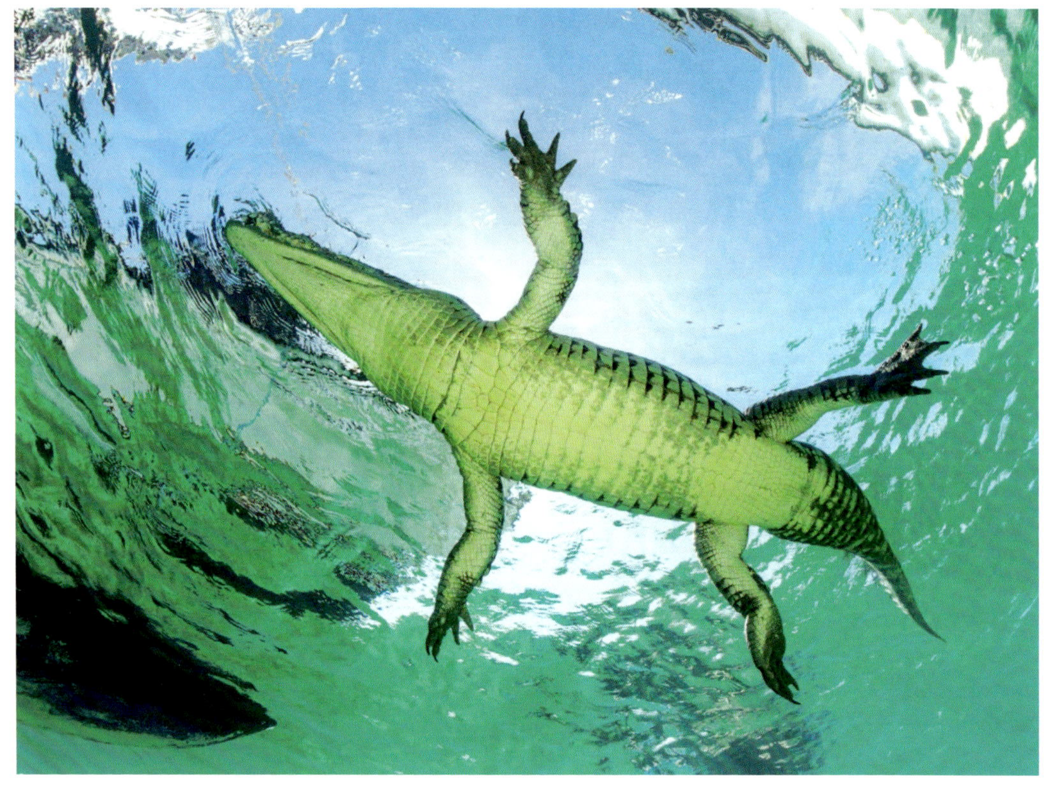

Die geblitzte Gegenlichtaufnahme ist die Domäne der manuellen Blitzsteuerung. HF

Üblicherweise beenden Amphibienblitzgeräte die Skala bei 1/32 oder 1/64 der vollen Blitzleistung. Systemblitzgeräte bieten manchmal noch 1/128, selten 1/256 Blitzleistung. Jede Laststufe entspricht belichtungstechnisch einer vollen Blendenstufe. Es gibt darüber hinaus amphibische Blitzgeräte, die auch mit halben Laststufenschritten ausgestattet sind. Erforderlich ist das aber selten, denn wer mit RAW fotografiert hat je zwei Blenden Spielraum in den Plus- bzw. Minus-Bereich. Außerdem kann man auch mit der Blende ein wenig spielen.

In der Theorie müsste nun aus gewünschter Blende, gewählter ISO-Einstellung, UW-Leitzahl des Blitzgerätes, Wasserqualität, eventueller Diffusorwirkung, Motiventfernung und Reflexionsverhalten des Motivs im Verhältnis zu 18% Grau unter Anwendung des oben beschriebenen Rechenverfahrens zur Leitzahl die ideale Laststufe des Blitzgerätes errechnet und dann eingestellt werden. Dabei ist völlig klar, dass eine derart komplexe Rechenaufgabe von den wenigsten während des Tauchgangs im Kopf gelöst werden kann, zumal durch den erhöhten Stickstoffpartialdruck das Rechnen eh schwerer fällt.

In der Praxis wird man beim manuellen Blitzen zunächst eine auf Erfahrung basierende Laststufe wählen und dann entsprechend des Bildergebnisses, das der Monitor der Kamera zeigt, reagieren und die Blitzleistung – sofern von Nöten – nachjustieren; welch ein Fortschrift gegenüber der analogen Fototechnik!

Neben der Olympus-eigenen RC-TTL-Option bietet auch der UFL-3 die Alternative der manuellen Blitzsteuerung. Dazu dreht man dessen Programmeinstellknopf im Uhrzeigersinn ganz nach rechts. Zwar funktioniert in sehr vielen Situationen die TTL-Steuerung des UFL-3 sehr zufriedenstellend. Auf der anderen Seite gibt es aber auch hinreichend Aufnahmeszenarien, die nur mit einer manuellen Blitzsteuerung zu meistern sein werden. Hierzu zählen Aufnahmen gegen die Sonne oder aber in Richtung Freiwasser, wobei wenig Licht vom Motiv reflektiert wird. Letztlich kann es auch der persönliche Geschmack erfordern, dass die Blitzsteuerung manuell erfolgen muss, denn der Ingenieur, der Kamera- und Blitzsoftware programmiert hat, kann nicht jede erdenkliche Aufnahmesituation vorhersehen.

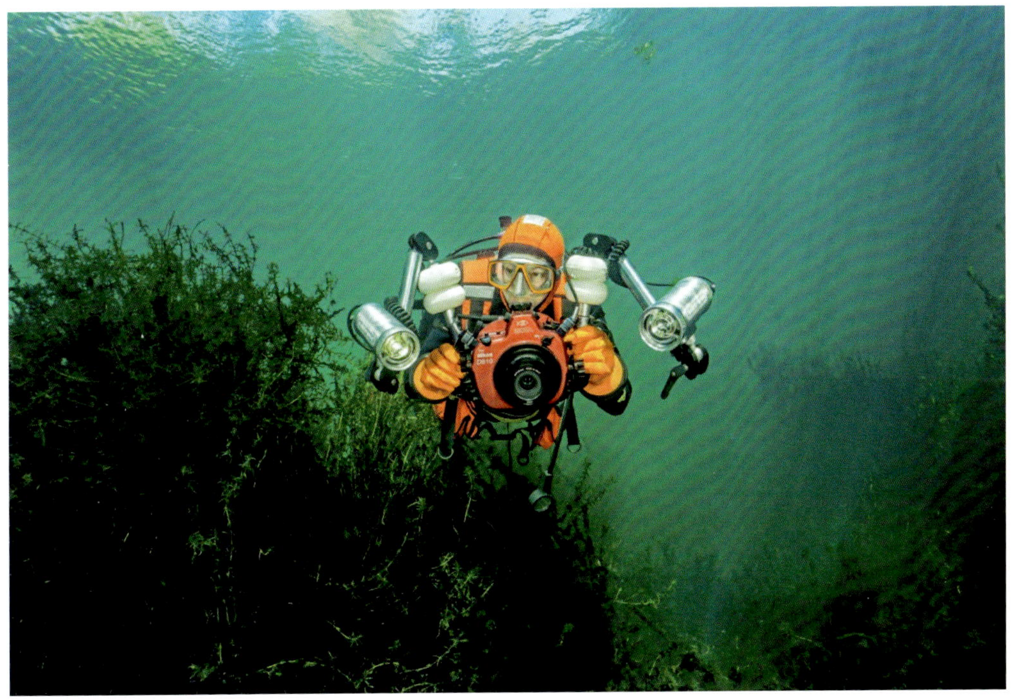

Einfach ein gutes Gefühl: Das Gehäuse ist dicht, die Kamera harmoniert mit den Blitzgeräten und das ganze System ist neutral austariert. HF

Basiseinstellungen von Kamera und Amphibienblitz

Am Markt werden unüberschaubar viele verschiedene digitale Fotokameras von der einfachen kompakten Knipskiste bis hin zur High End-SLR angeboten. Dazu kommt ein umfangreiches Sortiment an System- und Amphibienblitzgeräten diverser Hersteller. Ganz gleich welche Kombination nun zur Verfügung steht, bietet es sich an, für die gängigsten Szenarien der UW-Fotografie Basiseinstellungen auszuarbeiten. Diese kann man bereits mit dem Vorbereiten des Kamerasystems für den nächsten Tauchgang einstellen und geht so gut vorbereitet ins Wasser.

Am Beispiel unseres Referenzsystems zeigen wir, wie diese Einstellungen ausschauen können, damit TG-6 und UFL-3 erfolgversprechend zum Einsatz kommen. Analog dazu empfehlen wir insbesondere Anfängern, für ihr jeweiliges UW-Fotoequipment solche Einstellungen festzulegen. Diese Arbeit sollte möglichst vor dem Tauchurlaub in Angriff genommen werden und kann auch im Schwimmbad erledigt werden. So lernt man die Gerätschaften kennen und kann ab dem ersten Urlaubstauchgang voll mit den Fotoarbeiten loslegen.

Makro- und Nahbereich bis ca. 50 cm Motivdistanz

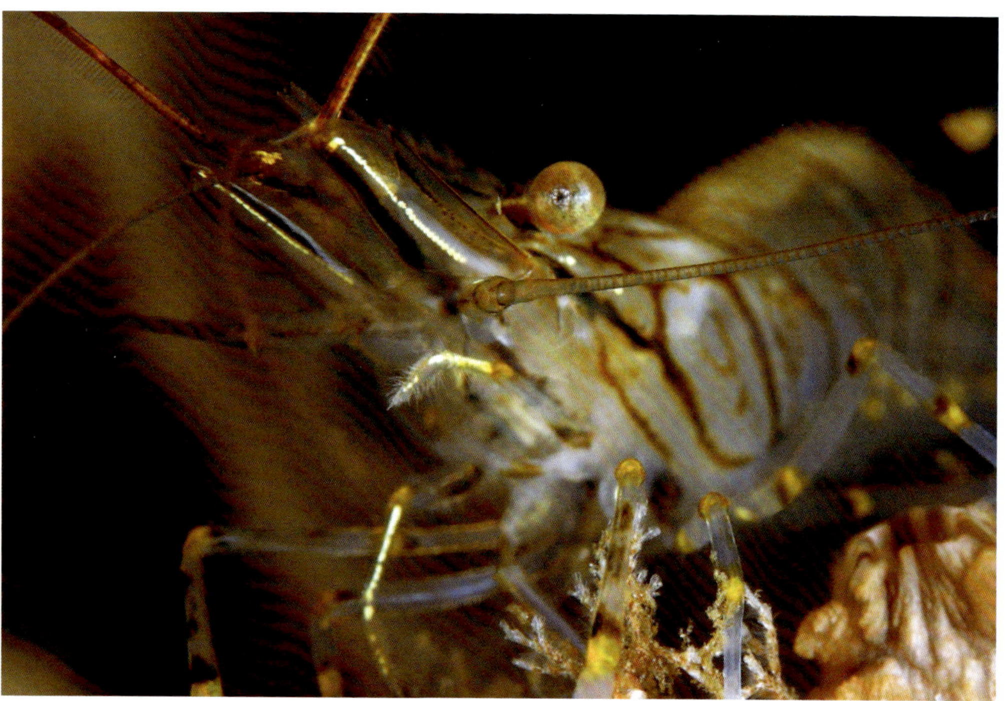

Im Nahbereich arbeitet der TTL-Modus tadellos. GD

- Erste Wahl ist der UW-Modus, gekennzeichnet durch das Fischsymbol, und dort im Untermenü UW-Makro.
- Der Blitz kann automatisch im RC-Modus zugeschaltet werden und funktioniert TTL-gesteuert sehr zuverlässig.

- Aufgrund der kurzen Aufnahmedistanz und meist auch engen Bildwinkel reicht das Blitzlicht aus, um das Bild zu dominieren und somit ein Abdriften – es steht nur die ISO-Automatik zur Verfügung - in höhere ISO-Werte zu verhindern.
- Praktischerweise steht bei UW-Makro eine Blitzbelichtungskorrektur zur Verfügung, die sehr wirkungsvoll arbeitet.
- Der Diffusor kann aufgesteckt werden.

Mittlere Bildwinkel bis maximal 100 cm Motivdistanz

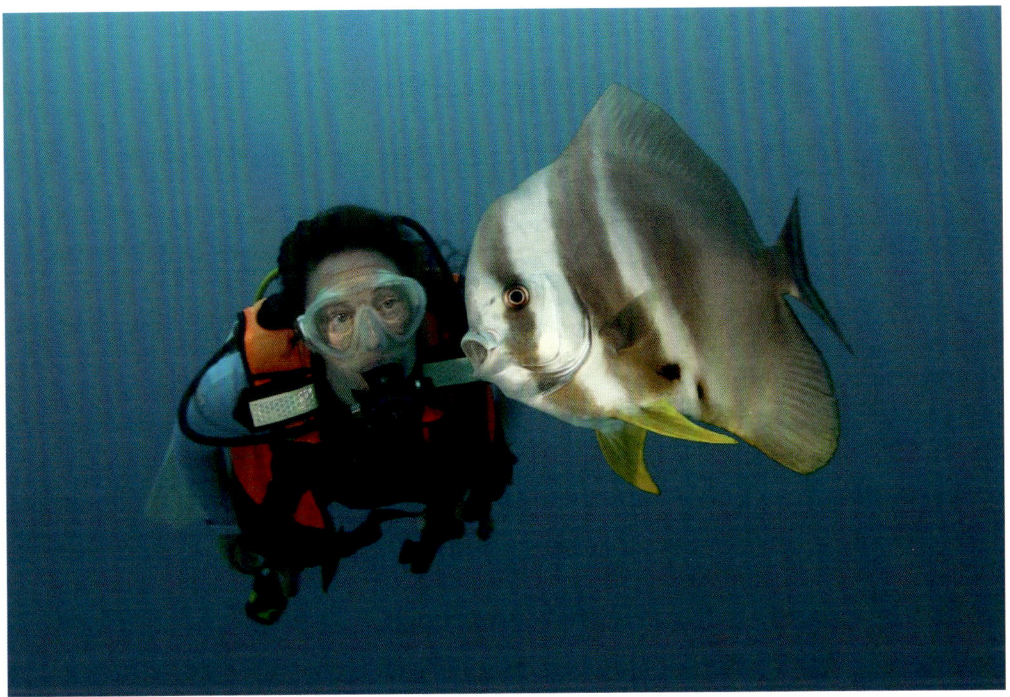

Um die Überbelichtung der hellen Stellen des Fledermausfisches zu vermeiden, wurde um minus 2/3 Blenden korrigiert. GD

- Programmautomatik P oder Blendenpriorität A kommen hier zum Einsatz.
- Um ausreichend Kunstlicht zur Verfügung zu haben, wird auf den Diffusor verzichtet und zumindest bei der Blendenpriorität A eine größere Blendenöffnung durch Anwahl der Werte 2,0 oder 2,8 vorgegeben.
- Ein Abdriften in höhere ISO-Werte wird durch die Anwahl von ISO 200 vermieden.
- Der RC-Modus muss im Untermenü zugeschaltet werden; so funktioniert das Blitzgerät im TTL-Betrieb hinreichend zuverlässig.
- Korrekturen können nur über die Belichtungskorrektur erfolgen.
- Da die Blitzsteuerung in einem Untermenü und damit wenig komfortabel zu bedienen ist, ist es ratsam, die Grundeinstellung im Benutzermodus C1 oder C2 zu speichern.

Größere Bildwinkel mit Helligkeitsunterschieden oder in Richtung Freiwasser

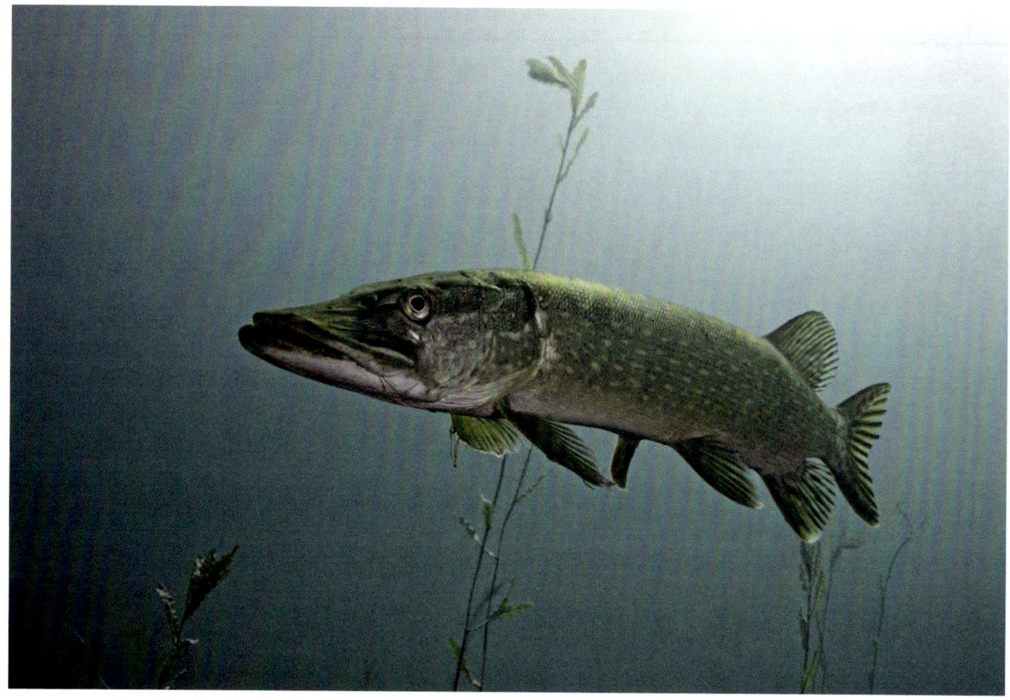

Weitwinklige Aufnahmen, in denen das Motiv im Vergleich zum Freiwasser nur einen geringen Anteil einnimmt, und die zudem in Richtung des Sonnenlichts gehen, gelingen mit manueller Blitzsteuerung meist besser. GD

- Programmautomatik P oder Blendenpriorität A kommen hier zum Einsatz.
- Um ausreichend Kunstlicht zur Verfügung zu haben, wird auf den Diffusor verzichtet und zumindest bei der Blendenpriorität A eine größere Blendenöffnung durch Anwahl der Werte 2,0 oder 2,8 vorgegeben.
- Ein Abdriften in höhere ISO-Werte wird durch die Anwahl von ISO 200 vermieden.
- Der manuelle Blitz-Modus muss im Untermenü zugeschaltet und am Blitz ebenfalls angewählt werden.
- Die Stärke des Blitzlichtes wird am Lichtstärke-Einstellknopf manuell vorgenommen. Zudem können leichte Korrekturen über die Belichtungskorrektur der Kamera erfolgen.
- Da die Blitzsteuerung in einem Untermenü und damit wenig komfortabel zu bedienen ist, ist es ratsam, die Grundeinstellung im Benutzermodus C1 oder C2 zu speichern.

Bild rechts: Korallenlandschaften können auch im Hochformat reüssieren. Solche Farbkombinationen gibt es nur in der Südsee. HF

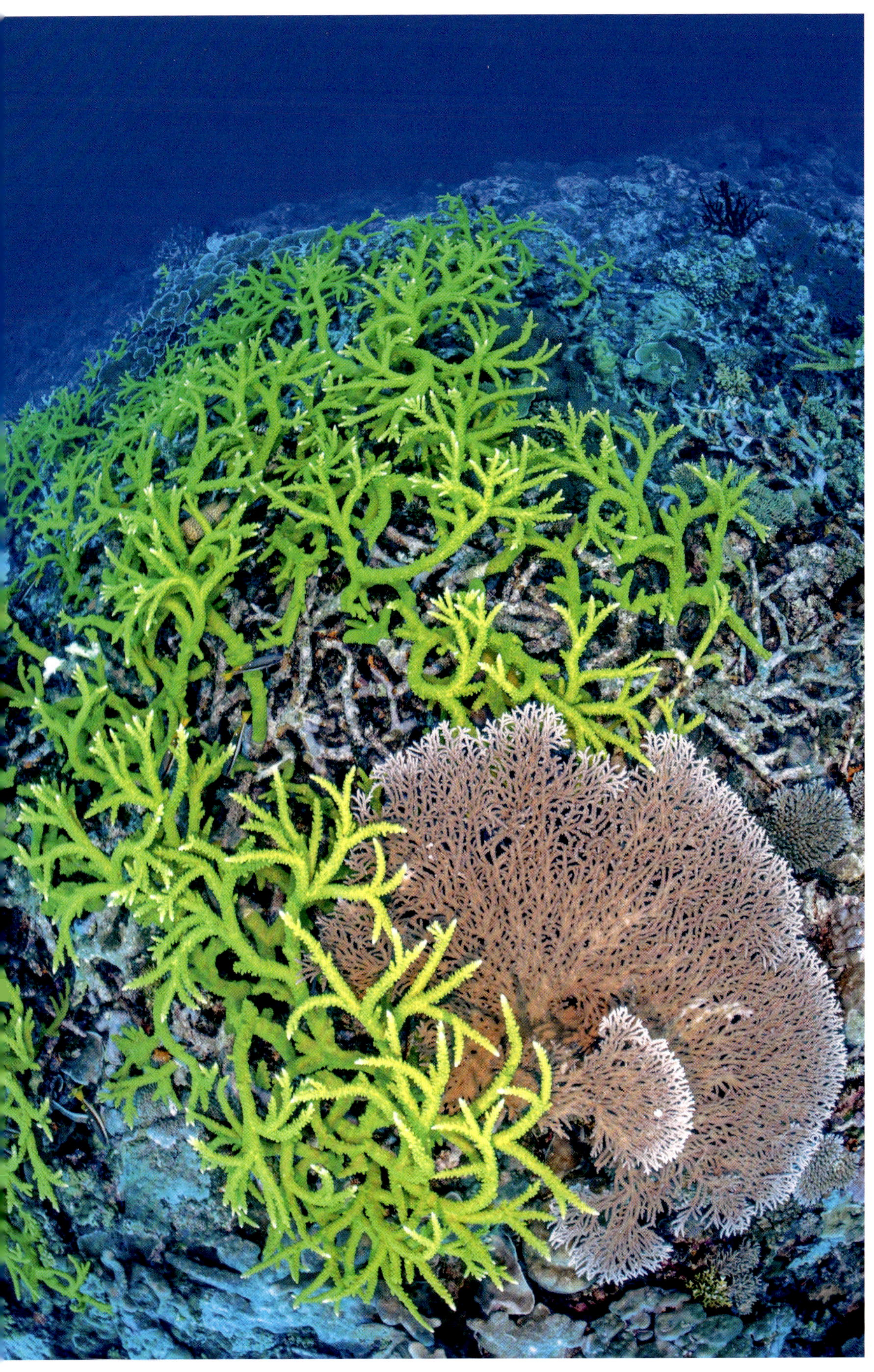

Kreativ mit Blitzanordnungen und Lichtführung

Neben der reinen Notwendigkeit Kunstlicht unter Wasser einzusetzen, um der Extinktion entgegenzuwirken und so das komplette Farbspektrum wieder sichtbar zu machen, haben Blitzgerät und Videoleuchte ein riesiges Potential, um bei der Bildgestaltung effektvoll eingesetzt zu werden. Der kreative Einsatz eines externen Gerätes trägt ganz immens dazu bei, Abwechslung in eine Bilderserie zu bringen und so deren Attraktivität zu steigern.

Zusätzlich zur Blitzbelichtung, die je nach persönlichem Gusto ausfallen kann und darf, spielt die Lichtführung bei der Bildkomposition eine immense Rolle. Darunter versteht man neben der Position, von der aus das Kunstlicht auf das Motiv trifft, auch die Anzahl der Lichtquellen sowie deren Modifizierung. Das Ausrichten des externen Blitzgerätes ist zudem eine eminent wichtige Sache, weil davon nicht nur der Lichtverlauf, sondern auch der Grad der Trübstoffreflexionen beeinflusst wird. Manchmal, und auch das gehört dazu, lässt man den Blitz besser aus, wenn es geboten ist.

Mit dem kurzen Blitzarm ...

Der Standard hinsichtlich der Blitzausrichtung in der UW-Fotografie entspricht dem, was Fotografen an Land praktizieren. Jeder hat das Bild einer Kamera vor Augen, auf deren Blitzschuh ein Systemblitzgerät montiert ist. Genau so verfährt auch ein UW-Fotograf, der zunächst ein Blitzgerät mittels eines kurzen Blitzarmes auf sein UW-Gehäuse setzen wird.

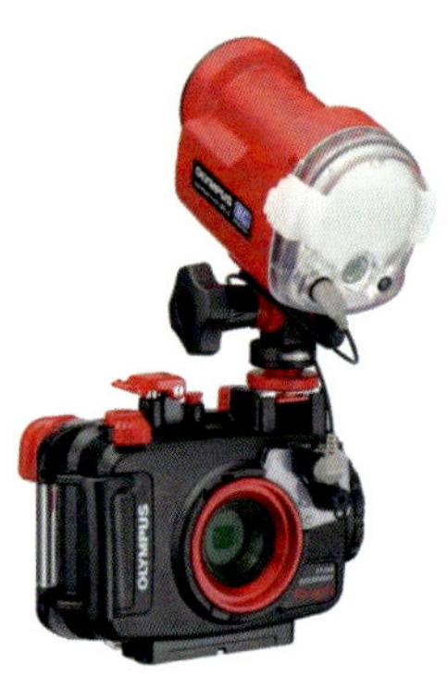

Die Olympus TG-Serie bietet vielfältige Möglichkeiten; der kurze Blitzarm PTSA-02 zählt zu den einfachen Konfigurationen, ist aber durchaus zu beachten. PR

Gegenüber der Verwendung des internen Blitzgeräts ist dies nicht nur wegen der deutlich höheren Lichtleistung ein gewaltiger Fortschritt mit deutlichen Vorteilen. Zum einen entspricht der Lichteinfall dem, was wir aus unserem Alltag kennen. Sonne, Straßenlaternen und Zimmerbeleuchtung scheinen in der Regel von oben. Somit entspricht das Blitzlicht der natürlichen Sehgewohnheit. Es ist ein Umstand, über den sich die wenigsten Bildbetrachter ihre Gedanken machen werden, aber die Wirkung kann ja auch im Unterbewusstsein erzielt werden.

Zum anderen weichen nun erstmals Bild- und Blitzachse nennenswert voneinander ab. Dadurch gelingt es, reichlich Reflexionen zu vermeiden. Nach dem Prinzip Einfallswinkel gleich Ausfallswinkel strahlen jetzt viele Schwebeteilchen, die von oben angeblitzt werden nach unten ab, und damit nicht in das Objektiv der Kamera. Hier mag man sich auch am rechtwinkligen Dreieck orientieren. Solange das Blitzlicht annähern im 45°-Winkel zur Bildachse auf das Motiv trifft, hat man schon unheimlich viel richtig gemacht, um Reflexionen durch Partikel im Wasser möglichst zu reduzieren.

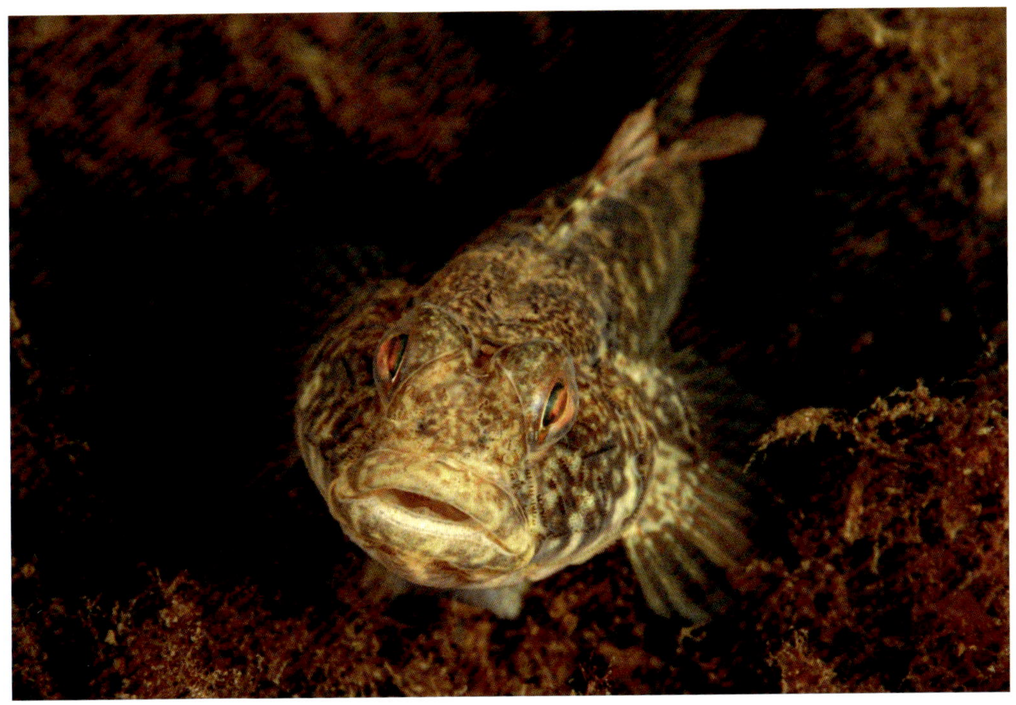

Makro- und Portraitaufnahmen auf kurze Distanz lassen sich mit kleinen, zentral aufgepflanzten Blitzarmen gut realisieren. Die Blitzautomatik arbeitet – sofern richtig eingestellt – zuverlässig. GD

Bei einer korrekten Ausrichtung des Blitzgeräts leicht hinter die geometrische Entfernung des Motivs – also nicht die optische, man denke an den Brechungsindex des Wassers – kommt es regelmäßig vor, dass die ersten Zentimeter Wasser vor der Kamera nicht von Kunstlicht gestreift werden und aus dieser „gefährlichsten" Zone überhaupt keine Reflexionen auftreten.

Solange mit dieser Konfiguration im Nahbereich und im Querformat gearbeitet wird, ist der Fotograf relativ sorgenfrei unterwegs. Der Spaßfaktor gegenüber einer Kamera ohne externen Blitz nimmt zu und die Weiterentwicklung wird sich nach einer kurzen Lernphase in den Bildergebnissen positiv bemerkbar machen. Ein wenig Vorsicht ist bei Aufnahmen auf kürzeste Distanz angebracht. Diese können nämlich nur eingeschränkt ausgeleuchtet werden, weil das Blitzlicht von oben einstrahlt und so unterhalb des Motivs ein Schattenschlag auftritt. Andererseits bleibt selbst eine große Fotogerätschaft angenehm kompakt und handlich. Eine Ausnahme hiervon ist der Olympus-Blitzarm PTSA-03, der trotz seiner Kürze mit zwei Gelenken aufwarten und so ein wenig flexibler ausgerichtet werden kann. Früher oder später tritt aber ein Sättigungseffekt auf; Bilder die alle nach dieser Standard-Blitzausrichtung aufgenommen wurden, erscheinen irgendwann alle gleich. Der Wunsch nach einem Bild im Hochformat, eingeengte Platzverhältnisse oder die eigene Kreativität zwingen zu einem Umdenken.

Point Shooting

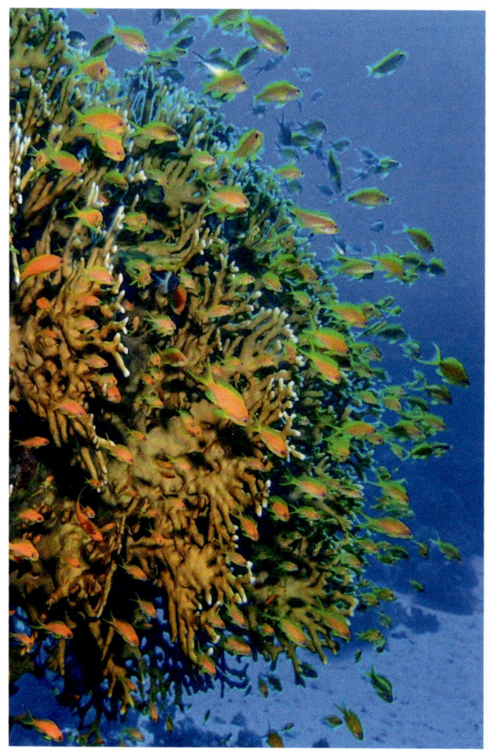

Point Shooting: Durch sorgfältiges Ausrichten des Blitzgerätes fällt kein Blitzlicht zwischen Kamera und Motiv; das Wasser erscheint glasklar. GD

Die Reaktion darauf ist das Arbeiten mit einem entfesselten Blitzgerät, dem so genannten Point Shooting. Dabei sind Kamera und Blitz bis auf die Kabelverbindung voneinander getrennt. Dies kann entweder von vorn herein so vorgesehen werden und beide Geräte werden mittels jeweils eigener Karabinerhaken am Jacket gesichert oder Blitz und Arm werden während des Tauchgangs von der Kamera gelöst.

Im zweiten Fall sollte man darauf achten, dass die Trennung einhändig machbar ist. Zum entfesselten Blitzen gehört der richtige Blitzarm mit einer sinnvollen Mechanik zur raschen Entkopplung. Eine umständliche Demontage führt die Point Shooting-Technik ad absurdum. Auch die Befestigung des Blitzgerätes muss schnell vonstattengehen, wenn Strömung aufkommt oder die linke Hand andere Aufgaben übernehmen muss. Ohnehin sollten nur geübte Taucher entfesselt blitzen.

Solides Tarieren vorausgesetzt können nun sowohl Kamera als auch Blitzgerät unabhängig voneinander dorthin gebracht werden, wo sie der Fotograf gerne hätte. Die Limitierung ergibt sich nur aus der Länge der Arme, eventuell noch aus der Länge des Kabels. Aber selbst die handelsüblichen, gewendelten Lichtleiterkabel lassen sich erstaunlich weit strecken. Das Lichtleiterkabel PTCB-E02, das als Zubehör zum UFL-3 von Olympus vorgesehen ist, kommt auf über 120 cm und übertrifft so die Spannweite der allermeisten UW-Fotografen.

Der Einstieg in das entfesselte Blitzen erfordert ein wenig Training, damit das korrekte Ausrichten des Blitzgerätes auf das Motiv in Fleisch und Blut übergeht. Ein Pilotlicht gibt zwar eine gewisse Hilfestellung, aber Tageslicht, größere Aufnahmedistanzen und auch die Fluchtgefahr etlicher potentieller Motive beschränken diesen Ansatz. Folglich geht auch hier nichts über regelmäßiges Üben, damit sich mit dem Blitz ohne großes Hingucken zielen lässt. Geradezu perfektionieren lässt sich das entfesselte Blitzen mit Gehäusemodellen, die sich wegen ihrer kleinen Abmessungen bequem in einer Hand halten lassen und die mit einer Anordnung der Bedienelemente auf einer Seite aufwarten. So kann die rechte Hand die Kamera, die linke das Blitzgerät bedienen.

Wer Point Shooting beherrscht, belohnt sich selbst mit etlichen positiven Effekten: Bilderserien werden abwechslungsreicher gestaltet, denn auch der Wechsel vom Quer- ins Hochformat und zurück erfolgt in Sekundenschnelle. Das Ausrichten des Blitzes am Blitzarm entfällt; man gewinnt Zeit und hektisches Gefummel an den Blitzarmen, das die Motive in die Flucht schlagen könnte, entfällt.

Motive in beengten Platzverhältnissen können nun abgelichtet werden und ein näher an das Motiv gehaltener Blitz reduziert den Gesamtlichtweg, was der Extinktion entgegen wirkt. Wird der Blitz demgegenüber weiter hinter die Kamera genommen, erhöht sich die Fläche, die vom Blitzlicht bestrichen wird. Es gibt Situationen, in denen dies von Vorteil sein kann.

Wird manuell geblitzt, dann braucht zur Korrektur nicht lange justiert zu werden. Blitz hin zum Motiv bedeutet mehr, Blitz weg vom Motiv dagegen weniger Lichtleistung auf dem Bild.

Da der eigene Arm länger ist als ein kleiner Einsteiger-Blitzarm, vergrößert sich in Anlehnung an die oben genannte 45°-Regel der Bereich, in dem man vernünftig arbeiten kann. Sprich Bild- und Blitzachse verlaufen selbst bei einer größeren Motivdistanz in gesundem Abstand. Die Distanz innerhalb der fotografiert werden kann vergrößert sich.

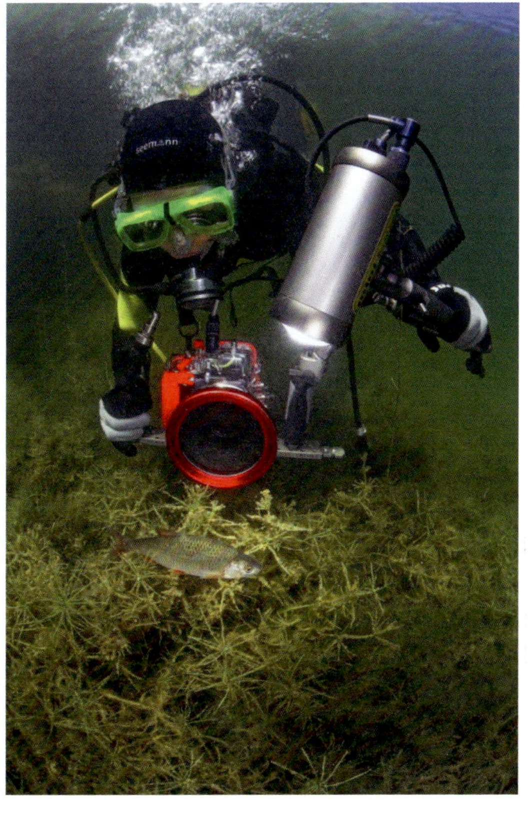

Point Shooting in der Praxis. HF

Hinweise:

- Entfesselt kann man sowohl mit Synchron- als auch mit Glasfaserkabel TTL-blitzen.
- Das Blitzgerät wird in der linken Hand gehalten, denn mit rechts wird ausgelöst.
- Durch geschicktes Positionieren des frei gehaltenen Blitzgerätes kann die ausgeleuchtete Fläche vergrößert werden. Ebenso sind ungewöhnliche und kreative Blitzpositionen möglich.
- UW-Gehäuse und Blitzgerät dürfen nicht zu viel Abtrieb besitzen, sonst wird das Handling anstrengend. Ideal ist es, wenn das entfesselte Blitzgerät im Wasser schwebt. Dann kann man es auch mal loslassen, ohne dass es absinkt. Das Kabel muss so lang bzw. dehnbar sein, dass man mit dem gestreckten linken Arm blitzen kann.
- Der Blitzarm muss sich unkompliziert und schnell entkoppeln lassen. Ikelite, Reikle, Seacam, Subtronic u. a. bieten dafür spezielle Bauelemente und Zwischenstücke an.
- Am UW-Gehäuse für eine Systemkamera sollte eine Handschlaufe angebracht sein, damit man die Gerätschaft einhändig halten kann. Solche Handschlaufen liefern die meisten Gehäusehersteller auf Anfrage.

- Für Point Shooting eignen sich besonders digitale Kompaktkameras, weil sie nicht nur klein und leicht sind, sondern meistens auch austariert im Wasser schweben.
- Entfesseltes Blitzen ist Übungssache. Wer sich mit dieser Blitztechnik nicht mental auseinander setzt, macht schlechtere Bilder, als wenn das Blitzgerät am UW-Gehäuse oder auf der Halteschiene befestigt ist.

Mit dem flexiblen Blitzarm ...

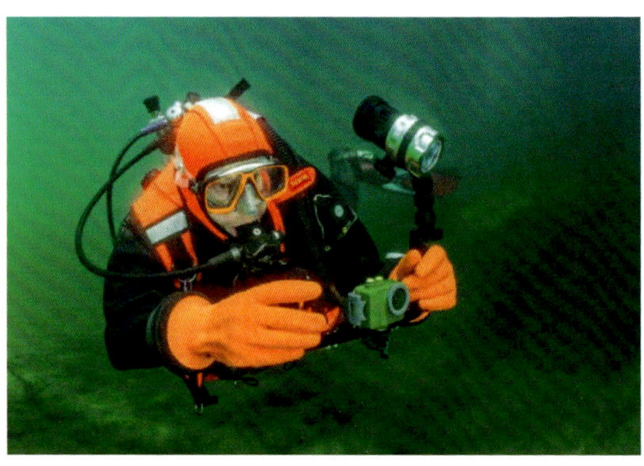

Ein Schwanenhals im Einsatz. HF

Zur perfekten Blitzausrichtung gehört immer ein flexibler Blitzarm. Einsteiger bevorzugen mitunter Schwanenhals-Flexarme, die sich zwar gut biegen lassen, aber wenig Stabilität aufweisen. Im Profilager hat sich der Kugelgelenk-Blitzarm durchgesetzt. Die variabelste Anordnung für ein einzelnes Blitzgerät ist die linksseitige Montage an einem Kugelgelenkarm. Der Blitzarm sollte für WW-Aufnahmen eine Mindestlänge von 50 cm aufweisen, wegen der Handlichkeit aber nicht mehr als 100 cm lang sein.

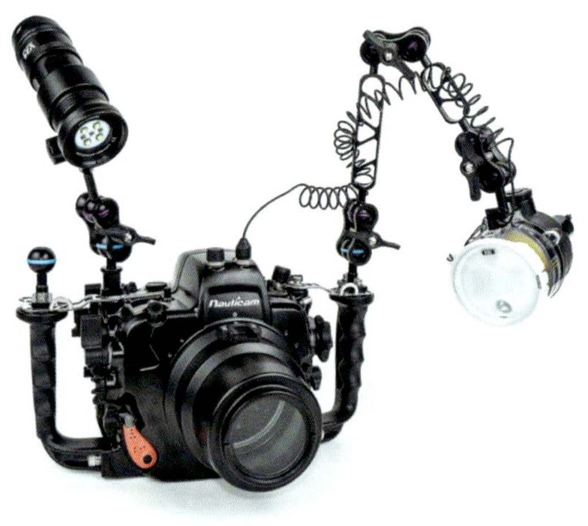

Kugelgelenkarme sind der zeitgemäße Standard. PR

Ist der Blitzarm mit zwei Kugelgelenken ausgestattet, kann man das Blitzgerät ausgesprochen flexibel ausrichten. Für Nahaufnahmen und nah positionierte WW-Motive schwenkt man ihn in die Mitte, lässt den Blitz von oben ähnlich wie Sonnenlicht einstrahlen. Für weiter entfernte Motive wie UW-Landschaften, Wracks und Taucher positioniert man das Blitzgerät linker Hand entweder parallel zum UW-Gehäuse bzw. leicht dahinter; definitiv hinter dem UW-Gehäuse beim Einsatz eines Fisheye-Objektivs. Man vermeidet dadurch einen möglicherweise störend einfallenden Lichtschein an der linken Bildseite.

Streiflicht

Unabhängig davon, ob Point Shooting oder aber ein zur Seite verstellter Blitzarm zum Einsatz kommen, ermöglichen beide Herangehensweisen den Verlauf des Blitzlichtes von der Seite in das Bild hinein. Um das sogenannte Streiflicht zu kreieren, wird der Blitz aus seiner vertikalen Ausrichtung über der Kamera nach der linken oder rechten Horizontalen geschwenkt.

Bilder, die ausschließlich mit Streiflicht aufgenommen werden, werden von harten Schlagschatten dominiert. Zudem sorgt die Lichtführung, die nicht den bekannten Sehgewohnheiten entspricht, für eine eher surrealistische Bildwirkung. Es gibt aber durchaus Szenarien, in denen genau dies gewollt und gewünscht ist:

- Strukturen, z. B. von Korallen, werden plastischer dargestellt.
- Ein unpassender Bildhintergrund bekommt weniger Licht ab, wird so weniger betont und seine Störwirkung abgemildert.
- Blickrichtungen können mit passendem Streiflicht kombiniert werden.
- Transparente Motive, die per se wenig Licht reflektieren, kommen unter Streiflicht ebenfalls besser zur Geltung.

Sofern gewünscht lassen sich Schlagschatten dadurch abmildern, dass Blitzlicht mit Tageslicht kombiniert oder aber dem Blitz gegenüber ein Aufheller positioniert wird. Im Nahbereich ist es bereits ausreichend, wenn der Tauchpartner seine UW-Schreibtafel als Aufheller zweckentfremdet. Diese sollte aus weißem Material sein, um einen Farbstich zu vermeiden.

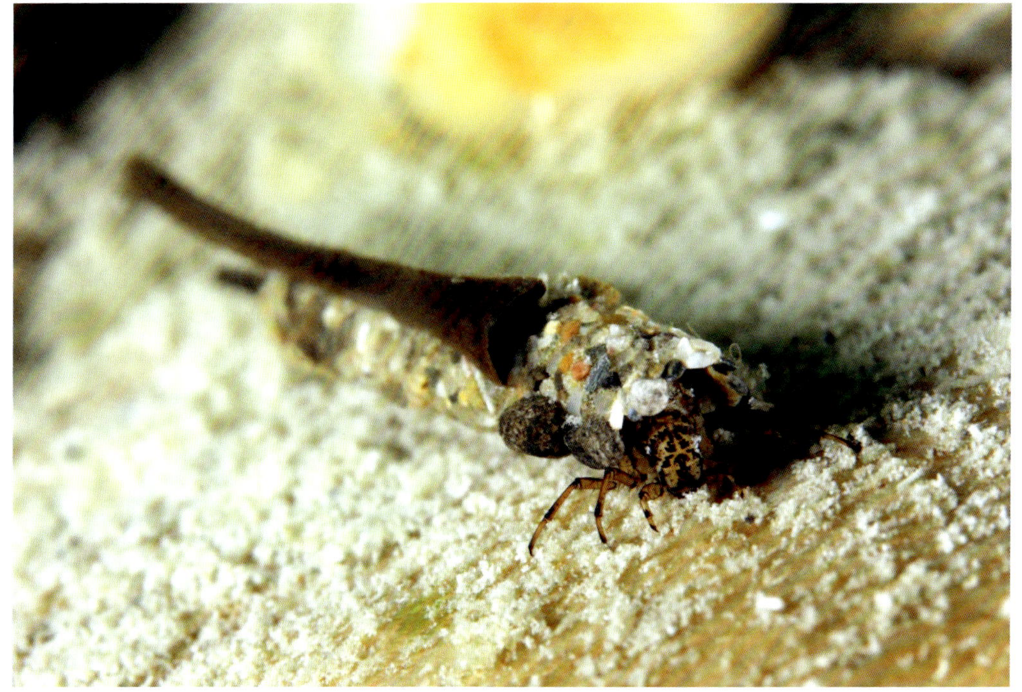

Der Schatten auf der rechten Bildseite deutet darauf hin, dass diese Köcherfliegenlarve mit einem Streiflicht ausgeleuchtet wurde. GD

Tandem-Blitz

Der konsequente Ausbau der UW-Kameraausrüstung ist das Ersetzen des Aufhellers durch ein weiteres Blitzgerät. Engagierte UW-Fotografen verwenden meistens zwei, vorzugsweise identische Modelle, was aber bei einer manuellen Blitzbelichtung nicht unbedingt sein muss. Im Nah- und Makrobereich werden die beiden Geräte wie ein doppeltes Streiflicht angeordnet. Gängigerweise spricht man bei dieser Konfiguration von einem Zangenblitz. Bei extrem kurzen Aufnahmedistanzen ist die Lichtzange das einzig probate Mittel, um ein Bild vernünftig auszuleuchten und damit Schattenwurf durch das Gehäuse, harte Schlagschatten oder gar nicht ausgeleuchtete Partien zu vermeiden.

Die Bildwirkung ist gekennzeichnet durch reduzierten Schattenwurf, da das eine Blitzgerät den Schattenwurf des jeweils anderen eliminiert. Dies wiederum reduziert den Eindruck der dritten Dimension und die Bildwirkung ist eher flächig. Von daher sollte im Fall des Tandem-Blitzes ein Blitzgerät mit etwas weniger Leistung betrieben werden. Der bevorzugten Sehgewohnheit entsprechend, sollte primär das Linke dominieren. Befindet sich aber ein bildwichtiges Element in der rechten Bildhälfte, darf auch das rechte Gerät ein wenig mehr Licht abgeben.

Die unterschiedlichen Lichtstärken lassen sich durch verschiedene Herangehensweisen realisieren. Ein probates Mittel ist der Einsatz eines Diffusors. Dieser schwächt die Lichtleistung des Blitzgerätes sofort um ein bis zwei Blendenstufen ab und reduziert zudem die Farbtemperatur des ausgestrahlten Lichtes, was sich im Bild bereits bemerkbar machen wird. Zumindest die Lichtleistung lässt sich auch ganz unkonventionell dadurch reduzieren, dass ein Blitzgerät ein wenig vom Motiv weggenommen wird. Da sich die Lichtmenge so auf eine größere Fläche verteilt, ist das Licht des nach hinten genommenen Gerätes per Definition weniger dominant. Diese beiden Ansätze lassen sich kombinieren und funktionieren sowohl bei TTL- als auch bei manuellem Blitzen. Beim manuellen Steuern der Blitzleistung kann natürlich auch die gewünschte Lichtausbringung mit Hilfe des Reglers ausgewählt werden.

Je weiter sich Bildwinkel oder Aufnahmedistanzen vergrößern, desto geringer wird diese sterile Bildwirkung beim Einsatz einer Tandemanordnung, da das Tageslicht zunehmend an Einfluss gewinnt und die Bildelemente verschieden langen Wegen des Kunstlichts unterliegen.

Zugleich gilt, dass die Anordnung der beiden Blitzgeräte mit steigendem Bildwinkel immer weiter aus der Zangenposition heraus in die Richtung der Bildaufnahmeachse geführt werden muss. Normalbrennweite und Weitwinkel bis zu einem Bildwinkel von 95° erlauben es, die Blitzgeräte ein wenig vor der Kamera zu belassen. Dies verkürzt den Lichtweg zum Motiv hin und schafft zugleich einen Raum vor der Kamera, der nicht vom Blitzlicht geflutet wird und daher keine oder kaum unerwünschte Reflexionen verursachen wird.

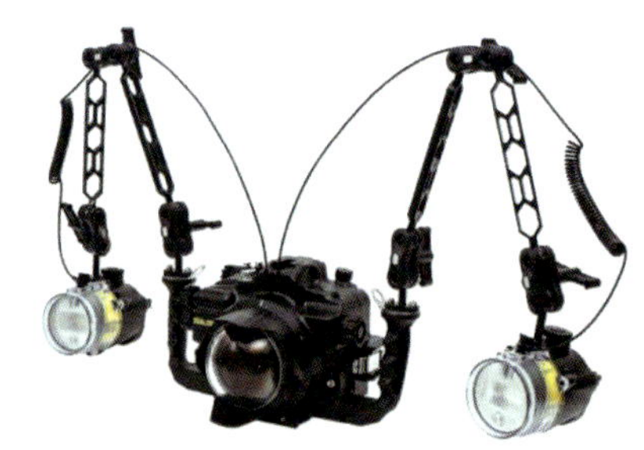

Mit einem Tandem-Blitz fotografiert man sehr flexibel. Die Nahausleuchtung ist meist perfekt zu realisieren; für WW-Aufnahmen werden die Blitzgeräte an den langen Armen nach außen platziert. PR

Mit Erreichen des WW-Bereichs ab 75° empfiehlt es sich, generell ein zweites Blitzgerät einzusetzen. Gerade und vor allem das vernünftige Einsteigerblitzgerät stößt hier an seine Grenzen. Zwar bietet das Referenzgerät UFL-3 einen Ausleuchtwinkel von 84°, aber diese bedingen bereits bei 75° Bildwinkel ein extrem genaues Ausrichten oder aber das Versetzen der Kunstlichtquelle nach hinten kostet deutlich Lichtstärke und erhöht die Wirkung der Extinktion auf das Motiv.

Spätestens mit dem Übergang in den Super-WW-Bereich mit Bildwinkeln größer als 95° schaffen es auch einzelne Profi-Blitzgerät nicht mehr, Bilder komplett auszuleuchten. Hier sind zwei kleinere Blitzgeräte bereits deutlich im Vorteil. Zudem müssen sich die Blitzgeräte nun annähernd auf der Höhe der Kamera befinden. Ansonsten zeigt sich im Bild an den beiden Stellen, die den Blitzgeräten am nächsten sind, oft ein erhöhtes Auftreten von Reflexionen.

Mit dem Einsatz von Fisheye-Optiken, die alles aufzeichnen, was sich vor der Kamera befindet, ist es geboten, die Blitzgeräte hinter der Kamera anzuordnen. Die Blitzköpfe werden leicht nach außen versetzt. Diese Position gewährleistet das Ausleuchten großer Flächen, hilft bei der Vermeidung von Trübstoffreflexionen und verhindert das seitliche Einstrahlen über Ecken und Formatseiten; für UW-Landschaften die ideale Ausrichtung. Ganz vermeiden lassen sich Aufhellungen von Schwebeteilchen aber auch damit nicht, insbesondere dann nicht, wenn sie gehäuft auftreten. Dann stellen versierte UW-Fotografen beide Blitzgeräte hoch über die Fotogerätschaft, lassen das Blitzlicht von oben erstrahlen und vermeiden allzu frontales Blitzen. Erwähnt sei, dass der Hintergrund so nicht mehr befriedigend aufgehellt werden kann.

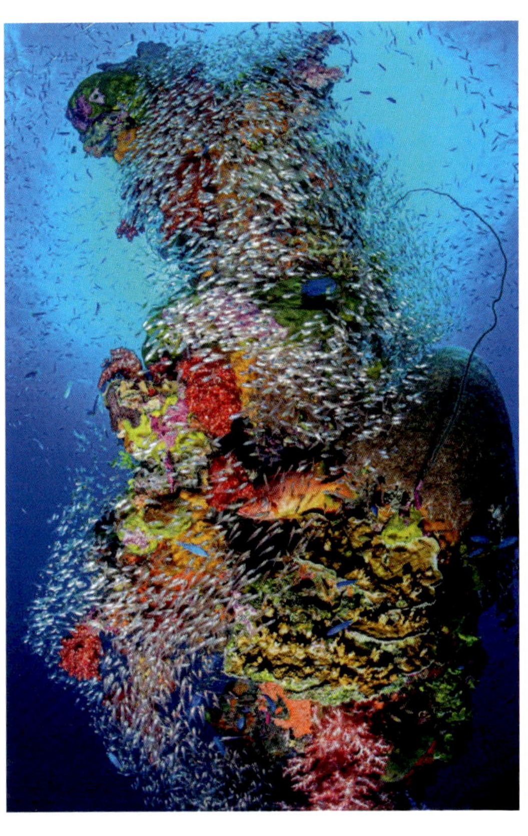

Nur der gigantische Bildwinkel eines Fisheyes kann diese Szene stimmungsvoll einfangen. Zwei Blitzgeräte sind dabei unabdingbar. HF

Nicht unterschätzen darf man die Komplexität der Steuerung eines Blitztandems. Beide Geräte müssen die Blitzmodi der Kamera verstehen und zuverlässig umsetzen können. Wenn sowohl TTL- also auch manuelle Belichtung nicht funktionieren, startet man bereits mit einer Hypothek und wird auf Dauer mit Einschränkungen umgehen müssen. Hier muss vom Kauf abgeraten werden. Schwächen im TTL-Modus an sich sind bereits ein K.O.-Kriterium. Sind die beiden Blitzgeräte ungleich stark, platziert man das stärkere Blitzgerät immer links. Will man mit zwei Blitzgeräten erfolgreich TTL-blitzen sind gleiche Leitzahlen zwingend. Auch bei der Lichttemperatur sollten beide Geräte gleich liegen. Es ist einfacher, bei einem Blitz die Lichttemperatur entweder über eine entsprechende Einstellung oder mittels Diffusor zu regeln, als eine gleiche Lichttemperatur kreieren zu müssen.

Die eigentliche Steuerung funktioniert via Lichtleiterkabel in der Regel problemlos. Wichtig ist vor allem, dass das UW-Gehäuse zwei Anschlüsse für die Kabel aufweist oder ein passendes Y-Kabel zum Einsatz kommt. Komplexer ist dagegen die Steuerung über Synchronkabel mit elektrischen Leitern. Unabhängig vom System ist es äußerst ratsam, vor einer Anschaffung ausgiebig zu testen, ob die angedachte Konfiguration zuverlässig funktioniert.

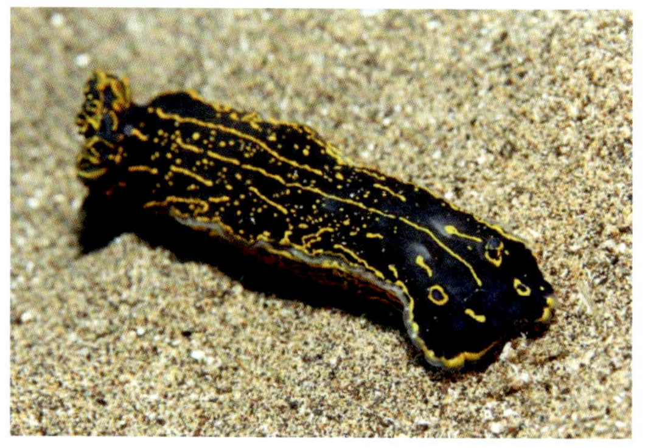

Klassische Anordnung mit einem Blitzgerät über der Kamera; der Schatten liegt unter dem Motiv.

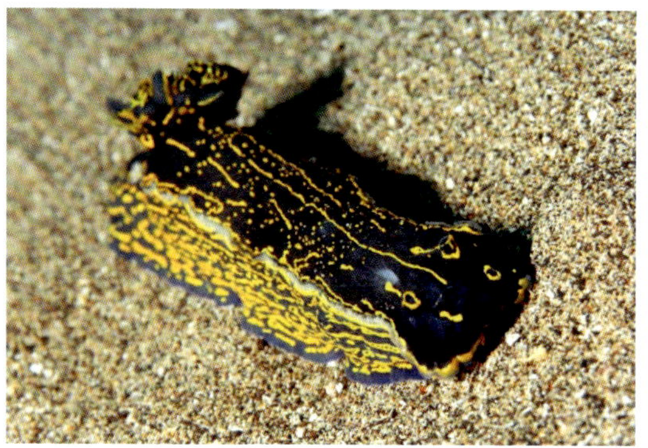

Streiflicht erzeugt Schatten seitlich neben dem Motiv.

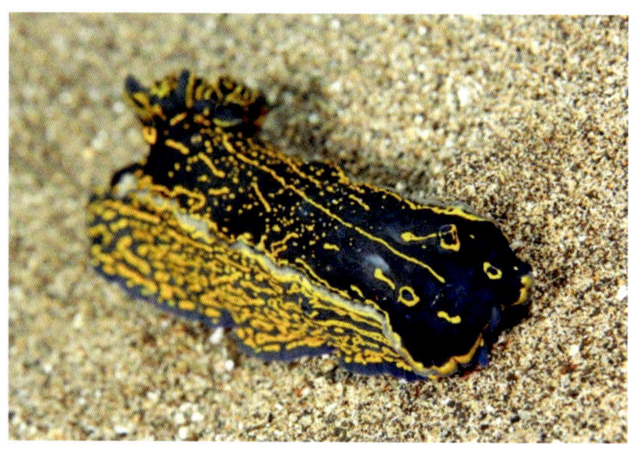

Mit einer Tandemanordnung ist deutlich weniger Schattenwurf im Bild. GD

Tandemanordnungen, bei denen das zweite externe Blitzgerät ohne Kabelverbindung über einen eingebauten Sklavensensor gesteuert wird, arbeiten nur dann, wenn noch ausreichend Licht auf diesen Sensor trifft. Zuverlässig wird das allenfalls bei der oben beschriebenen Zangenanordnung funktionieren, da hier das kabelgesteuerte Blitzgerät direkt in Richtung des Sklavensensors abstrahlt. Spätestens mit dem Ausrichtung der Blitzgeräte in Richtung Bildachse und bei Tageslicht sind ernste Zweifel angebracht. Eine solche Herangehensweise kann allenfalls ein Notnagel sein, wenn nicht mehr ausreichend funktionierende Kabel zur Verfügung stehen. Von Beginn des Tauchurlaubs an sollte man so nicht ins Rennen gehen.

Nur wenige UW-Fotografen verwenden mehr als zwei Blitzgeräte. Insbesondere in Asien ist ein drittes Blitzgerät auf dem UW-Gehäuse für Nah- und Makroaufnahmen beliebt. Werden sogar vier Blitzgeräte benutzt, werden sie als Quadriga um die Fotogerätschaft angeordnet. Ausgelöst werden sie ausschließlich fiberoptisch. Das Wasser hierzu sollte sehr klar sein.

Zum guten Schluss noch eine Anmerkung zum Zuwachs der Leitzahl durch den Einsatz eines zweiten Blitzgerätes: Bei den Überlegungen darf nicht angenommen werden, dass man die Leitzahlen der beiden Geräte aufaddieren kann.

Es gilt:

$$\text{Leitzahl Tandem-Blitz} = \sqrt{}\,(\text{Leitzahl 1. Gerät}^2 + \text{Leitzahl 2. Gerät}^2)$$

Gegenlicht

Geblitzte Gegenlichtaufnahmen sind vom Verständnis her Aufnahmen entweder in Richtung einer hellen Wasseroberfläche oder gar direkt gegen die Sonne. Während der Blitz zum Erzeugen einer Silhouette abgeschaltet wird, kommt er bei einer Gegenlichtaufnahme zum Zug. Dadurch wird die Silhouette aus ihren Schattendasein geholt, sprich die Unterseite wird mittels Kunstlicht beleuchtet.

Die TTL-Option ist im Gegenlicht durchaus angebracht. Allerdings fällt im Vergleich zu anderen Szenarien relativ viel Umgebungslicht direkt in die Kamera, so dass in der Regel eine Blitzbelichtungskorrektur um plus ein bis zwei Blendenstufen notwendig wird. Steht diese Funktion nicht oder nur in einem versteckten Untermenü zur Verfügung ist die manuelle Blitzsteuerung die praktikablere Alternative.

Da in der UW-Fotografie die Vogelperspektive eine untergeordnete Rolle spielt und Augen- und Froschperspektive vorherrschen, kommt zumindest die indirekte Gegenlichtaufnahme relativ häufig vor. Von daher ist es wichtig, sich mit solchen Situationen hinreichend vertraut zu machen. Seltene Gelegenheiten wie heranfliegende Mantarochen sind rasch vorbei und oft bleibt eben die Zeit für eine einzige Aufnahme, die auf Anhieb sitzen sollte.

Angesichts der schwierigen Einstellung der Balance zwischen Umgebungs- und Kunstlicht muss im Gegenlicht mit weiteren Schwierigkeiten gerechnet werden. Blooming, Lichtreflexe im Port und blendendes Sonnenlicht mit reduzierter Sicht auf den Kameramonitor erhöhen den Bildausschuss, belohnen den Könner allerdings auch mit sehenswerten Bildresultaten.

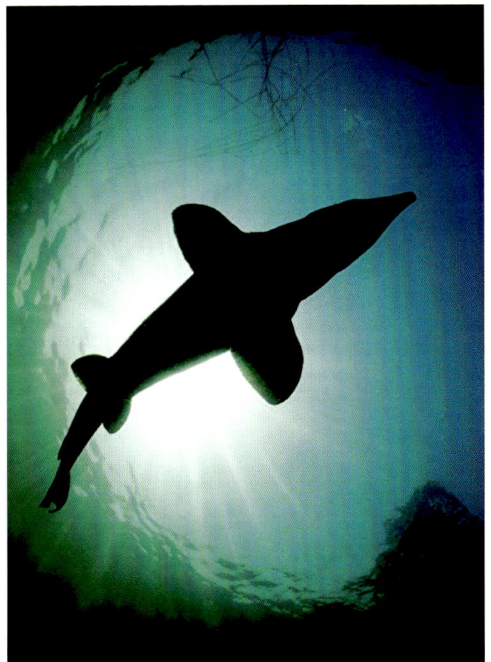

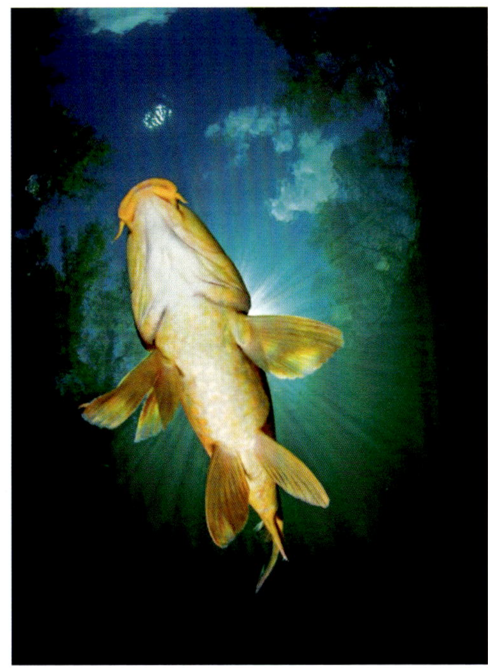

Links eine Silhouette, die ohne Blitz entsteht; rechts die Gegenlichtaufnahme, bei der die Unterseite des Karpfens mit dem Blitzlicht aufgehellt wird. HF

Partielles Aufhellen

In den bisherigen Ausführungen wurde davon ausgegangen, dass das gesamte Bild vom Blitzlicht überstrichen wird. Es treten in der Praxis jedoch zahlreiche Situationen auf, in denen entweder aus einer Notwendigkeit, wegen der vorgefunden Örtlichkeit unter Wasser heraus oder aber aufgrund eines erwünschten Effektes nur ein Teil der Bildfläche mit Kunstlicht beaufschlagt werden kann bzw. soll.

Die kamerainternen Blitze besitzen einen Ausleuchtwinkel, der nicht kleiner ist, als der größte Bildwinkel der Kamera. Montierte WW-Konverter schatten den internen Blitz ab. Von daher ist ein partielles Aufhellen mittels internem Blitz allenfalls möglich, wenn der aufzuhellende Bildteil innerhalb der Reichweite des kleinen Blitzes liegt und alle anderen von diesem aufgrund der geringen Lichtleistung und der somit früh einsetzenden Extinktion nicht mehr erreicht werden können. Gezieltes partielles Aufhellen bedingt also ein externes Blitzgerät. Mit diesem werden durch entsprechende Ausrichtung die gewünschten Bildteile angeleuchtet. Dies ist umso einfacher, je größer der Bildwinkel ist. Superweitwinkel in Kombination mit einem externen Blitz sind ein probates Mittel. Aufgrund der Unterschiede in Bild- und Ausleuchtwinkel kann nämlich sowieso keine vollständige Ausleuchtung der Szenerie erfolgen.

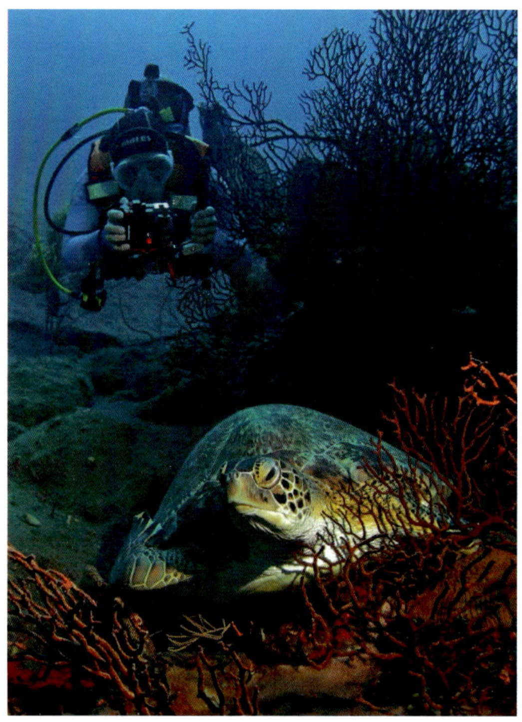

Steil einfallendes Blitzlicht sorgt dafür, dass der Korallenstock im Hintergrund nicht angestrahlt wird und nur als Silhouette erscheint. GD

Partielles Aufhellen gelingt zuverlässig im TTL-Modus. An der Kamera ist dazu ein Messfeld zu definieren, das den aufzuhellenden Bildteil abdeckt, und zudem die Spotmessung auszuwählen. Auf diese Art und Weise wird die aufgehellte Bildpartie korrekt gemessen und belichtet, während die restliche Bildfläche dunkler dargestellt wird und meist in einem Blau-Grau aufgeht. Der farbige Teil wird dadurch zusätzlich betont und tritt noch brillanter hervor.

Motive, die sich besonders für partielles Aufhellen eignen sind solche, die entweder zu groß sind, um komplett ausgeleuchtet zu werden, so z. B. Wracks, oder solche, die man mit der besonderen Lichtnote aus der Umgebung herauslösen möchte, also einzelne Fische, Korallen und Gorgonien, aber auch Taucher oder Artefakte.

Bei der Bildgestaltung gilt es darauf zu achten, dass der aufgehellte Anteil im Bild nicht zu groß ist. Nimmt er mehr als die Hälfte der Bildfläche ein, dann verpufft der Effekt. Das ist gleichermaßen der Fall, wenn diese Fläche zu klein ist. Als Faustwert darf eine Drittellösung in Betracht gezogen werden, ohne dass diese in Stein gemeißelt ist und die Kreativität einschränken soll.

Hinweise:

- Mit ein wenig bastlerischem Geschick kann aus alten Plastikflaschen, die vom Umfang her zum Blitzgerät passen, ein kleiner Aufsatz gebastelt werden, der den Ausleuchtwinkel noch ein wenig zu reduzieren vermag.
- Insbesondere die nachträglichen Bearbeitungsmöglichkeiten, die das Dateiformat RAW bietet, lassen sich im Nachgang nutzen, um einer partiell aufgehellten Fotografie den letzten Schliff zu geben.

Snoot

Hinter dem ominösen Wort Snoot, auch Lichtformer genannt, verbirgt sich eine Blitztechnik, mit der man partielles Aufhellen gezielt umsetzen kann. Man versteht darunter das Aufhellen von Teilen eines Bildes mittels Blitzlicht zum Zwecke einer besonderen Bildgestaltung. Durch die Snoot-Blitztechnik wird der Betrachter bewusst in eine bestimmte Richtung gelenkt. So kann man damit beispielsweise von einem Drachenkopf nur ein Auge oder das Maul aufhellen, der übrige Fisch versinkt hingegen im Blaugrün der Wasserfarbe oder im Schwarz der Nacht.

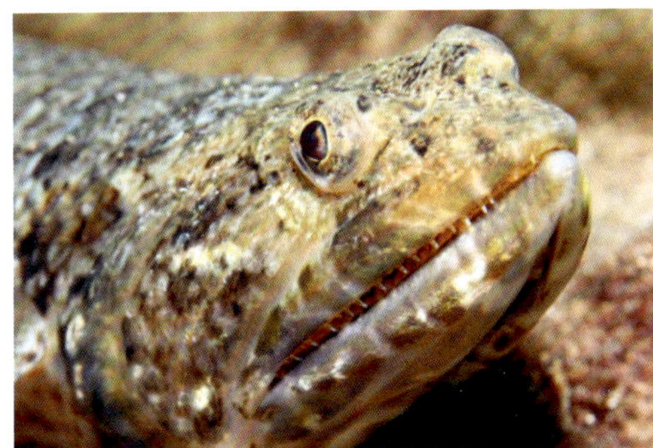

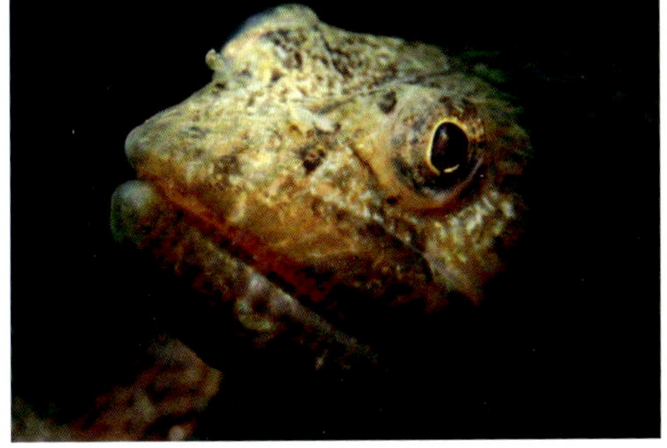

Der Einsatz eines Snoots hilft, Motive zu isolieren, die vor einem farbgleichen Hintergrund posieren. GD

Als Lichtformer fungieren spezielle Vorsätze, die vor dem Blitzgerät befestigt werden und dessen Licht mittels Linsen bündeln. Der bauliche Aufwand ist erheblich und geht weit über eine einfache Einschnürung des Lichtstrahls hinaus. Der in Slowenien gefertigte Retra LSD kann zudem mit Steckschablonen aufgewertet werden, um das Licht je nach Motiv und Gestaltungswunsch mehr oder weniger zu bündeln. In den Schablonen sind Löcher mit verschieden großen Durchmessern eingebracht, manchmal auch zwei Löcher oder Vielecke. So ist es möglich, das Blitzlicht sehr individuell zu formen und auf Motiven zu platzieren.

Während der Retra-LSD auf Wunsch für unterschiedliche Blitzgeräte von Ikelite, INON, Seacam oder Sea & Sea gefertigt wird, kann der Seacam-Snoot nur an den hauseigenen Seaflash-Geräten befestigt werden. Er wird gesteckt und verfügt über ein eigenes Linsensystem. Schablonen können nicht angebracht werden. Wer einen Seaflash besitzt und nur ab und an

Bilder mit dem Lichtformer gestaltet, ist mit dem Seacam-Snoot gut bedient. Auch INON hat ein Snoot-System im Programm; raffiniert und mit zwei biegsamen Lichtbündelvorsätzen als Option. Diese gestatten, dass man z. B. nur die beiden Augen eines Krokodilfisches aufhellt.

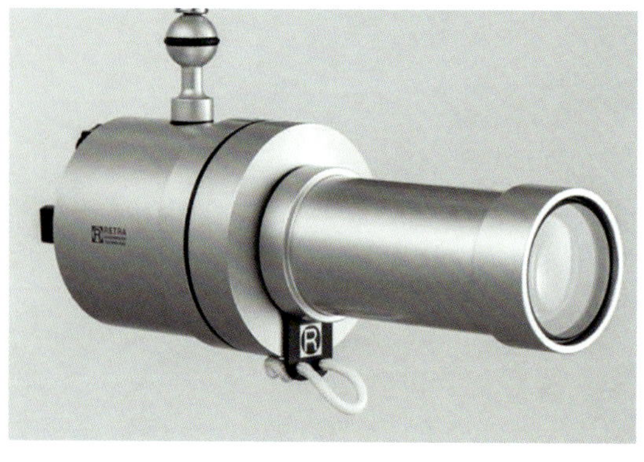

Auch Retra hat einen Lichtformer im Programm; der Retra-LSD (Light Shaping Device) gilt als der beste weltweit. PR

Machen wir uns nichts vor. Arbeiten mit einem Snoot ist nicht so einfach wie es immer suggeriert wird. Das geformte Licht muss sehr exakt auf das Motiv bzw. auf Teile davon ausgerichtet werden. Manchmal macht auch der AF Probleme, wenn das Licht vom Snoot nicht auf die Bildmitte ausgerichtet ist. Dann muss man, um Unschärfen zu vermeiden, das AF-Messfeld in den Lichtkegel schieben. Das Snoot-Motiv muss sich ergo nicht notwendigerweise im Zentrum befinden. Dezentrale Bildgestaltung ist nämlich reizvoll. Am Tage tut man sich mit einem Snoot nicht immer leicht, denn das Licht der Pilotlampe verliert an Intensität, je heller das Umgebungslicht ist. Und der Snoot-Effekt kommt auch nur zum Tragen, wenn man die partielle Ausleuchtung isoliert darstellen kann. Es sollte demzufolge nicht zu hell sein.

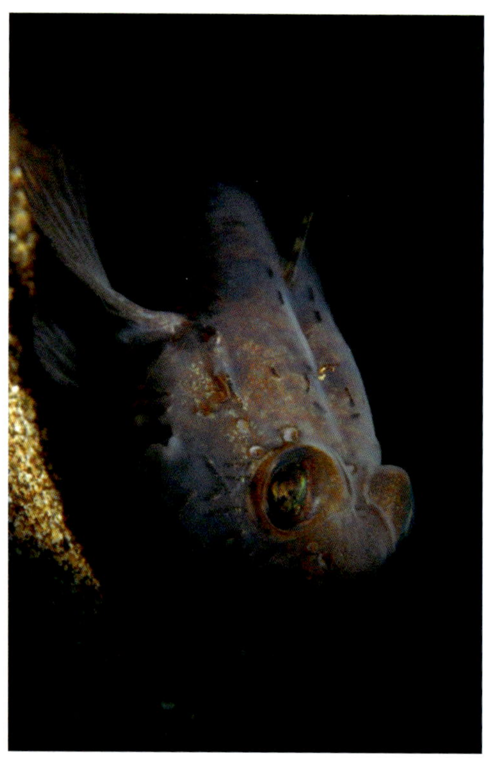

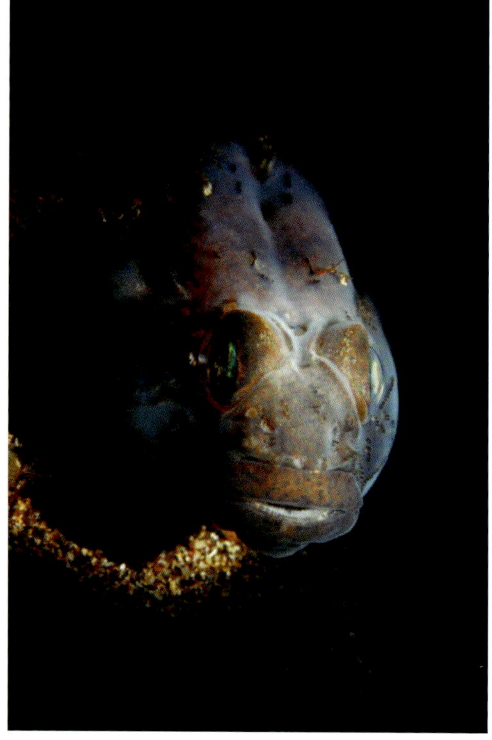

Snoot-Fotografie fordert Präzision; wenige Millimeter entscheiden, ob das Ergebnis passt oder nicht. GD

Knifflig ist die Ausrichtung des externen Blitzgerätes. Bei Blitzarmen mit mehreren Gelenken ist dies eine äußerst mühselige Aufgabe. Probate Lösungen sind entweder das oben beschriebene Point Shooting oder der Einsatz eines Blitzarmes, der – auf den Blitzschuh des Gehäuses montiert – nur auf der vertikalen Achse verstellt werden kann.

Merksätze:

- Der Lichtkegel des Lichtformers ist abhängig vom Motivabstand. Wird der Snoot ohne Schablone, also mit abgenommener Steckblende, hoch über der Kamera platziert, kann man damit eine Makroaufnahme sogar bis in die Ecken ausleuchten. Geht man mit dem Snoot näher heran, wird der Lichtkegel kleiner. Die ideale Distanz vor dem Retra-LSD Snoot mit scharfer Abgrenzung liegt bei 14 cm.
- Die Ausrichtung eines Lichtformers kann durch das Pilotlicht erleichtert werden. Bei Nachttauchgängen und im Makrobereich ist es unumgänglich. Alle anderen Lampen sollten dann ausgeschaltet sein, damit das Motiv optisch isoliert werden kann. Das Pilotlicht sollte sich im Zentrum des Reflektors befinden, damit man den Blitz exakt setzen kann.
- Weil Lichtformer das Blitzlicht einschnüren und die Leitzahl deshalb zurückgeht, sind Einsteigerblitzgeräte dafür ungeeignet. Je stärker das Blitzgerät, desto besser.
- Kleine Schablonenlöcher schlucken Licht, so dass nicht immer mit ISO 200 und Blende 16 geblitzt werden kann. Je nach Motivreflexion muss man schon mal ISO 400 und Blende 5,6 einstellen.
- Vorteilhaft ist es mit RAW-Daten zu arbeiten, damit man später die Bilder je nach Gusto aufhellen oder abdunkeln kann. Lichtformer-Fotografie hat viel mit Experimenten zu tun und ist deshalb ein Stück Abenteuer.
- Der Snoot-Effekt ist vom Kameramodell unabhängig. Auch eine Kompaktkamera eignet sich. Allerdings werden die teuren Snoots wohl eher von UW-Fotografen mit Systemkameras gekauft werden.
- Die Kontrolle des Lichtformer-Effekts erfolgt am Monitor. Ohne dieses Hilfsmittel ist eine vernünftige Änderung und Anpassung der Blitzbelichtung nur schlecht möglich.
- Man kann auch mit zwei Lichtformern oder einem dualen Lichtbündelverteiler arbeiten. Der Effekt ist dann ein ganz besonderer. Doch eignen sich dafür nur bestimmte Motive.
- Belichtet wird manuell. TTL funktioniert nur unzulänglich. Wer es trotzdem machen will, muss die Kamera auf Spot-Belichtungsmessung stellen. Aber auch dann sind die Ergebnisse zufallsbehaftet.
- Prinzipiell ordnet man das Arbeiten mit dem Snoot der partiellen Blitztechnik zu, was aber nur die halbe Wahrheit ist. Snoot-Blitzbelichtungen isolieren insbesondere bei Nachtaufnahmen die Motive aus ihrer Umgebung.
- Snoot ist im Prinzip eine Disziplin der Wettbewerbsfotografie. Von gewöhnlichen Urlaubsfotografen wird sie eher selten ausgeübt, hat aber auch in der Hobbyfotografie ihren unbestreitbaren Reiz, z. B. um im WW-Bereich Trübstoffreflexionen zu vermeiden.

Sklaven- und Kabelblitzen

Sklavenblitzen ist das kontaktlose Auslösen eines UW-Blitzgerätes zum Zwecke einer besonderen Bildgestaltung. Dazu muss der Amphibienblitz entweder einen eingebauten Sklavenblitzsensor besitzen oder ein separater Sklavenblitzsensor wird in der Blitzbuchse bzw. im Blitzstecker adaptiert. Der Sklavenblitzsensor muss, wenn Farbfilter mit hoher Dichte verwendet werden, sehr empfindlich sein, sonst löst der Blitz nicht aus. Auch die Signaldistanz und die Transparenz des Wassers sind Kriterien. 10 m sind bereits eine kritische Entfernung.

In den 1960er und -70er Jahren war Kabelblitzen eine probate Technik, um das Auslöschen der Spektralfarben unter Wasser etwas zu mindern. Heutzutage wird sie kaum noch gepflegt. Vom Prinzip her wird der Amphibienblitz an einem mindestens 5 m langen Synchronkabel vom Partner geführt und auf das Motiv gehalten. Durch die so erfolgte Reduzierung des Lichtweges generiert man kräftigere Farben und zugleich einen Effekt. Kabelblitzen ist eine manuelle Blitztechnik für Fortgeschrittene. TTL-Blitzbelichten funktioniert nicht; schon deshalb, weil die TTL-Signale ab 5 m Leitungslänge nicht mehr sicher ankommen, aber auch, weil auf solche Distanzen keine präzise automatische Steuerung möglich ist.

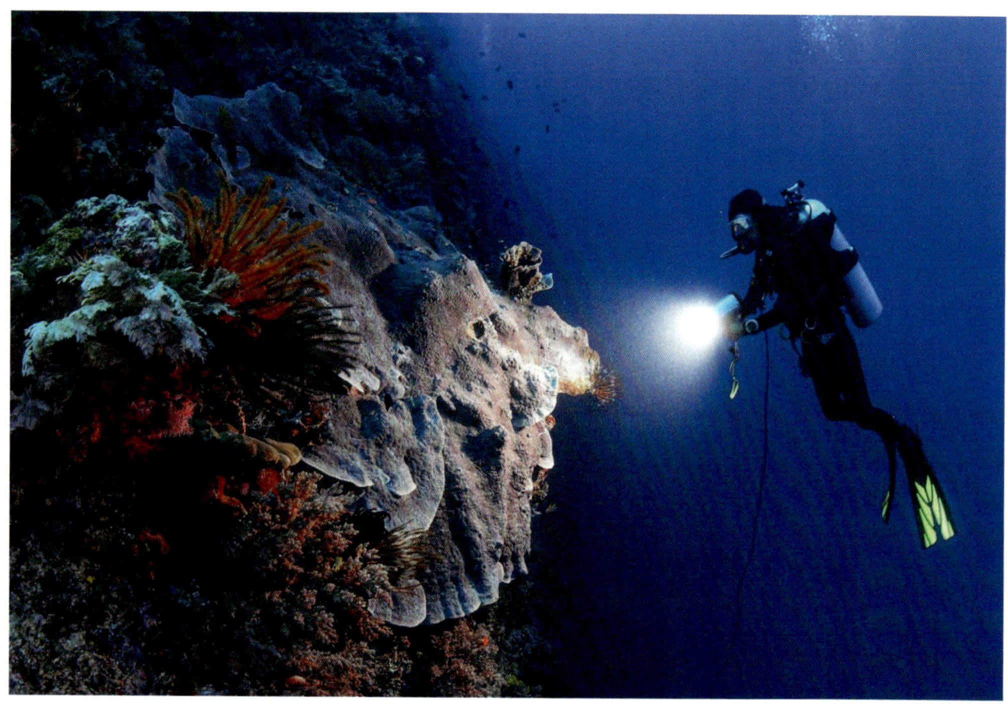

Während Sklavenblitzen bei heller Umgebung regelmäßig zum Scheitern verurteilt ist, lässt sich mit dem Kabelblitzen differenzierter arbeiten. Vor dem Tauchgang sind eine vernünftige Einweisung des Tauchpartners und das Vereinbaren aussagekräftiger UW-Zeichen obligatorisch. HF

Der Kabelblitz lässt sich am besten handhaben, wenn man ein Model hat, das den Blitz am Kabel führt. Und es ist unabdingbar, dass das Blitzgerät mit mindestens vier, besser mehr manuellen Laststufen ausgestattet sein muss. Die Stärke des Blitzlichtes muss in Versuchen ermittelt werden, damit es nicht zu Überstrahlungen kommt. Zu schwach darf der Blitz aber auch nicht sein, sonst zeigt er keine Wirkung. Wichtig ist die permanente Kontrolle auf dem Monitor. Sparen Sie nicht an Bildern, sie kosten ja nichts außer etwas Strom.

Die Motive sollten farbig sein. Nur eine graue Wand anzublitzen bringt nicht viel. Perfekt geeignet zum Kabelblitzen sind Riffe und Wracks mit bunten Schwämmen und Weichkorallen. Insbesondere Rot kann wegen des halbierten Lichtweges noch sehr gut aus Entfernungen wahrgenommen werden, wo sonst braune Tristesse herrscht. Aber man sollte es nicht übertreiben. Mehr als 4 bis 5 m realer Lichtweg ist bei roten Motiven auch mit Kabelblitzen nicht drin. Gelbe Korallen oder Schwämme kann man aber aus Kabeldistanzen ablichten.

Kabelblitzexperten sind heutzutage selten, weil diese Blitztechnik fast völlig in Vergessenheit geraten ist. Nicht nur viele UW-Fotografen kennen sie nicht, auch die meisten Fachleute haben noch nie damit gearbeitet. Mit einem fotografisch interessierten Model, das eine gute Schwimmhaltung besitzt und Interesse an dieser Form der Bilddarstellung hat, lassen sich attraktive Szenen gestalten. Achten Sie darauf, dass das Kabelblitzlicht nicht allzu direkt in das Objektiv fällt. Die besten Szenen entstehen, wenn das Blitzlicht wie zufällig eine Lokalität beleuchtet, ohne dass ein Gegenlichtcharakter aufkommt.

Merksätze:

- Kabelblitzen macht normalerweise nur Sinn mit großen Bildwinkeln. Bevorzugt sollten Sie Super-WW- und Fisheye-Objektive einsetzen.
- Die Kabellänge ist entscheidend für Wirkung, Bildgestaltung und Handling. Unter 5 m Länge sollte man nicht gehen, aber 10 m nach Möglichkeit auch nicht überschreiten.
- Das Synchronkabel darf nicht spiralförmig ausgelegt sein, sonst dehnt es sich übers Bild. Es soll leichten Abtrieb haben, damit man es im Riff um die Korallen legen kann. Je besser es versteckt werden kann, desto besser.
- Kabelblitzen ist Erfahrungssache. TTL-Blitzbelichten geht aus zweierlei Gründen nicht. Erstens funktioniert die TTL-Blitzsteuerung mit Digitalkameras nur bis zu Kabellängen von 3, selten 5 m und zweitens kann die Blitzautomatik nicht erkennen, welche Stimmung mit dem Blitzlicht gewonnen werden soll. Meistens blitzt es im TTL-Betrieb zu hell.
- Der Kabelblitz kann und sollte in bestimmten Fällen mit einem oder zwei Blitzgeräten am UW-Gehäuse kombiniert werden. Man vermeidet dann Dunkelstellen im Vordergrund. Auch die Blitzgeräte am UW-Gehäuse sollten manuell bedient werden.
- Das Kabel sollte sich nicht quer durch das Bild schlängeln. Ganz vermeiden lässt sich aber nicht, dass man es sieht. Grundsätzlich hält der Tauchpartner den Kabelblitz in der Hand. Das Kabel sollte schwarz sein, damit es nicht auffallend im Bild zu sehen ist.
- Vorsicht mit sehr langen Synchronkabeln, denn sie verheddern sich gern in Korallen. Hinterlassen Sie keine Beschädigungen im Riff. Gleiches gilt für heimische Gewässer, wo das Kabel gern in Pflanzen hängen bleibt.
- Kabelblitzen sollte man nur mit sehr guten Tauchern realisieren. Das Model muss den Blitz führen, das Kabel auf- und abrollen und dessen Verfangen verhindern.
- Im Pool kann man das verlängerte Synchronkabel nach außen führen und das von einem Helfer gehaltene Blitzgerät über der Wasseroberfläche zünden.
- Spezielle Kabelverlängerungen mit passenden Verbindungen bieten www.seacam.com oder www.subtronic.de an.

Funktionen rund um die Blitzsynchronisation

Unter der Blitzsynchronisation versteht man die Koordination der Belichtung durch die Kamera mit der Blitzzündung. Geht es bei der Blitzbelichtungssteuerung um die emitierte Lichtmenge, so regelt die Synchronisation den Zeitpunkt der Blitzzündung. Die Leuchtdauer des Blitzes selbst liegt dann wiederum im Bereich von nur 1/1.000 s oder noch kürzer und damit deutlich unter dem, was an Verschlusszeiten in der UW-Fotografie gang und gäbe ist.

Einfrierwirkung des Blitzlichtes

Aus der extrem kurzen Leuchtdauer ergibt sich eine Einfrierwirkung, die vom Blitzlicht ausgeht. Stellen wir uns gedanklich ein Bild vor, das nur mittels Blitzlicht belichtet wird, faktisch also in einer ansonsten völlig dunklen Umgebung aufgenommen wird. Hier ist es völlig gleich, welche Belichtungszeit an der Kamera eingestellt wird und wie sehr der Fotograf damit herumwackelt. Auf dem Kamerasensor wird einzig das aufgezeichnet, was die Kamera während der kurzen Leuchtdauer „sieht". Von daher spricht man dem Blitzlicht eine einfrierende Wirkung zu.

Selbst wenn man zunehmend Umgebungslicht in die Szenerie mit einbringt, reduziert sich die Einfrierwirkung nur ganz allmählich. Von daher darf man durchaus mutmaßen, dass unzählige geblitze Bilder just wegen dieses Effektes noch ein vernünftiges Ergebnis zeigen, während ansonsten die Bewegungen von Motiv oder Fotograf selbst zu Ausschuss geführt hätten.

Bei ruhiger Kamerahaltung bzw. mit einem Bildstabilisator im Objektiv oder am Bildsensor ist es möglich, mit relativ langen Verschlusszeiten zu blitzen. 1/30 s und länger sind mittlerweile

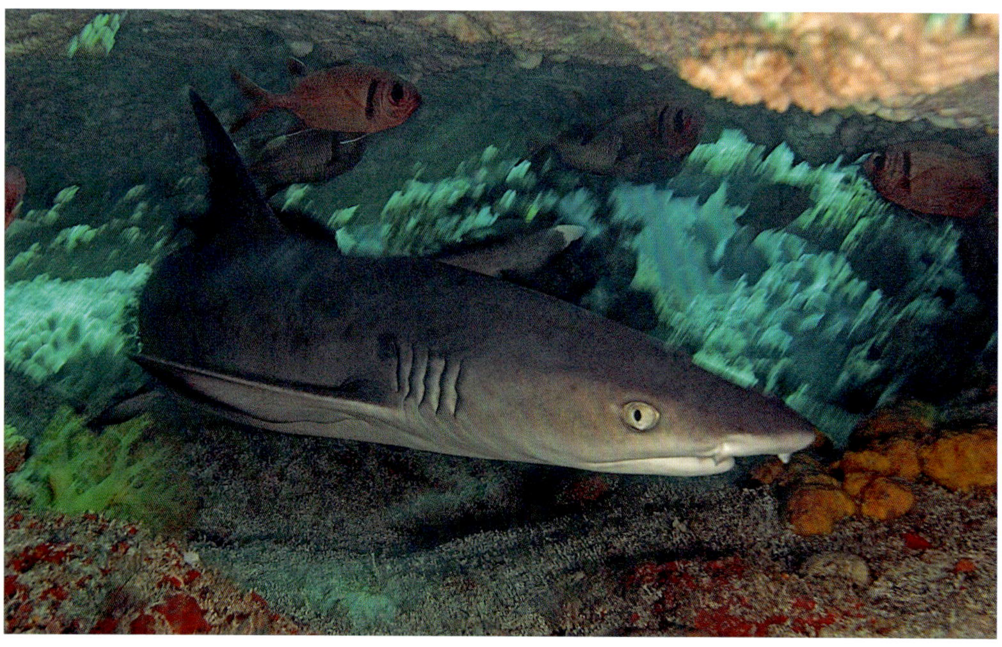

Das Blitzlicht friert Kopf, Kiemen und Brustflosse des Weißspitzenriffhais ein, obwohl sich dieser gerade dreht. Der Bildhintergrund zeigt wegen einer Verschlusszeit von 1/13 s eine klassische Verwacklung. GD

kein Problem. Zwar ist zum Einfrieren von Bewegungen eine schnelle Verschlusszeit hilfreich, aber nicht notwendig. Man muss die Belichtungsparameter ISO, Verschlusszeit und Blende so aufeinander abstimmen, dass ein sich bewegendes Motiv scharf abgebildet wird. Dabei ist es eher sekundär, ob der Hintergrund die natürliche Wasserfarbe zeigt oder schwarz ist.

Bewegungseinfrierungen durch Blitzlicht sind eminent wichtig, wenn man mit sehr langen Synchronzeiten arbeiten muss. Beispielsweise im Dämmerlicht eines von Waldbäumen umkränzten Auwaldsees, unter dichten Pflanzendecken, wie sie sich in warmen Sommern gern auf Waldweihern bilden oder bei der Wrackfotografie in großen Tiefen, wo das Umgebungslicht schwach ist. Aber auch in Grotten und unter Überhängen kann man sehr stimmungsvolle Aufnahmen gestalten, wenn Blitzlicht und lange Verschlusszeiten kombiniert werden. Verlängerte Verschlusszeiten bei gleichzeitiger Blitzlichtfotografie ergeben auch in nicht so idealen Situationen noch Mischlicht, also eine Wiedergabe der Eigenfarbe des Wassers im Hintergrund.

Gleiches gilt in Höhlen, in die Tageslicht durch Löcher an der Decke herein scheint. Den Vordergrund oder den Tauchpartner blitzt man an. Dessen Bewegung wird durch das kurze Blitzlicht eingefroren, aber der Hintergrund, eventuell nach unten sich ausbreitende Lichtbündel, wird durch die Verlängerung der Synchronzeit intensiviert und wie Laserstrahlen abgebildet.

Das Einfrieren von Bewegungen wählt man explizit beim Fotografieren von Wettkampf-Schwimmern, Rugbyspielern, beim UW-Hockey und von Kunstspringern, die man beim Eintauchen scharf ablichten will.

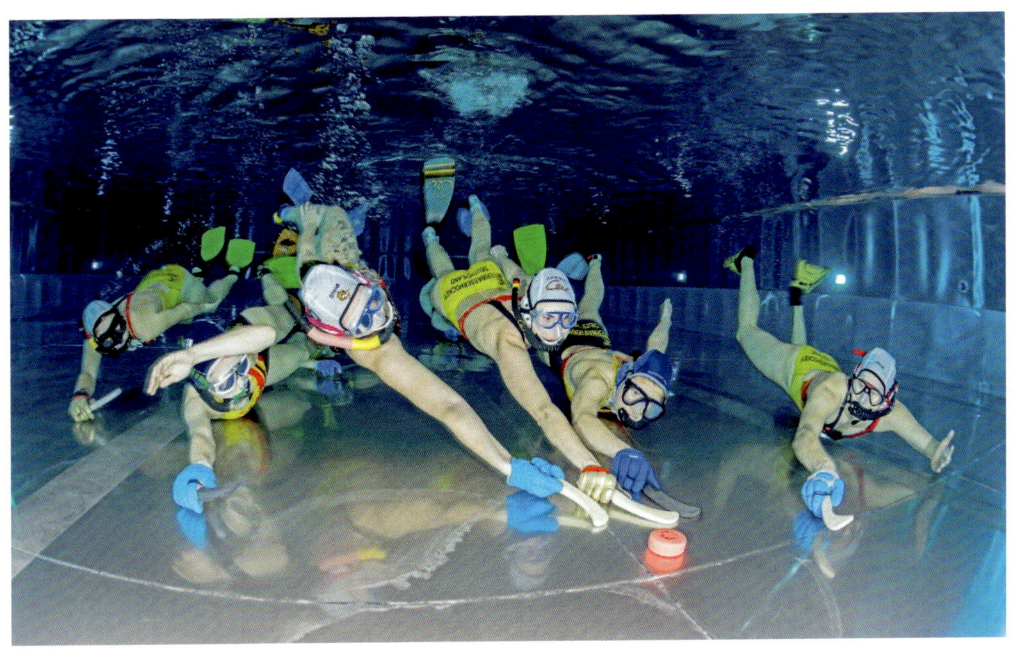

Im Spiel gestoppt werden diese UW-Hockey-Spielerinnen einzig durch die kurze Leuchtdauer des Blitzes. Bei 1/30 s Verschlusszeit wären ohne Blitzlicht deutlichere Bewegungsunschärfen zu erkennen. HF

Standardsynchronisation und Synchronzeit

Standardmäßig werden die Belichtung des Bildes und die Zündung des Blitzes folgendermaßen synchronisiert, wobei man in diesem Fall von einer Blitzsynchronisation auf den ersten Vorhang spricht:

1. Mit dem Drücken des Auslösers erfolgt zunächst eine Messung der Szenerie, nach der die Kamera diejenigen Parameter einstellt, die nicht manuell vorgegeben sind.
2. Die Kamera gibt danach die Belichtung des Bildes frei. Hierzu wird der so genannte Verschlussvorhang geöffnet und ermöglicht so den Lichteinfall auf den Kamerachip.
3. Sobald dieser erste Vorhang vollständig geöffnet ist und somit der Chip komplett belichtet wird, zündet der Blitz.
4. Nach Ablauf der eingestellten oder errechneten Belichtungszeit stoppt ein zweiter Verschlussvorhang den Belichtungsvorgang. Durch diesen zweiten Vorhang, der mit der gleichen Geschwindigkeit wie der erste läuft, wird sichergestellt, dass alle Teile des Bildes dem Umgebungslicht für die gleiche Zeitspanne ausgesetzt werden.

In diesem Zusammenhang gilt es zu beachten, dass eine Blitzbelichtung zunächst nur dann korrekt funktionieren kann, wenn zum Zeitpunkt der Blitzlichtabgabe der erste Vorhang den Sensorchip bereits vollkommen frei gegeben hat, der zweite Vorhang aber noch nicht losgelaufen ist. Ist dieser bereits unterwegs, dann bekämen Teile des Bildes kein Blitzlicht ab. Von daher ermöglichen Kameras das Blitzen nur, wenn diese so genannte kürzeste Synchronzeit, bei der eben noch das Bild während der Belichtungsphase eine komplett offene Stellung der beiden Vorhänge hat, nicht unterschritten wird.

Wählt man eine Belichtungszeit, die kürzer ist als die Synchronzeit, wird der Blitz zunächst den Dienst verweigern. Wer dann ohne Blitz fotografiert, kann selbstverständlich auslösen. Die beiden Vorhänge laufen dann so nahe hintereinander her, dass das Bild zu keinem Zeitpunkt vollständig dem Licht ausgesetzt wird. Faktisch läuft also ein Schlitz aus den beiden Vorhängen über den Chip. Etliche digitale Kameras bieten zur Umgehung dieser Problematik Kurzzeit- oder High-Speed-Synchronisation an. Faktisch wird das Problem mit einer langen Blitzleuchtdauer, meist aber mit einem Stroboskopblitz gelöst. Beide Ansätze kosten jedoch reichlich Blitzenergie und sind für die UW-Fotografie auch nicht relevant.

Langzeitsynchronisation

Die Kurzzeitsynchronisation ist in der UW-Fotografie außen vor. Dagegen spielt ihr Gegenpart, die so genannte Langzeitsynchronisation durchaus eine gewichtige Rolle. Während bei der Standardsynchronisation die Belichtungszeiten in den meisten Fällen zwischen 1/60 s und 1/250 s liegen, startet der zweite Vorhang bei der Langzeitsynchronisation erst nach einer längeren Belichtungszeit.

Ursprünglich wurde diese Methodik entwickelt, um bei Nachtaufnahmen das Umgebungslicht über einen längeren Zeitraum einzufangen und einem komplett schwarzen Hintergrund entgegenzuwirken. Faktisch wird der Vordergrund vom Blitz belichtet und damit eingefroren, während der Bildhintergrund vom meist spärlichen Umgebungslicht während der längeren Belichtungszeit noch ein wenig aufgehellt wird. Praktischerweise funktioniert das auch unter Wasser, so dass mittels der Langzeitsynchronisation Helligkeit und Farbsättigung des Wassers gesteuert werden kann. Eine automatisch eingestellte Langzeitsynchronisation wird unter

Wasser also immer dazu tendieren, eine Mischlichtaufnahme zu generieren; eine wertvolle Erkenntnis, die sich durchaus gewinnbringend einsetzen lässt.

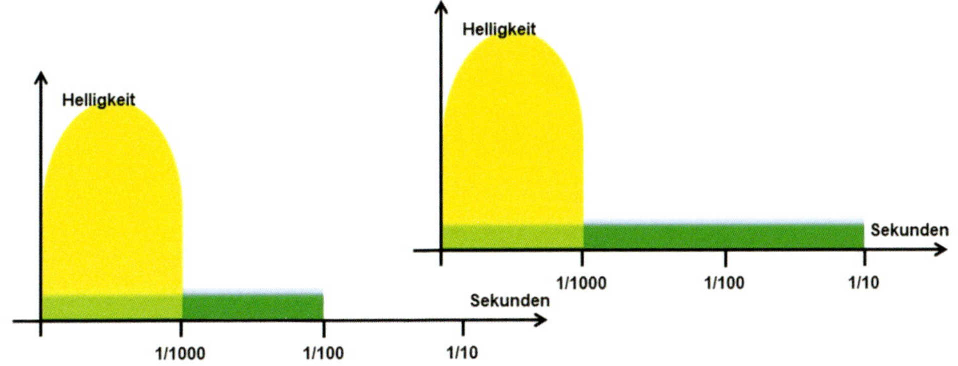

Der Unterschied zwischen Standard- (li.) und Langzeitsynchronisation (re.) besteht einzig in der längeren Verschlusszeit der Kamera; im Beispiel fällt zehnmal mehr Umgebungslicht auf den Kamerasensor. Das Blitzgerät zündet jeweils zu Beginn der Belichtung. Man beachte die logarithmische Darstellung. GD

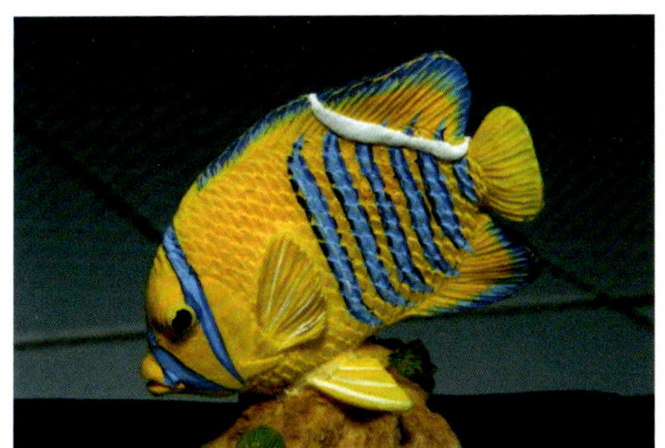

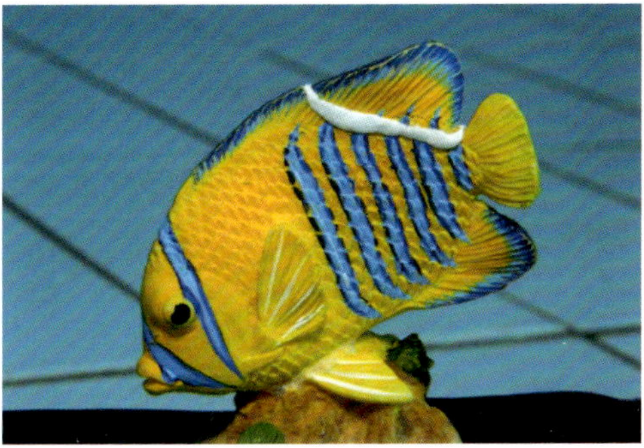

Hier die fotografische Umsetzung der beiden Grafiken: ISO 100 und Blende 14 bleiben konstant; verlängert wird einzig die Belichtungszeit von 1/100 s (li.) auf 1/10 s (re.). Dies wirkt sich zum allergrößten Teil nur auf die Helligkeit des Bildhintergrundes, der kein Kunstlicht abbekommt, aus. GD

Zweiter Vorhang

Abweichend vom oben beschriebenen Standard kann eine Blitzzündung auch kurz vor dem Start des zweiten Vorganges erfolgen. Dies wird als Synchronisation auf den zweiten Vorhang bezeichnet.

Primärer Sinn und Zweck dieser Variante ist das Einfangen von Bewegungen im Bild in einer eher natürlichen Darstellung. Im Fall einer Synchronisation auf den zweiten Vorhang stoppt die Einfrierwirkung des Blitzes die Bewegung an deren Ende, das Motiv kommt aus der Bewegungsunschärfe zum Stehen. Dieser Eindruck entspricht viel mehr der Seherwartung als bei einer Synchronisation auf den ersten Vorhang. Hier flüchtet das Motiv vom Eindruck her in die Bewegungsunschärfe hinein.

Langzeitsynchronisationen können, wenn Kamera und Objektiv über eine Bildstabilisation verfügen, bis zur Verschlusszeit von 1/5 s durchgeführt werden. Voraussetzung ist, dass das Umgebungslicht relativ düster ist.

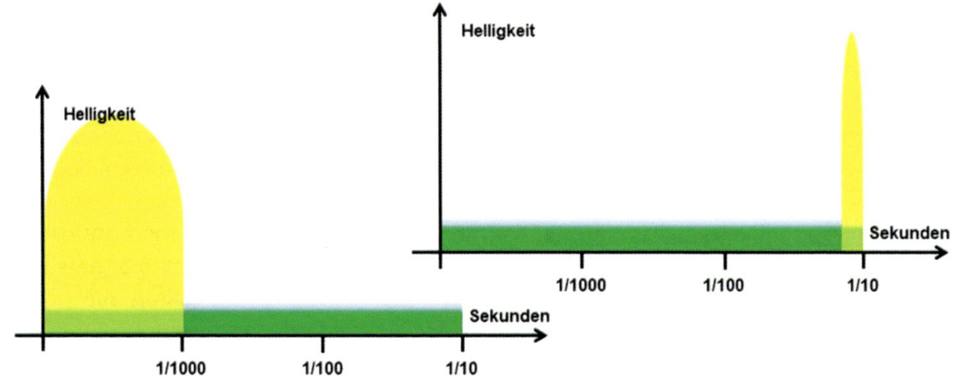

Eine Standardsynchronisation auf den zweiten Vorhang ist untypisch und hier nicht grafisch dargestellt. Gängig ist aber die Langzeitbelichtung auf den zweiten Vorhang (re.), um ein Motiv aus seiner Bewegung heraus zu stoppen. Die Synchronisation auf den ersten Vorhang (li.) führt dagegen zu einem Bildeindruck als würde das Motiv in die Unschärfe hinein flüchten. Man beachte die logarithmische Darstellung. GD

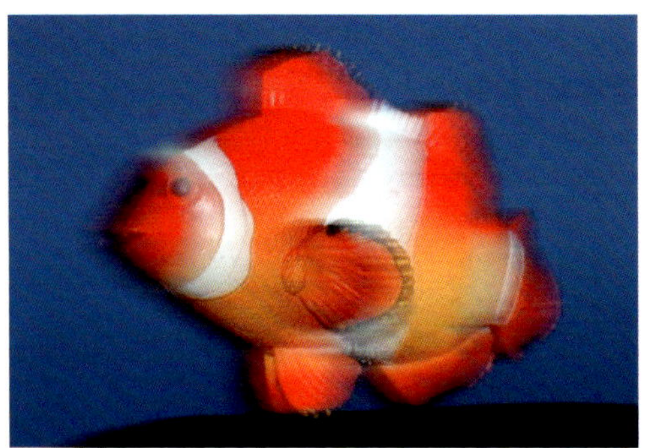
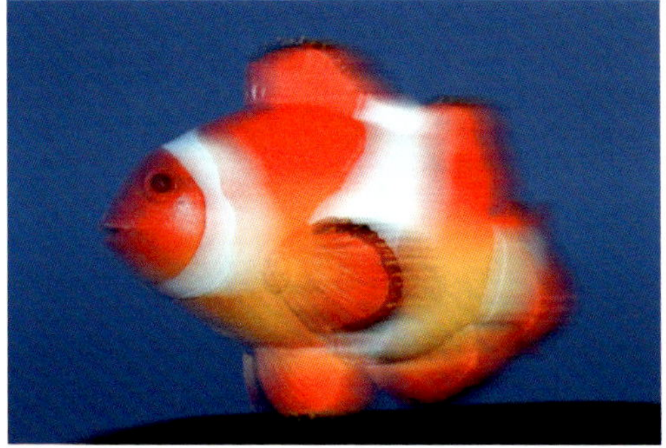

Hier die fotografische Umsetzung mit ISO 200, Blende 8 und 1/5 s: Auf den ersten Vorhang geblitzt (li.) bewegt sich die Figur im Verlauf der weiteren Belichtung nach links in die Unschärfe. Blitzt man dagegen auf den zweiten Vorhang (re.), wird der Fisch in seiner Bewegung nach links eingefroren. GD

Hinweise:

- Da kürzer wird in deutschsprachigen Kameramenüs oft die englische Bezeichnung Slow für die Langzeitsynchronisation genutzt.
- Aus dem gleichen Grund wird die Synchronisation auf den zweiten Vorhang gerne mit Rear bezeichnet.
- Da Langzeitsynchronisation und Blitzen auf den zweiten Vorhang oft mit Bewegung im Bild zusammenhängt, empfiehlt es sich, auch den AF entsprechend anzupassen. Auf Servo eingestellt erfasst der AF ein Motiv, sobald der Auslöser zur Hälfte durchgedrückt wird, und regelt die Fokuseinstellung vor und während der Belichtung nach.

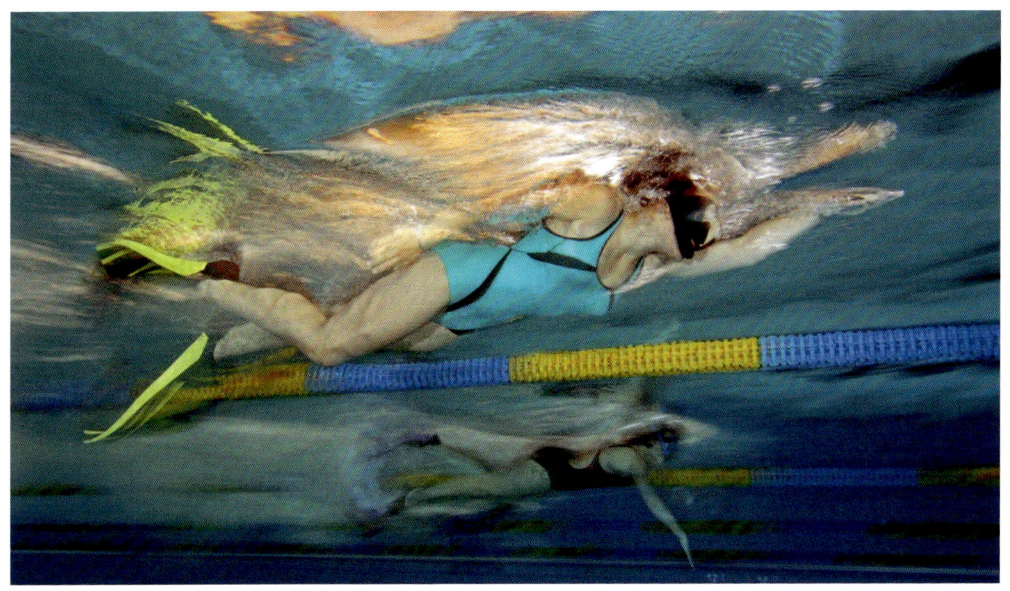

So schaut eine gelungene Langzeitsynchronisation aus: Servo-AF und 1/8 s mit einfrierendem Blitz auf den zweiten Vorhang. GD

Red Eyes

Nahezu jede zeitgemäße Kamera wartet mit einer Funktion auf, die dazu beitragen soll, dass rote Reflexionen der Netzhaut verhindert werden. Diese treten dann auf, wenn Bild- und Blitzachsen annähernd parallel verlaufen und das ausfallende Licht just wieder Richtung Kamera geworfen wird. Um dieses unschöne Phänomen zu verhindern, hilft es über wie unter Wasser, die Blitzachse von der Bildachse zu separieren. Dies entspricht vom Vorgehen genau dem, was in Meer oder See ein probates Mittel zur Vermeidung von Reflexionen durch Schwebstoffe darstellt.

Die eigentliche Red Eyes-Funktion der Kamera verfolgt zudem den Ansatz, durch einen Vorblitz ein Zusammenziehen der Pupille zu bewirken. Dieses wiederum reduziert die Stärke des unerwünschten Effektes. Praktisch, dass dieser durch die Tauchermaske hindurch nicht auftritt. Auch sind Fische und andere maritime Lebewesen nicht betroffen. Von daher ist es ratsam, die entsprechende Funktion an der Kamera nicht zu aktivieren. Der hierbei generierte Vorblitz verbraucht Energie und erhöht die Auslöseverzögerung, ohne auch nur irgendeine positive Wirkung mit sich zu bringen.

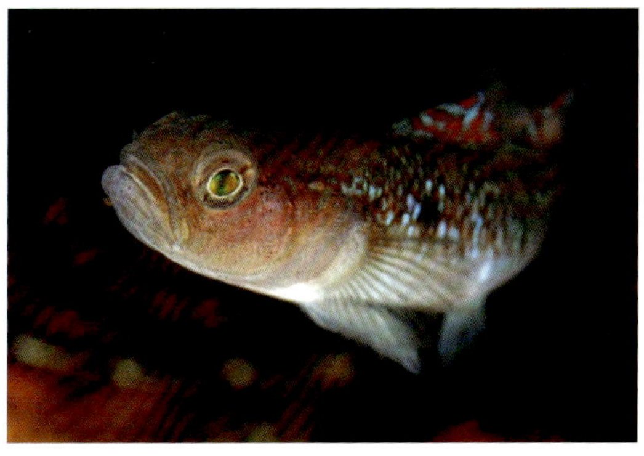

Wie alle anderen maritime Lebewesen zeigen Fische keine roten Netzhautreflexionen. GD

Zusatzausrüstung für Makroaufnahmen

UWF Praxistipps	Kapitel 15: Die Kamera als Halbautomat - Makroaufnahmen ...
UWF Stufe 1	Kapitel Nah- und Makrofotografie • Der Abbildungsmaßstab • Der Crop Faktor • Nahgrenze und Schärfentiefe • Makrofotografie ist Blitzlichtfotografie • Kamerasysteme für Nah- und Makrofotografie • Überlegungen zur Nah- und Makrofotografie

Nahaufnahmen sind in der UW-Fotografie äußerst beliebt. Das liegt primär daran, dass solche Bilder wegen ihrer Detailschärfe alle Augen auf sich ziehen. Man sieht Dinge, die man unter Wasser beim bloßen Betrachten übersehen oder einfach negiert hat. Manch einer hat diese Einzelheiten wegen seiner schlechten Augen gar nicht betrachten können. Manches ist auch so klein, dass es ohne Lupe einfach nicht geht. Aber mit der entsprechenden Vergrößerung durch Nahlinsen oder Makroobjektive kommen Dinge zum Vorschein, die verblüffen.

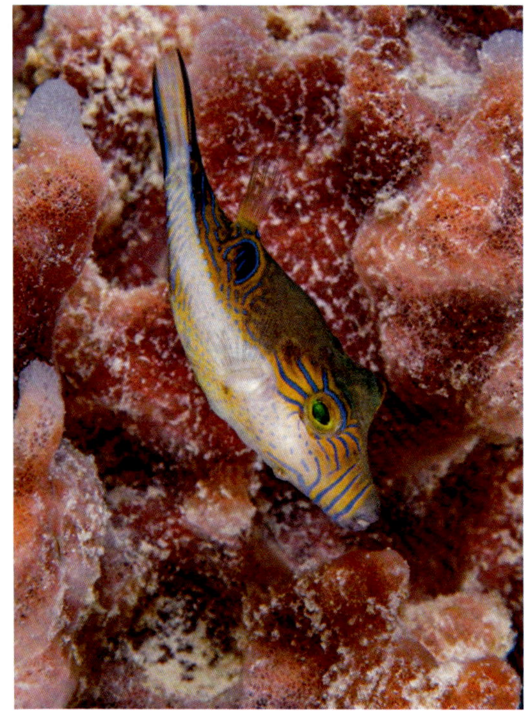

Extreme Nähe war erforderlich, um den kleinen Kugelfisch mit einem 30 mm Makro an einer Olympus MFT-Kamera abzulichten. HF

Wer die UW-Makrofotografie ernsthaft betreiben möchte, kommt an einer gewissen Auswahl an verschiedenen Makro-Objektiven und Vorsatzoptiken nicht vorbei. Nur so kann probat auf die unterschiedlichen Sichtweiten, Größe und Fluchtverhalten der Motive oder den gewünschtem Bildaufbau reagiert werden.

Im Englischen existiert das in der UW-Fotografie so häufig verwandte Wort Makroaufnahmen nicht. Man spricht dort von Close Up-Aufnahmen, womit der gesamte Nahbereich nebst Makros gemeint ist. Im Prinzip ist das auch stimmiger, denn seit es unterschiedlich große Bildsensoren gibt, ist die Bezeichnung Makro nicht immer passend, da sich diese optisch korrekt am Bild auf dem Sensor festmacht.

Per Definition reichen Nahaufnahmen von einem Abbildungsmaßstab von 1:10 bis zu 1:1; Makroaufnahmen liegen zwischen 1:1 und 10:1. In der UW-Fotografie ist man großzügiger. Bilder mit Maßstäben größer als 1:4 werden durchweg als Makroaufnahmen bezeichnet, obwohl sie gemäß optischem Gesetz eigentlich Nahaufnahmen sind.

Es gilt:

Abbildungsmaßstab M = Bildgröße B / Gegenstandsgröße G

Wenn das Objekt in natürlicher Größe auf dem Bildsensor abgebildet wird, liegt der Abbildungsmaßstab 1:1 vor. Ist das Objekt auf dem Bildsensor halb so groß wie in Wirklichkeit wird es im Maßstab 1:2 dargestellt. Bei doppelter Größe gegenüber der Wirklichkeit, haben wir den Abbildungsmaßstab 2:1. Bei sehr kleinen Bildsensoren, wie sie in Kompaktkameras verwendet werden, sind deshalb echte Makroaufnahmen entsprechend dieser Definition nicht immer umzusetzen. In Olympus-Kameras der TG-Reihe kann man sie jedoch im Modus Mikroskop-Funktion zelebrieren; wenn auch nicht ganz einfach.

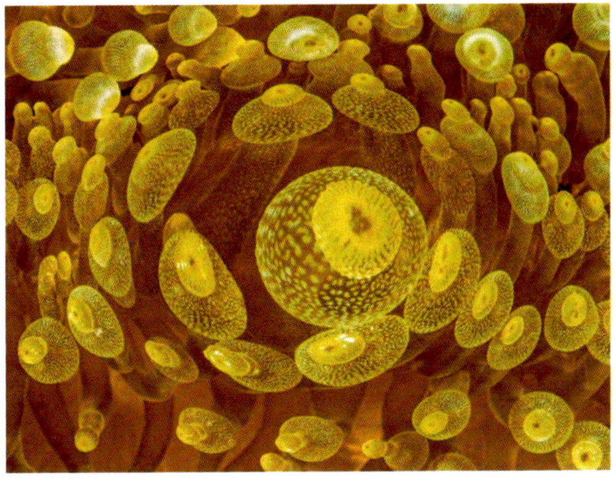

Die schattenfreie Ausleuchtung sorgt für die Wirkung; 60 mm Makro an einer Panasonic MFT-Kamera. HF

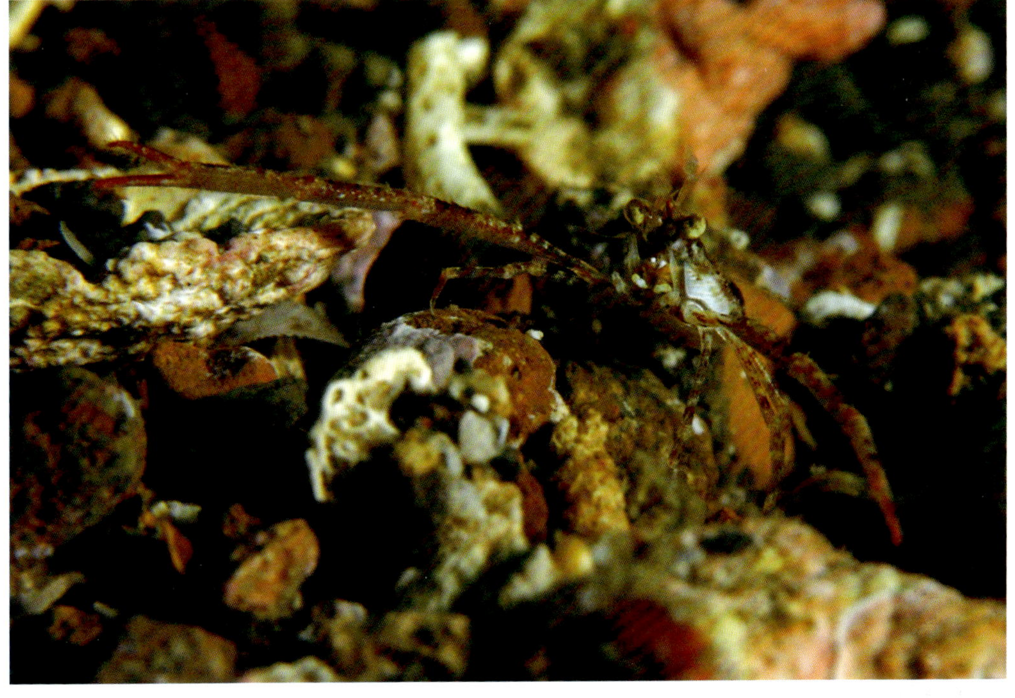

Jenseits eines Abbildungsmaßstabs von 1:1 sind einzelne Geröllkrümel gestochen scharf zu erkennen. GD

Optiken für Makro- und Close Up-Fotografie

Makro-Objektive

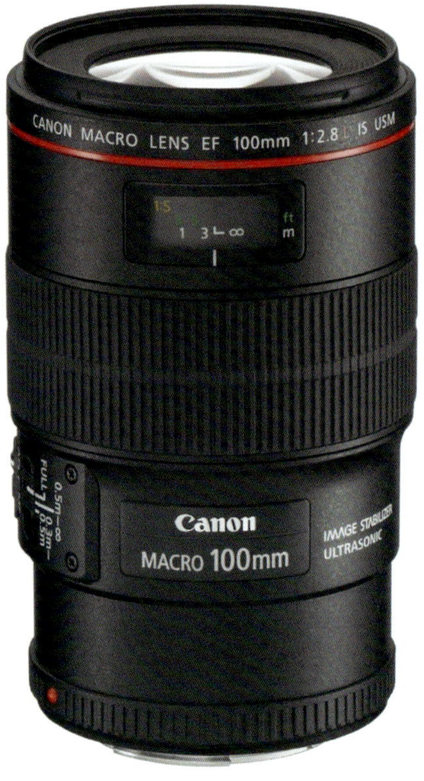

Das 100 mm Vollformat-Objektiv von Canon ist eine Profi-Optik. PR

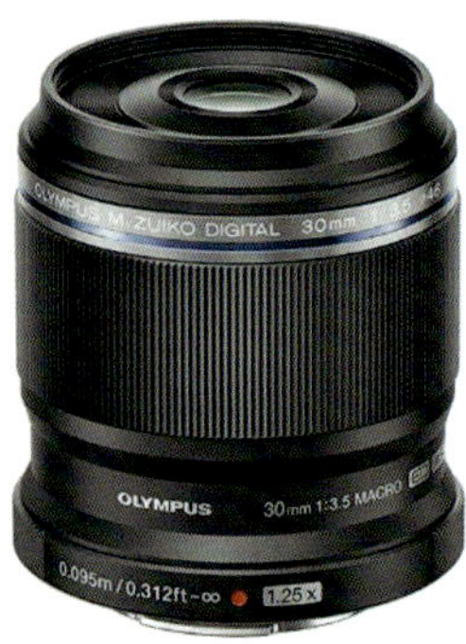

Ein 30 mm Makro für MFT-Kameras hat die Wirkungsweise eines 60 mm Makroobjektivs an einer Vollformatkamera. PR

Wer mit Systemkameras fotografiert, greift bei Nah- und insbesondere bei Makroaufnahmen zu einem Makro-Objektiv. Es gibt diese speziell für den Nahbereich gerechneten Objektive für alle Kameras mit Wechselobjektiven in unterschiedlichen Brennweiten. Für Vollformatkameras stehen Brennweiten von 50 mm bis 200 mm zur Verfügung. APS-C Kameras können ebenso damit bestückt werden, aber man muss den Crop-Faktor von 1,5 oder 1,6 berücksichtigen, der die Brennweite scheinbar um den Crop-Faktor verlängert und einen entsprechend kleineren Bildwinkel generiert. MFT-Kameras von Olympus und Panasonic werden üblicherweise mit Makro-Brennweiten zwischen 30 mm und 60 mm bestückt. Bedingt durch den Crop-Faktor von 2,0 ergibt sich hier eine Wirkungsweise, die bei der doppelten Brennweite im Vollformat liegt. Ein 60 mm-Makroobjektiv an einer MFT-Kamera hat demzufolge die Wirkungsweise wie ein 120 mm-Makroobjektiv im Vollformat.

Makroobjektive sind ausgesprochen praktisch zum Fotografieren, weil sie sich stufenlos von Unendlich bis zum größten Abbildungsmaßstab, meist 1:1, ausziehen lassen. Die Abbildungsleistungen sind im Nah- und Makrobereich exzellent, so dass sie das optische Nahbereichs-Werkzeug aller ambitionierten UW-Fotografen sind. Kurze Makro-Brennweiten sind ideal zum Abbilden von Korallen, mittelgroßen Fischen, Muscheln, Krebsen und größeren Nacktschnecken. Tele-Makroobjektive werden aufgrund ihres größeren Arbeitsabstandes für scheue Wasserbewohner hergenommen. Der schmälere Bildwinkel prädestiniert sie für die Fotojagd auf winzige Motive und Details.

Makrospezialisten kombinieren die langbrennweitigen Makroobjektive oft mit Telekonvertern und Nahlinsen. Auf diese Weise können Abbildungsmaßstäbe bis 3:1 erzielt werden; ein Fall für echte Makrospezialisten.

Gibt es Makroobjektive, die sich auf Abbildungsmaßstäbe größer als 1:1 ausfahren lassen? Die gibt es, aber nicht viele. Eines ist das Laowa-Makro, das stufenlos von unendlich bis 2:1 abbildet; dies allerdings nur manuell. Das 28 mm Canon-Makro für das M-System erreicht eine Vergrößerung von 1,2:1. Spitzenreiter ist das Canon 65 mm-Lupenobjektiv, das sich von 1:1 bis 5:1 ausziehen lässt. Zu beachten ist, dass es dabei 25 cm lang wird. Das Handling dieser Fotogerätschaft gestaltet sich in der Praxis problematisch; dies auch, weil man für die einzelnen Schritte von 1:1 bis 5:1 jeweils separate Zwischenringe benötigt und der Makroport am UW-Gehäuse damit immer länger wird.

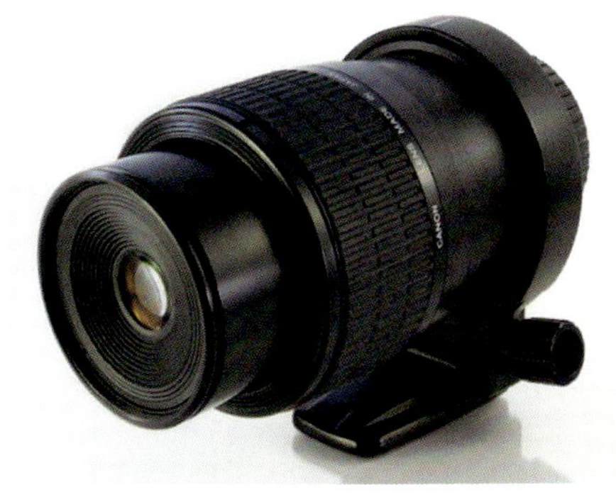

Das 65 mm Canon-Lupenobjektiv lässt sich stufenlos von 1:1 bis 5:1 manuell fokussieren. PR

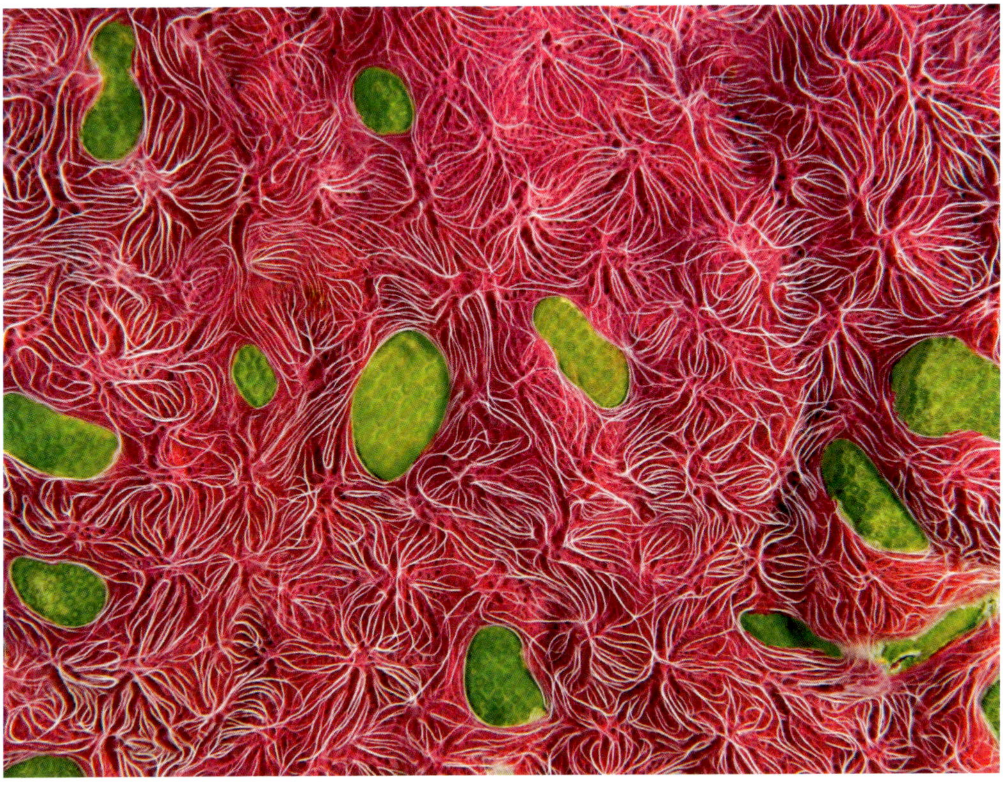

Makrooptiken bringen Bildergebnisse mit ungeahnter Detailgenauigkeit. HF

Nahlinse und Close Up-Konverter

Bei Nahlinsen und Close Up-Konvertern handelt es sich in der Mehrheit um einglasige Sammellinsen. Von der Funktionsweise her reduzieren sie jeweils die Nahgrenze eines optischen Systems und ermöglichen so eine Vergrößerung des Abbildungsmaßstabes. Der Unterschied in der Begrifflichkeit zwischen den beiden liegt darin, dass der Makrokonverter außen am UW-Gehäuse angebracht wird und daher während des Tauchgangs montiert und wieder abgenommen werden kann, während die Nahlinse in das Frontgewinde eines Makroobjektivs eingeschraubt wird. Sie sitzt folglich im Gehäuse und bleibt dort, bis die Kamera wieder im Trockenen ist.

Von den Herstellern werden diese relativ günstigen Produkte meist als Makrolinsen offeriert, weil sich das PR-mäßig besser macht. Solche Nahlinsen kann man in vielfältiger Ausführung erstehen. Ihre Brechkraft, die ein Maß für die mögliche Vergrößerung der Objekte ist, wird in Dioptrien angegeben; bisweilen mit einem Vergrößerungsfaktor. Je mehr Dioptrien, desto stärker ist die Nahlinse. Im Regelfall liegt die Brechkraft zwischen vier und zwölf Dioptrien.

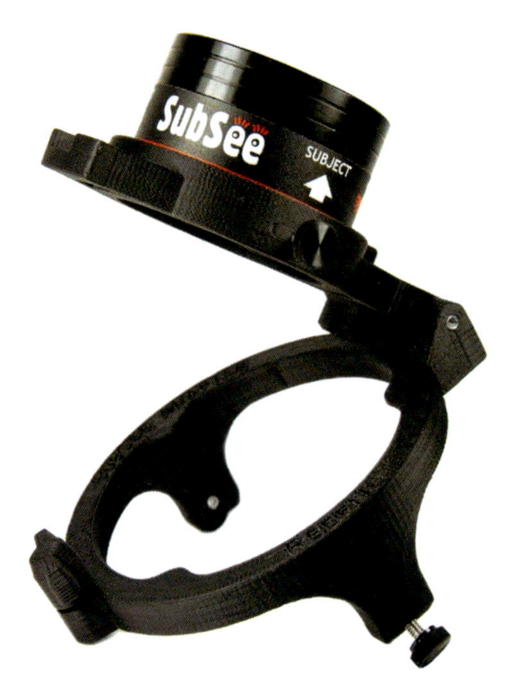

Flip-Adapter lassen schnelle Makro-Entscheidungen zu. Der Close Up-Konverter muss exakt plan mit dem Portglas abschließen. PR

Extrem starke Nahlinsen, die man durchaus als Makrolinsen bezeichnen kann, bewegen sich zwischen 15 und 25 Dioptrien. Man muss solche Brechkräfte aber kritisch sehen, denn sie beeinflussen die Abbildungsqualität negativ, insbesondere am Bildrand. Außerdem ist das Arbeiten mit solchen Nahlinsen recht problematisch, weil die Schärfentiefe mit steigender Dioptrienzahl immer kleiner wird und der Autofokus, wenn er denn noch funktioniert, nur noch in einem sehr kleinen Bereich arbeitet.

Makrospezialisten kombinieren Nahlinsen mit Tele-Makroobjektiven, oft in Kombination mit Telekonvertern. Bei Kompaktkameras haben Nahlinsen den Vorzug, dass man mit ihnen in den Telebereich zoomen kann und auf diese Weise Objektvergrößerungen aus moderater Motivdistanz erhält, deren Ausleuchtung unproblematisch ist, denn Arbeitsabstände von 1 cm ab Frontglas sind zumindest unter Wasser kaum vernünftig auszuleuchten. Zwei Amphibienblitzgeräte, zwei LED-Leuchten oder eine Kombination aus je einem der beiden Gerätetypen sollten dann Standard sein.

Achromat und Wet-Diopter

Achromate, ursprünglich vom Altgriechischen achromatos, d. h. ohne Farbe, sind Nahvorsätze bestehend aus mindestens zwei verkitteten Linsen mit unterschiedlich steilem Brechzahlverlauf und entgegengesetzter Dispersion, wodurch für die Farben Rot und Blau die chromatische Aberration aufgehoben wird. Grob gesagt eliminieren sich die Farblängsfehler der beiden Linsen. Jeder Achromat ist deshalb ein hochwertiger Nahvorsatz. Analog zur Nahlinse wird der Achromat in das Objektivgewinde geschraubt. Er kann daher während des Tauchgangs nicht abgenommen werden. Wer flexibel sein möchte greift zum Wet-Diopter. Dieser ist nichts anderes als ein Achromat für den Außeneinsatz.

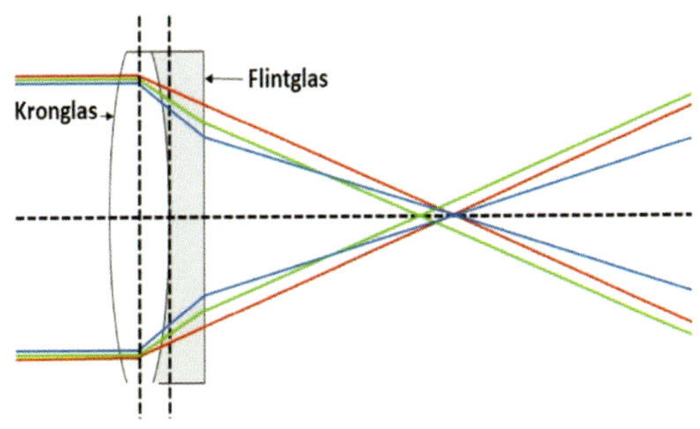

Die Spektralfarben Rot und Blau haben dieselbe Brennweite, beim grünen Licht ist sie jedoch kleiner. Daher schneidet sich der grüne Strahl nicht mit den beiden anderen im Brennpunkt. Dieser optische Fehler wird bei Achromaten in Kauf genommen. GD

Der optische Aufwand ist erheblich, deshalb kosten Achromate immer mehr als gewöhnliche Nahlinsen. In seiner einfachsten Form besteht ein Achromat aus einer Flintglas-Zerstreuungslinse und einer Kronglas-Sammellinse. Sind die Linsen eines Achromates sehr dünn und der Abstand zwischen ihnen minimal, wird der Farbquerfehler, der störende Farbsäume an Objektkanten verursachen kann, weitgehend aufgehoben.

Mit dem Montieren eines Achromates an einem Objektiv werden dennoch optische Fehler erzeugt, die sich zu den bereits im Objektiv vorhandenen addieren. Allerdings sind sie immer geringer, als wenn eine Nahlinse Verwendung finden würde. Insofern muss man sich wegen der Abbildungsleistungen relativ wenig Sorgen machen. Natürlich kommen irgendwann auch Achromate an optische Grenzen, wenn ihre Brechkraft zu stark wird. Als Limit für eine gute Bildqualität gelten allgemein zwölf bis 15 Dioptrien. Gleiches gilt so auch für Wet-Diopter.

Geht die Sicht gegen Null, ist ein Makroobjektiv mit Achromat die letzte Möglichkeit, um noch etwas ausrichten zu können; hier eine Elritze in der reichlich trüben Semois in Belgien. GD

Noch stärkere Nahvorsätze sollten dann vernünftigerweise aus drei oder vier Linsen bestehen. Diese werden als Cook-Triplet bzw. Aplanat bezeichnet und sind einem Objektiv nicht mehr unähnlich. In den Anfängen der Fotografie wurden solche Mehrlinser als Portrait-Objektive und später auch in Projektoren eingesetzt.

Die vertretbare optische Grenze bei Nahvorsätzen gleich welcher Art liegt bei 25 Dioptrien. Damit fotografieren aber nur noch Makro-Freaks, weil die Schärfentiefe sehr gering wird, die Bildqualität stark nachlässt und sich geeignete Motive rarmachen.

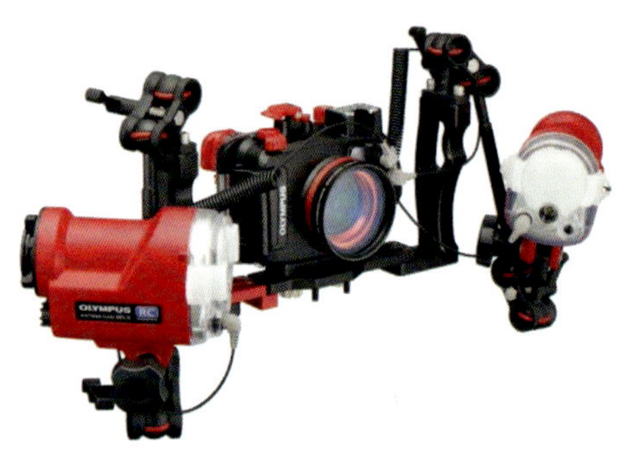

Kompaktkamera mit Nahlinse und zwei Blitzgeräten; eine gute Ausleuchtung ist gewährleistet. PR

Nahlinsen – einfach oder als Achromat – machen unter Wasser nur Sinn, wenn sie außen am UW-Gehäuse befestigt werden, so dass man sie, wenn sich die Motivsituation ändert, wieder entfernen kann. Dazu müssen diese salzwasserfest sein und Achromate gegen das Eindringen von Wasser in den Zwischenraum abgedichtet werden. An den meisten UW-Gehäusen werden die Nahlinsen bzw. Achromate mit einem M67 Gewinde befestigt, manchmal auch gesteckt.

Das Problem beginnt, wenn man die Nahlinse nicht mehr benötigt. Wo befestigt man sie? Wo steckt man sie hin? Hier haben sich vorschwenkbare Nahlinsen als äußerst praktikabel erwiesen. Die schwenkbaren Vorsätze von diversen Herstellern sind durchweg mit einem M67 Gewinde versehen, in das man die Nahlinse einschraubt. Der Schwenkvorsatz muss auf den Durchmesser des Ports angepasst und dort sicher befestigt werden. Die Nahlinse selbst muss zentrisch sitzen.

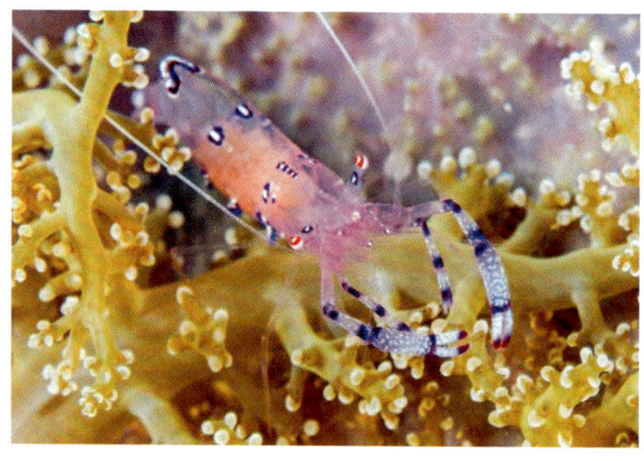

Der Unterstamm der Krebstiere kennt über 50.000 Arten; Tausende davon geben erstklassige Makro-Motive ab. HF

Wenn die Nahlinse vorgeschwenkt wird, ist ein fester Sitz wichtig, sonst können die Lichtstrahlen nicht in gerader Linie auf den Bildsensor treffen. Eine Ablenkung würde partielle Unschärfen bzw. Verzerrungen verursachen. Wird die Nahlinse bzw. der Achromat gesteckt, sollte eine Parkmöglichkeit am Blitzarm vorhanden sein, ein sogenannter Lens-Holder. Geliefert wird er in der Regel ausschließlich vom Hersteller der wasserfesten Nahlinse.

Sind Close Up-Converter oder Wet-Diopter bereits an Land aufgebracht worden, sollte man diese unter Wasser nochmals abnehmen bzw. hochschwenken, damit die im Zwischenraum verbliebene Luft entweichen kann. Letzte Minibläschen entfernt man ganz einfach durch ein leichtes Wedeln mit der Hand nahe der Optik. Ganz hartnäckige Bläschen kann man auch mit dem Finger oder dem Handschuh entfernen. Unter Wasser hinterlässt man keine Fingerabdrücke auf der Linse.

Hinweise:

- Beim Kauf von Makroobjektiven muss auf die Nahgrenze geachtet werden. Bereits ab einer Nahgrenze von 35 cm ist ein Objektiv für den UW-Einsatz nur eingeschränkt nutzbar. Bei Makroobjektiven darf es auch deutlich weniger sein.
- Hinsichtlich der Qualität kann als Faustregel gelten, dass Zoomobjektive mit Nahlinsen und Festbrennweiten mit Achromaten bestückt werden sollten.
- Nahlinsen sind bisweilen im Set erhältlich. In der Regel sind die Schraubgewinde so dimensioniert, dass sie kombiniert werden können. Dazu wird die Linse mit der stärksten Dioptrienzahl am Objektiv befestigt; dann kommt die schwächere. Die Kombination von mehr als zwei Nahlinsen führt meist zu Vignettierungen und ist nicht zu empfehlen.
- Zur Vergrößerungswirkung von Nahlinsen und Achromaten gelten folgende Formeln:
    - Dioptrienzahl / 4 = Vergrößerung
    - Vergrößerung + 1 = Faktor
    - Brennweite [mm] = 1.000 [mm] / Dioptrienzahl
    - Dioptrienzahl = 1.000 [mm] / Brennweite [mm]

Dioptrie	Brennweite	Vergrößerung	Faktor
+4	250 mm	1-fach um 100%	f = 2,0
+6	167 mm	1,5-fach um 150%	f = 2,5
+8	125 mm	2-fach um 200%	f = 3,0
+10	100 mm	2,5-fach um 250%	f = 3,5

Zwischenringe

Die einfachste Art einer Verlängerung des Auszugs besteht darin, Zwischenringe, auch Tuben genannt, zwischen Kamera und Objektiv einzusetzen. Prinzipiell wäre ein einfaches schwarzes Rohr geeignet, aber dann könnte man keine Daten übertragen. Deshalb macht es nur Sinn, Zwischenringe für digitale Systemkameras zu montieren, die sämtliche Funktionen übertragen, so dass man damit trotz der Einschränkung, nicht auf Unendlich stellen zu können, sehr komfortabel arbeiten kann. Solche Zwischenringe sind komplexe Accessoires und entsprechend teuer.

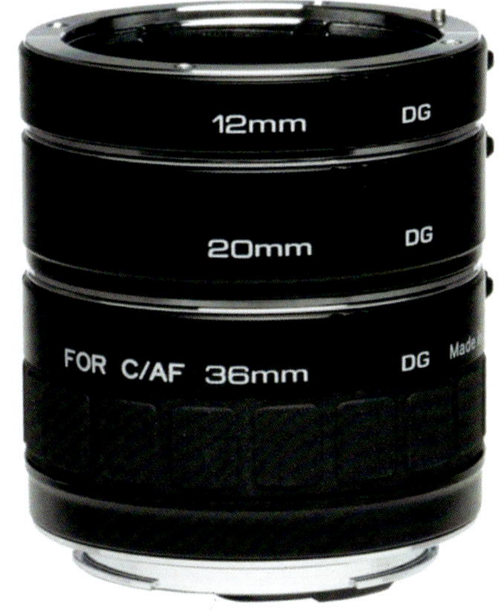

Zwischenringe beeinflussen das optische System nicht, nur auf Unendlich lässt sich nicht mehr fokussieren. PR

Normalerweise werden Zwischenringe in den Abbildungsmaßstäben 1:3, 1:2 und 1:1 hergestellt. Die Maßstabsangabe ist üblicherweise aufgedruckt und gilt in der Regel für die Normalbrennweite der jeweiligen Bildsensorgröße. Im Vollformat sind das 50 mm, bei APS-C Bildsensoren je nach Crop-Faktor 30 bis 33 mm und im 4/3-Format 25 mm.

Der Abbildungsmaßstab ändert sich mit der Tubenlänge. Je länger der Zwischenring desto größer wird der Abbildungsmaßstab. 1:3 ist demzufolge der kürzeste Ring, 1:1 der längste. Man kann den Abbildungsmaßstab auch selbst ausrechnen, indem man die Länge des Zwischenrings durch die Brennweite des Objektivs teilt. Mit einem 25 mm langen Zwischenring erreicht man an einem 50 mm-Objektiv in der Einstellung auf Unendlich den Maßstab 1:2.

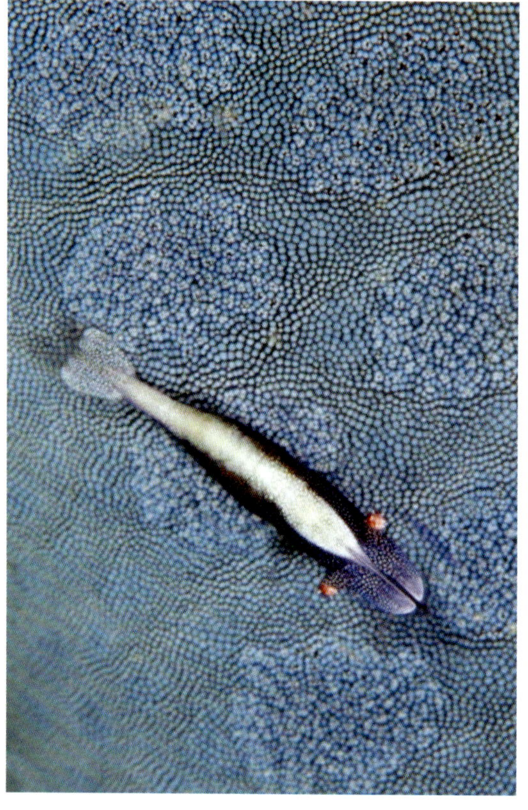

Auf Leinwand in 60 x 40 cm wird der Seestern-Schrimp dank Zwischenring zum unterarmlangen Riesen. GD

Zwischenringe werden wegen ihres umständlichen Handlings unter Wasser nur von Spezialisten eingesetzt. Nicht alle Kamerafirmen liefern für ihre Systemkameras Zwischenringe. Makro-Objektive und -konverter sind variabler einzusetzen und werden deshalb beim Einbau in UW-Gehäuse den Zwischenringen vorgezogen.

Es gibt allerdings Spezialisten, die Makroobjektive mit Zwischenringen plus Nahlinsen kombinieren und damit erstaunliche Vergrößerungen erreichen. Die UW-Fotografie driftet dann aber in eine Art Versuchsstadium ab und kann deshalb nicht mehr von jedem in angemessener Weise beherrscht werden. Vernünftig ist das auch nur, wenn man weiß, wo es die geeigneten Motive gibt.

Der Aufnahmeabstand zwischen Motiv und Bildsensor bei Verwendung von Zwischenringen lässt sich berechnen:

Es gilt:

$$D = (Bz + f) \times (1 + m) / m$$

- D = Distanz zwischen Motiv und Bildsensor
- Bz = Effektive Breite des Zwischenrings
- f = Brennweite des Objektivs
- m = Abbildungsmaßstab

Merksätze:

- Im Gegensatz zu Nahlinsen und Telekonvertern beeinflussen Zwischenringe das optische System qualitativ nicht.
- Mit der Montage eines Zwischenrings entfällt die Möglichkeit, das Objektiv auf Unendlich stellen zu können. Man kann nach der Montage einer oder mehrerer Tuben nur noch in dem vorgegebenen Abbildungsmaßstab fotografieren.
- Zwischenringe können miteinander kombiniert werden. Die Abbildungsmaßstäbe der einzelnen Tuben addieren sich. Koppelt man drei Zwischenringe mit den Einzelmaßstäben 1:3, 1:2 und 1:1 zu einem einzigen Tubus, dann bekommt man mit einem 50 mm Vollformat-Normalobjektiv auf Unendlichkeitsstellung den Abbildungsmaßstab 1,83:1. Empfehlenswert ist das aber aus optischen Gründen nicht, weil Normalobjektive dafür nicht gerechnet sind. Der Abbildungsmaßstab 1:1 sollte mit Optiken, die nicht für Makroaufnahmen gerechnet sind, nicht bewusst überschritten werden.
- Bei manchen Zubehörherstellern werden die einzelnen Zwischenringe mit ihren Längenmaßen angegeben. 12 mm, 20 mm und 36 mm. Insgesamt kommt man bei dieser Kombination auf 68 mm, was in Verbindung mit einem 50 mm Vollformat-Objektiv auf Unendlichstellung einen Abbildungsmaßstab von 1,36:1 ergibt. Wird ein 50 mm Vollformat-Makroobjektiv mit 1:1-Auszug verwendet, kann ein Abbildungsmaßstab von 2,36:1 erzielt werden. Im APS-C Format und Micro-Four-Thirds wirken die Vergrößerungen dramatischer, obwohl die Abbildungsmaßstäbe gleich sind. Es liegt am Crop-Faktor, dass man die Abbildungen gefühlsmäßig größer einschätzt.
- Makroobjektive erreichen anders als Normalobjektive ihre optimale Abbildungsleistung im Nah- bzw. Makrobereich. Mit einem Makroobjektiv, dessen Naheinstellung den Abbildungsmaßstab 1:1 ermöglicht, kann man deshalb mit den drei Basistuben 1:3, 1:2 und 1:1 den maximalen Abbildungsmaßstab 2,83:1 ohne nennenswerte Qualitätsverluste erreichen.
- Mit Zwischenringen fotografiert man manuell. Der Autofokus macht hier keinen Sinn, wäre möglicherweise sogar kontraproduktiv, weil er bedingt durch den Lichtverlust eventuell in der totalen Unschärfe hängen bleiben würde. Man nähert sich deshalb dem Motiv soweit, bis es im Sucher oder auf dem Monitor scharf erscheint.
- Schwimmende Motive können mit Zwischenringen nicht oder nur mit Mühe abgelichtet werden. Meist lohnt der Aufwand nicht. Fotografieren Sie festsitzende Objekte.
- Zwischenringe kann man nur an Kameras mit Wechselobjektiven verwenden. Das sind SLRs und CSCs.
- Der Makroport wächst bei Verwendung von Zwischenringen überproportional an. Wer diverse Tuben einsetzt, benötigt entsprechend lange Gehäusezwischenringe. Das Handling der Gerätschaft kann dadurch erschwert werden.
- Die Belichtung kann Probleme bereiten, weil die Motive dem Frontglas sehr nahe rücken. Ohne Zangenblitz, LED-Ringblitz oder LED-Ringleuchte sind harmonische Ausleuchtungen kaum möglich. Beachten Sie, dass lange Tuben viel Licht schlucken.
- Die geringe Schärfentiefe ist ein Problem, wenn man mit einem langen Zwischenring und offener Blende ein Motiv anpeilt. Hier werden dann an die Tauch- und Atemtechnik sowie an die Reaktionsfähigkeit und Entschlusskraft erhöhte Maßstäbe angesetzt. Daher ist es sehr ratsam, immer mehrere Bilder pro Motiv zumachen.

Ringblitzgeräte

Ringblitzgeräte sind Spezialisten für Nah- und Makroaufnahmen, weil der ringförmig um das Objektiv platzierte Spezialblitz sein Licht frontal in jeden Winkel und in jede Riffspalte bringt. Ausleuchtprobleme sind bei dieser Art von Kunstlicht unbekannt. Ringblitzgeräte mit Blitzröhren sind so gebaut, dass die aus einer, zwei oder vier Segmenten bestehende Blitzröhre ringförmig um das Frontglas des Objektivs bzw. um das Portglas des UW-Gehäuses angeordnet ist. Diese Art von Ringblitz wird heute nur noch selten verwendet.

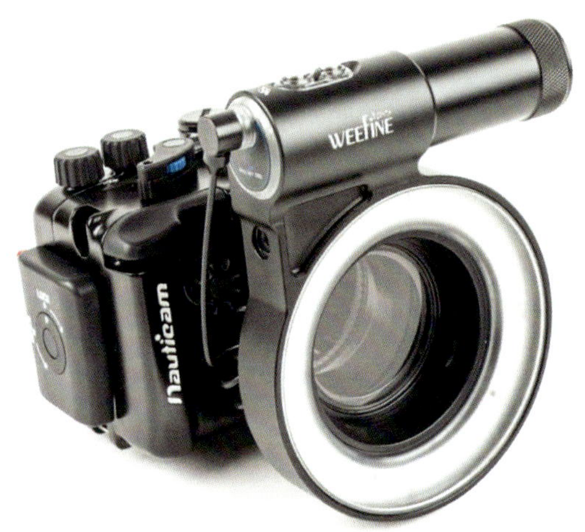

Nicht nur für Kompaktkameras, sondern auch an Systemkameras passt ein Ringblitzgerät mit M67 Gewinde; ideal für Makroaufnahmen. PR

Abgelöst wurden Röhrenringblitze von Ringblitzgeräten mit LED-Ringen. Hier gibt es allerdings keine Möglichkeit, die Anzahl der LEDs auf dem Ring je nach Wunsch abzuschalten. Moderne Ringblitzgeräte benötigen zum Anschluss an UW-Gehäuse wahlweise einen M52 oder M67 Gewindeanschluss. Manchmal sind Adapter für den jeweiligen Anschluss erforderlich. Gelegentlich findet man auch Ringblitzgeräte mit proprietärem Bajonettanschluss. Dafür ist dann meist ein extra UW-Gehäuse des Blitzherstellers für die Kompaktkamera erforderlich.

Primäre Anwendung ist die Montage an UW-Gehäuse für Kompaktkameras, weil die sich meistens extrem nah fokussieren lassen. Grund ist, dass die Ausleuchtung mit einem einzigen Amphibienblitz nicht mehr zufriedenstellend möglich ist, wenn Objekte sehr nahe am Portglas platziert sind. Die Ringausleuchtung ist schattenfrei und hinterlässt einen optisch flach ausgeleuchteten Eindruck, weil die Modulation im Lichtverlauf fehlt. Gezündet werden LED-Ringblitzgeräte generell fiberoptisch. Dabei sind sie nicht besonders leistungsstark, weshalb sie primär für Kompaktkameras geeignet sind, mit denen man im Belichtungsmodus P und mit relativ offener Blende arbeitet.

Aufpassen muss man beim Kauf, weil es UW-Gehäuse von Olympus gibt, bei dem das Ringblitzgerät so nah an der Gehäusefront sitzt, dass man das fiberoptische Kabel nicht oder nur schlecht anbringen kann. Findige Zubehörhersteller haben dafür Klips mit Anschluss für fiberoptische Kabel ohne Nippel gefunden. Ringblitzgeräte werden produziert von www.weefine.com und www.seafrogs.cn.

Die dritte Variante der Ringblitztechnik verwendet keinen klassischen LED-Ring um den Makroport, sondern einen sog. Blitzringhalter, an dem man zwischen zwei und vier Kleinblitzgeräte befestigen kann. Man spricht hier auch von der Zangenblitzfotografie. Eine pfiffige Lösung, aber keine billige, und schon gar keine besonders kompakte. Denn die Kleinblitzgeräte mögen noch so winzig sein, sie tragen immer stärker auf als ein einziger echter Ringblitz. Vorteile kann man jedoch hinsichtlich der Verwendungsweise erkennen. Die zur Blitzkorona mutierten Kleinblitzgeräte lassen sich sowohl einzeln als auch im Verbund beliebig zuschalten. Hier ist die manuelle Blitzbelichtung vorzuziehen, weil es im TTL-Betrieb bei mehr als zwei miteinander gekoppelten Blitzgeräten zu elektronischen Kommunikationsproblemen kommen kann. Um dem Gewurschtel mit den Blitzkabeln zu entkommen, lässt man das dritte und eventuell vierte Gerät auch gerne nur kabellos als Sklavenblitz mitlaufen. Als gravierender Nachteil muss gewertet werden, dass diese Art der Zangenblitztechnik nur an UW-Gehäusen möglich ist, an denen man einen entsprechenden Blitzhalter befestigen kann.

Merksätze:

- Ringblitzen ist eine Spezialdisziplin, die nicht überall funktioniert und nicht jedem zusagt. Erfahrene UW-Fotografen sind eher zurückhaltend, Einsteiger hingegen begeistert.
- Eindeutiger Vorteil der Ringblitztechnik ist, dass das Ausrichten des Blitzes entfällt, egal, ob im Quer- oder Hochformat. Ungeübte vermeiden so mangelhaft ausgeleuchtete Bilder.
- Der Ringblitz sollte nur bis maximal 50 cm Motivdistanz verwendet werden. Größere Entfernungen führen zu einem Blau- oder Grünstich und zu einer Kontrastminderung.
- Setzen Sie den Ringblitz nur in sehr klarem Wasser ein. Das frontal abgestrahlte Licht trifft auf jedes Schwebeteilchen und verursacht dadurch Blendenreflexionen und Lichthöfe.
- LED-Ringblitzgeräte beinhalten immer auch die Möglichkeit auf Dauerlicht umzuschalten. Somit können auch Videografen die Ringleuchte für Streams nutzen und UW-Fotografen im HDR-Modus weitgehend sicher und farbenfroh belichten.
- Manche Ringblitzgeräte gestatten das Umschalten des weißen Dauerlichts in Rot, Blau und Gelb für besondere Effekte.
- Zur Ausstattung der UW-Gehäuse für Kompaktkameras werden sogenannte Ringblitz-Diffusoren angeboten. Bei diesen wird das Licht vom Kamerablitz ringförmig in eine Diffusionsröhre verteilt. Die Lichtstärke ist weitaus geringer als die von Ringblitzgeräten.
- LED-Ringblitzgeräte können auch mit separaten amphibischen Blitzgeräten gekoppelt und wechselweise je nach Bedarf fiberoptisch gezündet werden, sogar gemeinsam. Wird der Ringblitz am UW-Gehäuse solo verwendet, gelangt die Gerätschaft zu einer faszinierenden Kompaktheit.
- Wenn der externe Blitz mit seiner Ausleuchtung am Ende ist, schlägt die Stunde des Spezialisten. Das Ringblitzlicht erfasst auch versteckte und ungünstig platzierte Motive.
- Werden zwei oder mehr Kleinblitzgeräte am Makroport rechts und links zur Ausleuchtung eingesetzt, spricht man von einer Lichtzange oder einem Zangenblitz. Das Licht hat dann einen ähnlichen Charakter wie ein Ringblitz. Da die Kleinblitzgeräte sehr eng beieinander stehen, kann im manuellen Blitzbetrieb der eine davon auch kabellos als Sklavenblitz betrieben werden. Insgesamt liegen die Kosten deutlich über einem echten Ringblitz.
- Zangenblitze benötigen eine spezielle Befestigung. Nicht jeder Port ist dafür geeignet. Wenn sich zwei Kleinblitzgeräte an Blitzarmen zangenartig gegenüber stehen, spricht man ebenfalls von einem Zangenblitz.
- Das Licht eines Zangenblitzes macht das Bild von seiner Ausleuchtung her gesehen nicht so flach wie das beim Ringblitzgerät der Fall ist. Gegebenenfalls kann man das Licht mit den manuellen Stufen der Einzelblitzgeräte regulieren.
- Zangenblitzanordnungen können im Prinzip auch mit Großblitzgeräten durchgeführt werden. Man tut sich da aber nichts Gutes, weil die Gerätschaft sehr unhandlich wird.
- Im extremen Makrobereich sind drei Zangenblitze sinnvoll. Je einer rechts und links des Makroports, der Dritte über dem Port.

Optiken mit größeren Bildwinkeln

Ohne Weitwinkelaufnahmen können wir die UW-Welt optisch nicht vernünftig darstellen. Nah- und Makroaufnahmen zeigen nur die Welt im Kleinen und im Nahen. Theoretisch könnten solche Bilder auch im Aquarium, in flachen Lagunen oder in Ebbe-Tümpeln gemacht sein.

Um eine UW-Landschaft ansprechend darzustellen, muss man mit großen Bildwinkeln arbeiten. Auch größere Fische, Meeressäuger, Seegraswiesen, Schilfgürtel, versunkene Bäume, Taucher und Wracks lassen sich nur mit einem WW- oder Fisheye-Objektiv abbilden.

Große Bildwinkel suggerieren dem Betrachter eine Wasserklarheit, die eigentlich so nicht vorhanden war. Im Grunde ist dies eine optische Täuschung, wenn aber eine sehr angenehme. Die Ursache hierfür ist, dass man mit WW-Objektiven an die Motive sehr nah ran kann und trotzdem noch viel von den Objekten aufs Bild bringt. Vor dem Motiv befindet sich nur eine kleinere Wasserwand und demzufolge weniger Trübstoffe. Außerdem verringert sich gegenüber einer Normalbrennweite beim Blitzen der Lichtweg ganz merklich. Bei UW-Landschaften sowie bei Wracks wird aber aus praktikablen Gründen meistens nur der Vordergrund aufgehellt.

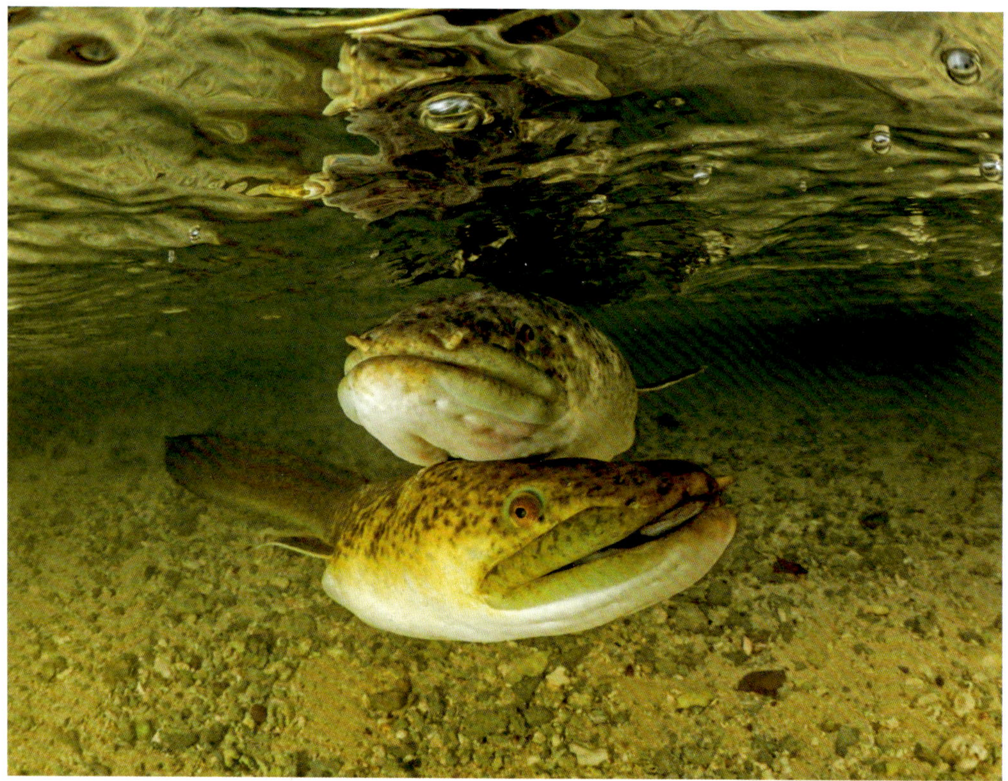

Pazifische Riesenaale findet man in den Urwald-Flüssen von Papua-Neuguinea. Wegen der beschränkten Sicht und der ständigen Mobilität der Tiere ist ein Objektiv mit großem Bildwinkel erforderlich. HF

Weitwinkelkonverter

Wer mit Kompaktkameras in den Weitwinkelbereich vorstoßen will, muss in einem WW-Konverter investieren. Das sind optische Vorsätze, die aus dem fest eingebauten Kamerazoom mit seinem bescheidenen Bildwinkel eine durchaus attraktive Weitwinkeleinheit machen. Sie werden in der Regel vorne am UW-Gehäuse befestigt. Gute WW-Konverter bestehen aus mehreren vergüteten Linsen, die optisch am Basiszoom einen Verkürzungs- bzw. Brennweitenfaktor generieren. Dieser liegt üblicherweise zwischen 0,3 und 0,8. Wenn das Kompaktkamera-Zoom eine KB-äquivalente Brennweite von 28 mm hat, wird theoretisch durch das Vorsetzen eines WW-Konverters mit Faktor 0,5 daraus eine Einheit mit einer KB-äquivalenten Brennweite von 14 mm und einem Bildwinkel von 114°. Berücksichtigt man aber, dass das Kamerazoom unter Wasser hinter einem Planglas sitzt, dann relativieren sich die nutzbare Brennweite auf 18,6 mm und der Bildwinkel auf knapp 100°. WW-Konverter mit Faktor 0,3 kommen unter Wasser auf einen Bildwinkel von 126°. Solche Vorsätze sind teuer, schwer und meistens nicht reflexionssicher.

Die Crux aller WW-Konverter ist ihre Anfälligkeit gegen Reflexionen im Gegenlicht. Wenn Sonnenlicht über eine der Ecken ins Bild fällt, kommt es fast immer zu farbigen Flecken und Streifen im Bild. Dabei spielt es eine eher untergeordnete Rolle, ob das Frontglas des Vorsatzes plan oder gewölbt ist. Deshalb sollte man WW-Konverter nach Möglichkeit mit der Sonne im Rücken verwenden. Es gilt ebenso wie bei Nahlinsen, dass man sie unter Wasser nochmals abnimmt, damit die im Zwischenraum befindlichen Luftbläschen sowohl am Frontglas des UW-Gehäuses als auch an der Hinterlinse des WW-Konverters abgewischt werden können. WW-Konverter werden meistens mit einem M67 Gewinde im Port des UW-Gehäuses befestigt, manchmal auch gesteckt, beispielsweise bei Sealife-Kameras.

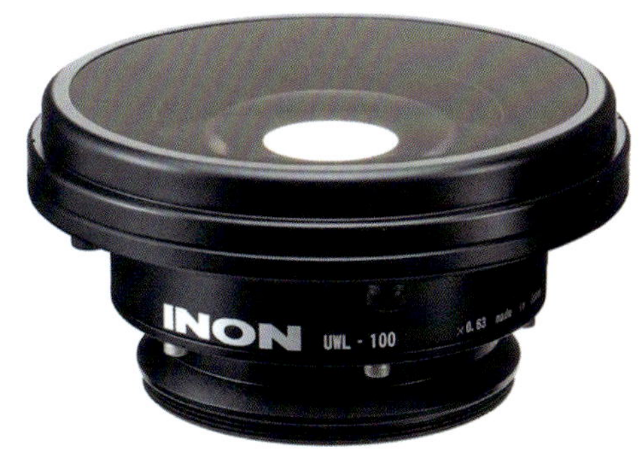

Der WW-Konverter UWL-100 von INON ermöglicht einem Bildwinkel von 100°. PR

Ein Problem tritt auf, wenn man den WW-Vorsatz unter Wasser abnehmen will, weil sich die Situation geändert hat. Wohin also mit dem sperrigen Ding? In eine Jackettasche passen zumindest die Großen nicht hinein. Außerdem besteht die Gefahr, dass man die Linsen am Reißverschluss zerkratzt oder schlimmer noch, man steckt den Vorsatz daneben und er sinkt zu Boden, ohne dass man es merkt. Wer keinen praktischen Lensholder griffbereit hat, sollte ein kleines Netztäschchen mitnehmen, das am Blitzarm befestigt wird.

An den UW-Gehäusen von Systemkameras werden WW-Konverter eher nicht verwendet. Einzige Ausnahme ist Olympus mit seinen UW-Gehäusen für die Pen-Serie. Aber es gibt von Olympus ebenso Makrokonverter, WW-Konverter und Fisheye-Konverter, die man direkt auf die Objektive schraubt. Da man sie unter Wasser im UW-Gehäuse nicht wechseln kann, ist man gezwungen, den ganzen Tauchgang damit zu fotografieren. Im Falle der WW- und Fisheye-Konverter sind entsprechende Domegläser am UW-Gehäuse erforderlich.

Hinweise:

- Für alle Vorsätze, Makro oder Weitwinkel, die außen am UW-Gehäuse eingeschraubt werden, gilt, dass man das Gewinde vorher etwas fetten sollte und niemals den Vorsatz bis zum Anschlag mit Kraft festschrauben darf. Es könnte sein, dass er so fest sitzt, dass man ihn kaum noch oder nicht mehr lösen kann. Nach einigen Tagen frisst sich das Gewinde durch angetrocknetes Salz fest. Deshalb: Nach jedem Tauchgang den Vorsatz lockern bzw. abnehmen.
- WW-Konverter besitzen keine Zoom-Vorrichtung, aber man kann unbeschadet dessen mit dem Kamerazoom die Brennweite und somit den Bildwinkel verändern. Auf diese Weise ist es möglich, mit einem WW-Konverter nicht nur weit in den Nahbereich vorzudringen, sondern in Folge dessen auch erstaunliche Abbildungsmaßstäbe zu generieren. Insofern kann man mit dem WW-Vorsatz erstaunlich flexibel agieren. Es ist deshalb nicht immer erforderlich, dass er abgenommen werden muss, wenn kleinere Motive angepeilt werden.

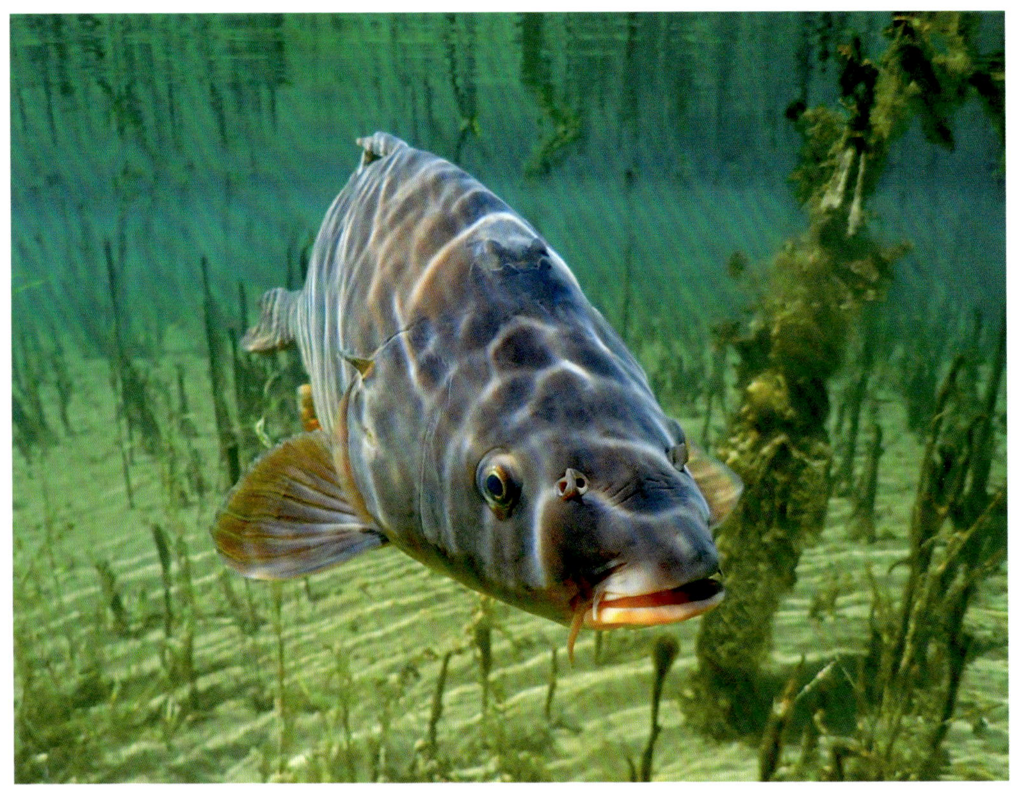

Olympus-Kompaktkamera mit WW-Konverter bei ISO 100, 1/1.000 s und Blende 2 ausschließlich belichtet mit Sonnenlicht. HF

Weitwinkelobjektive

Festbrennweite

Als echte WW-Objektive bezeichnet man gemeinhin Festbrennweiten mit einem diagonalen Bildwinkel von mehr als 50°. In der UW-Fotografie hat sich dies etwas verschoben. Ein WW-Objektiv sollte hier mit mindestens 75° aufwarten. Grund ist die große Mediumsdichte, die es erforderlich macht, nah an Motive heranzugehen. Um trotzdem noch viel auf das Bild zu bekommen, muss man große Bildwinkel verwenden. Daher sind in der Praxis oft noch größere Bildwinkel unterwegs; von der Nomenklatur her spricht man ab 95° von Superweitwinkel.

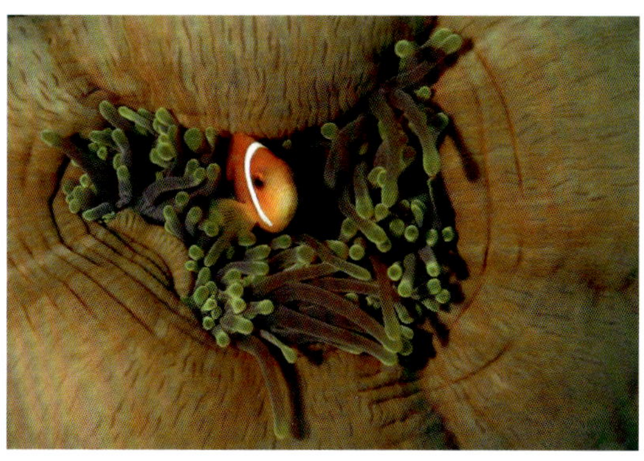

Bei einem Bildwinkel von 75°, was der KB-Brennweite von 28 mm entspricht, beginnt der Einstieg in den WW-Bereich. GD

Weitwinkelige Festbrennweiten haben unter Wasser etwas an Einfluss verloren, weil man damit nicht sehr flexibel fotografieren kann. Statt zu zoomen muss man seinen Standort verändern, bei Bedarf ergo näher ans Motiv ran oder eben weiter weg. Das klappt aus diversen Gründen nicht immer. Warum arbeiten manche UW-Fotografen deshalb immer noch mit weitwinkligen Festbrennweiten? WW-Objektive haben, was sich in Tests immer wieder bestätigt, regelmäßig bessere Abbildungsleistungen als Zooms. Hinter Domegläsern kann man sie deshalb oft besser platzieren, weil sich ihre Länge beim Fokussieren nicht oder nur minimal ändert. Hinzu kommt, dass sie - zumindest in professioneller Ausführung – nicht so empfindlich auf schräg einfallende Sonnenstrahlen reagieren. Auch preislich können sie punkten. Ähnlich strukturierte Zoomobjektive sind meistens etwas teurer.

Lichtstark konstruierte WW-Objektive benötigen große Linsendurchmesser. In einigen UW-Gehäusen muss man sie deshalb durch die Portöffnung einsetzen, weil sie bei der Montage der Kamera an Bedienelemente im Gehäuseinneren stoßen. Die Sonnenblende des WW-Objektivs, vorne an der Objektivfassung angebracht, sollte auch unter Wasser dran gelassen werden. Sie verhindert Streulicht und sorgt für brillantere UW-Aufnahmen. Sehr gute WW-Objektive sind im Vergleich zu WW-Konvertern relativ gegenlichtsicher.

Der größte Bildwinkel von WW-Objektiven liegt bei knapp 130°. Inwieweit sich der noch in vernünftigen Dimensionen steigern lässt ist fraglich, weil optische Gesetze und der konstruktive Aufwand hohe Hürden darstellen. Weil WW-Objektive der Gnomonischen Projektion folgen, also zentralperspektivisch abbilden, sind die von Fisheye-Objektiven her bekannten 180°-Bildwinkel nicht realisierbar. Gut korrigierte WW-Objektive verzeichnen nicht oder nur minimal. Allerdings unterliegen sie dem Cosinus 4-Gesetz, nachdem bei immer größeren Bildwinkeln mehr oder weniger starke Vignettierungen in den Ecken zu sehen sind. Abblenden um ein bis zwei Blendenstufen lässt diese Crux meistens verschwinden.

Weitwinkelzoom

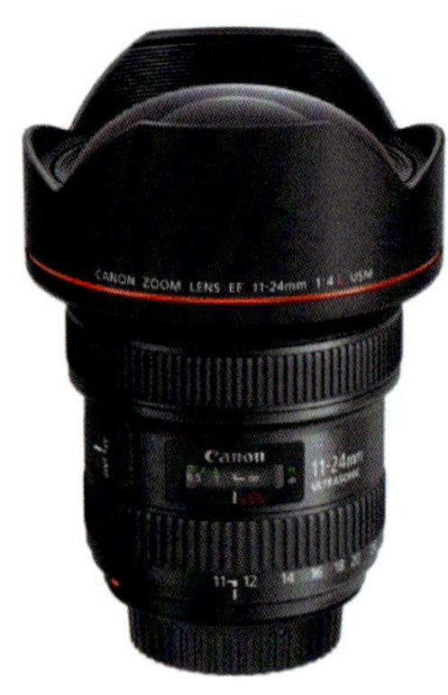

Der Bildwinkel des Canon-Vollformatzoom 11-24 mm beträgt diagonal enorme 126°, vertikal 95° und horizontal 117°. Eine problematische Optik, da es dafür nur wenige passende Domegläser gibt. PR

Weitwinkelige Festbrennweiten sind optisch gesehen immer besser als alternative Zooms, aber man ist unflexibel bei der Bildgestaltung. Kreative Ansichten bewältigt ein Zoom einfach besser. Deshalb konzentrieren sich Kamerafirmen und Objektiv-Fremdhersteller zunehmend auf die Fertigung von WW-Zooms; wohlwissend, dass die optischen Probleme enorm sind. Hochwertige WW-Zooms sind deshalb alles andere als preiswert, denn sie sollen dieselben Bildwinkel besitzen und möglichst auch eine ähnlich gute Abbildung wie Festbrennweiten bringen.

Für die UW-Fotografie sind WW-Zooms ein Segen, weil man mit ihnen nicht nur einen großen, sondern auch idealen Brennweitenbereich überstreichen kann. Ein vollformatiges WW-Zoom mit der Brennweitenspanne 14-24 mm, also 114° bis 84° diagonalem Bildwinkel, kann sowohl für größere Rifffische als auch UW-Landschaften oder Wracks hergenommen werden. Bei APS-C Kameras erzielt man mit einem 8-16 mm Zoom mit 121° bis 84° diagonalem Bildwinkel eine enorme Tiefenwirkung. Wer mit MFT-Kameras von Olympus oder Panasonic fotografiert, kann mit dem 7-14 mm Zoom und damit einer Diagonalen von 114° bis 75° seine Motive enorm flexibel ins Bild setzen.

Mehr noch als für weitwinkelige Festbrennweiten gilt für WW-Zooms, dass sie sich nah einstellen lassen müssen. 30 cm ist das Limit, sonst gibt es hinter Domegläsern Probleme mit dem Fokussieren auf unendlich. Je näher die kürzeste Naheinstellgrenze, desto besser. Hier sind MFT-Objektive im Vorteil.

Trotzdem gilt auch hier, dass große Domeglas-Durchmesser die Randschärfen verbessern. Das geht dann allerdings wieder zu Lasten der Handlichkeit. Im Vollformat liegen die kritischen Zoom-Spannweiten hinter Domegläsern im Bereich von 11-24 mm, 12-24 mm, 14-24 mm. Etwas besser werden die Abbildungsleistungen beim Einsatz von 16-35 mm, 17-40 mm oder 18-50 mm.

Bei APS-C treten ähnliche Probleme auf, wenn der maximale Bildwinkel erheblich über 100° hinausgeht. WW-Zooms mit den Brennweiten 10-24 mm, 10-20 mm und 12-24 mm können ebenso keine wirklich scharfen Ränder und Ecken erzeugen. Den meisten Betrachtern von UW-Aufnahmen wird es vermutlich nicht explizit auffallen, weil man seinen Blick auf das Motiv im Zentrum richtet.

Optisch etwas besser geht es bei MFT zu. Wenn das Domeglas groß ist, können das 7-14 mm und insbesondere das 9-18 mm mit erstaunlichen Randschärfen aufwarten.

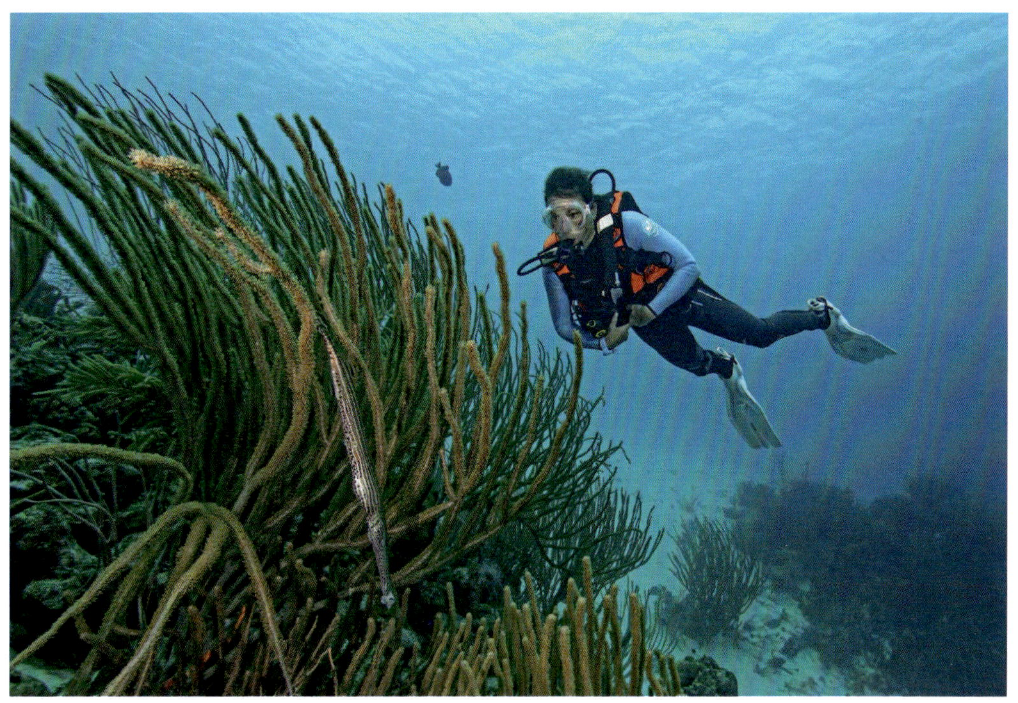

Mit einem Dreh am WW-Zoom kann man den gewünschten Bildausschnitt schneller komponieren als durch einen Ortswechsel, der bei der Festbrennweite unumgänglich ist. GD

Für alle WW-Zooms gilt, dass die Randschärfe mit kleiner werdender Blendenöffnung zunimmt. Mehr noch als für WW-Objektive gilt, dass der Durchmesser der Frontlinsen mit steigender Lichtempfindlichkeit exorbitant zulegt. In viele UW-Gehäuse müssen sie deshalb durch die Portöffnung eingesetzt werden. Manchmal ist sogar ein Spezialport erforderlich, insbesondere beim Canon 11-24 mm Superzoom.

Hinweise:

- Der Zoombereich kann unter Wasser nur genutzt werden, wenn das Zoom mit einem Zahnring versehen ist. Aufpassen, dass er nicht verkantet oder zu locker sitzt.
- Nicht verschweigen wollen wir die Möglichkeit, die alten analogen UW-Objektive der Nikonos RS an modernen Nikon-Vollformat-Digital-SLRs zu verwenden. Das randscharfe 20-35 mm RS-Zoom wird von www.seacam.com adaptiert. Das Objektiv gibt es nur noch als Second-Hand-Ware. Weil es aus der analogen Zeit stammt, kann es allerdings die Hyperauflösungen der hochpixeligen Digicams nicht vollständig nutzen, was sich aber auf Bildqualität und insbesondere Bildschärfe nicht negativ auswirkt.

Fisheyes

Wenn man die Erfolgsspur der Fisheye-Objektive betrachtet, sind sie die großen Gewinner in der UW-Fotografie. Waren die extremen Bildwinkel der Fisheyes lange Zeit etwas für Profis und als Sonderoptiken apostrophiert, finden sie immer häufiger den Weg in die Fototaschen ambitionierter UW-Hobbyfotografen. Die Gründe für den unaufhaltsamen Aufstieg der Fisheyes sind nachvollziehbar. Der riesige Bildwinkel von 180° versetzt den Anwender in die Lage, alles Große unter Wasser abzulichten. UW-Landschaften, Wracks, Meeressäuger, Taucher, mächtige Korallenstöcke, Höhlen, versunkenen Bäume und große Fische.

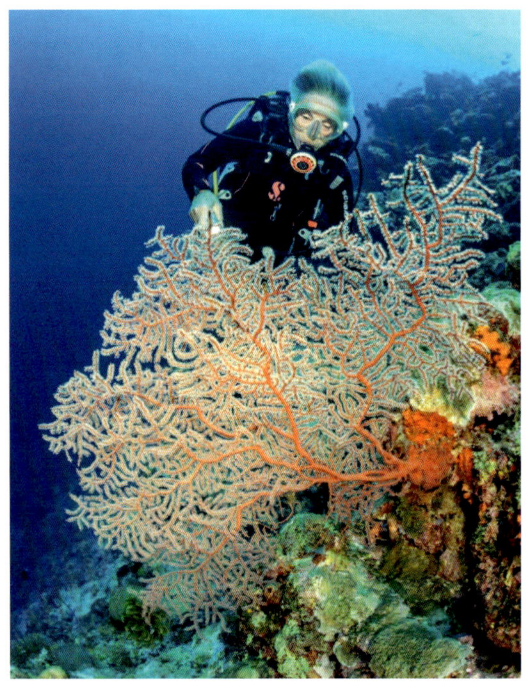

Mit Fisheyes darf man nicht zu nah an Menschen heran, damit es nicht zu hässlichen Verzerrungen kommt. HF

Das Besondere an Fisheye-Objektiven ist neben den immens großen Bildwinkeln von 170° bis 180° ihre gewollte, tonnenförmige Verzeichnung. Nur durch diese Konzeption ist es überhaupt möglich, solche gewaltigen Bildwinkel zu generieren. Nur Linien, die durch den Bildmittelpunkt gehen, werden nicht gebogen dargestellt; alle anderen schon. Je näher Objekte am Bildrand abgebildet werden, desto gebogener erscheinen sie im Bild. Deshalb sollte man darauf achten, dass Personen nicht allzu nahe an den Bildrand gerückt werden; gleiches gilt für Gesichter im Zentrum. Diese werden wie auch die Extremitäten, stark deformiert wiedergegeben. Man spricht dann von akromegalen Bildeffekten.

Der große Bildwinkel verändert die Sicht auf die Dinge. Nahes wird sehr groß und weit Entferntes winzig klein. Das machen sich UW-Fotografen zu Nutze, die im Vordergrund einen Fisch und dahinter einen Taucher ablichten. So werden optisch aus kleinen Fischen große Kreaturen und aus großen Tauchern kleine Personen. Eine verkehrte Welt, die aber den meisten Betrachtern gefällt. Wohlwissend, dass es sich eigentlich um ein Trugbild handelt. Insbesondere Fisheyes zeigen eine Welt, die in solchen Proportionen nicht existiert. Ein weiterer Vorteil ist, dass durch große Bildwinkel auch Trübstoffe verkleinert abgebildet werden. Im Prinzip trifft das ebenso auf starke WW-Objektive zu. Die Crux beginnt beim Fotografieren, weil der große Bildwinkel alles erfasst, was in seinen Bereich gerät. Nicht immer lässt sich verhindern, dass auch Dinge aufgenommen werden, die man nicht auf dem Bild sehen möchte und so zu einem Fall für die nachträgliche Bildbearbeitung werden.

Man unterscheidet bei Fisheye-Objektiven diverse Darstellungsarten und Konstruktionen.

Full-Frame-Fisheye

Bei Full-Frame-Darstellung wird das ganze Bildformat genutzt. Man nennt solche Objektive auch formatfüllende oder Diagonal-Fisheyes. Die Fisheye-Darstellung gehorcht der Equisolid Angle-Formel, die flächentreues Abbilden gestattet. Solche Objektive gibt es auch für APS-C und MFT. Für Vollformatsensoren beträgt die Brennweite 15 oder 16 mm, APS-C Fisheyes haben eine Brennweite von 10 oder 10,5 mm und MFT-Fisheyes nur 8 mm. Die Wirkung ist jeweils gleich. Der diagonale Bildwinkel liegt üblicherweise bei 180°, der horizontale Bildwinkel beträgt dann 137°, der vertikale 86°.

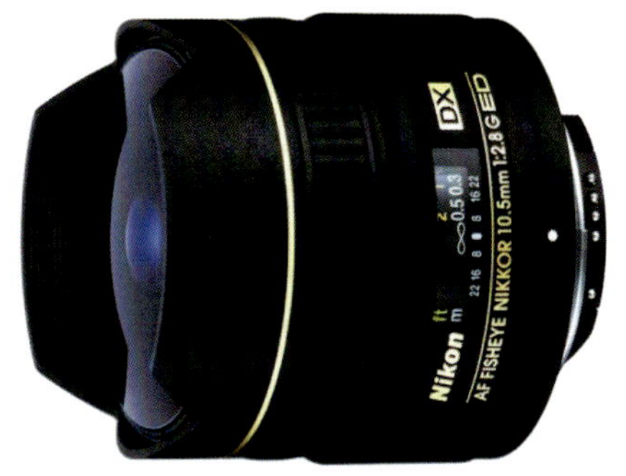

Das 10,5 mm AF-Nikkor-Fisheye für APS-C Kameras ist Jahre alt und immer noch eines der Besten. PR

Während starke WW-Objektive bzw. -Zooms bei zunehmendem Bildwinkel mit einem kaum zu korrigierenden Helligkeitsabfall in den Bildecken zu kämpfen haben, sind Fisheyes davon kaum berührt, weil der Abbildungsmaßstab zum Rand hin kleiner wird. Fisheye-Aufnahmen zeichnen sich deshalb durch ein harmonisches Helligkeitsspektrum von Ecke zu Ecke aus.

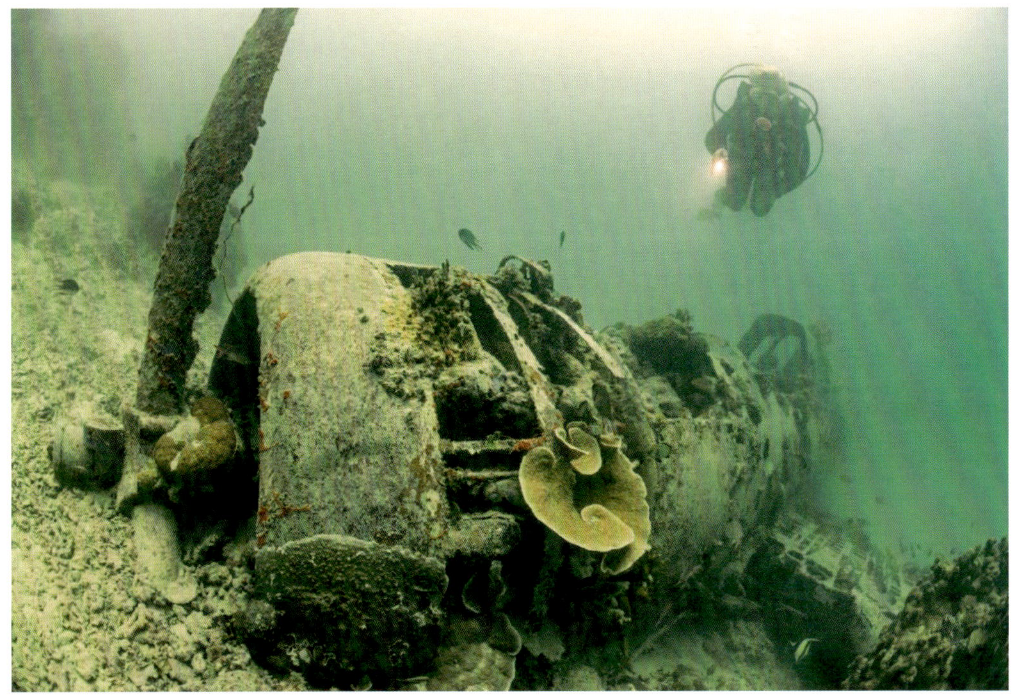

Bei trüber Sicht ist das Fisheye ein unverzichtbarer Helfer. In solchen Situationen bleiben die Blitzgeräte abgeschaltet. HF

Full-Frame-Fisheyes sind die populärsten unter allen Fisheyes, weil sie sich nicht so extrem von der Realität absetzen wie runde Bilder. Ihre Naheinstellung ist phänomenal kurz, so dass man sie auch hinter sehr kleinen Halbkugel-Domeports, den sogenannten Macro-Fisheye-Ports, einsetzen kann.

Wer sich in der internationalen Wettbewerbsfotografie mit Systemkameras bewegen will, kommt an der Investition in ein Full-Frame-Fisheye kaum vorbei. Auch mit einem sehr starken WW-Objektiv kann man da nicht gegenhalten. Insbesondere in Live-Fotowettbewerben dominieren Fisheyes die Szene in der Kategorie Weitwinkel-Taucher und Wrackaufnahmen, speziell im Süßwasser mit seinen oftmals geringen Sichtweiten.

Hinweis:

Wenn man die Kamera mit einem Full-Frame-Fisheye nach unten kippt, wird der Horizont nach oben gebogen, zeigt dann eine konvexe Linie. Kippt man die Kamera nach oben, wölbt sich die horizontale Linie nach innen, bildet demzufolge den Untergrund als eine konkave Form aus.

Zirkular-Fisheye

Extremer geht es nicht mehr. Runde Fisheye-Bilder zeigen durch die diametrale 180°-Darstellung eine Welt jenseits aller Realitäten. Zirkular-Fisheyes waren die ersten echten Fischaugen-Linsen, dem Sehvermögen und den Augen der Fische nachempfunden. Sie warten aufgrund der orthografischen Funktion mit den größten Bildwinkeln auf. In Sonderausführung können sie sogar diametrale Bildwinkel von 220° und mehr erreichen. Es sind somit die einzigen Optiken, die sogar etwas nach hinten schauen können. Allerdings geht das unter Wasser im UW-Gehäuse nicht wirklich perfekt, obwohl manche Freaks das schon versucht haben. Bei 180° ist normalerweise Schluss, was voll ausreicht, denn der runde Fisheye-Bildwinkel ist alles andere als leicht zu beherrschen.

180°-diametral heißt, dass der riesige Bildwinkel alles erfasst, was vorwitzig vor der Kamera schwebt und damit ins Bild drängt. Schnorchel an der Maske, Finimeterschlauch, Flossen, Blitzgeräte, eventuell ein Synchronkabel. Auch der Lichtschein von Blitzgerät und LED kann sich störend im Bild auswirken, wenn er zu nah am runden Bildrand leuchtet. Wer runde Bilder praktiziert, ist daher gut beraten, die Kamera etwas von sich wegzuhalten. Der Durchmesser zirkularer Bilder ist immer so groß wie die kurze Seite des Bildformates. Im Vollformat sind dies ergo 24 mm, bei APS-C je nach Crop-Faktor etwa 16 mm, bei MFT 13 mm.

Bei zirkularen Fisheyes verkleinern sich schon unweit des Gehäuse-Frontglases die Schwebeteilchen um das 600-fache. Runde Bilder zeigen deshalb immer ein Wasser, das es in dieser Klarheit so nicht gegeben hat. Auch geeignete Motive zu suchen, ist nicht einfach. Fische dürfen nicht zu klein sein und müssen zudem extrem nah fotografiert werden. Wichtige Bildelemente, insbesondere Taucher, sind mittig oder vor einer freien Wasserfläche nicht weit weg vom Bildzentrum meistens besser aufgehoben als am Rand. Objekte am Bildrand werden stark gebogen dargestellt. Insofern werden dort auch Korallen deformiert und unnatürlich abgebildet.

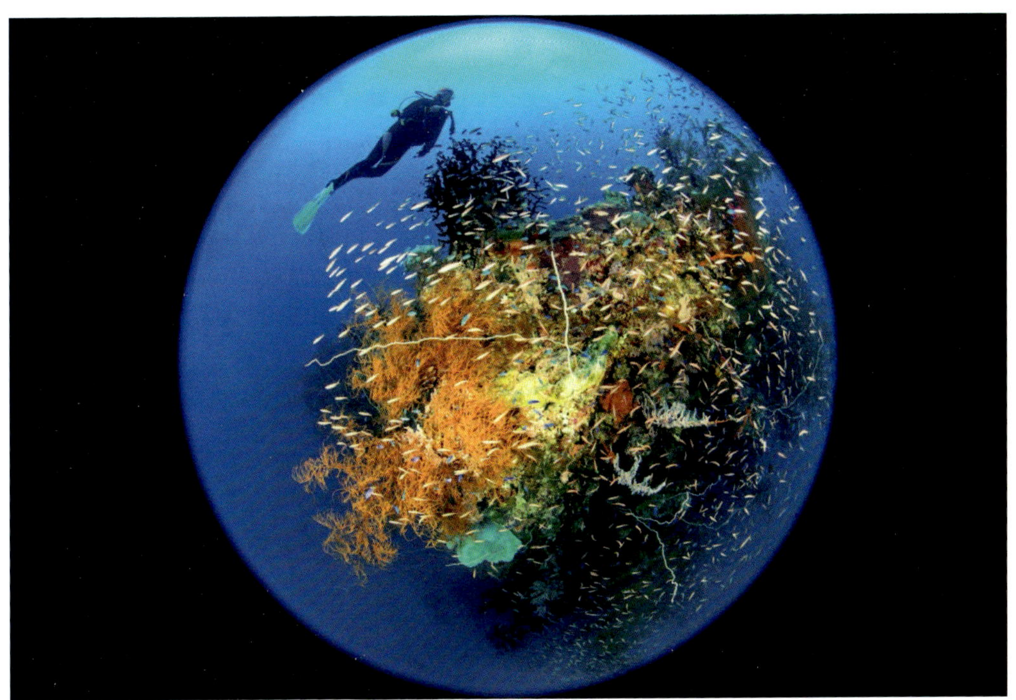

Zirkulare Abbildungen sind schwierig auszuleuchten und erfordern etwas fotografisches Geschick bei der Auswahl der Motive. HF

Beeindruckende Zirkularbilder entstehen, wenn man aus der Vogelperspektive fotografiert. Die UW-Welt wird zur Kugel, anhand der man scheinbar die Erdkrümmung darstellen kann. Aufpassen muss man, dass das Hauptmotiv – eventuell ein Taucher - nicht zu klein abgebildet wird. Die Belichtung ist komplex, denn der diametrale Bildwinkel von 180° erfasst meist die Sonne, wenn sich diese nicht im Rücken des Fotografen befindet. Ebenso ist das Ausleuchten nicht einfach. Sinnvollerweise werden zwei Blitzgeräte an langen Blitzarmen auf einer horizontalen Ebene hinter der Kamera positioniert.

Zirkulare Fisheyes mit Festbrennweite bieten nur wenige Hersteller an. Die Nachfrage ist zu gering für akzeptable Stückzahlen. Sigma hat ein 8 mm Zirkular-Fisheye für Vollformatkameras im Programm, sowie eines für APS-C mit 4,5 mm Brennweite. Für MFT-Kameras gibt es derzeit kein Zirkular-Fisheye. Seine Brennweite betrüge, sollte eines gefertigt werden, 3,5-4 mm.

Runde Fisheye-Bilder sieht man selten. Zum einen sind nur wenige bereit, ein Spezialobjektiv für einige wenige Aufnahmen im Jahr anzuschaffen. Zum anderen lassen sich runde Bilder nur eingeschränkt vermarkten. Die Chefredakteure der Tauchzeitschriften scheuen deren Veröffentlichung, weil man sie sehr groß abbilden muss, was wiederum Fläche kostet. Vermutlich kann auch nicht jeder Verantwortliche den diametralen Bildwinkel in seiner ganzen Dimension gedanklich erfassen. Bei UW-Fotowettbewerben sind die Runden eher mäßig erfolgreich, obwohl kein anderes Objektiv Emotion und Kreativität so offensichtlich betont.

Fisheye-Zooms

Weil Fisheye-Objektive mit fester Brennweite ausschließlich torsionsartige Bilder mit 180° Bildwinkel erzeugen, man folglich sehr eingeschränkt mit dem riesigen Bildwinkel arbeiten muss, wurden Fisheye-Zooms entwickelt; zuerst für APS-C Kameras mit der Brennweitenspreizung 10-17 mm von Pentax und Tokina. Beide Objektive werden weiterhin produziert. Das Tokina-Fisheye-Zoom mit Anschlüssen für Canon und Nikon ist bei UW-Fotografen sehr beliebt, weil es bezahlbar ist und man nicht nur Fisheye-Bilder machen kann, sondern mit der Brennweite 17 mm auch auf die Jagd nach normal großen Fischen, Krebsen, Muscheln und größeren Schnecken gehen kann.

Wenn man das Tokina-Fisheye-Zoom an eine Nikon-Vollformatkamera montiert, schaltet diese automatisch oder manuell auf das kleinere APS-C Sensorformat um. Man verliert dann zwar etwas mehr als die Hälfte der Pixel, kann das Objektiv aber ansonsten ohne Einschränkung nutzen. Prinzipiell ließe sich das auch bei einer Canon-Vollformatkamera machen, aber Canon verweigert allen APS-C Objektiven die Umschaltung auf ein Crop-basierendes Sensorfeld. Die Eigenen können gleich gar nicht verwendet werden.

Deshalb müssen UW-Fotografen, die mit dem Tamron Fisheye-Zoom an einer Canon-Vollformatkamera arbeiten, das durch Abschattungen beeinträchtigte Bild nachträglich etwas beschneiden. Vorsicht ist bei der Belichtung angebracht, denn die Mehrfeldmessung berücksichtigt auch das dunkle Umfeld, weshalb es unter Umständen zu leichten Überbelichtungen kommen kann.

Im Vollformat bieten Canon und Nikon Fisheye-Zooms mit Brennweite 8-15 mm an. Mit diesen Objektiven zoomt man von der formatfüllenden Darstellung in der äquidistante in die kreisrunde Darstellung in der orthografischen Projektion. Bei beiden Projektionen steht ein gigantischer Bildwinkel zur Verfügung; einmal diagonal mit 175°, einmal diametral mit 180°. Das Canon-Fisheye-Zoom besitzt eine durchgehende Lichtstärke von 1:4, das Nikon Fisheye variiert von 1:3,5 formatfüllend bis 1:4,5 zirkular. Der Zoombereich von der diagonalen zur diametralen Abbildung geht stufenlos und ist atemberaubend. Wer es nach unten nicht ganz so extrem rund haben möchte, kann auch in der Zwischeneinstellung des Zooms arbeiten, was aber wegen der Eckenabschattungen wenig zweckmäßig erscheint.

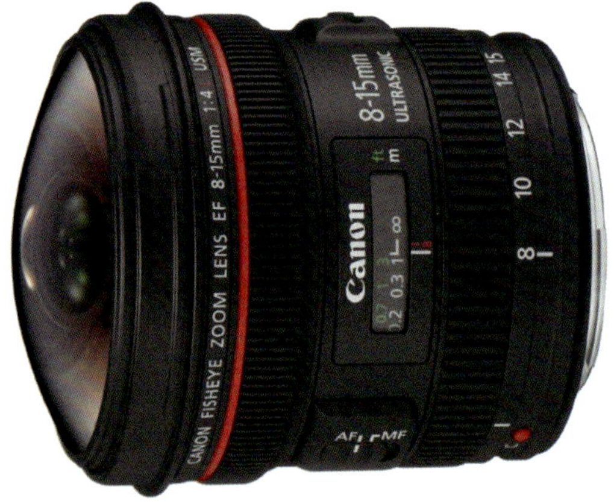

Fisheye-Zooms mit Brennweiten von 8 bis 15 mm für das Vollformat sind der Renner für ambitionierte UW-Fotografen. Man kann vom zirkularen Bild in eine diagonale Fisheye-Abbildung zoomen. PR

Beide Vollformat-Fisheye-Zooms können auch an APS-C Kameras eingesetzt werden. Allerdings entfällt hier die zirkulare Abbildung. Abhängig vom Crop-Faktor können diagonale 180° mit den Brennweiten 10-12 mm erreicht werden. Die vollformatigen Fisheye-Zooms lassen sich auf

15 bis 16 cm nah fokussieren, so dass sie hinter kleinen Domegläsern eingesetzt werden können.

Fisheye-Konverter

Gedacht sind Fisheye-Konverter für Kompaktkameras. Wenn das UW-Gehäuse über ein Frontgewinde mit M67 verfügt, kann man optische Vorsätze mit einem Bildwinkel bis etwa 160° nutzen. Es gibt indes auch Fisheye-Vorsätze, die nur so heißen. Der Bildwinkel hat kaum mehr als 100° diagonal, die Formatseiten sind optisch tonnenförmig gebogen, um einen Fisheye-Effekt vorzutäuschen. Man unterscheidet bei solchen Vorsätzen in echte Glaslinsen-Optiken und sogenannten Schein-Fisheyes, also Domeports, die nur gewährleisten, dass der Bildwinkel des Kamerazooms unter Wasser erhalten bleibt.

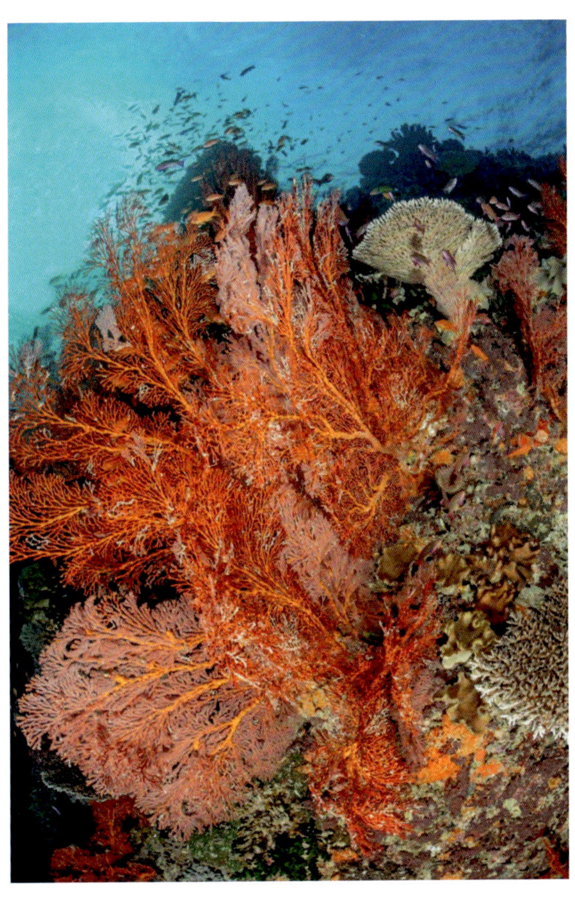

Hochformatige Fisheye-Bilder neigen dazu, die Oberfläche sehr hell darzustellen. Durch Kippen der Kamera und eine tiefere Position kann man das bisweilen eliminieren. HF

Mit einem Fisheye-Vorsatz kann man beliebig zoomen, manchmal erhält man sogar ein zirkulares Bild, wenn das Objektiv in die WW-Stellung fährt. Das hierdurch erzeugte Bild kann im Durchmesser kleiner sein als die Länge der kurzen Formatseite. Eine andere Art des Fisheye-Konverters pflegt Olympus. Der hauseigene Vorsatz wird nicht am UW-Gehäuse, sondern direkt an der wasserdichten Kamera angebracht.

Domeports

Wer sich unter Wasser mit WW-Objektiven und Fisheyes in einem UW-Gehäuse abgibt, kommt an Domeports nicht vorbei, weil sonst die riesigen Bildwinkel nicht genutzt werden können. Während Fisheye-Objektive noch verhältnismäßig einfach hinter sphärischen Gehäuse-Frontgläsern platziert werden können - das Glas muss nur das Aussehen einer Halbkugel haben – schaut es bei WW-Objektiven bzw. Super-WW-Zooms erheblich problematischer aus. Hier kann das Domeglas nicht groß genug sein. Dies gilt insbesondere für UW-Fotografen mit Hang zu Halb und Halb-Aufnahmen, denn im Idealfall sollten Überwasser- und Unterwasseranteil scharf sein.

Sollen Domegläser aus Acryl oder Mineralglas bestehen? Acryl ist ein transparenter Kunststoff, relativ preiswert, leicht und leider sehr weich. Die Oberfläche zerkratzt schnell. Schon ein grobes Handtuch hinterlässt winzige Oberflächenbeschädigungen. Auch kann ein Acrylglas-Domeport nur mit einem erheblichen Aufwand entspiegelt und gegen Reflexionen beschichtet werden. In großen Tiefen gibt gewölbtes Acrylglas nach und verformt sich minimal. Deshalb sollte die Materialstärke nicht dünner als 5 mm sein. Für preiswerte UW-Gehäuse sind Acrylglas-Domeports ideal, weil der Preis des Equipments in einer vernünftigen Relation bleibt.

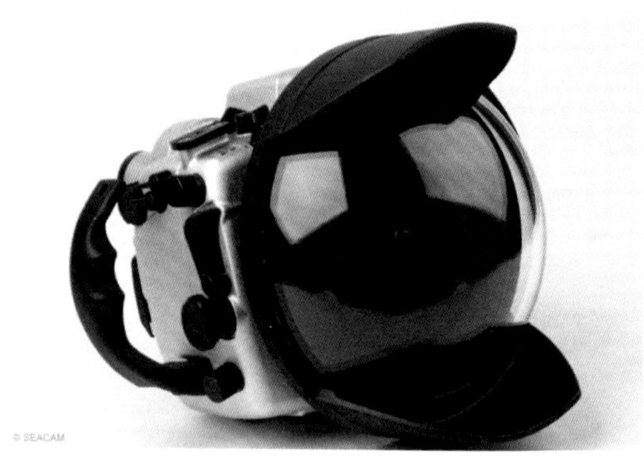

Auch wenn das Domeglas keine Halbkugelform hat, kann es für Fisheye-Bilder hergenommen werden. PR

Optisch gesehen ist Acrylglas zwar mit seinem Brechungsindex näher bei Wasser als Mineralglas. Das kann aber die oben genannten Nachteile nicht aufwiegen, denn Mineralglas kann man entspiegeln und vergüten, so dass sich störende Effekte durch Reflexionen ausschalten lassen.

Letztendlich ist der Griff zu Mineralglas die bessere Entscheidung, auch wenn es schwerer und teurer ist. Vorteilhaft ist die kratzfeste Oberfläche des Domes, die man insbesondere auf der Innenseite leichter reinigen kann.

Hinter Domeports müssen WW-Objektive bzw. WW-Zooms in den Nahbereich fokussiert werden, wenn man sie auf unendlich stellen will. Gelingt das nicht, ist die kürzeste Naheinstellung zu groß oder das Domeglas zu klein. Es besteht dann eventuell die Möglichkeit, am Objektiv eine Nahlinse aufzubringen; meistens 2 bis 4 Dioptrien. Das geht aber nur, wenn das Frontglas des Objektivs nicht zu sehr gewölbt ist. Gelingt dieser Trick, kann man das Objektiv hinter dem Domeport einsetzen. Gelingt er nicht, weil die Wölbung an der Frontlinse zu stark ist, besteht eventuell noch die Möglichkeit, einen schmalen Zwischenring zu installieren. Das ist aber eine Notlösung und sollte nicht der Regelfall sein. Dann besorgt man sich besser ein größeres Domeglas. Übrigens: Wer mit einem zirkular abbildenden Fisheye fotografiert, kann keinen Domeport mit Streulichtblende bzw. Stoßschutz verwenden.

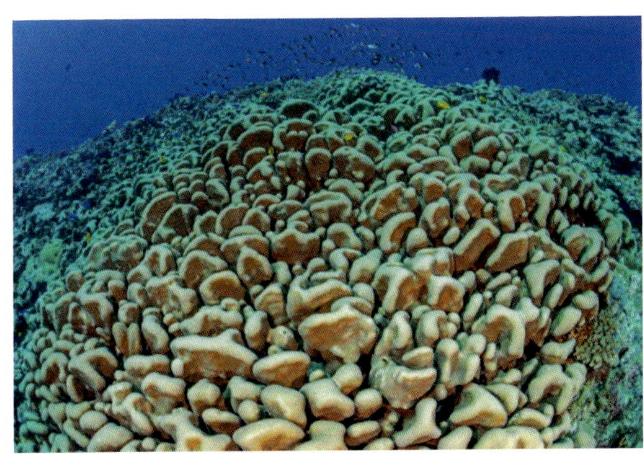

Fisheye-Objektive bringen viel aufs Bild. Trübe Sicht wird optisch merklich besser, die Schärfentiefe steigt mächtig an. HF

Bei Verwendung eines Domeports sollte aus optischen Gründen die größte Blende 5,6 betragen. Dann ist halbwegs gewährleistet, dass die Bildränder nicht zu sehr unter Unschärfen leiden. Je kleiner die Blendenöffnung, desto besser ist das für die Rand- und Eckenschärfen. Allerdings hat das Grenzen, weil die Beugungsunschärfe mit der Verkleinerung des Blendenlochs in den Belichtungsablauf eingreift. Offenere Blenden als 5,6 sollten allenfalls gewählt werden, wenn man im Freiwasser fotografiert und in den Bildecken Wasser abgebildet wird. Auf der anderen Seite werden normale Weitwinkel- und Fisheye-Bilder eher selten mit Blende 16 oder 22 gestaltet. Fisheye-Aufnahmen sind zudem nicht so sehr von Randunschärfen bedroht wie Weitwinkelbilder.

Kann man eigentlich mit Makroobjektiven hinter großen Domegläsern fotografieren? Ja, das geht sehr gut, ist aber nicht praktikabel, weil die Gefahr besteht, dass man das gewölbte Glas im Nah- und Makrobereich zerkratzt.

Macro-Fisheye-Ports

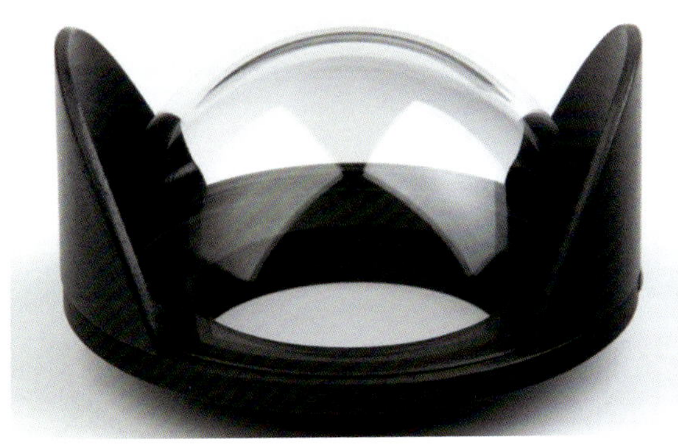

Echte 180°-Bildwinkel erfordern eine Dome-Halbkugel. Wer mit einem zirkular abbildenden Fisheye bzw. Fisheye-Zoom runde Bilder machen möchte, muss die Sonnenblende am Domeport entfernen. PR

Wenn sich Fisheye-Objektive bzw. Fisheye-Zooms sehr nah einstellen lassen, kann man sie hinter Macro-Fisheye-Ports verwenden. Diese sind mit halbkugelförmigen Domegläsern bestückt, deren Durchmesser von 9 bis 12 cm reicht. Das kleine Glas, kombiniert mit der kurzen Einstellung des Fisheyes, ermöglicht schrille Perspektiven, ungewohnte Ansichten und emotionale Kompositionen wie eine Nacktschnecke im Vordergrund mit einem Taucher dahinter. Da kleine Domeglas-Durchmesser auch kleine Schärfentiefen produzieren, ist man manchmal gezwungen, die Empfindlichkeit auf ISO 400 anzuheben, die Blende auf 22 zu schließen und die Verschlusszeit zu verlängern, manchmal auf 1/30 s. Nur so gelingen dann noch tiefenscharfe Aufnahmen vom Vordergrund bis zum Taucher im Hintergrund.

Fotografieren mit großen Bildwinkeln

Die finanzielle Auswirkung von Extinktion und Diffusion

UWF Stufe 1 Kapitel: Physik – Der casus knaxus in der UW-Fotografie ...

- Extinktion – Auslöschen von Farben

Weitwinkelfotografie ist faszinierend, zeigt sie die UW-Welt doch so, wie sie der Taucher wahrnimmt. Aber sie ist auch teuer! An dieser Erkenntnis führt kein Weg vorbei und wer für seine digitale Kompaktkamera die Preisschilder der hierfür erhältlichen Makro-Konverter mit denen der WW-Konverter vergleicht, wird zu genau diesem Schluss kommen. Gleiches gilt für Systemkameras. Echte Makro-Objektive sind in der Anschaffung günstiger als ein WW-Zoom; der Flachport kostet nur den Bruchteil eines Domeports für das gleiche UW-Kameragehäuse.

Diese Preisunterschiede sind durchaus begründet. WW-Optiken müssen das Licht aus einem deutlich größeren Bereich einfangen und vernünftig bündeln. Im Gegensatz zum Fisheye stehen Weitwinkel vor der optischen Herausforderung, gerade Linien im Bild auch wieder gerade und nicht tonnenförmig verzerrt wiederzugeben. Daher ist die Konvexität der Linse deutlich ausgeprägter. Am besten und eigentlich auf den ersten Blick ist dies bei den Ports erkennbar. Das plane, meist auch kleinere Glas des Flachports ist sowohl in Sachen Vormaterial, als auch in der Fertigung schlicht und ergreifend günstiger. Gleiches ist beim Makro-Konverter im Vergleich zum WW-Konverter sofort zu sehen. Nicht anders ist das bei Wechselobjektiven, nur verhindert das Objektivgehäuse die direkte Erkenntnis.

Angesichts der saftigen Preise für ein WW-Set Up ist die Frage, was es denn an Nutzen bringt, mehr als angebracht. Die Argumentationslinie ist einfach: Wähle ich anstelle des Weitwinkels die Normalbrennweite, verkleinert sich der Bildwinkel und ich muss mich ein gutes Stück von meinem Motiv entfernen. Damit vergrößern sich neben der Wassermenge zwischen Motiv und Kamera auch die direkt damit zusammenhängenden Probleme. Beides, Extinktion und Diffusion, letztere erkennbar in der Menge der Schwebeteilchen, nehmen deutlich zu; und damit die Bildqualität leider auch deutlich ab. Nehmen wir als Beispiel einen Taucher, den wir der Länge nach formatfüllend ablichten wollen. Mit Flossen und ein klein wenig Rand zur Bildgestaltung haben wir ein Motiv von 2,4 m Breite und damit eine Bilddiagonale von rd. 3,0 m. Die notwendigen Aufnahmedistanzen zum Motiv schauen dabei folgendermaßen aus:

KB-Brennweite	Entspricht UW	Bildwinkel	Motivdistanz	Lichtweg
28,0 mm	37,2 mm - Plan	60,4°	2,58 m	5,16 m
25,2 mm	33,5 mm - Plan	65,7°	2,32 m	4,65 m
20,0 mm	20,0 mm - Dome	94,5°	1,39 m	2,77 m
16,0 mm	16,0 mm - Dome	107,0°	1,11 m	2,22 m

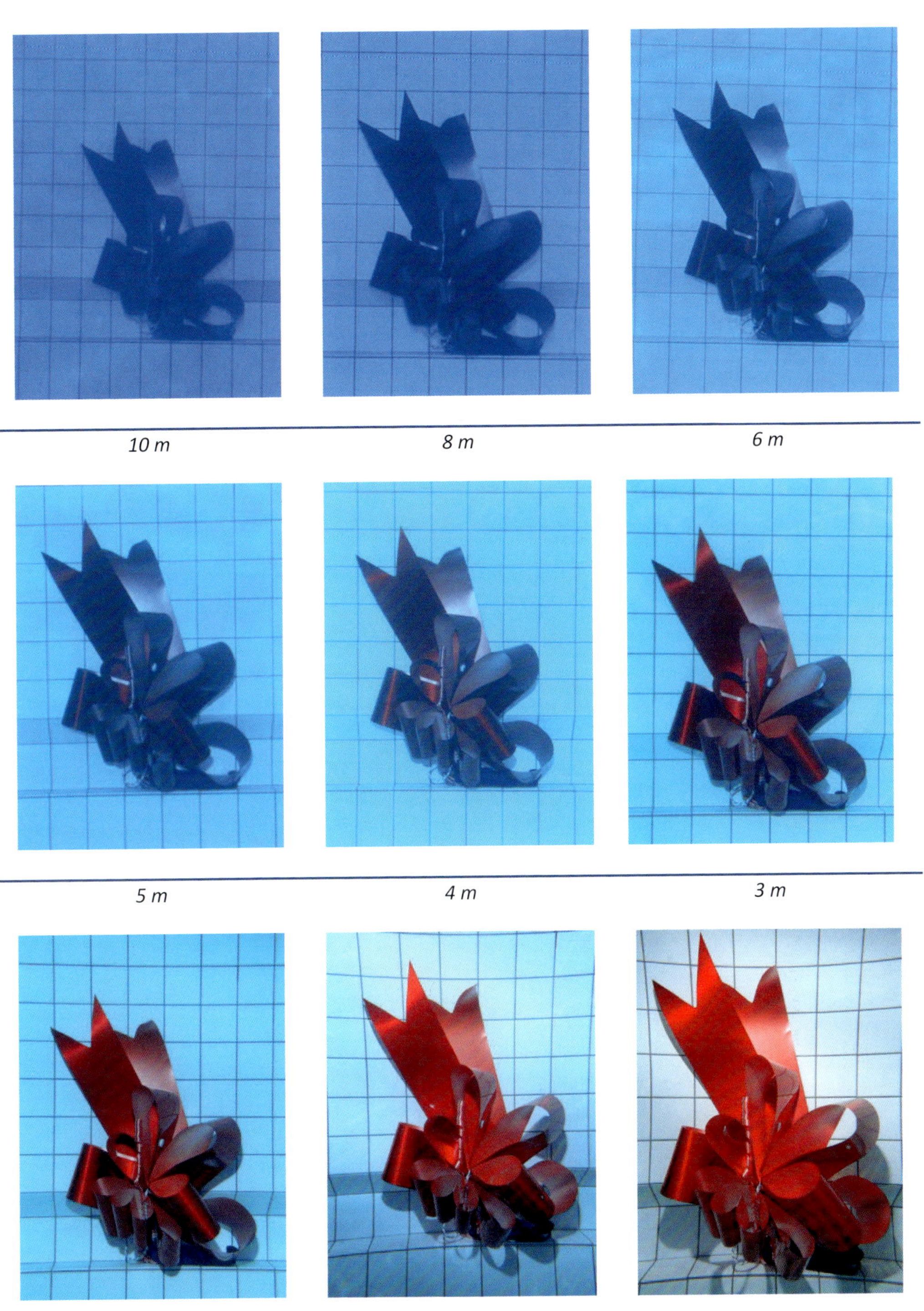

Die durchgängig mit Blitzlicht aus abnehmender Entfernung aufgenommene Serie einer großen Dekoschleife zeigt die Auswirkung der Extinktion; jenseits einer Distanz von 1 m lassen Brillanz und Farbintensität deutlich nach. Selbst zwischen 0,5 m und 1 m sind Unterschiede deutlich zu erkennen. GD

Dabei entspricht

- die KB-Brennweite 28 mm dem größten Bildwinkel der meisten digitalen Kompakten,
- die KB-Brennweite 25,2 mm der WW-Einstellung der TG-6 und
- die KB-Brennweite 16 mm der TG-6 mit montierten WW-Konverter PTWC-01.

Führen wir uns vor Augen, dass beim Einsatz einer Standard-Kompaktkamera das Blitzlicht im beschriebenen Szenario mehr als 5 m zurück legt, ist völlig klar, dass Rottöne faktisch nicht mehr auf dem Kamerachip ankommen werden. Das gilt so natürlich nicht nur für einen Taucher, der rote Ausrüstungsteile hat, sondern gleichermaßen auch für rote Fische, Korallen und Gorgonien.

Hinzu kommt, dass das Blitzlicht 2,5 m Wasser voller Kleinpartikel durchleuchtet und das Bild mit großer Wahrscheinlichkeit von Reflexionen, dem so genannten Backscatter, durchsetzt sein wird. Faktisch muss man sich von derartig großflächigen Aufnahmeszenen verabschieden, wenn man Wert auf qualitativ gute Aufnahmen legt, jedoch nicht mit der notwendigen Ausstattung aufwarten kann.

Um WW-Fotografie vernünftig und mit Erfolg in Form erstklassiger Bildergebnisse betreiben zu können, gehört zum entsprechenden Kamerasystem eine Optik, die mindestens dem Äquivalent der KB-Brennweite von 20 mm entspricht. Hinzu kommt ab einer Wassertiefe, die unterhalb der Grenze des Freizeitschnorchlers liegt, ein Blitzsystem, das in der Lage ist, den größtmöglichen Bildwinkel vollständig und dabei mit gleicher Helligkeit über die gesamte Fläche auszuleuchten.

Als Faustregel sollte dabei gelten, dass UW-Fotografie mit Motivdistanzen jenseits einer Grenze von 2 m in aller Regel nur einen dokumentarischen Charakter besitzt. Ein Kamerasystem sollte immer so ausgelegt werden, dass es möglich ist, das gewünschte Bild aus einer Entfernung von rund einem Meter vernünftig aufzunehmen. Diese Herangehensweise stellt sicher, dass während des Fototauchgangs das Optimum erreicht werden kann. Vor die Entscheidung, einen Kompromiss eingehen zu müssen, wird man schon noch früh genug gestellt werden.

Bild rechts: Rot kommt nur dann kräftig auf das Bild, wenn es aus deutlich unter 1 m abgelichtet wird. GD

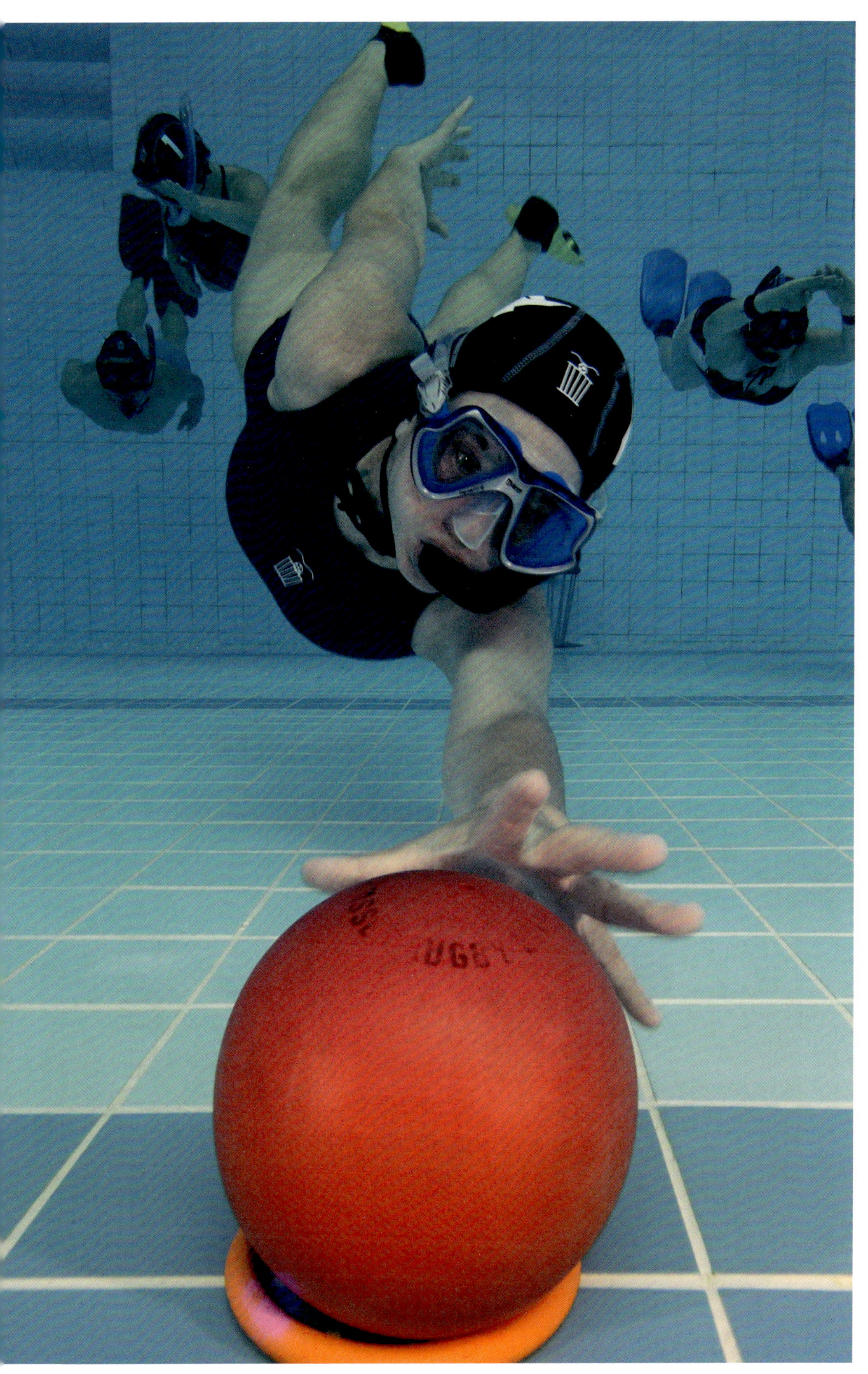

Freihandgrenze

Ein Kriterium dafür, dass eine Fotografie zu einem Fall für die Löschen-Taste wird, ist ungewollte Unschärfe im Bild. Diese entsteht – wenn wir verschmutzte und defekte Gerätschaften außen vor lassen – vor allem durch zwei Ursachen. Zum einen sind dies Fehler bei der Fokussierung, sprich das bildwichtige Element, das knackscharf zu sehen sein soll, bringt just diese Eigenschaft nicht mit. Zum anderen entstehen Unschärfen durch Bewegung. Diese wiederum differenziert man nach Bewegungsunschärfen beim Motiv und klassischer Verwacklung durch den Fotografen.

In Fotoratgebern und Manualen wird bei drohender Verwacklungsgefahr regelmäßig darauf verwiesen, die Kamera auf einen festen Grund aufzulegen oder ein Stativ einzusetzen. Nun kommt das Auflegen auf Korallen nicht in Frage und UW-Aufnahmen, die mit Hilfe eines Statives entstehen, sind absolute Ausnahmen. Dabei laufen gerade UW-Fotografen durch abnehmendes Umgebungslicht in der Tiefe latent Gefahr, dass die Belichtungszeiten ausufern. Und mit deren Zunahme steigt schlicht und ergreifend die Verwacklungsgefahr. Das Limit, ab dem dieses in Erscheinung tritt, ist die so genannte Freihandgrenze. Als Richtlinie gilt dabei zunächst der Kehrwert der Brennweite in Sekunden. Um auf der sicheren Seite zu sein, empfiehlt sich bei perfekter Tarierung eine Halbierung der so errechneten Belichtungszeit.

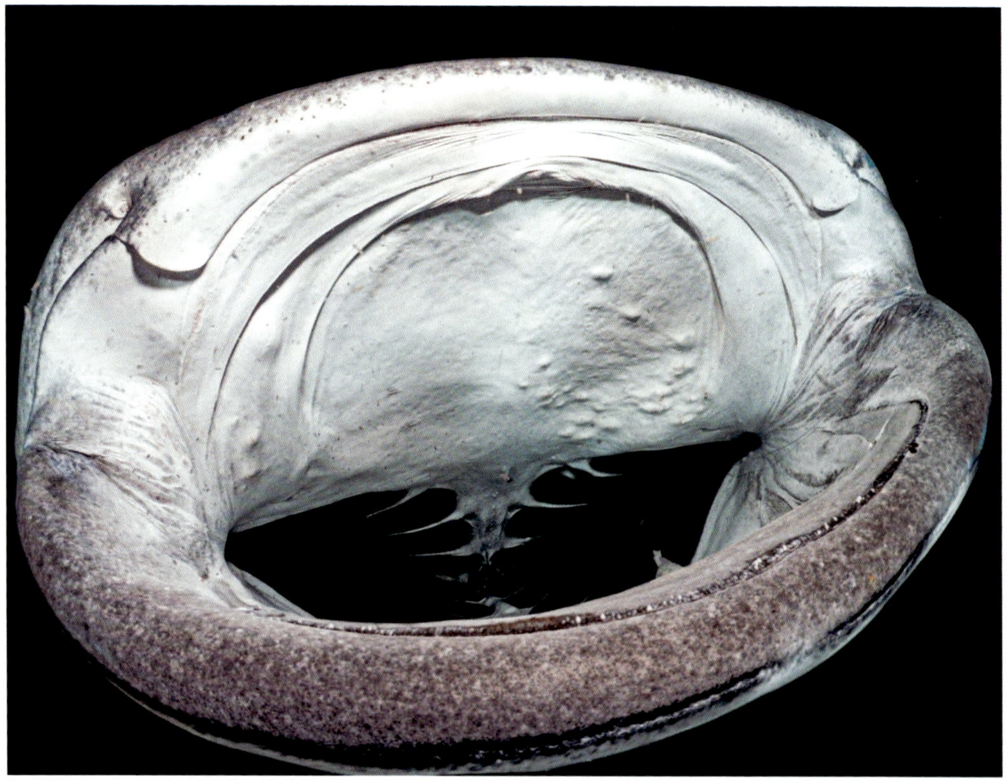

In das Maul eines Walhais hinein zu fotografieren ist nicht einfach, denn es muss schnell gehen. In diesem Fall wurde die Belichtung mit LED-Licht vorgenommen. HF

	KB-Brennweite	Freihandgrenze
Superweitwinkel	16 mm	1/30 s
Normal	50 mm	1/100 s
Makro	100 mm	1/200 s

Stoßen Blende, ISO-Wert und der aktivierte Bildstabilisator an Grenzen, gibt es bei Erreichen der Freihandgrenze Kniffe, um diese ein wenig auszudehnen: Für eine ruhige Haltung der Kamera sorgt eine breite Schiene samt zweier vernünftiger Griffe. Erinnert sei an den Seiltänzer und seine Balancestange. Wenn es die Situation zulässt, vermeidet man das Verreißen der Kamera durch die Auslösebewegung, indem man den Auslösetimer von 2 s aktiviert. Bei festsitzenden Motiven ist diese Technik durchaus einen Versuch wert.

Werfen wir einen Blick auf andere Sportarten: Schützen präferieren die ruhigere Bauchatmung in das Zwerchfell hinein. Brustatmung führt zur unvorteilhaften Anspannung der Arm- und Schultermuskulatur. Dann wird ausgeatmet und die vier, fünf Sekunden vom Erreichen des Residualvolumens bis zur Einatmung werden für den Schuss genutzt. Biathleten schießen dagegen in die Ausatemphase hinein. Beides unter Wasser auszuprobieren lohnt sich.

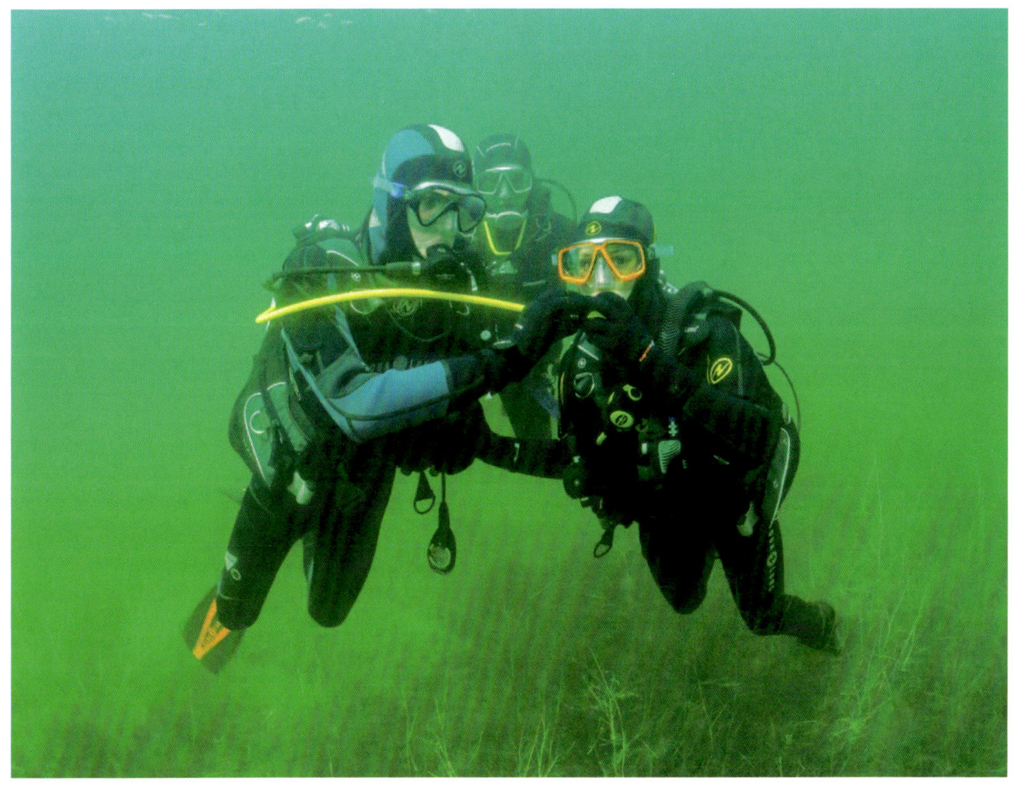

Auch eine solche Szene sollten Sie ablichten, denn Bilder von der Tauchausbildung im See sind durchaus gesucht. Da hier wegen der eingeschränkten Sicht nicht geblitzt wurde, musste die Freihandgrenze berücksichtigt werden: 1/60 s bei 13 mm KB-Brennweite genügen vollauf. HF

Bewegung im Bild

UWF Stufe 1 Kapitel 36.9: Schnelle Motive

Beim Fotografieren macht man einzelne Bilder, Bewegung ist darin nicht vorgesehen. Dafür gibt es Video. Aber man kann auch mit der Still-Fotografie gewollt Bewegung darstellen; wahlweise manuell durch das Mitziehen der Kamera, wenn sich das Motiv bewegt oder durch die spezielle Blitztechnik Rear, die man an der Kamera oder manchmal auch am Systemblitzgerät vorwählen kann. Rear heißt blitzen auf den zweiten Verschlussvorhang, wobei der Blitz erst zum Ende der Belichtungszeit ausgelöst wird. Das Motiv zieht auf diese Weise eine Wischspur hinter sich her, täuscht so eine Bewegung vor. Allerdings muss man die Verschlusszeit verlängern. Die Wischspuren zeigen sich nämlich erst, wenn man mit höchstens 1/30 s, besser mit 1/15 s oder länger blitzt. Hierzu ist es im Flachwasser manchmal erforderlich, die Einstellempfindlichkeit auf ISO 100 zu stellen und die Blende entsprechend zu schließen.

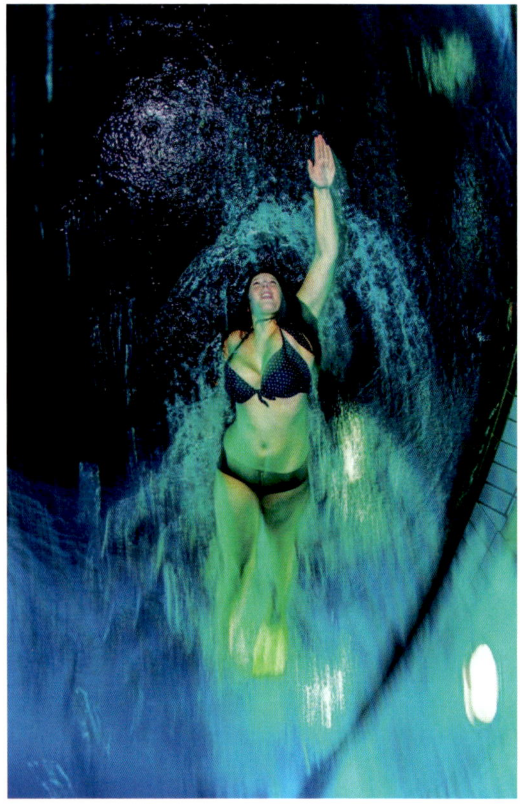

Sieht man selten, aber Wischeffekte im Hochformat haben ihren Reiz. ISO 320, Blende 10, Verschlusszeit 1/10 s, 16 mm Fisheye. HF

Bei spiegellosen Systemkameras wird das Kunstwort Rear eher nicht verwendet. Man spricht dort vom zweiten Vorhang, stellt die Synchronzeit wie gehabt auf eine längere Verschlusszeit - 1/30 s oder länger. Möglich wäre dann sogar, die Kamera zusätzlich mit der Eigenbewegung des Motivs mitzuziehen. Das liest sich simpel, ist aber gar nicht so einfach, denn das Motiv muss in der Schärfe gehalten werden. Die Umgebung wird dann inklusive Motiv-Schweif verwischt wieder gegeben. Das sind sehr reizvolle Aufnahmen, die sich von reinen Rear-Bildern durch ihre unkonventionelle und zuweilen absonderliche Bildgestaltung unterscheiden. Mitzieheffekte kann man im Übrigen mit jeder Kamera realisieren. Also auch mit Kompaktkameras, Actioncams und Smartphones. Voraussetzung ist eine verlängerte Verschlusszeit. Und es muss immer geblitzt werden.

Eine sehr interessante Blitztechnik ist die allgemeine Langzeitsynchronisation, die aber mit der dargestellten Motivbewegung nichts zu tun hat. Langzeitsynchronisationen setzt man ein, wenn das Umgebungslicht so dürftig ist, dass man die Hintergrundumgebung nicht mehr mit normaler Belichtung erkennen kann und gleichzeitig eventuelle Lichteinstrahlungen verstärkt abbilden möchte. Man setzt diese Blitztechnik hauptsächlich in Höhlen oder Wracks mit Lichteinfall ein. Die einfallenden Strahlenbündel können so verstärkt und wie gemalt zur Bildgestaltung genutzt werden.

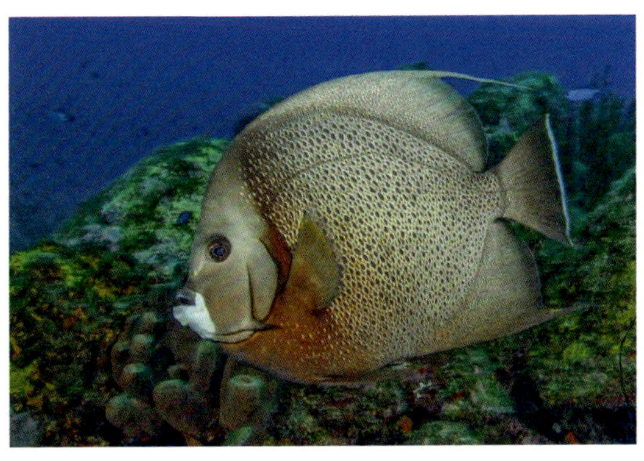

Mitziehen bei 1/60 s führt immer noch zu Wischeffekten im Hintergrund. GD

Hinweise:

- Synchronisation auf den zweiten Vorhang macht nur Sinn bei bewegten Motiven. Primär bei Fischen, Mollusken, Delfinen, weniger bei Tauchern. Stationäre Objekte wie Korallen oder Nacktschnecken wirken nicht. Hier ist es ein Gag, der sich schnell abnützt. Blitzen auf den zweiten Vorhang wird erstaunlicherweise nur von wenigen experimentierfreudigen UW-Fotografen genutzt, obwohl die Bilder sehr reizvoll sein können.
- Mitziehen muss man üben. Von zehn Bildern sind oft nur eines oder zwei brauchbar. Auch beim Mitziehen ist auf eine formale Bildgestaltung zu achten, beispielsweise Diagonalen.
- Frontales Mitziehen geht auch, aber dann müssen sie ein Zoom-Objektiv einsetzen. Während der verlängerten Blitz-Synchronisation muss man zoomen. Das ergibt eine strahlenförmige Bildgestaltung mit einem oder zwei scharfen Fischaugen im Zentrum. Üblicherweise wird in die Vergrößerung gezoomt. Man kann das aber auch gegenläufig machen. Der Effekt ist dann ein anderer. Tipp: Es geht auch nachträglich am PC mit einem Verzerrungsfilter, sogar mit einem Taucher in der Bildmitte.
- Einfrieren kann man die meisten Bewegungen durch Blitzlicht. Man muss dabei beachten, dass die Synchronzeit in Bezug auf die Hintergrundhelligkeit nicht zu lang wird. Sonst kann es passieren, dass Fische und Taucher Bewegungsunschärfen aufweisen. Das zeigt sich dann an verwischten Konturen und Kanten. Wenn die Augen des Motivs scharf sind, kann man das Bild als gelungen betrachten. Einfrieren von schwimmenden Objekten ist hingegen leicht, wenn der Hintergrund schwarz gehalten wird; sprich kleine Blendenöffnung, niedrige ISO-Zahl und kurze Synchronzeit.
- Bei Langzeitsynchronisationen mit Mischlichtcharakter, sprich gut sichtbarem Hintergrund, wird auffallen, dass das Hauptmotiv, wenn es keine zu schnellen Bewegungen macht, einwandfrei scharf ist; das Umfeld hingegen verwischt und unscharf wiedergegeben wird. Das liegt daran, dass das Blitzlicht nur das Hauptmotiv eingefroren hat, nicht aber den Hintergrund. Solche Aufnahmen, die man leider viel zu wenig zu sehen bekommt, sind von einer mystischen Aura umgeben und bleiben lange in Erinnerung.

Weitwinkel und Fisheye mit Umgebungslicht und in s/w

Muss man immer Blitzen oder mit LED-Leuchten aufhellen? Muss man nicht! Zwar fehlen ohne Kunstlicht die prägnanten Farben, aber oftmals sind Stimmung und Feeling ansprechender. Große Bildwinkel wie sie mit Super-WW-Objektiven und Fisheyes machbar sind, rütteln am Vorstellungsvermögen der meisten Betrachter; sie übersteigen den Bildwinkel des menschlichen Sehvermögens von 50° bis 60° um mehr als das Doppelte. Alles, was über unsere naturgegebene Fähigkeit hinaus auf gut gemachten Bildern dargestellt wird, gelangt in den Bereich, wo Emotionen und Fantasie das Zepter schwingen.

Wenn man auf Blitzlicht und LED-Leuchten verzichtet, bleibt es bei zerklüfteten UW-Landschaften und Wrackaufnahmen kaum aus, dass sich im Bild Dunkelstellen und Schatten breit machen. Diese stören aber nicht, wenn sie als Gestaltungsmittel in den Bildaufbau mit einbezogen werden. Sofern die Kamera über eine große Dynamik verfügt ist unter Umständen in den dunklen Stellen noch Zeichnung erkennbar. Gegebenenfalls kann man diese Lokalitäten in einem Bildbearbeitungsprogramm mit der Funktion Tiefen und Lichtern dezent aufhellen; übertreiben darf man nicht, sonst leiden die Farben.

Auf Kunstlicht kann und sollte man in den oberen Wasserschichten bei hochstehender Sonne meistens verzichten, wenn sich Großfische wie Haie oder Mantas nähern, die nicht über prägnante Farben verfügen. Man vermeidet dadurch Überstrahlungen der weißen Fischbäuche und die Reflexion von Schwebeteilchen. Auch bei Walen ist der Einsatz von Kunstlicht eher nicht gebräuchlich. Die riesigen Körper kann man nicht befriedigend blitzbelichten. Bisweilen ist es sogar so, dass im Rahmen spezieller Tauchausfahrten, so z. B. Walhai-Exkursionen, der Blitzeinsatz vom Veranstalter explizit verboten wird. Dies geschieht dann nicht aus fototechnischen Gründen. Es soll vielmehr vermieden werden, dass der Walhai empfindsam reagiert, abtaucht und die gemeinsame Zeit mit dem größten Fisch des Planeten schlagartig vorbei ist. In der Praxis stören sich Walhaie allerdings nicht am Blitzlicht.

Auch im Süßwasser sind die oberen Wasserschichten prädestiniert für das Available-Light, wie natürlich verfügbares Licht im UW-Fotojargon auch bezeichnet wird; insbesondere, wenn man sich die mühselige Arbeit der Retusche von Schwebeteilchen ersparen will. Die Verwendung von UW-Filtern für Süßwasser erweist sich als wertvoller Beitrag für natürliche Farben ohne ausufernde Trübstoff-Reflexionen.

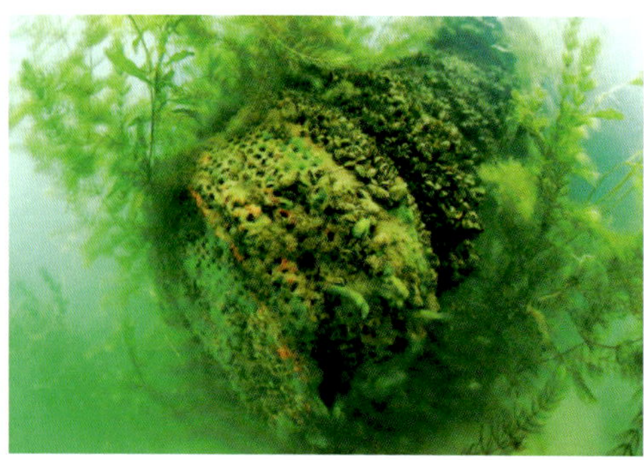

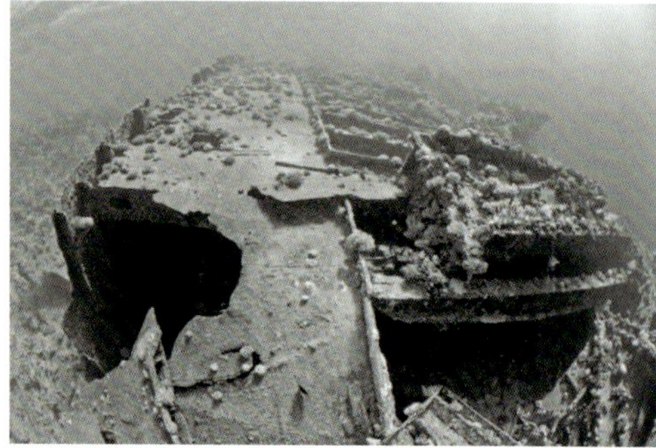

Links Ansaugrohr im Hafenbecken vor einem Tanklager in 2 m Tiefe, rechts ein Wrack im Roten Meer; zwei klassische Situationen für die Arbeit ohne Blitz oder in s/w. HF

Ohne Kunstlicht zu arbeiten ist nicht immer einfach, wenn man prägnante Farben erwartet. Oft wird es nichts, weil das Umgebungslicht nicht mitspielt. Dann muss man es mit s/w-Bildern versuchen. Sie werden feststellen, dass so viele WW- und Fisheye-Bilder optisch aufgewertet werden, denn s/w-Bilder reduzieren die Betrachtung der Bilder auf das Wesentliche. Schrille Farben, die von einer optimalen Bildgestaltung ablenken, fehlen. Das perfekte Graustufenbild ist, obwohl es viele UW-Fotografen nicht wahrhaben wollen oder es schlicht nicht wissen, hinsichtlich der emotionalen Gefühle, den meisten Farborgien überlegen. Farbe kann stören, kann überflüssig sein, insbesondere, wenn sie keine oder nur eine untergeordnete Rolle im Bild spielt und stattdessen grafische Elemente sowie Lichter und Schatten das Bild dominieren.

Wenn's schnell gehen muss: Ohne Blitz, mit Blendenautomatik!

Ein probater Modus für die kunstlichtlose Fotografie mit großen Bildwinkeln und unter Zeitdruck ist die Zeitenpriorität bzw. Blendenautomatik. Entsprechend den Regeln zur Freihandgrenze wird eine passende Belichtungszeit vorgegeben, die Bewegungsunschärfe und Verwacklung ausschließt. Die Kamera wählt eine Blende passend zur Lichtsituation. Da ohne Blitz gearbeitet wird, spielt die sonst übliche Synchronzeitgrenze hier keine Rolle.

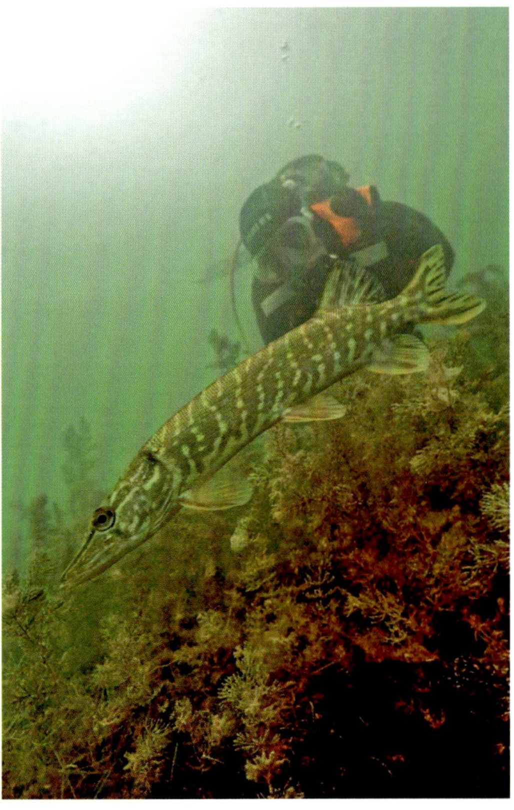

Technisch denkbar einfach: TG-4 mit WW-Konverter ohne Blitz im UW-Modus. Prima, dass die Kamera die Gegenlichtsituation im Flachwasser meistert. GD

Die kurzen Brennweiten bei WW- und Fisheye-Optiken bieten in der Regel hinreichend Schärfentiefe, so dass die von der Kamera eingestellte Blende eher von nachgeordneter Bedeutung ist. Sollte es dennoch dem persönlichen Geschmack nicht so ganz passen, lässt sich über die ISO-Einstellungen dafür sorgen, dass die Blende in die gewünschte Richtung wandert. Ein höherer ISO-Wert führt zu einer kleineren, ein niedrigerer ISO-Wert zu einer größeren Blendenöffnung.

Bisweilen besitzen Kompaktkameras keine Blendenautomatik. Programm- oder Zeitautomatik dienen als Alternativen. Nur gilt es dann darauf zu achten, ISO- bzw. Blendenwert so vorzugeben, dass die Kamera kurze Belichtungszeiten einstellen kann.

Da mit reinem Umgebungslicht regelmäßig im Flachwasserbereich gearbeitet wird, kann die Kamera durch bewusste oder unbewusste Bewegungen bisweilen ein wenig mehr Sonnenlicht einfangen, als vom Fotografen ursprünglich geplant. Um hinsichtlich Blooming und Farbsättigung später bei der Bildbearbeitung Reserven zu haben, empfiehlt sich eine moderate Unterbelichtung im Bereich um 1/3 oder 2/3 Blendenstufen mittels Belichtungskorrektur.

Im Duett mit dem Model

Schon allein das Wort Model elektrisiert, regt bei vielen die Fantasie an. Aber begibt man sich bei diesem Thema hier eventuell auf dünnes Eis? Kollabieren gar die Gedanken? Modelfotografie steht bei den meisten UW-Fotografen auf der Agenda ganz oben. Doch der Wunsch hier zu reüssieren kollidiert meistens mit der Realität. Die Hoffnung mit einem tollen Hasen das Bild des Lebens zu machen, scheitert nicht selten an den örtlichen und physischen Gegebenheiten. Wo bekommt man nun ein Model her? Gibt es eine Agentur, die solche Girlies vermittelt? Oder bleibt man besser bei den Frauen aus der Familie und dem Bekanntenkreis?

UWF Praxistipps	Kapitel 3.1.2: Masken für Models Kapitel 17: Schrittweiser Aufbau einer Weitwinkel-Mischlichtaufnahme mit Model

Was ist ein UW-Model?

Hobby-UW-Fotografen arbeiten vorzugsweise mit Frau, Freundin oder Tochter. Das hat Gründe, wobei die Eifersucht keine geringe Rolle spielen dürfte. Nicht jede Lebenspartnerin sieht es gern, wenn der Liebste sich mit einem gut aussehenden UW-Model beim Fotoshooting vergnügt.

Die Bezeichnung Model gilt in der UW-Fotografie vorurteilsfrei für jede und jeden Tauchpartner, der bereit ist, auf Anweisung und nach Regie eines UW-Fotografen vor der Kamera zu agieren und sich entsprechend fotografieren zu lassen. Alter und Geschlecht spielen weniger eine Rolle, als perfekt und geschmeidig tauchen zu können. Wenn man eine routinierte 70-jährige im tollen Outfit geschickt fotografiert, kann das ein sehr ansprechendes Bild werden.

Die echten UW-Models, es gibt sie wirklich, kann man nicht in diese Schublade stecken. DIes sind vor allem junge, fotogene Menschen mit sportlich-harmonischem Körperbau, makellosen Gesichtszügen und einer angeborenen Wasser-Affinität. Sie beherrschen elegantes Posieren mit und ohne Equipment, sind gute Apnoe-Taucher, können Erotik und Akt, sind nicht zimperlich, wenn das Wasser kalt ist, beherrschen das Schwimmen im Nixen-Kostüm und kommen mit und ohne Maske klar.

Das Equipment

Die Modelfotografie ist zweigeteilt in Modeln mit oder ohne Tauchequipment, mit oder ohne Tauchgerät. Üblicherweise sind die in Magazinen abgebildeten Models tauchfest angezogen, also mit Anzug, Jacket, Druckluftflasche, Tauchmaske und Atemregler. Leider werden Jacket und Tauchanzug selbst von produktbestimmenden Herstellern meistens in tiefem Schwarz angeboten. Immer mit dem Hinweis, dass die Taucherinnen das so wünschen. Equipment wie das orange Sicherheitsjacket von Seareq sind eigenartigerweise selten zu finden. Und ein von Aqualung hergestelltes Jacket mit roten Applikationen bekommen zum Ärger vieler UW-Fotografen nur Sicherheitskräfte wie Polizei, Feuerwehr und Rettungsdienste.

Nicht viel besser sieht es bei den Tauchanzügen aus. Manche sind so dunkel, dass sich sogar die Sonne davor fürchtet. Deshalb flüchten viele Models in Maßanzüge oder farbige Überzieher. Eine formidable Idee hat hier der Anzughersteller Mobbys entwickelt. Bei ihm kann man sich die Farben für seinen Anzug nach eigenem Gutdünken aussuchen; grüne Arme, rote Beine, blauer Oberkörper. Nur allzu bunt sollte man es nicht treiben, weil man sich an Papageienfarben schnell satt sieht.

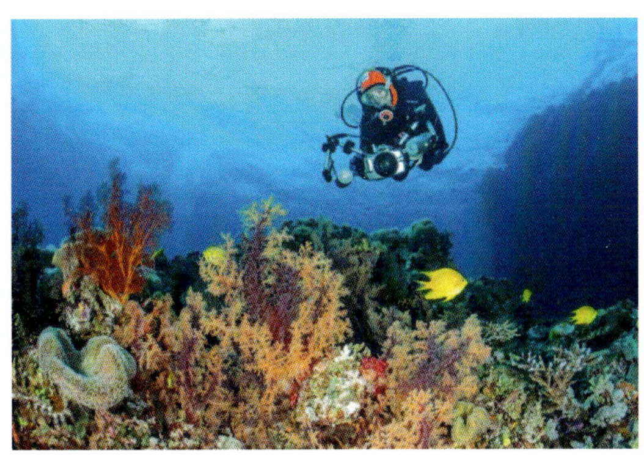

Derartige Locations muss man suchen und die Tauchpartnerin fotogen ins Bild setzen. HF

Modelfotografie als Kunst, Sport und Risiko

Nicht alle Tauchsportverbände begrüßen es, wenn die Modelfotografie im Meer zur zirzensischen Show mutiert. Models, die in 20 m Tiefe ohne Gerät und ohne Maske agieren, gehen ein beträchtliches Risiko ein. Solche Shootings dürfen nur in klarem und warmem Wasser mit zwei bis drei Sicherungstauchern zelebriert werden. Der Schlauch mit dem Atemregler muss einige Meter lang sein, das Model darf keinen Augenblick aus den Augen gelassen werden. Wenn die oder der Sicherungstaucher versagen, kann das tödlich enden. So wie es bei dem UW-Model Oliva Ku geschehen ist, die bei einem UW-Shooting ihr Leben verlor. Als sie den Automat aus dem Mund nahm und ihn dem Sicherungstaucher gab, musste sie husten und bekam infolge des Hustenreizes vermutlich noch einen Asthmaanfall. Dabei ertrank sie. Der Sicherungstaucher, der den verlängerten Atemschlauch aus dem Schussfeld des UW-Fotografen brachte, hatte nichts bemerkt.

Die Fage, ob solche, sicherlich fotografisch bemerkenswerten Bilder, ein derartiges Risiko wert sind, muss man verneinen. Trotzdem werden sie gemacht. Manchmal inmitten einer Haikulisse, wie sie vom UW-Fotografen Todd Essick in den Bahamas geschaffen wurden. Allerdings nur wenige Meter tief. Aktaufnahme mit Tigerhai ohne Maske – das ist außerordentlich. Aber Todd hat auch sensationelle Modelbilder in Wracks gemacht – das Girlie nur mit einem Chiffon-Kleidchen bedeckt. Die Leistung des Models ist bei solchen Shootings ungleich höher einzuschätzen als die des Fotografen. Dazu gehört nicht nur Mut, sondern auch enormes Training und stabile Nerven. Die besten der Models halten schon mal 2 bis 3 min die Luft an. Ohne Maske im Meer zu arbeiten ist doppelt schwierig, weil man sein Umfeld nur schemenhaft erkennt und das Salzwasser in den Augen brennt. Ein weiterer wichtiger Punkt ist das natürliche Schauen im Salzwasser ohne starren Blick und verkrampfte Gesichtszüge. Das kann mit Verlaub nicht jedes Model, wobei sich hier die Besten von den Guten unterscheiden.

Es ist eine enorme Leistung, wenn man die Tiefe, das Salzwasser und das übrige Umfeld in Betracht zieht. Leicht kann man sich an Wrackteilen verletzen, an Hydrozoen, Feuerkorallen und Anemonen nesseln, von Giftfischen gestochen werden, wenn man nichts sieht. Deshalb muss der Platz für das Shooting sorgfältig ausgesucht und gecheckt werden.

Erotik in der Modelfotografie

UW-Erotikfotografie ist zumindest eine Gratwanderung. Denn Erotik hat nichts mit vulgärer Nacktheit zu tun, sondern gehört in den schwer zu beherrschenden fotografischen Part künstlerischer Ausdrucksweise. Ob das Model dabei knapp bekleidet ist oder völlig nackt fotografiert wird, ist belanglos, so lange die Form der Ästhetik und des guten Geschmacks gewahrt bleibt. Findet ein solches Shooting im Meer statt, erhöht sich der Schwierigkeitsgrad beträchtlich. Niemals darf an strömungsreichen Plätzen agiert werden. Zwingend sind im Meer zwei Sicherungstaucher.

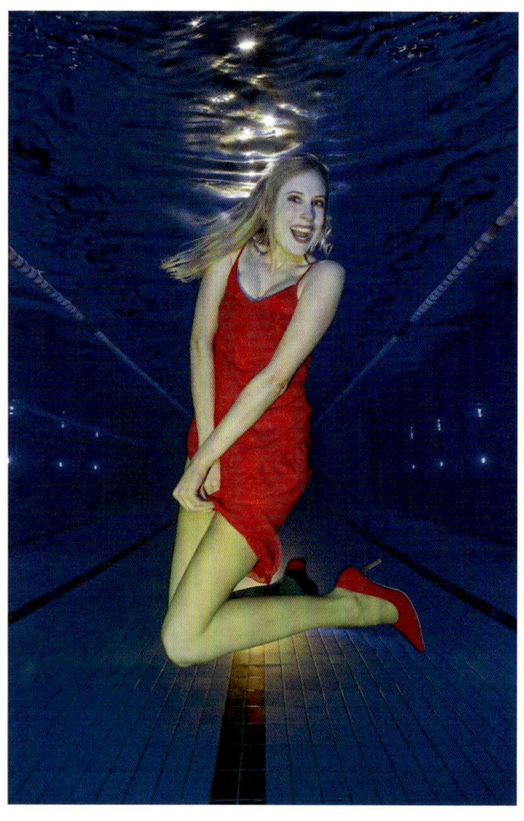

Ist das Model im Freiwasser oft im Hintergrund, hat es im Pool die Bühne für sich alleine. HF

Eher gefahrlos ist die erotische Model fotografie im Pool. Meistens wird nur in 2 bis 3 m Tiefe fotografiert. Das Wasser ist normalerweise relativ klar und auch nicht übermäßig kalt. Natürlich gibt es Ausnahmen. Schulsportbecken haben meistens etwas milchige Sicht, weil sie aufgewühlt sind. Und wenn die Stadt sparen muss, sind es kaum mehr als 24 °C. Da muss man durch. Problematischer ist da schon ein geeignetes Becken zu finden, wo man ohne Spanner und nervige Bademeister seine Ideen verwirklichen kann. Viele der guten Pool-Erotik-Aufnahmen entstehen deshalb in Uni-Bädern oder privaten Pools. Beziehungen sind hier die halbe Miete – vor allem, wenn man Staffagen aufbauen und den Hintergrund abhängen will. Das ist dann notwendig, wenn das Becken mit Fliesen gekachelt ist. Zwar sind Modelbilder auch mit gefliestem Hintergrund sehenswert zu gestalten, aber es bleibt das Risiko, dass die Fugen schräg oder gebogen abgebildet werden. Das sieht etwas unschön aus.

Model-Fotografie während der Trainingsstunden des Tauchclubs wird nicht das gewünschte Ergebnis bringen. Erotik geht da zweimal nicht. Bizarre Lichtverläufe ergeben sich, wenn das Becken mit Edelstahl ausgekleidet ist. Die erotische Pool-Szene wird zurzeit von Konstantin Killer dominiert. Vorbild in Sachen Pool-Modelfotografie ist der amerikanische Starfotograf Howard Schatz, der in seinem privaten Pool alle Ecken abrunden ließ und die Wände mit glattem Kunststoff versah. Das Wasser wird so aufbereitet, dass sein pH-Wert dem der Tränenflüssigkeit menschlicher Augen entspricht. Dadurch können die aus der Theater- und Ballettszene engagierten Models unter Wasser sehr lange die Augen öffnen, ohne dass diese sich röten oder gar entzünden.

In Berlin hat sich eine sehr engagierte Poolfotografen-Szene gebildet, die sich diesem Genre verpflichtet fühlt und jährlich einen Kalender mit den besten Werken kreiert. http://www.pool-position-berlin.de/

Die Kosten laufen manchmal weg

Die teuerste, aber auch entspannendste Art ist, ein Schwimmbad bzw. einen Pool zu mieten. Doch das kostet. Öffentliche Bäder haben mitunter Stundensätze, die das Budget von Hobbyfotografen sprengen. Denn auch der Bademeister will finanziert sein. Ohne Kontroll funktion geht in öffentlichen Badeanstalten nicht mal das Licht an. Wer nicht über sehr gute Kontakte verfügt, kann dabei arm werden wie eine Kirchenmaus. Die anfallenden Kosten kommen vermutlich nie und nimmer wieder rein, falls man hofft, die Bilder vermarkten zu können. Bildagenturen können mit einem Shooting, das nackte Frauen in wehenden Tüchern mit Pfeil und Bogen zeigt, wenig bis gar nichts anfangen. Kein Kunde ordert das, weil das Thema in der Werbung fehlt. Ein kostspieliger Spaß, der einzig und allein dem Vergnügen dient, zumal auch die Staffagen und Requisiten nicht billig sind. Deshalb verlangen die wirklich guten Modelfotografen für ihre Poolbilder von den Models sogar Geld. Und die sind nicht selten bereit dafür zu bezahlen. Auch werden viele der Auslagen über artverwandte Fotokurse finanziert, denn die meisten UW-Fotografen, die halt mal gern einen weiblichen Akt knipsen wollen, können das sorglos nur auf diese Weise tun. Solvente Models kaufen sich ihr Nixen-Kostüm selbst oder stellen es in Eigenarbeit her und bringen ihre UW-Garderobe mit, einschließlich erotischer High-Heels.

Das Model im Süßwasser

Im Süßwasser, dem schwierigsten Terrain überhaupt, werden fast alle Modelaufnahmen mit vollem Tauch-Equipment gemacht. Das liegt primär am kalten Umfeld. Süßwasser ist auch im Sommer nur an der Oberfläche wirklich warm. Deshalb sieht man Modelbilder im Bikini oder als Akt eher selten. Grund ist das im Sommer trübe Wasser, das mit steigenden Temperaturen an Transparenz verliert. Da fällt es nicht leicht, attraktive, scharfe und kontrastreiche Aufnahmen zu machen. Nur wenige UW-Fotografen wagen sich an dieses Thema. Das vernünftigerweise geschulte Model muss zudem sehr vorsichtig agieren, damit kein Mulm aufgewirbelt wird. Sonst muss man die Location wechseln. Selbiges gilt für den UW-Fotografen. Wer nicht vernünftig tarieren kann, wird scheitern oder hat es zumindest schwer, ein trübstofffreies Bild zu gestalten.

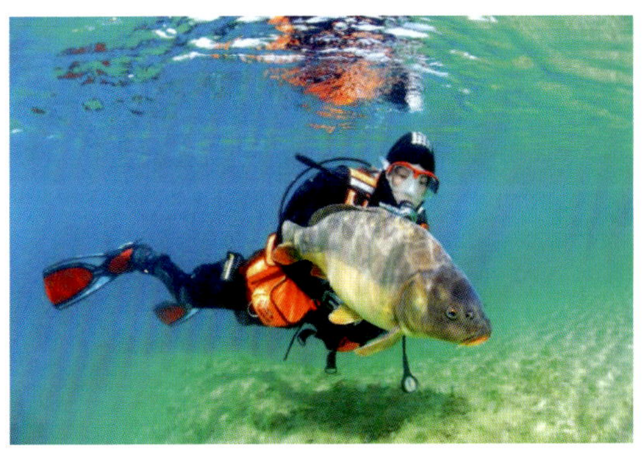

Vor allem im Süßwasser gilt: Je näher an der Oberfläche gearbeitet wird, desto beherrschbarer sind die Fotobedingungen. HF

Üblicherweise sehen wir das Model im Süßwasser im Tauchanzug mit Jacket, Kopfhaube, Atemregler im Mund und Tauchmaske auf dem Gesicht. Soweit alles gut? Eben nicht, denn jetzt wird es erst recht schwierig. Nur das Model solo abzulichten bringt noch keinen Hit. Man muss die Szene spannend und interessant gestalten; vielleicht mit einem Fisch als Begleiter, das Model im Gegenlicht oder als einsamer Punkt im glasklaren Wasser optisch schweben lassen. Mit oder ohne Lampe? Besser mit, aber die darf nicht in die Kamera strahlen. Vor allem aber muss der Blick des Models dem Lampenschein folgen. Sonst sieht es gekünstelt aus. Am allerwichtigsten ist, dass das Model nicht in die Kamera starrt. Wenn das Model eine Kamera in der Hand hält, sollte es zumindest so tun, als würde es fotografieren. Diese Prinzipien gelten so gleichermaßen für Meer und Pool.

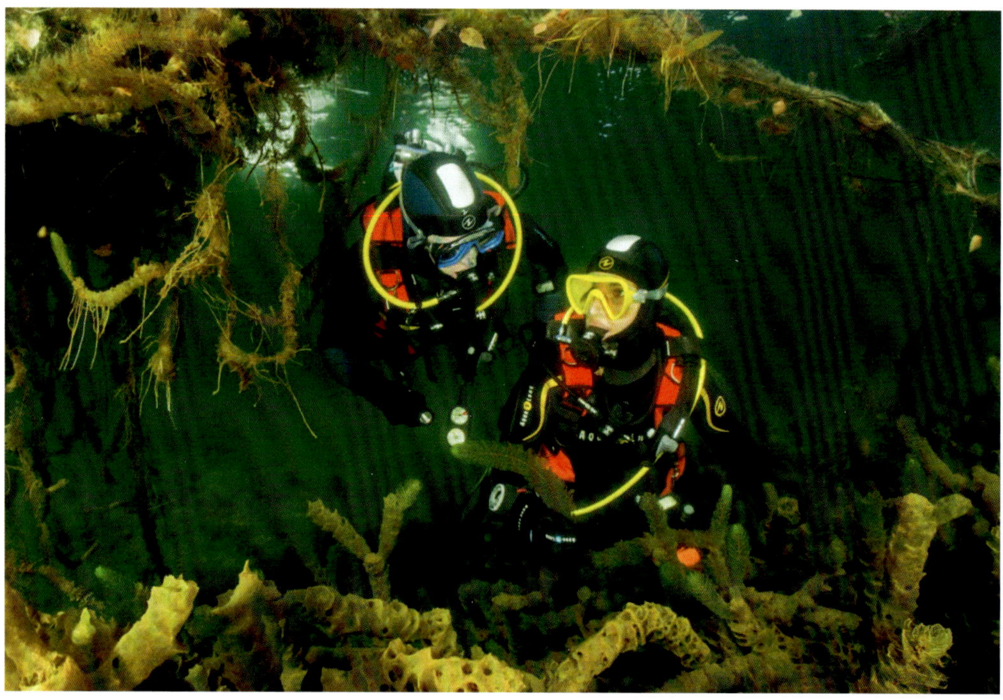

Tauche nicht allein! Dieser geflügelte Satz wird nur in wenigen Bildern gezeigt. HF

Kommunikation ist alles

Unabhängig davon, ob nur ein Tauchpartner im Hintergrund ein eher untergeordneter Teil eines Bildes ist oder ob ein Model die Szene dominieren soll, geht ohne eine vernünftige Kommunikation nicht viel und die Bildergebnisse unterliegen allenfalls dem Zufall. Hier geht nichts über ein vernünftiges Briefing, bei dem vor allem die Ziele klar angesprochen werden. Selbst wenn das Buddyteam schon zig Tauchgänge miteinander absolviert hat, muss und will ein engagiertes Model wissen, was geplant ist.

Ein Minimum an Austausch zwischen Fotograf und Modell nach dem Abtauchen sind ebenfalls im Voraus vereinbarte Zeichen für die Position im Bild, also ein Verschieben des Models in allen drei Dimensionen. Wenn Strömung aufkommt und das Model allenfalls durch die Szene gleitet, bedarf es einer Anweisung, dass die Aufnahme wiederholt werden soll oder muss, bzw. dass dieses Bild im Kasten ist und der Tauchgang fortgesetzt werden kann.

Sicher kein Schaden ist es, einige Sekunden zu investieren, um dem Model bereits unter Wasser ein gelungenes Bild auf dem Monitor zu zeigen und ein lobendes Schulterklopfen zu spendieren. Neben der Kommunikation ist Motivation ist alles. Und zu guter Letzt entwickelt sich beim Model ein Verständnis dafür, wie der bildgestalterische Ansatz des Fotografen ist. Vor diesem Hintergrund ist auch ein Nachbriefing sicher kein Fehler.

Die Kommunikation in der UW-Fotografie ist bei Weitem nicht eingeschränkt auf die Beziehung zwischen Fotograf und Model. Wie oben beschrieben entstehen manche Aufnahmen unter Einsatz von Sicherheitstauchern oder anderen Assistenten, die ebenfalls gebrieft und angewiesen werden müssen; Wohl und Wehe der gesamten Fotosession hängen von der Fähigkeit ab, sich miteinander zu verständigen.

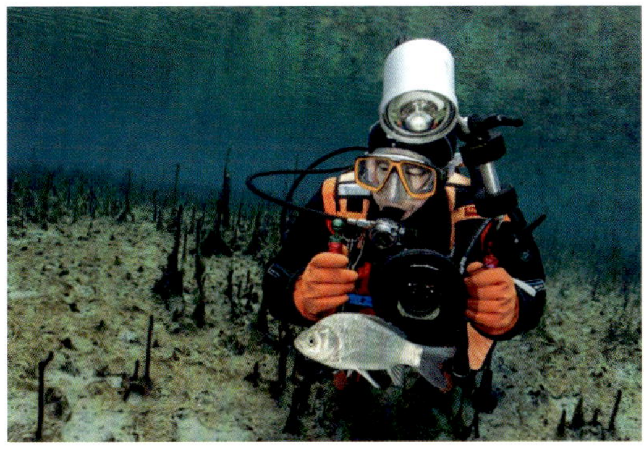

Der Nauticam WWL-C Konverter erzeugt Bilder bis zu einem Bildwinkel von 140° an Kompaktkameras mit 24 mm äquivalenter Kleinbild-Brennweite; und das bei exzellenter Abbildungsleistung. HF

Spätestens wenn eine Interaktion mit zur Bildidee gehört, entstehen komplexe Situationen. Sollen mehrere Taucher im Bild gezeigt werden, dabei sogar eine bestimmte Bildaussage erzielt werden, reicht die Vorbereitung für ein Foto schon an die für eine Videoaufnahme heran; ähnelt zumindest in Ansätzen dem Storyboard und der Regieanweisung.

Eher zufallsbehaftet ist dagegen die Interaktion zwischen Model und Meeresbewohnern. Wenigstens gefühlt unbezahlbar sind Bilder, auf denen Motiv und Model ein Miteinander erreichen. Hier geht nichts über taucherische Erfahrung, wobei es durchaus Fotografen gibt, die Stein und Bein schwören, während der Session mit dem Fisch vor der Kamera zu reden.

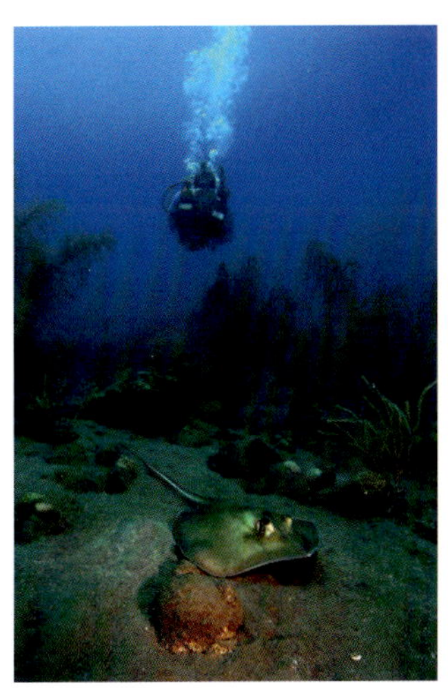

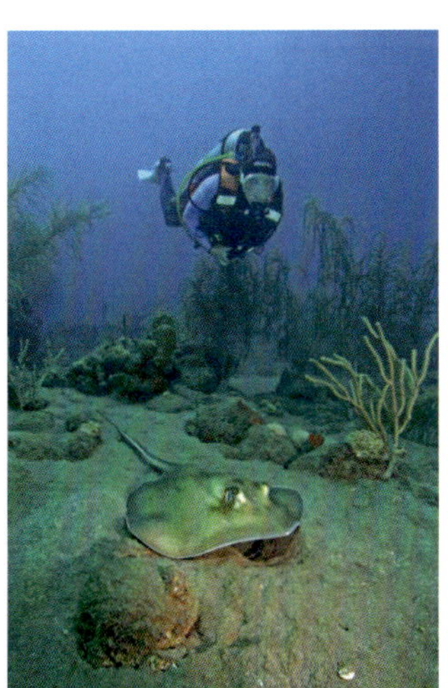

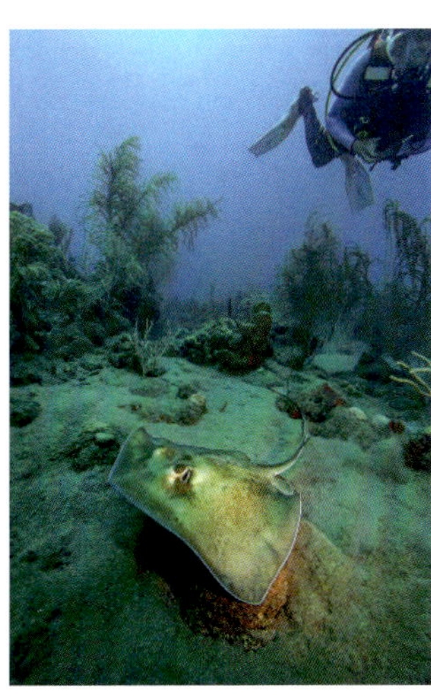

Die Serie zeigt, wie viele Bilder mit Fisch und Model entstehen: Der erste Schuss dient der finalen Kameraeinstellung; die Tauchpartnerin atmet derweil nochmal tief durch und nähert sich dann dem Rochen. Das Bild entsteht und Sekunden später ist die Szenerie Geschichte. GD

Mit List und Tücke

Bei aller Liebe zu korallinen Strukturen, farbenfrohen Nacktschnecken und eindrucksvollen Wrackaufnahmen bleibt das klassische Portrait frei schwimmender Fische, Kopffüßler und Meeressäuger die Königsdisziplin der UW-Fotografie. Nichts beeindruckt den unvoreingenommenen Laien und den Fachmann gleichermaßen. Im Gegensatz zu den meisten anderen Motivgruppen gibt es reichlich Vertreter dieser Arten, die sich partout nicht ablichten lassen wollen und dies durch Flucht oder Ausweichmanöver kundtun.

Zwar sind viele Fische, insbesondere solche mit guter Tarnung oder giftigen Flossenstrahlen, tolerant und reagieren gegenüber UW-Fotografen durchaus gutmütig. Der weitaus größere Teil zeichnet sich jedoch durch eine natürliche Scheu aus. Für diese Gruppe gilt dann der Grundsatz, dass der Fisch dem Taucher sowohl in Sachen Tempo als auch Wendigkeit immer überlegen ist. Um dennoch vernünftig zum Zuge zu kommen und nicht nur Fischschwänze zu fotografieren, muss in die Trickkiste gegriffen werden.

Modifikationen an der Ausrüstung

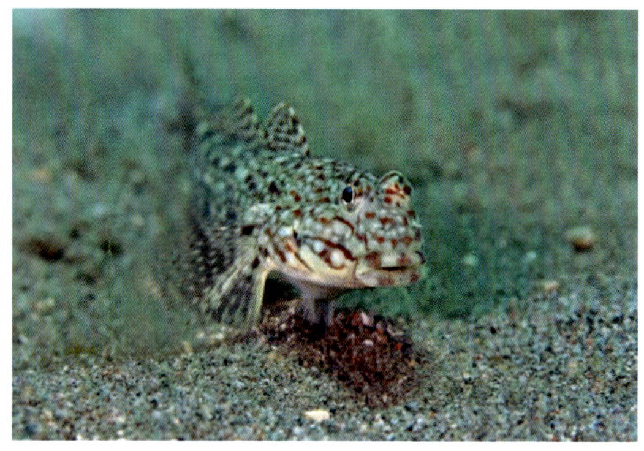

Längere Brennweiten erlauben formatfüllende Aufnahmen aus größerer Distanz. Sind keine Rottöne im Bild und das Wasser klar, fällt dies kaum auf. GD

Ein wichtiger Aspekt spielt die Geräuschkulisse eines Gerätetauchers. Insbesondere gegenüber dem Ausatemgeräusch zeigen sich viele Fischarten sehr sensibel. Um dieses zu reduzieren, bleibt der Umstieg auf Apnoe oder einen Rebreather. Erstgenanntes funktioniert stellenweise überraschend gut, verknappt aber die Tauchzeit und - das sollte man im Hinterkopf behalten - ein von oben herabstoßender Apnoeist wirkt auf Beutefische wie ein Fressfeind. Rebreather-Tauchen ist teuer, bedingt eine Zusatzausbildung und die Anforderungen an die Logistik steigen gerade im Urlaub drastisch an.

Auch bei der Kameratechnik lässt sich nachhelfen. Kleinere Bildsensoren, eine längere Brennweite oder beides kombiniert sorgen für mehr Abstand zum Motiv. Gelingt es so, außerhalb der Flucht- und doch innerhalb einer Aufnahmedistanz zu bleiben, die die Extinktion im Rahmen hält, ergeben sich neue Optionen. Ambitionierte Makrofotografen haben daher immer eine Auswahl an Makrooptiken zur Hand und reagieren je nach Lage der Dinge.

KB-Brennweite und Sensor	Entspricht UW	Bildwinkel	Motivdistanz
50 mm an Vollformat	66,5 mm	36,0°	50 cm
50 mm an APS-C f_{Crop} = 1,6	106,4 mm	23,0°	80 cm
100 mm an Vollformat	133,0 mm	18,5°	100 cm
100 mm an APS-C f_{Crop} = 1,6	212,8 mm	11,6°	160 cm

Die kurze Brennweite ist bei festsitzenden und wenig scheuen Motiven erste Wahl; die lange kommt zum Einsatz, wenn ein wenig mehr Abstand dazu beiträgt, eine Flucht zu verhindern. Zwar mag der Lichtweg im tabellarischen Beispiel mit in der Summe 3,2 m schon grenzwertig sein, aber besser einen Hauch weniger Rotanteile im Bild, als ein tolles Motiv verpasst. Außerdem hat der findige Fotograf sicher daran gedacht, die Blitzgeräte vor die Kamera zu bringen, um a.) den Lichtweg zu verkürzen und b.) blitzlichtfreies Wasser direkt vor der Kamera zu bekommen.

Das, was wir in der Tabelle für verschiedene Makro-Set Ups mit fester Brennweite durchgerechnet haben, gilt nicht nur für Makroobjektive, sondern gleichermaßen für Zoomobjektive und damit für Kompaktkameras. An die Stelle des Objektivwechsels tritt dann das Spiel mit dem Zoom-Regler, welches faktisch den gleichen Zweck erfüllt.

Anpirsch-Taktiken

Auch ganz ohne Investitionen in Tauch- und Fotoausrüstung lassen sich durch sinnvolle Tauchgangsplanung die Chancen auf gute Gelegenheiten erhöhen. Zu gewissen Zeiten sind Tiere weniger scheu, da andere Aktivitäten im Vordergrund stehen.

Im heimischen Baggersee gilt das im Frühjahr für Karpfen, die sich in Paarungsstimmung befinden, ebenso wie für den Zander, der seine Brut aufopferungsvoll verteidigt. Nach Einbruch der Dunkelheit ergeben sich Gelegenheiten für Aufnahmen, die tagsüber so nicht zu realisieren gewesen wären. Beispiele für solche Verhaltensänderungen je nach Jahres- oder Tageszeit gibt es auch im Salzwasser zuhauf. Erinnert sei an Fuchshaie, die man beim Early Morning Dive zu sehen bekommt, sowie an den prachtvollen Mandaringoby, der sich einzig in der Dämmerung für wenige Sekunden zeigt.

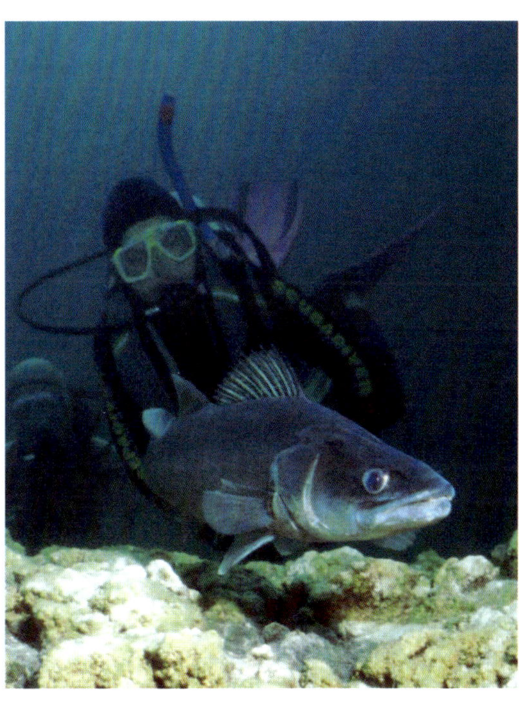

Zander fotografiert man im Frühjahr, wenn sie ihren Laich bewachen. GD

Natürlich lassen sich nicht alle Tauchgänge zu jeder Zeit nach den eigenen Vorstellungen im Kalender verteilen. Eine Eingrenzung auf die Urlaubswochen und das Angebot der Tauchveranstalter vor Ort sind durchaus gängige Restriktionen. Dann bleibt dem UW-Fotografen nichts anders übrig, als aus den Gegebenheiten das Bestmögliche zu machen.

Die Methoden, um an scheue Fische heranzukommen, unterscheiden sich durchaus. Relativ einfach gestaltet sich die Annäherung an Schwarmfische. Ihr Schutz ist der Schwarm, deshalb werden sich aus diesem kaum entfernen. In Zusammenarbeit mit einem routinierten Tauchpartner ist es relativ einfach, einen Schwarm in die Zange zu nehmen und ein wenig in die gewünschte Richtung zu dirigieren. Unterstützt wird dies durch Riffe, die die Bewegungsrichtungen eines Schwarmes noch ein wenig einschränken. Kniffliger, aber auch nicht unlösbar, ist das Treiben von Schwärmen im Freiwasser; selbst mit Barrakudas gelingt das ab und an.

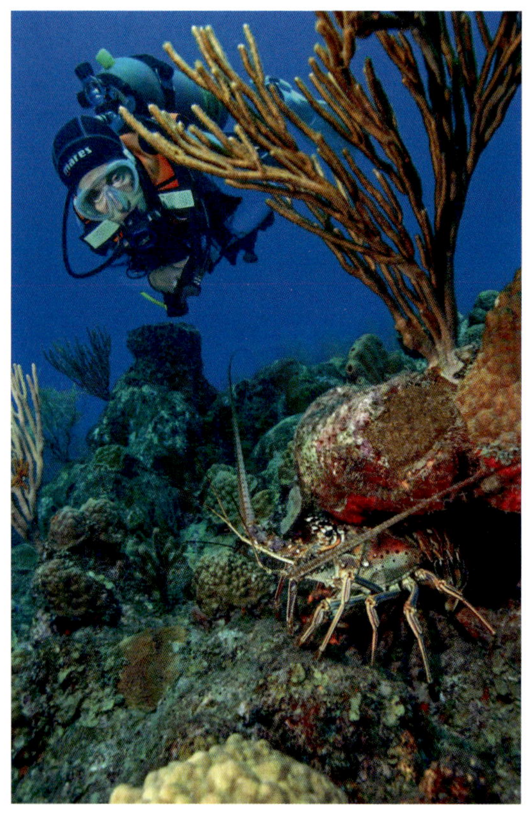

Buddyteams, die regelmäßig getrennt um Korallenblöcke herum tauchen, schaffen immer wieder erstklassige Fotosituationen. GD

Die Zangentaktik eignet sich auch für Fische, die nicht im Schwarm unterwegs sind. Meist sind dies etwas größere Exemplare, zu denen auch Raubfische zählen. Je nach deren Größe darf man es daher nicht übertreiben; gerade wenn ein gewisses Gefahrenpotential besteht, ist es ratsam, einen Fluchtweg offen zu lassen. Ein allzu sehr in die Enge getriebenes Tier wird sich im Rahmen seiner Möglichkeiten zur Wehr setzen, was mitunter sehr unangenehm sein kann. Sobald absehbar ist, dass man mit dieser Methode keinen Erfolg haben wird, lohnt es nicht, das Spiel mehrfach zu wiederholen. Vor allem, wenn die Minuten bis zu Dekopflicht oder Umkehrdruck nur noch einstellig sind, ist es ratsam, die Zeit für vielversprechendere Optionen zu nutzen.

Spekulativ ist das Einkreisen von Motiven, die sich hinter einem Korallenblock aufhalten könnten. Schwimmt ein Buddy links und der anderer rechts herum, hat man den Überraschungseffekt auf seiner Seite. Bis sich das Motiv nach der verbliebenen freien Seite orientiert und gedreht hat, bleibt Zeit für ein oder zwei Aufnahmen.

Zugegebenermaßen liegt die Wahrscheinlichkeit, so ein Motiv zu stellen nicht bei 100%. Aber wie so oft ist alles eine Frage der Häufigkeit. Wer es regelmäßig versucht, wird sich früher oder später eine sehr gute Möglichkeit erarbeiten. Dann – und nicht nur für diesen Fall - gilt, dass man hinter der Kamera während des Tauchgangs jederzeit auf eine überraschend auftauchende Gelegenheit vorbereitet sein sollte. Oft ist eine gute Gelegenheit nach wenigen Sekunden wieder vorbei. Die Parole lautet: die Augen überall, den Finger nur am Auslöser.

Wie sehr viele Landlebewesen sind auch zahlreiche Bewohner von See und Meer reviertreu. Bisweilen ist die Fläche, in der man sie immer wieder findet, sogar überraschend klein; bisweilen sind es sogar nur wenige Quadratmeter. Diese Vertreter verziehen sich zwar bei der ersten Annäherung eines Tauchers, jedoch nicht besonders weit. Vielmehr schauen sie sich die Sachlage an und schwimmen dann weiter auf ihren gewohnten Pfaden. Gerade hier zahlt sich ein klein wenig Geduld gepaart mit ruhigem Verhalten oft aus und das ausgesuchte Motiv kehrt wieder an seinen Ausgangspunkt zurück.

Das klassische Beispiel für dieses Verhalten findet man in der Familie der Korallenwächter. Die regelmäßig angesteuerten Punkte eines Individuums innerhalb seines Revieres lassen sich bereits nach sehr kurzer Zeit fast zuverlässig vorhersagen. Wer genug Geduld und Übersicht mit zur Location bringt, kann sich zudem die schönste Ansitz-Koralle raussuchen. Ebenfalls extrem mit ihrem Revier verbunden sind die Arten, die – aus welchen Gründen auch immer – ihr Zuhause so gut wie nie verlassen. Anemonenfische leben nun mal in und um ihre Anemone und der Peitschenkorallengoby trägt seinen Namen, weil er just dort anzutreffen ist.

Zum Ende dieses Absatzes lautet die gute Nachricht: Wer sich sparsam bewegt und auch sonst die Ruhe bewahrt, so mit geringem Luftverbrauch und Geräuschpegel daher kommt; dazu – sofern angebracht – trotz Tauchgerät eine gewisse Apnoe-Fähigkeit gepaart mit reichlich Geduld und Interesse mitbringt, wird dafür mit vielen tollen Fotogelegenheiten belohnt werden.

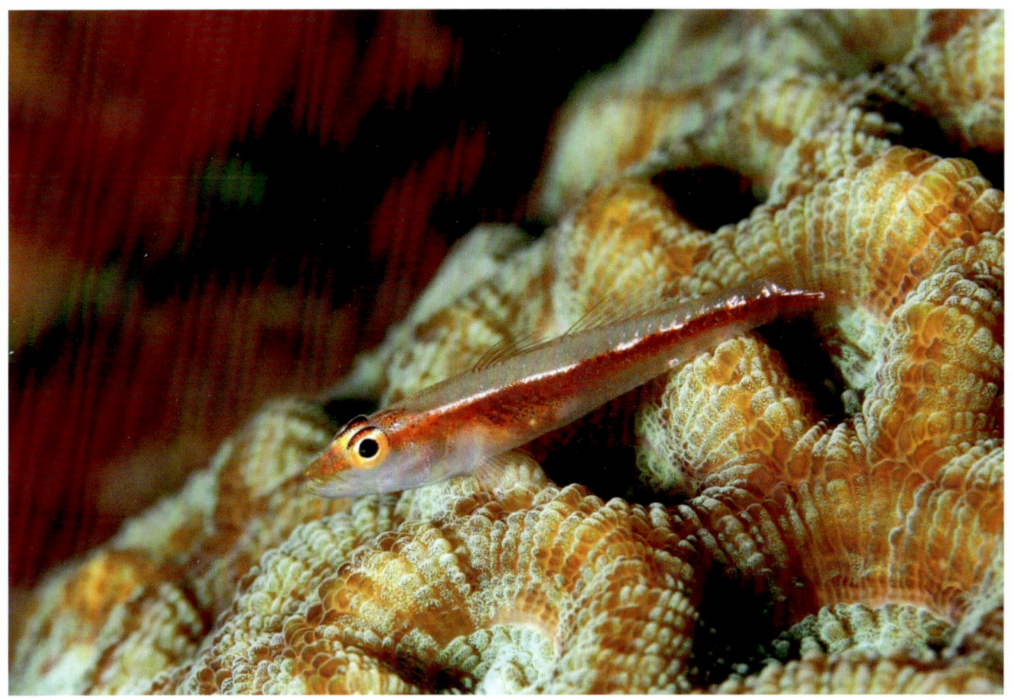

Der gestreifte Dreiflosser lässt Taucher, die sich ruhig verhalten, erstaunlich nahe heran kommen. GD

Flitzfische und der passende Autofokus-Modus

Fische, die sich ständig bewegen, sind nicht zwingend auf der Flucht. Zahlreiche Arten stehen in der Strömung und schnappen weg, was diese an Fressbarem heran treibt. Andere ziehen beständig ihre Bahnen auf der Suche nach Futter, bei der Patrouille durch ihr Revier oder auf der Suche nach einem Partner. Kurz das Leben unter Wasser steht nie still und wenn es allzu quirlig wird, kann und sollte man darauf bei der Kameraeinstellung reagieren.

Der Standard in der Fotografie ist sicher das statische Motiv. Ganz gleich, ob Portrait-, Architektur- oder Landschaftsfotografie, in den allermeisten Fällen werden sich die Motive weder von der Kamera weg noch auf diese zu bewegen. Dem tragen Kameras beim Zusammenspiel von Autofokus und Auslösevorgang Rechnung. Die Grundeinstellung ist die Schärfepriorität. Die Auswahl dieses AF-Modus hat zur Folge, dass die Kamera nur dann auslöst, wenn die Software erkennt, dass das spätere Bild zumindest im Bereich des angewählten AF-Messpunktes scharf abgebildet werden wird. Schärfe im Bild geht in diesem Fall also vor Auslösung. Die Schärfepriorität gelangt dann an ihre Grenzen, wenn sich ein Motiv innerhalb der Zeit, in der die Fotografie entsteht so weit bewegt, dass es den Bereich der eingestellten Schärfen verlässt. Der wichtige Bestandteil des Bildes wird dann unscharf dargestellt; ein Fall für die Entfernen-Taste. Um diesem Phänomen entgegenzuwirken, bieten fast alle zeitgemäßen Kameramodelle einen AF-Modus an, bei dem die Möglichkeit auszulösen an erster Stelle steht. Diese Auslösepriorität hat in den Kameramenüs unterschiedliche Bezeichnungen und wird AI Servo, im Fall der Olympus TG-6 AF-Tracking oder bei anderen Kameramodellen ähnlich genannt.

Ist die Entscheidung für die Auslösepriorität gefallen, wird die Kamera beim Auslösen auf jeden Fall ein Bild erzeugen. Dabei ist allerdings nicht sicher, dass der Bereich um den angewählten AF-Punkt scharf ist. Dieser AF-Modus unterliegt einem gewissen Risiko, da die Schärfe bei halb gedrücktem Auslöser der angepeilten Figur folgt; die Kamera also automatisch nachregelt. Mit einer höheren Ausschussquote muss gerechnet werden. Mit Blick auf das Risiko gilt, dass dieses mit längerer Brennweite steigt. Dies hängt damit zusammen, dass der Weg, den die Linsen zur Schärfeeinstellung zurücklegen, und die dafür benötigte Zeit gemeinsam zunehmen.

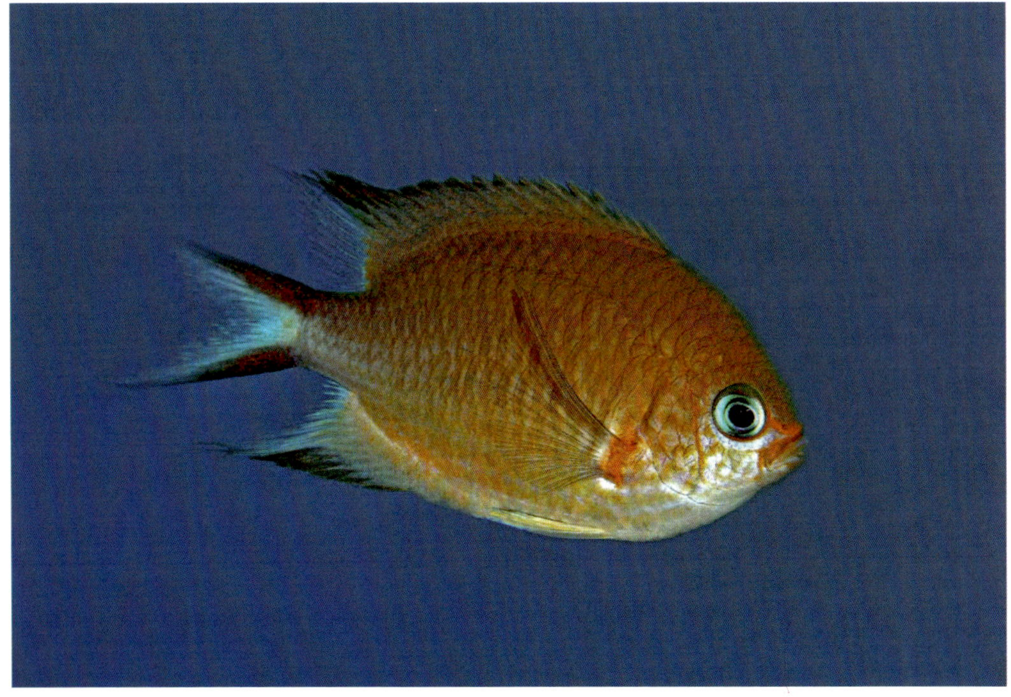

Mit Geduld bekommt man auch die vielen kleinen Barschartigen am Riff in schöner Pose auf den Chip. GD

In der Praxis ist es so, dass sich Fokussierweg und –zeit im Bereich der WW-Fotografie wegen der kurzen Brennweiten kaum bemerkbar machen werden, sofern halbwegs ausreichend Umgebungslicht zur Verfügung steht und der AF normal arbeiten kann. Motive, die sich ständig auf die Kamera zu bewegen, können so weitgehend unproblematisch abgebildet werden. Klassische Motive für diese Szenarien sind Meeressäuger und Großfische; frei schwimmende Delfine, Haie, Rochen etc. sind ein klarer Fall für die Auslösepriorität.

Deutlich kniffliger stellt sich die Arbeit mit den längeren Brennweiten dar. Den Gegenpart zu Hai und Co. bilden die Däumlinge, die mit ständig zuckender Bewegung im Freiwasser herumschwirren. In Anlehnung an die oben beschriebene, vergrößerte Aufnahmedistanz wird in solchen Fällen mit einer langen Brennweite gearbeitet. Nur dies garantiert, dass sich Individuen formatfüllend im Bild darstellen lassen.

Wie beschrieben besteht die große Schwierigkeit darin, dass die Zeit, die zur Fokussierung in keinerlei Verhältnis zur möglichen Geschwindigkeit stehen kann. Sowohl Schärfe- als auch Auslösepriorität bedingen eine dezidierte Herangehensweise.

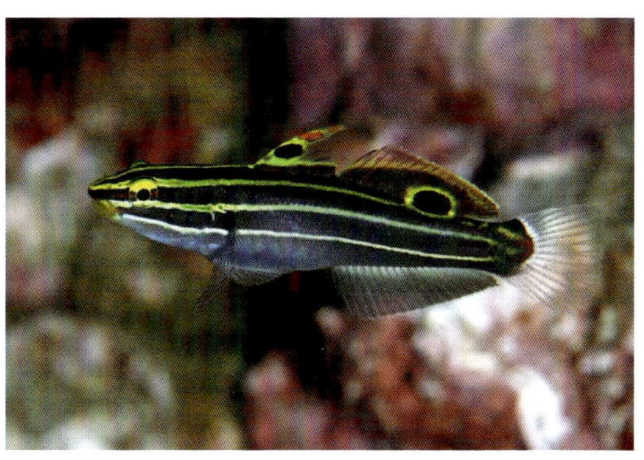

Die voll aufgerichteten Flossen verraten, dass dieses Kerlchen mitten in der Bewegungsänderung erwischt wurde. GD

Wählt man die Schärfepriorität, sollte man sich vor allem mit den Bewegungsabläufen des Motivs beschäftigen. Viele Kleinfische bewegen sich nicht konstant, sondern zyklisch und haben immer wieder kleine Pausen in ihrem Bewegungsablauf, die es zu nutzen gilt. Um in diesen kurzen Momenten zum Schuss zu kommen, empfiehlt es sich, vorbereitend eine ungefähr passende Aufnahmedistanz, z. B. durch Anvisieren eines benachbarten festsitzenden Objektes, einzustellen. Nur so ist angesichts des langen Fahrweges der Optiken halbwegs sichergestellt, dass durch ganz kurze Betätigung des Auslösers in kleinen Schritten, aber rasch scharf gestellt werden kann. Diese Technik muss ein wenig geübt werden; gerade beim Tragen dickerer Handschuhe.

Im Gegensatz hierzu erfolgt bei der Auslösepriorität eben keine Speicherung der Entfernungseinstellung; es liegt in der Natur dieses Modus, dass die Distanz kontinuierlich nachgeregelt wird. Die Strategie muss also sein, dem anvisierten Fisch über einen längeren Zeitraum mit der Kamera im Anschlag zu folgen. Während dessen regelt die Kamera die Schärfe nach. Wenn das Bild nach gestalterischen Gesichtspunkten passt, wird ausgelöst.

Bei der Wahl der aktiven AF-Punkte sind in beiden Fällen entweder das mittig-zentrale Messfeld – technisch gesehen ist dieses oft auch das beste - oder die automatische Messfeldwahl zu bevorzugen. Das zentrale Messfeld lässt die Konzentration auf einen einzelnen Punkt zu und bedingt dann nur noch ein rasches Verschieben der Kamera zur perfekten Bildgestaltung; die automatische Messfeldwahl erlaubt die Bildgestaltung im Voraus, bedingt also nur eine gewisse Antizipation, was den Bewegungsablauf betrifft.

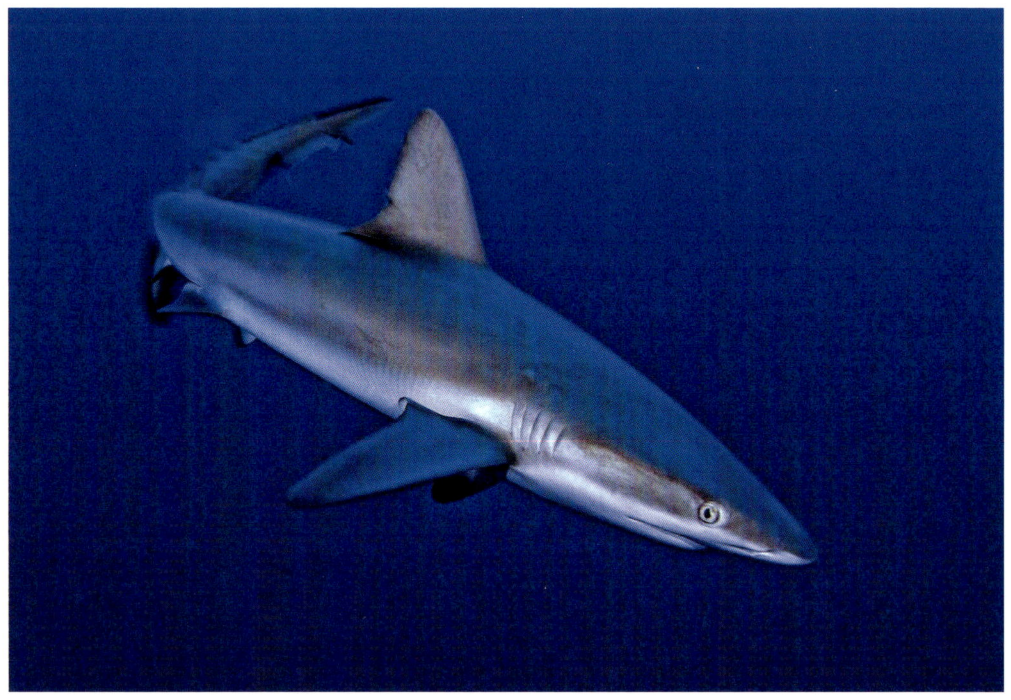

Karibische Riffhaie gehören zu den scheuen Spezies und drehen leider oft und viel zu früh ab. Hat man sich auf ihrem Weg platziert, lässt man den Servo-AF arbeiten und löst aus, wenn der Hai die Flanke zeigt. Dann ist die Motivfläche vor dem Blauwasser groß genug für eine zuverlässige TTL-Blitzsteuerung. Bis auf eine leichte Blitzbelichtungskorrektur ins Minus arbeitet das Kamerasystem automatisch. GD

Hinweise:

Ganz gleich, für welche Kameraeinstellung sich der UW-Fotograf entscheidet, über zwei Aspekte muss er sich bei der Makrofotografie von kleinen, flinken Fischen im Klaren sein:

- Zusätzlich zum Blitz ziehen sowohl das Scharfstellen in kleinen, stotternden Schritten als auch die kontinuierliche Verfolgung unglaublich viel Energie aus dem Kameraakku. Einen Tagesausflug mit zwei intensiven Makrofoto-Tauchgängen wird ein normaler Akku kaum überstehen. Dem entsprechend gehört ein Ersatzakku mit an Bord.
- Die Ausschussquote ist im Vergleich zur WW-Fotografie oder der Aufnahme festsitzender Motive deutlich höher. Von daher gilt hier mehr denn je, mit einem Motiv intensiv zu arbeiten und – sofern möglich – eine komplette Serie an Aufnahmen anzufertigen.

Bild rechts: Glück muss man haben und das richtige Objektiv. Hecht frisst Aal. HF

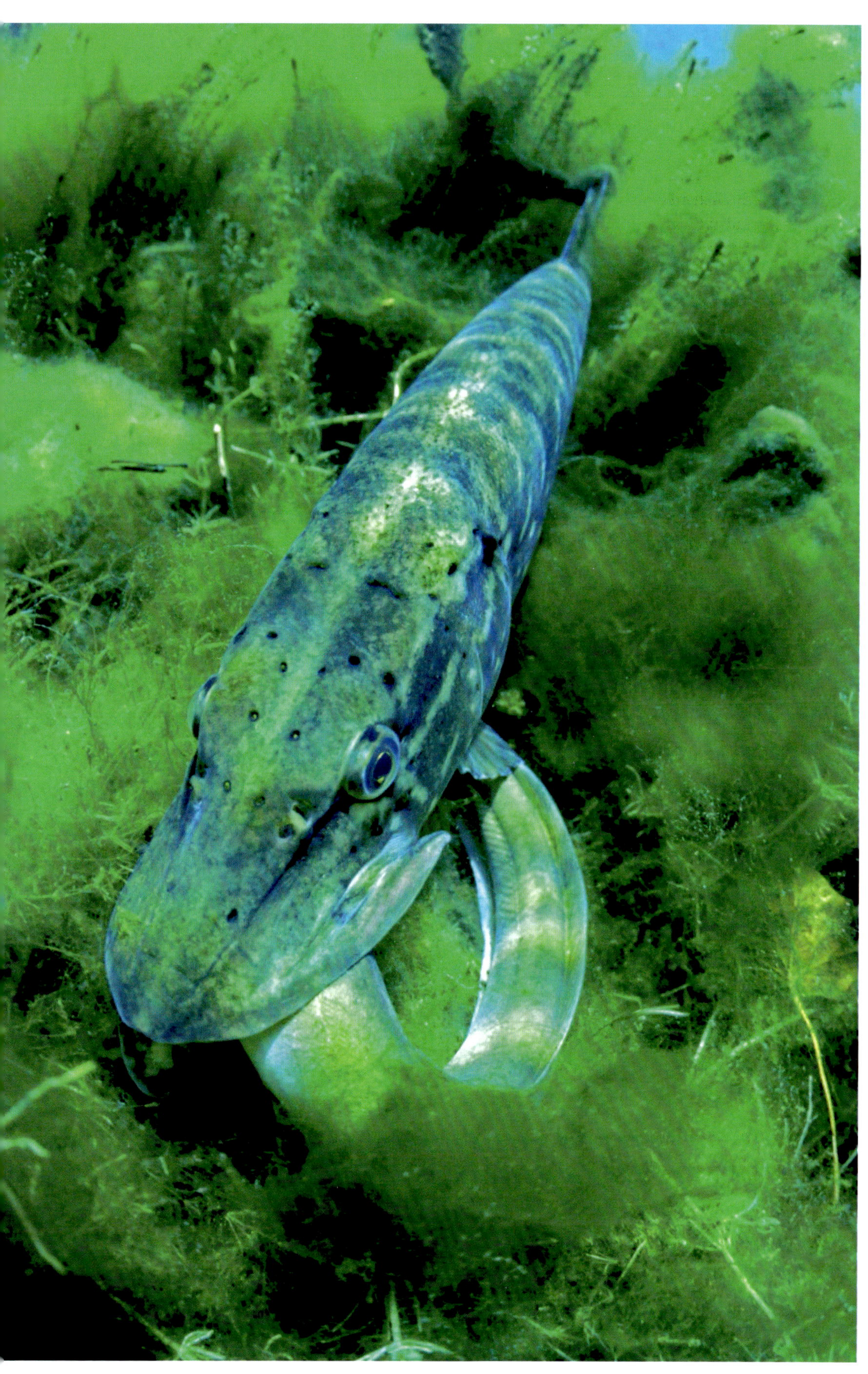

Halb und Halb-Aufnahmen

Eine besondere Disziplin innerhalb des WW-Genres stellen Halb und Halb-Aufnahmen dar; an das Englische angelehnt auch Split-Level-Aufnahmen genannt. Per Definition sind dies Bilder, die Bestandteile sowohl über und als auch unter Wasser zeigen. Dabei ist die Wortwahl Halb und Halb nach den Regeln der Bildgestaltung natürlich ein wenig unglücklich. Bekanntermaßen sollte der Bildaufbau mit zwei genau oder annähernd gleich großen Teilen eher vermieden werden.

Viele Bilder mit Elementen unter und über der Wasseroberfläche, wie oft und gerne in Reiseprospekten gezeigt, entstehen am Computer und werden dort aus Teilen mehrerer Fotografien zusammen montiert. Mit der echten, in einer Belichtung entstandenen Aufnahme haben diese Produktionen wenig bis nichts zu tun, denn reinrassige Halb und Halb-Aufnahmen sind gar nicht einmal so einfach umzusetzen.

Zuerst wird gewünscht, dass der Übergang zwischen Luft und Wasser als Grenzlinie scharf im Bild erscheint. Um die Wellenbewegungen einzufrieren, darf mit höchstens 1/125 s, eher noch kürzer belichtet werden. Zugleich sollen die Bildbestandteile aus beiden Elementen scharf dargestellt werden. Bei einem Taucher im Vorder- und der Urlaubsinsel oder dem Safariboot im Hintergrund sind kleine Blendenöffnungen gefordert.

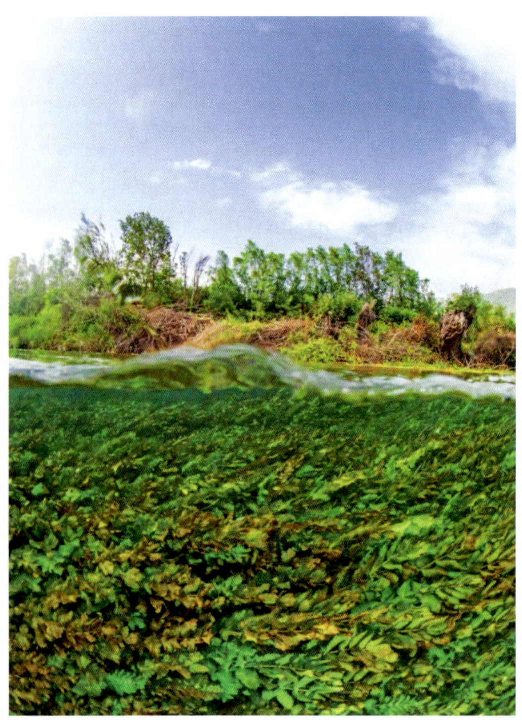

Halb und Halb-Aufnahmen in einem heftig strömenden Wildbach sind knifflig, da man kaum Halt hat. Der UW-Anteil sollte bei Bedarf mit einem Blitz oder einer Videoleuchte aufgehellt werden. HF

Die Kombination aus kurzer Verschlusszeit und kleiner Blendenöffnung zieht tendenziell höhere ISO-Werte nach sich und erfordert damit große Rauschtoleranz der Kamera. Echte WW-Objektive mit einer KB-Brennweite von 20 mm oder weniger sind ein Muss; Konverter werden vor allem im oberen Teil des Bildes zu Streiflichtern neigen. Von daher ist die Halb und Halb-Aufnahme eine der letzten verbliebenen Domänen der Systemkamera in Kombination mit einem Super-WW-Objektiv hinter einem großen Domeport.

Die nächste Herausforderung liegt im unterschiedlich hellen Umgebungslicht. Reflexion und Absorption kosten auf der UW-Seite eine Blendenstufe und mehr an Licht, wenn nicht direkt über hellem Sand gearbeitet wird. Abhilfe bei Unterschieden in der Dynamik schaffen ein geteilter Graufilter, der die obere Bildhälfte abdunkelt, oder aber die anschließende Bildbearbeitung. Da jene mit RAW-Dateien besser umzusetzen ist, ist das ein weiteres Argument für die höherwertige Kamera.

Die Helligkeitsunterschiede lassen sich zumindest dann mittels Blitzlicht ausgleichen, wenn das primäre UW-Motiv nahe an der Kamera platziert wird. LED-Lichter sind im gleißenden tropischen Sonnenlicht definitiv als Aufheller zu schwach. Auch die eingesetzten Blitzgeräte werden an der Leistungsgrenze arbeiten müssen. Erinnert sei hier noch einmal an die Synchronzeit, die die Kamera bei Blitzlichteinsatz zulässt. Synchronzeit und eine Mindestbelichtungszeit von 1/125 s lassen beim Blitzeinsatz nur eine sehr eingeschränkte Auswahl an Belichtungszeiten zu.

Neben der Ausrüstung erfordert auch die Fotosession selbst ein konzentriertes Arbeiten. Der Bildaufbau muss Motiv, Model und Sonnenstand berücksichtigen. Peinlich genau ist darauf zu achten, dass keine Wassertropfen außen am Port haften und ein Bild ruinieren. Bei großen Temperaturunterschieden zwischen Wasser und Luft darf nicht mit Silicagel gegeizt werden, um ein Anlaufen der kälteren Seite des Domeports auf jeden Fall auszuschließen.

Zu Beginn der Aufnahme bleibt noch die grundlegende Frage zu beantworten, ob mit dem AF oder aber einer fix eingestellten Aufnahmeentfernung gearbeitet werden soll? Zunächst klingt der Einsatz des AF nach mehr Flexibilität. Erinnern wir uns jedoch an die insgesamt komplexe Aufnahmesituation, klingt die Entscheidung zu einer im Voraus fix eingestellten Entfernungseinstellung gar nicht so abwegig. Für diesen Ansatz sprechen vor allem zwei Argumente.

Wird an der Wasseroberfläche in sehr hellem Umgebungslicht gearbeitet, dann ist zunächst die Sicht auf den AF-Punkt nicht mehr ganz so einfach. Wellengang und eventuell zwei unter der Kamera montierte Blitzgeräte, zudem die Kamerahaltung im Hochformat sind in der Summe durchaus tückisch. Hier trägt eine fix eingestellte Fokusdistanz dazu bei, eine Herausforderung weniger meistern zu müssen.

Clever ausgewählt sind große Teile des Bildes knackscharf, ohne dass man einen Gedanken an die Fokussierung verschwenden muss. Stellt man ein 16 mm-Objektiv auf eine Entfernung von 125 cm ein und wählt zugleich Blendenwert 11, dann wird alles, was sich im Bereich zwischen 60 cm und 60 m vor einer APS-C Kamera mit einen Crop-Faktor von 1,6 befindet, scharf abgebildet. In den allermeisten Fällen, vor allem wenn ein Model im Bild erscheinen soll, wird sich damit vernünftig arbeiten lassen.

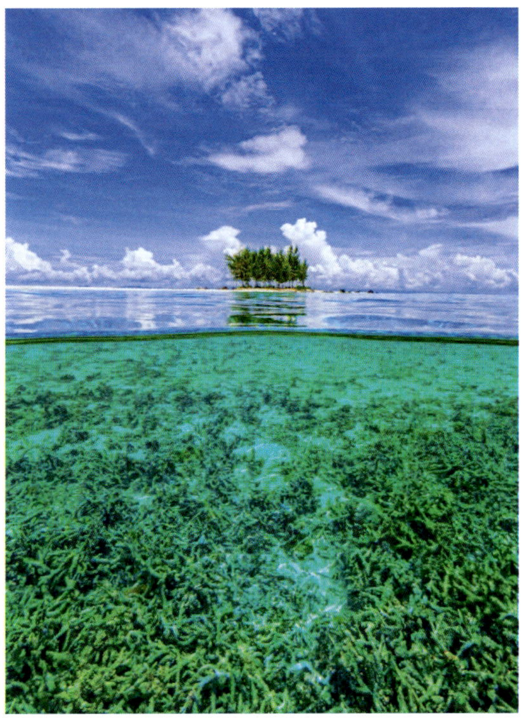

Über hellem Untergrund kann auch im UW-Teil des Bildes auf Kunstlicht verzichtet werden. HF

Szenen in Schwarz und Weiß

Obwohl s/w-Aufnahmen nur bei wenigen UW-Fotografen auf der Agenda stehen, sind sie ein probates Mittel, um neue Sichtweisen zu kreieren oder problematische Farbaufnahmen als Graustufenbilder in den Griff zu bekommen. Wenn Trübheit herrscht, die Kontraste in den Keller rauschen und die Farben so verwaschen rüber kommen, dass auch eine ausgefeilte Bildbearbeitung kaum nennenswerte Fortschritte erkennen lässt, ist es Zeit für die s/w-Fotografie.

Der Notnagel

Man mag es drehen und wenden wie man will. Die physikalischen Umstände unter Wasser lassen sich nicht austricksen und trotz Kunstlicht, RAW-Bearbeitung und Anwenden aller Kniffe wirken Bilder blass und vor allem stark farbstichig, als wie entweder mit einem blauen oder grünen Farbschleier überzogen. Bisweilen, bei Weitem nicht immer, kann die Umwandlung in ein s/w-Bild das Foto noch retten und zu einem ansehnlichen Ergebnis führen. Dabei muss man sich aber darüber im Klaren sein, dass aus einem fehlerbehafteten Bild keinesfalls plötzlich ein Volltreffer werden wird. Die Regeln zur Bildgestaltung, insbesondere zu Geometrien und Kontrasten, gelten gleichermaßen für s/w-Bilder.

Der große Vorteil bei der Konvertierung besteht darin, dass s/w-Variationen gegenüber dem farbigen Original deutlich höhere Kontraste vertragen. Das kontrastarme Farbbild kann nach der Wandlung nach s/w über den entsprechenden Regler einer jeden Bildbearbeitungssoftware noch gewaltig gepusht werden.

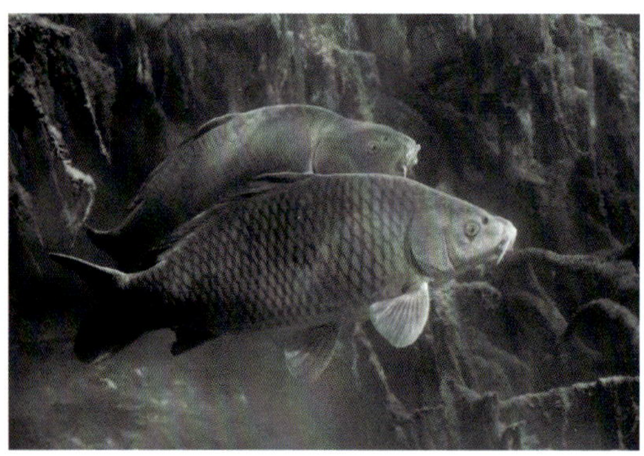

Blitzen ist nicht drin gewesen, denn die beiden Karpfen zogen eine Schlammwolke hinter sich her. Natürliches Licht und die Umwandlung in s/w konnten die Aufnahme retten. HF

Die zuvor auszuführende Umwandlung nach s/w kann über mehrere Wege erreicht werden. Alle gängigen Programme bieten die Konvertierung mit einem einzigen Mausklick. Ein wenig dezidierter ist das Eliminieren der Farbe über den Sättigungsregler. Es ergibt bei der Bildwirkung durchaus einen Unterschied, ob man die Farbe nur zu 85% oder doch zu 100% herausnimmt.

Mit der ganz feinen Klinge arbeitet, wer die Sättigung einer jeden einzelnen Farbgruppe von RGB bis CMYK verändert. Das Ausprobieren dieser Methode empfehlen wir ausdrücklich.

Hinweis:

Vor der Wandlung nach s/w muss eine Kopie der Bilddatei, möglichst im nicht komprimierten TIFF-Dateiformat, erstellt werden. Hat man nämlich erst einmal das s/w-Bild erzeugt und gespeichert, bekommt man daraus kein Farbfoto mehr. Die Farbinformationen sind futsch.

Künstlerische Gestaltung durch Reduktion

Unabhängig von der Bildrettung durch eine Wandlung besteht natürlich immer die Option, von vorne herein s/w-Aufnahmen anfertigen zu wollen. Die Entscheidung in diese Richtung kann entweder fallen, weil von Anfang an völlig klar ist, dass das Motiv einfach zu groß ist, um überhaupt eine Chance auf eine vernünftige Farbaufnahme zu erreichen; oder das Ziel ist die Reduktion auf Wesentliches, Stimmungen und Emotionen.

Beschreitet man diesen Weg, dann muss man den s/w-Modus in der Kamera vorwählen. Üben Sie das an Land, sonst müssen sie unter Wasser im Menü suchen und verlieren viel Zeit. Alternativ kann man die Kamera auch schon auf s/w umstellen, wenn die Gerätschaften für den Einsatz zusammengebaut werden. Obligatorisch ist auch in der s/w-Fotografie die Datenspeicherung in RAW und JPG. Über den RAW-Konverter lässt sich im Nachgang dann sogar wieder ein Farbbild generieren.

Wer es sich leisten kann: Die Leica M Monochrom, eine spezielle s/w-Kamera, mit der man nicht farbig fotografieren kann, erzeugt die besten s/w-Bilder, weil die Pixelfunktion nicht durch Farbfilter beeinflusst wird. Insofern entfällt die störanfällige Interpolation zur Berechnung der Helligkeitswerte; weiter wird durch Weglassen des Tiefpassfilters eine enorme Bildschärfe erreicht.

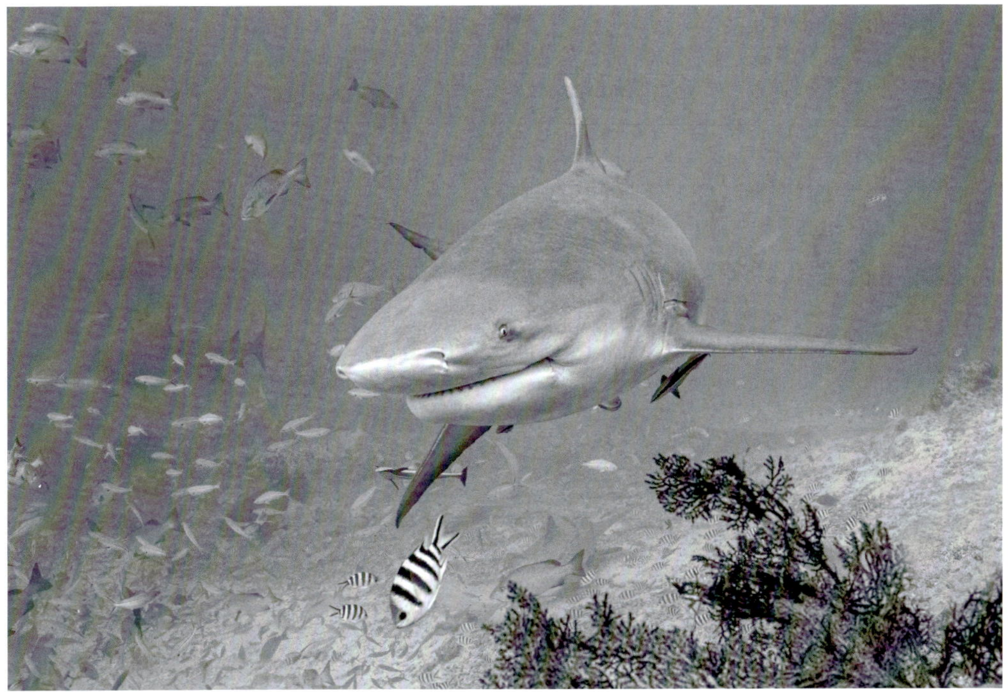

Ein klassisches s/w-Motiv: Bullenhaie gehören zu den wirklich gefährlichen Spezies im Meer. Etwas Vorsicht ist geboten, wenn die Sicht schlecht ist. Neugierig kommen sie näher und versuchen zu erkunden, wer sich in ihrem Revier aufhält. HF

Eine wirklich gute Nachricht gibt es in Sachen ISO-Wert. Da die Bildkörnung – auch aus der Historie heraus – mit zur s/w-Fotografie gehört und dieser Effekt im Wesentlichen dem Bildrauschen aufgrund höherer ISO-Werte entspricht, kann im s/w-Modus mit größerer Lichtempfindlichkeit gearbeitet werden. Gerade bei tiefer liegenden Fotolocations ergibt sich hieraus ein Vorteil, den man nutzen mag.

Galt früher die Prämisse, dass s/w-Aufnahmen nicht geblitzt werden sollten, kann man sich davon verabschieden. Es gibt keinen Grund, generell auf Blitzlicht zu verzichten. Letztlich zählt immer die Bildwirkung. Zu beachten ist, aber das werden Sie selbst feststellen, dass nicht alle Motive in s/w wirken. Als Richtlinie mag gelten, dass größere Bildwinkel besser für s/w-Aufnahmen geeignet sind. Aber wie immer gilt: Keine Regel ohne Ausnahme.

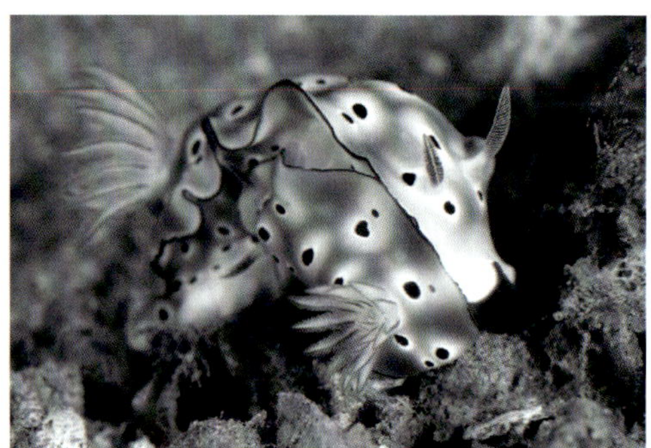

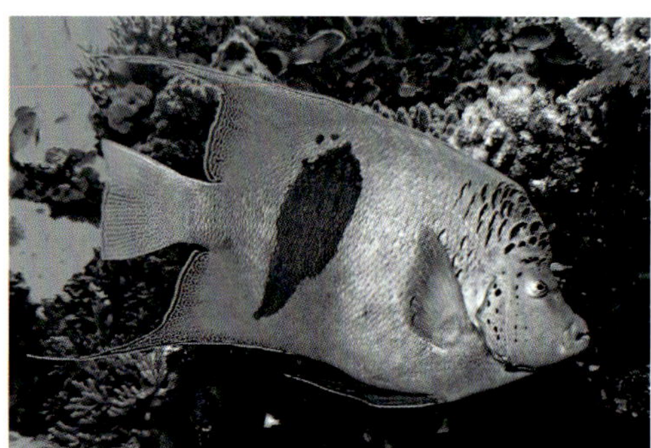

Makro-Motive (li.) wirken in s/w nur, wenn sich die Figuren, hier zwei Nacktschnecken, in ihrer Struktur vom Bildhintergrund abheben. Gängig ist dagegen das s/w-Portrait von Fischen (re.), das seit Anbeginn der UW-Fotografie existiert. Ein überraschender Effekt: Der gelbe Fleck des Halbmond-Kaiserfisches fällt in s/w deutlich dunkler aus als der restliche Körper. GD

Monochrom, Sepia und Colour Key

Neben den klassischen s/w-Bildern besteht in den Bildbearbeitungsprogrammen die Möglichkeit zur Umwandlung in Monochrom, Sepia oder sogenannte Colour Key-Bilder. Bisweilen bieten auch Kameras neben der Möglichkeit, Bilder direkt in s/w aufzuzeichnen, ein Programm für Sepia-Aufnahmen. Bei derartigen Editierungen spielt der persönliche Geschmack eine wichtige Rolle. Nicht jedem gefallen derartige Bilder, weil sie ein Resultat der Fantasie sind; und die hat auch in der UW-Fotografie keine Allgemeingültigkeit. Wir ermutigen jedoch ausdrücklich, auch in diese Richtung zu experimentieren, um so zu einem individuellen Stil zu gelangen.

Monochrome Bilder, also solche, die durch einen einzigen Farbton in seinen diversen Schattierungen dominiert und charakterisiert werden, werden im Nachgang mit Hilfe eines Bildbearbeitungsprogrammes angefertigt. Das erste Werkzeug, um dies zu realisieren, ist das Spiel mit der Funktion gleiche Farbe. In einem zweiten Schritt kann man mit der Funktion Farben ersetzen die zuvor durch Mittelung erreichte monochrome Farbe verändern. Dabei ist es durchaus sinnvoll, mehrere Varianten durchzuspielen, diese auch abzuspeichern und am Ende miteinander zu vergleichen. Dieses Vorgehen verringert die Gefahr, sich komplett zu vergaloppieren.

Als Colour Key-Bilder bezeichnet man Aufnahmen, bei denen alle Farbgruppen bis auf eine oder zwei vollständig eliminiert werden. Man mag dies als Effekthascherei werten, aber bei der einen oder anderen Gelegenheit werden solche Bilder mit Erfolg präsentiert.

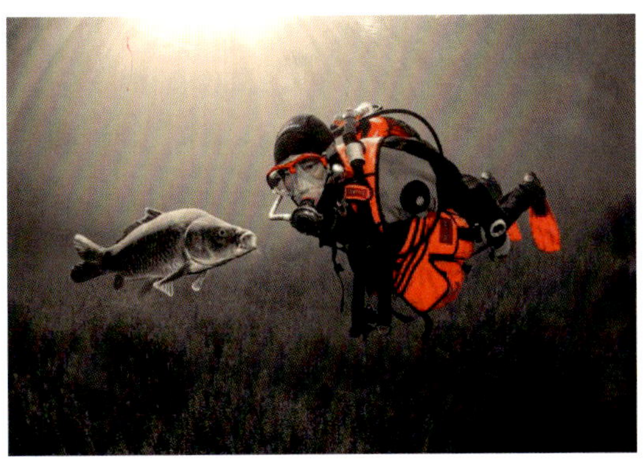

Colour Key: Alle Farben außer Rot wurden aus dem Bild entfernt; danach kam noch ein Sepia-Filter zum Einsatz. HF

Technisch gesehen eliminiert man dazu alle Farbgruppen im Bild außer der gewünschten. Dies kann z. B. ganz rasch umgesetzt werden, indem man die Sättigung aller nicht erwünschten Töne der RGB- sowie der CMYK-Gruppen auf null setzt. Einzig die Farbgruppe, die noch verbleiben soll, wird nicht reduziert.

Wie alle anderen Modifikationen können Monochrom-, Sepia- und Colour Key-Bearbeitungen vorgenommen werden, wenn dies erforderlich wird, so z. B. für den Einsatz in reinen s/w-Printmedien, für Bildausstellungen oder für die entsprechend ausgeschriebene Kategorie im UW-Fotowettbewerb; selbstredend aber auch immer dann, wenn solche Aufmachungen dem eigenen Geschmack entsprechen.

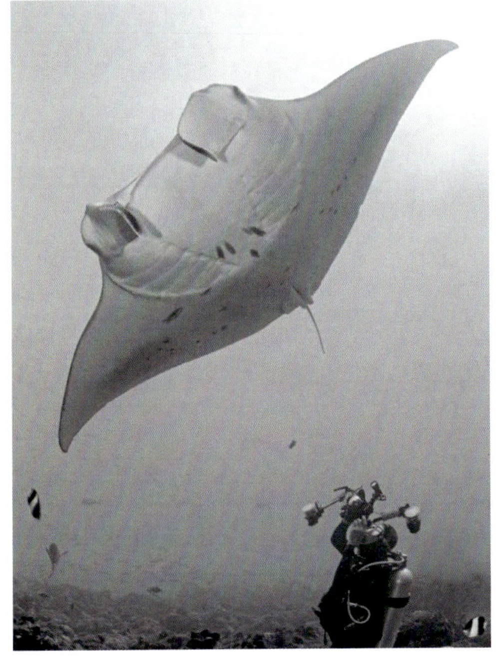

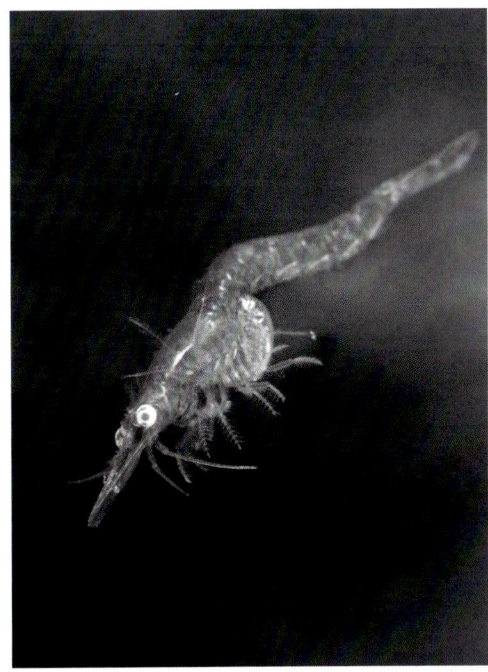

Mantas im Gegenlicht (li.) eignen sich hervorragend als Motive für die s/w-Fotografie; das gezeigte Bild gewinnt durch die Interaktion zwischen Manta und Taucher. HF
Bilder transparenter Krebstierchen (re.) wirken in s/w und mit hochgezogenem Kontrast wie Aufnahmen aus dem Röntgengerät. GD

Gängige Einstellungen zur Weitwinkel-Fotografie

Basiseinstellungen für die Olympus TG-6

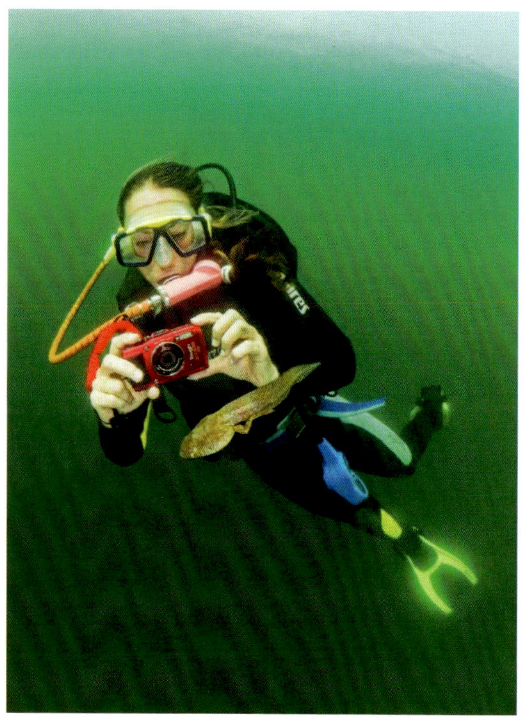

Wer mit der passenden Einstellung fotografiert, ist auch Schnappschuss-Situationen gewachsen. HF

Die Olympus TG-6 gehört zu den meistverkauften und populärsten Outdoor-Kameras. Unter Wasser steht sie im Reigen der Kompaktkameras an der Spitze. Deshalb wird sie bei den nachstehenden Empfehlungen für sinnvolle und praktische Kamera-einstellungen als Referenzkamera hergenommen. Gleichwohl gelten die Vorschläge in etwa ebenso mit nur geringen Abweichungen auch für andere Kompaktmodelle.

ISO-Einstellung

Im Normalfall stellen Sie die Kamera auf ISO 200. Das passt eigentlich immer, sogar bei Gegenlichtaufnahmen. Im extremen Nahbereich geht auch ISO 100. Hier haben Kompaktkameras üblicherweise die beste Bildqualität. Wenn das Umgebungslicht sehr düster wird, kann man zumindest mit modernen Kompaktkameras auch mit ISO 400 fotografieren. Nahaufnahmen sind, obwohl das Rauschen nicht explizit sichtbar ist, aber besser mit ISO 100 oder ISO 200 anzugehen. Eventuell kann ISO 100 bei Gegenlichtaufnahmen reüssieren, weil die Fotodioden auf dem Bildsensor nur die Hälfte der Signalerhöhung als bei ISO 200 erhalten und der Bildsensor entsprechend weniger Licht aufnimmt. ISO-Auto ist nicht zu empfehlen, da die Kamera die Einstellempfindlichkeit bei bedecktem Himmel so weit nach oben zieht, dass man in den Bereich stärkeren Rauschens kommt.

Blende

Weil Kompaktkameras wie die TG-6 mit 1/2,3 Zoll eher kleine Sensoren besitzen, lässt sich die Blende wegen der Beugungsunschärfen nur mäßig schließen. Oft ist es so, dass man die Blende nur in Intervallen beeinflussen kann, so z. B. von 2,8 über 4,5 nach 8. Das macht man manuell im Modus Zeitautomatik, wenn die Bilder zu hell werden.

Man geht bei kleinen Blendenöffnungen aber das Risiko ein, dass die Bilder nicht mehr über Gebühr vergrößert werden können, weil die förderliche Blende als Grenzwert der globalen Bildschärfe weit überschritten wird. In manchen Kompakten werden die Beugungsunschärfen elektronisch zufriedenstellend rausgerechnet.

Ein guter Einstellungswert ist Blende 4,5. Bessere Kompaktkameras mit 1 Zoll-Bildsensoren besitzen regelbare Blendeneinstellungen bis etwa Blende 8 oder 11. Hier ist Blende 5,6 eine gute Wahl.

Verschlusszeit

Auf die Verschlusszeit hat man bei vielen Kompaktkameras, insbesondere in der Outdoor-klasse, keinen direkten Zugriff. Die TG-6 z. B. gestattet dies nicht. Man kann nur indirekt über die ISO-Zahl eingreifen, was aber nicht gerade zweckmäßig ist.

Hochwertige Kompaktkameras besitzen den direkten Zugriff auf die Verschlusszeiten. Er wird benötigt, wenn manuell fotografiert wird, also Zeit und Blende von Hand eingestellt werden; oder im Modus Blendenautomatik, denn da wird die Verschlusszeit primär vorgewählt und die Blende automatisch eingestellt.

Eine vernünftige Verschlusszeit ist im Makrobereich 1/60 s, weil das Blitzlicht die Bewegungen der Motive zuverlässig einfriert. Kürzere Verschlusszeiten bis hin zur Synchronzeit passen immer. WW-Aufnahmen macht man vorzugsweise mit 1/125 s, um dadurch Verwacklungen vorzubeugen; ISO wählt man entsprechend vor.

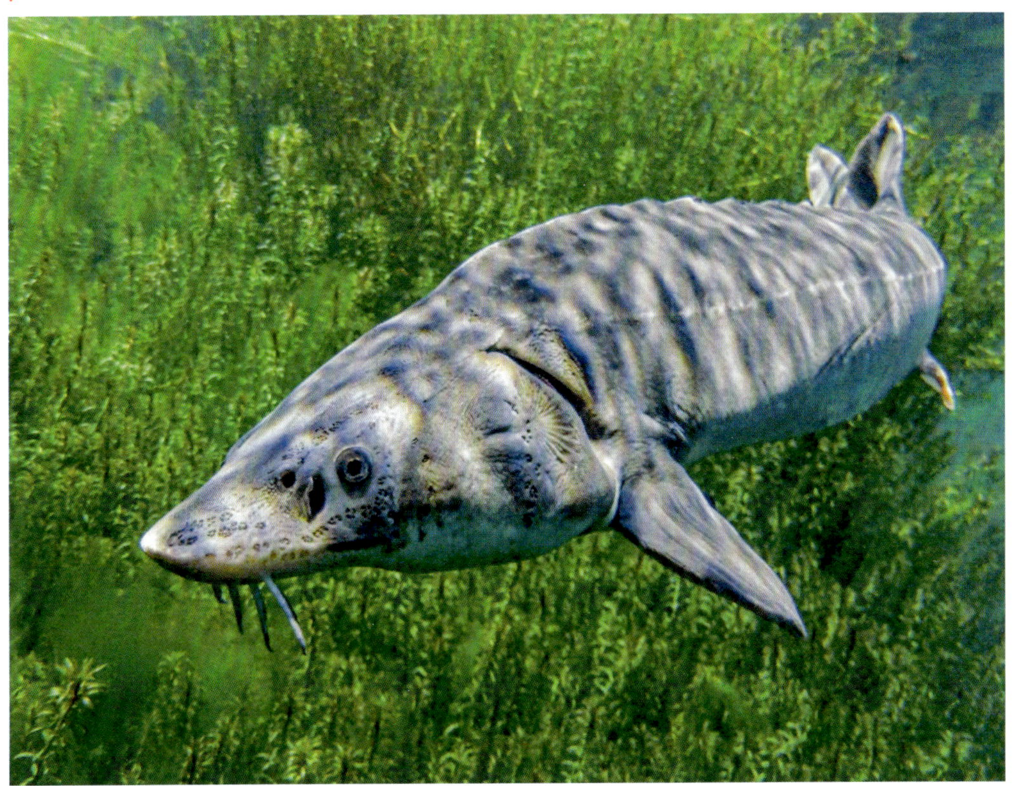

Mit einem WW-Konverter bringt man auch größere Fische aus kurzer Distanz ins Bild. HF

Zeitautomatik

Die Zeitautomatik nimmt man, wenn Einfluss auf die Blende genommen werden soll. An der TG-6 kann man diese an einem auf dem Kameradach angebrachten Rad verändern. Es geht dabei aber weniger um die Schärfentiefe, denn die ist selbst bei Blende 2,8, was hinsichtlich der Schärfentiefe Blende 16 im Vollformat entspricht, hinreichend groß. Vielmehr dreht es sich um die richtige Belichtung, auch beim Blitzen. Die Zeitautomatik ist sowohl für Makro als auch für WW-Aufnahmen uneingeschränkt geeignet.

Verwendet man die TG-6, so stellt sich beim Blitzen automatisch eine Synchronzeit zwischen 1/30 s und 1/2.000 s ein. Beachten muss man nur, dass man bei Verschlusszeiten zwischen 1/60 s und 1/30 s die Kamera nicht immer ruhig halten kann, wenn die Eigenbewegung zu groß ist oder Wellengang, Dünung und Strömung vorherrschen. Für andere Kompaktkameras gilt das in ähnlicher Weise.

Programmautomatik

Vom Prinzip her ist die Programmautomatik die bevorzugte Einstellung für entspanntes Fotografieren. Mit Ausnahme der ISO-Zahl, die man vorher einstellen muss, kann man sich ganz auf sein Motiv konzentrieren. Zeit und Blende ermittelt die Kamera nach einem vorgegebenen Algorithmus, welcher kurze Verschlusszeiten priorisiert. Wenn es schnell und unkompliziert gehen muss, ist die Programmautomatik der bevorzugte Belichtungsmodus.

Nachteilig wirkt sich aus, dass man dann in den Belichtungsverlauf nicht eingreifen kann. Das Bildresultat muss so akzeptieren werden, wie es die Kamera ermittelt hat. Das Blitzlicht hat keinen Einfluss auf den Belichtungsverlauf; egal, ob TTL oder manuell geblitzt wird.

Praktische Einstellungen für die TG-6:

Grundlegend: ISO 200 fix, automatischer Weißabgleich, Einzelbildauslösung, höchste Bildqualität und zugeschaltete Bildspeicherung als RAW-Datei

- Programmautomatik
  - ✓ Entweder mit aktiviertem RC-Blitzmodus mit Olympus-Blitz UFL-3
  - ✓ Oder mit aktiviertem Aufhellblitz mit beliebigem externem Blitz mit Fiberoptik

- Zeitautomatik mit gewählter Blendenstufe 2,8
  - ✓ Entweder mit aktiviertem RC-Blitzmodus mit Olympus-Blitz UFL-3
  - ✓ Oder mit aktiviertem Aufhellblitz mit beliebigem externem Blitz mit Fiberoptik

---

Bild rechts: Es schadet sicher nichts, wenn man sich frühzeitig darüber Gedanken macht, welche Einstellung bei Schnappschüssen am besten funktioniert. GD

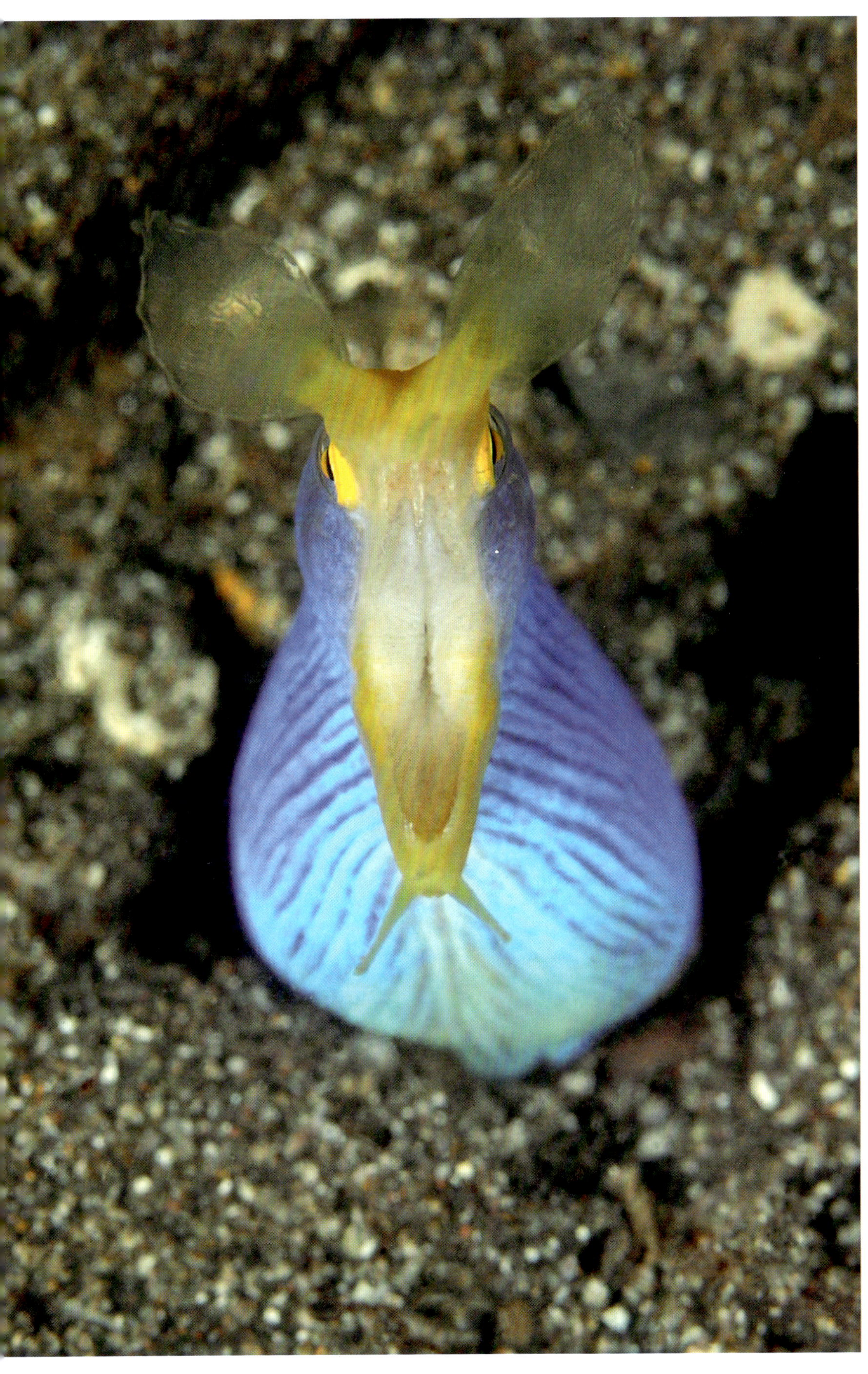

Basiseinstellungen für Systemkameras

Die hochwertige UW-Fotografie wird mit Systemkameras ausgeübt. Dabei ist es unerheblich, ob es sich um eine SLR oder eine spiegellose CSC handelt. Bei der SLR schaut man durch einen optischen Sucher, bei der CSC gestaltet man sein Bild wahlweise im elektronischen Sucher oder wie bei einer Kompaktkamera auf dem Monitor an der Kamerarückseite.

ISO-Einstellung

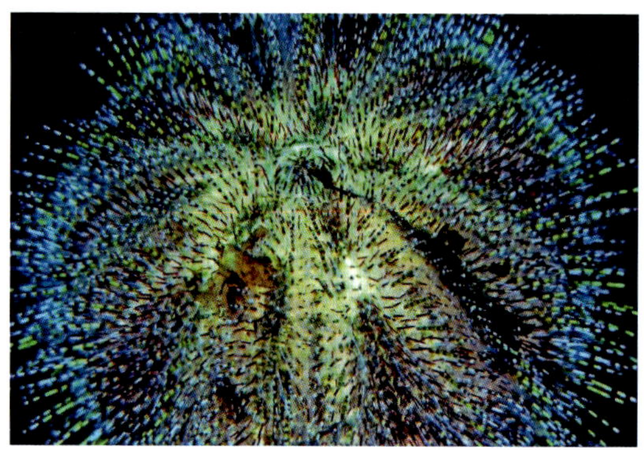

Systemkameras besitzen eine sehr ausgewogene Farbdifferenzierung, die sich insbesondere bei schwierigen Lichtverhältnissen positiv bemerkbar macht. HF

Moderne Systemkameras sind, was das Rauschen anbelangt, bei weitem nicht so empfindlich wie Kompaktkameras. Zwar sollte man bei hochwertigen Makrobildern wegen der verminderten Auflösung nicht unbedingt ISO 400 vorwählen, kann es aber natürlich machen, wenn einen die etwas reduzierte Farbsättigung nicht stört. Bei manchen Systemkameras fängt die Empfindlichkeitsskala erst bei ISO 200 an. Dann ist das die beste Einstellung, wenn man eine optimale Bildqualität anstrebt. ISO 400 nimmt man für Wrackbilder und Korallenfelder in etwas größeren Tiefen. Hochwertige Systemkameras verdauen problemlos ISO 800 und ISO 1.600 ohne dass die Lichter ausfressen, Kanten verlaufen und sich Farbränder vermischen. Man macht nichts falsch, wenn man generell mit ISO 200 arbeitet.

Blende

An Systemkameras lässt sich die Blende meistens bis zum Wert 22 oder 32 schließen. Insofern kann man bewusst Einfluss auf die Schärfentiefe nehmen, wenn man manuell oder mit der Zeitautomatik fotografiert. Vorteilhaft ist, dass man selektiv arbeiten kann, also mit sehr kleiner Schärfentiefe, sprich kleiner Blendenzahl und damit einer großen Blendeöffnung. Auf diese Weise entstehen Bilder, auf denen dann z. B. nur die Augen eines Fisches im scharf dargestellten Part zu sehen sind. Alles andere ist unscharf. Zu beachten ist die Größe des Bildsensors bzw. der Crop-Faktor. Je größer der Crop-Faktor als Verhältnis aus Vollformatsensor-Diagonale zum Durchmesser des kleineren Bildsensors, desto größer wird die Schärfentiefe.

Kritisch kann es werden, wenn man die Blende zu sehr schließt, weil sich dann Beugungsunschärfen bemerkbar machen können. Grenzwert ist die förderliche Blende, die aber von der Anzahl der Pixel abhängig ist. Sie liegt normalerweise zwischen Blende 4,5 und 8. Weil die Kamerafirmen zunehmend elektronisch eingreifen, kann man aber bei Makroaufnahmen ohne ein schlechtes Gewissen zu haben, sorglos mit Blende 16 oder auch einmal 22 belichten. Nur bei Blende 32 sollte man etwas Zurückhaltung üben. Blende 8 ist eine Öffnung, die man fast universell einsetzen kann.

Verschlusszeit

Die Verschlusszeit kann man bei Systemkameras je nach Bedarf einsetzen; beispielsweise bei der manuellen Belichtung und der Blendenautomatik. Mit der Verschlusszeit kann man spielen, ohne die Schärfentiefe zu verändern. Sie dient in erster Linie als Hilfe gegen Verwacklungen der Kamera durch Eigenbewegung und als Schärfeindikator bei bewegten Motiven. Im Weiteren ist sie ein wichtiges Stilmittel, um genügend Umgebungslicht auf das Bild zu bringen, damit man die grüne oder blaue Eigenfarbe des Wassers als Hintergrund abbilden kann. Verschlusszeit und Blende stehen in einem Abhängigkeitsverhältnis. Im Großen und Ganzen bewegt sich die Verschlusszeit unter Wasser im Bereich zwischen 1/30 s und 1/250 s. Als guter Kompromiss gilt 1/60 s, weil man bei dieser Verschlusszeit die Fotogerätschaft meistens noch ruhig halten kann; in der Regel aber nur, wenn diese austariert ist. Sofern Objektiv bzw. Kamera Bildstabilisatoren haben, sind Zeiten von 1/30 s bis 1/15 s möglich. Allerdings muss man ein schwimmendes Motiv dann mittels Blitzlicht optisch einfrieren.

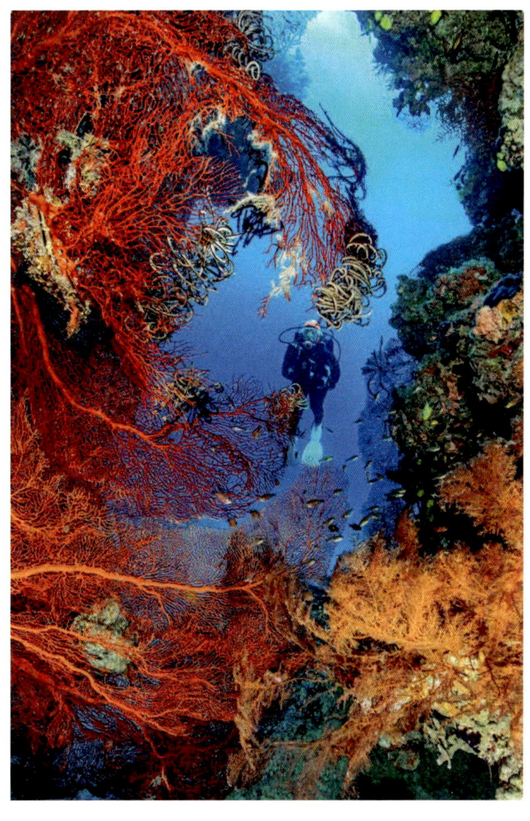

Bewachsene Schluchten sind immer ein Hingucker. Stellen Sie die Partnerin in den freien Raum. HF

Zeitautomatik

Bei der Zeitautomatik wählt man eine Blende vor. Die zugehörige Verschlusszeit, die zu einer korrekten Belichtung führt, stellt sich dann automatisch ein. Diese Verschlusszeit kann dann aber auch so lang sein, dass man die Kamera nicht mehr verwacklungsfrei halten kann. Da wir unter Wasser aber zu 95% Blitzlicht einsetzen und die Blende fest vorgeben, wird die Verschlusszeit, in diesem Fall Synchronzeit genannt, nach oben hin begrenzt. Grund ist der Schlitzverschluss, der in nahezu allen Fällen bei 1/250 s sein Ende hat. Nach unten hin wird er normalerweise nur von der Langzeitbelichtung mit 30 s begrenzt.

Beim Einschalten des Blitzlichts stellt sich die Synchronzeit einer Systemkamera auf eben diese Spanne von 30 s bis 1/250 s ein. Bei einigen Systemkameras kann man auch feste Synchronzeiten eingeben, z. B. 1/60 s oder 1/125 s. Man macht dies, damit die Synchronzeiten nicht aus dem Ruder laufen. Oft ist es auch so, dass die Synchronzeit einer Systemkamera nach unten vom Kameracomputer bei 1/30 s begrenzt wird. Es könnte ansonsten passieren, dass die Kamera beim Nachttauchgang die Synchronzeit wegen der dunklen Umgebung auf mehrere Sekunden oder Minuten verlängert. Die Fotogerätschaft kann man dann beim besten Willen nicht mehr ruhig halten.

Hinweise:

- Wenn die Kamera von sich aus die Synchronzeit auf 1/30 s begrenzt oder sich eine feste Synchronzeit vorwählen lässt, kann man mit der Zeitautomatik sehr gelöst fotografieren.
- Bisweilen bieten Kameras die Möglichkeit, die Belichtungszeit innerhalb eines Korridors variabel zu belassen. Steht diese Option zur Verfügung, sollten Sie damit ein wenig testen.

Blendenautomatik

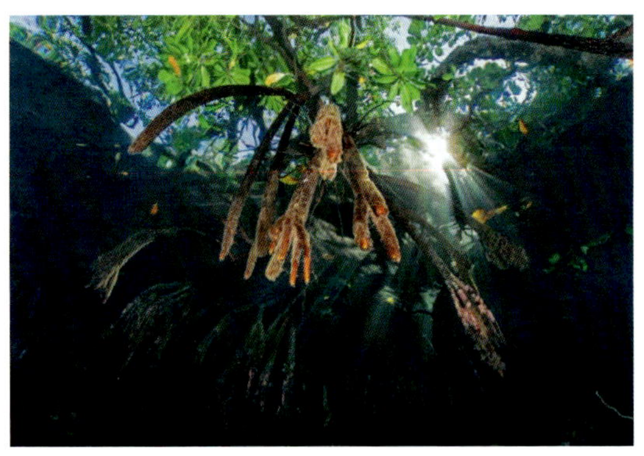

In Mangroven zu fotografieren gehört zu den schwierigen Parts, da es dort meist sehr trüb ist. HF

Systemkameras besitzen unisono eine Blendenautomatik. Man benutzt diese, um Bilder ohne Blitzlicht zu machen. Die Verfahrensweise ist so, dass man eine Verschlusszeit einstellt, von der man davon ausgeht, dass sie verwacklungsfreie Bilder gewährleistet und auch bewegte Fische scharf abbildet. Im Regelfall geht das nicht unter 1/60 s, man tendiert deshalb eher zu 1/125 s oder noch kürzer. Die Blende stellt sich dann automatisch ein. Da man den Blendenwert aber nicht immer vorhersehen kann, wird die Blendenautomatik vorzugsweise mit WW-Objektiven und Fisheyes eingesetzt, weil hier die Schärfentiefe meistens einen akzeptablen Wert eingeht. Es ist weitgehend egal, ob die Blende mal eine Stufe weiter geöffnet wird oder nicht.

Man kann die Blendenautomatik auch mit Blitzlicht kombinieren, aber das wird eher selten gemacht. Wenn, dann nur bei Bildwinkeln größer als 110° hinter mächtigen Domeports, wo es beim Abbilden von UW-Landschaften oder Wracks nicht darauf ankommt, ob die Blende auf den Wert 5,6 oder 11 geschlossen wird. Bei einer größeren Motivdistanz erhöht sich zwangsläufig die Schärfentiefe. Wie gesagt, man muss das mit einer gewissen Erfahrung abschätzen können oder ab und an einen Blick auf den Belichtungsmesser werfen.

Programmautomatik

Die Programmautomatik nimmt einem zwar das Denken nicht völlig ab, suggeriert aber, dass man sorgenfrei abdrücken kann. Im Prinzip stimmt das, wenn man seine Ansprüche nicht allzu hoch steckt. Anders als bei Kompaktkameras verwenden ambitionierte UW-Fotografen mit Systemkameras diesen Belichtungsmodus aber nicht oder zumindest sehr selten. Er macht aber durchaus Sinn, wenn es schnell gehen muss. Mit der Programmautomatik kann man beliebig blitzen, manuell wie TTL. Nachteilig ist, dass dieser Modus eigentlich macht, was er will. Einfluss auf Verschlusszeit und Blende kann man nur ausüben, wenn die Kamera mit einem Programm-Shift ausgestattet ist. Dann ist es möglich, das Wertepaar aus Verschlusszeit und Blende durch Drehen des oder der elektronischen Räder an der Kamera zu beeinflussen. Meistens ist es so, dass die Programmautomatik eine schnelle Verschlusszeit priorisiert. Die hat allerdings beim Zuschalten des Blitzgerätes ihre Grenze bei der kürzesten Synchronzeit.

Manuelle Belichtung

Warum arbeiten die besten UW-Fotografen vorzugsweise manuell? Nicht, weil es Tradition wäre, nein, sondern weil es die beste Option ist, kreativ unter Wasser zu fotografieren. Man hat Zugriff auf die Parameter Verschlusszeit und Blende, wie es einem gefällt. Will ich eine große Schärfentiefe, dann schließe ich die Blende so, wie es mir passt. Gelüstet es mich nach einer partiellen Schärfe bzw. nach einer geringen Schärfentiefe, dann öffne ich die Blende. Gefallen mir Aufnahmen, auf denen der Fisch verwischt dargestellt wird, verlängere ich die Verschlusszeit. Gleiches mache ich, wenn die Eigenfarbe des Wassers dargestellt werden soll; oder anders rum, wenn ein schwarzer Hintergrund für hohen Kontrast gewünscht wird. Dann verkürzt man die Synchronzeit und schließt die Blende, eventuell verbunden mit einer Absenkung der ISO-Zahl.

Die manuelle Belichtung ist insbesondere beim Blitzen unverzichtbar, wenn man sich nicht ausschließlich auf die Automatismen der Kamera verlassen will. Zugegeben, Einsteiger und wenig Geübte haben damit Probleme. Dem ambitionierten UW-Fotografen hingegen gibt die manuelle Belichtung alles in die Hand, was er für eine intelligente, kreative und ungewöhnliche Bildgestaltung, insbesondere mit Blitzlicht, benötigt.

Praktische Einstellungen an der Systemkamera	
Relativ nahes Motiv im hellen Wasser bei horizontaler Kamerahaltung	✓ Zeitautomatik mit Blende 8 ✓ ISO 200 ✓ TTL-Blitzsteuerung
Gegenlichtaufnahme mit der Sonne im Bild	✓ Zeitautomatik mit Blende 16 ✓ ISO 100 oder 200 ✓ Manuelle Blitzsteuerung mit ganzer oder 1/2 Last
Hai auf kurze Distanz	✓ Blendenautomatik mit Verschlusszeit 1/125 s ✓ ISO 200 ✓ AF-Modus Servo oder ähnlich ✓ Kein Blitzlicht, wenn Sonnenstrahlen auf dem Hai Muster bilden; ansonsten TTL-Blitzen auf den zweiten Vorhang
Fischschwarm im Blauwasser auf eine mittlere Distanz von 1,5 m	✓ Manueller Modus mit Blende 8 und Verschlusszeit 1/60 s ✓ ISO 200 ✓ Manuelle Blitzsteuerung mit ganzer oder halber Last
Heller Fisch im Freiwasser, im Foto vor schwarzem Hintergrund abgebildet	✓ Manueller Modus mit Blende 16 oder 22 und Verschlusszeit so kurz wie möglich (1/200 s oder 1/250 s) ✓ ISO 100 ✓ Manuelle Blitzsteuerung mit 1/4 oder 1/8 Last ✓ Alternativ mit TTL-Blitz und deutlicher Blitzbelichtungskorrektur ins Minus

Überlegungen zur Weitwinkelfotografie

Im Vergleich zur Fotografie im Makro- und Nahbereich sowie mit der Normalbrennweite ist der WW-Bereich wie kein anderer von den Einflüssen des Umgebungslichtes geprägt. Daher ergeben sich hier in Abhängigkeit von Tauchtiefe, Wasserqualität und Sonnenstand sehr unterschiedliche Voraussetzungen, die keine allgemeingültige Empfehlung für eine einzige Grundeinstellung zulassen. Vor diesem Hintergrund empfehlen wir diverse Einstellungen.

Basiseinstellungen

Zunächst unabhängig von der Wassertiefe gibt es einige Grundeinstellungen. Unabhängig vom Kameramodell sind

- ISO 200,
- eine leichte Belichtungskorrektur um minus ein bis zwei Drittel Blendenstufen,
- Einzelbildauslösung,
- Auto-Weißabgleich und
- höchste Bildqualität - falls verfügbar - inklusive RAW-Format angeraten.

Hierzu muss folgendermaßen erläutert werden: Mit Blick auf die Bildqualität geben sich die allermeisten Kameras nichts, völlig gleich, ob mit ISO 100 oder ISO 200 gearbeitet wird. ISO 100 fordert bei ansonsten gleicher Einstellung ein wenig mehr an Blitzlicht. Wenn man plant, einen kompletten Tauchtag über das Gehäuse nicht zu öffnen, kommt ISO 200 als fixe Einstellung der Akkureichweite zu Gute. Die leichte Unterbelichtung ist ebenfalls eine Sicherheitsvariante. Zum einen erfordert ein etwas dunkler gestaltetes Bild ebenfalls weniger Blitzlicht; der Akku hält länger durch. Zum zweiten reduziert sich so die Gefahr, dass helle Stellen im Bild dem Blooming unterliegen.

UWF Stufe 1

Kapitel Bildaufbau – gewusst wie!
- Blooming

Kapitel Mischlicht

Amphibische Kompaktkameras verfügen oft über einen Weißabgleich-Modus Unterwasser, der Rotanteile oder generell die warmen Farbgruppen im Bild verstärkt. Dieser ist bei den entsprechenden Kameras als sinnvolle Alternative die erste Wahl; ansonsten tut es der automatische Weißabgleich. Interessanterweise regelt die TG-6 die Rotanteile bei aktiviertem UW-Modus nicht mit einem konstanten Wert, sondern offensichtlich in Abhängigkeit von noch vorhandenen Rottönen nach. Dies wird spätestens deutlich, wenn man Bilder aus der TG-6, aufgenommen im UW-Modus, mit Bildern aus herkömmlichen Kompaktkameras mit aufgesetztem Orange- oder Magenta-Filter vergleicht. Während der Aufsteckfilter nahe der Oberfläche rotstichige Bilder produziert, dann mit zunehmender Tiefe vernünftig arbeitet und ab rund 15 m wirkungslos verpufft, zeigen Aufnahmen mit der TG-6 in keiner Tiefe und selbst bei zugeschaltetem Kunstlicht keine übertriebene Farbgebung.

Amphibienblitze benötigen einige Sekunden, um nach einer Volllast-Auslösung wieder aufzuladen. Selbst in kleineren Laststufen dauert dies länger, als die Bildfrequenz bei

Serienaufnahmen, die selbst bei älteren Kameras selten unter fünf Bilder pro Sekunde liegt. Von daher ist an eine geblitzte Serienaufnahme unter Wasser eher nicht zu denken.

Nahe der Oberfläche ...

Nahe der Oberfläche ist der Blitzeinsatz nicht unbedingt die beste Wahl. Gischt- und Gasbläschen lauern geradezu darauf, Blitzlicht zu reflektieren und so ein Bild zu ruinieren. Das Spiel des Sonnenlichtes auf jedweder Oberfläche wird von Blitzlicht überlagert oder zumindest abgeschwächt; ein grandioser Gestaltungseffekt im Bild verpufft ungenutzt. Der externe Blitzaufbau ist auch ein Faktor beim Kamerahandling. Spätestens wenn in Apnoe gearbeitet wird oder eine gewisse Schwimmleistung zu erbringen ist, macht sich jeder Quadratzentimeter Fläche beim Wasserwiderstand deutlich bemerkbar. Von daher ist bei geringer Tiefe sehr sorgfältig abzuwägen, ob Blitzgeräte überhaupt montiert werden.

Probate Kameraprogramme im hellen Oberflächenlicht und ohne Blitzgeräte sind die Programm- sowie – falls verfügbar – die Blendenautomatik. Bei der Letztgenannten wird eine Belichtungszeit passend zur Freihandgrenze ausgewählt. Das Weitere regelt die Kamera.

Die Extinktion tritt auf den Plan ...

Tritt mit zunehmender Tiefe die Extinktion auf den Plan und damit die warmen Farben im Bild in den Hintergrund, kommt Blitzlicht ins Spiel. Mit dem Einschalten des Blitzgerätes entscheidet sich der UW-Fotograf für die Blitzsteuerung. Diese kann entweder manuell erfolgen oder aber mit Hilfe einer TTL-Steuerung.

In der Kombination TG-6 mit UFL-3 hat sich die TTL-Steuerung in den allermeisten Fällen als sehr zuverlässige Hilfe gezeigt; die Software der Olympus-Ingenieure verdient ein Lob, da sie selbst beim Blitzen in Richtung Freiwasser und nur geringem Bildanteil sehr geschmeidig reagiert. Eine Blitzbelichtungskorrektur ist nur bei sehr heller Umgebung und bei der klassischen Gegenlichtaufnahme in die Sonne hinein von Nöten.

Da die Blitzbelichtungskorrektur im Vergleich zur manuellen Blitzsteuerung nur über die Kamera bedient wird und nicht den Griff zum Einstellrad des externen Blitzgerätes nach sich zieht, ist die Erstgenannte oft eine gute Wahl.

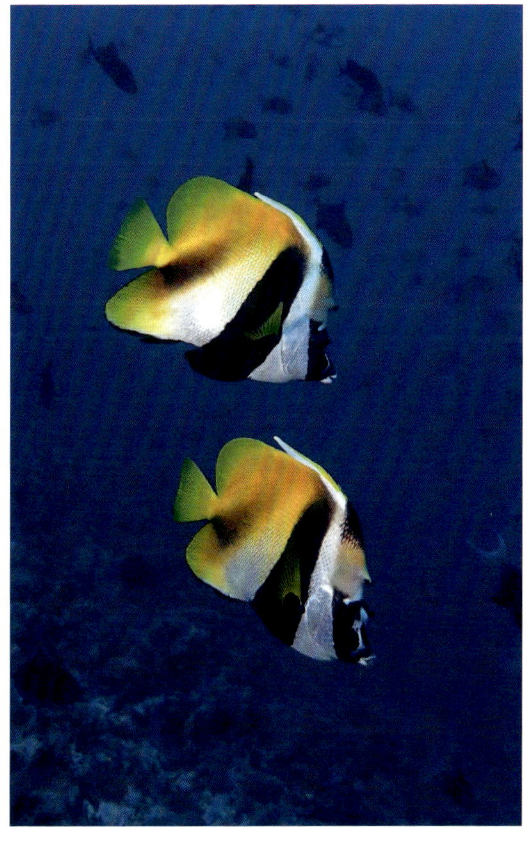

Obwohl mehr als 75% der Bildfläche Freiwasser sind, arbeitet die TTL-Steuerung erstaunlich akkurat. GD

Während beim Arbeiten mit der TG-6 also fast alles automatisch läuft, möchten wir beim Einsatz der SLR doch ein wenig mehr Einfluss auf die Bildentstehung haben. Als eine mögliche Variante wählt man für WW-Aufnahmen den manuellen Modus in Kombination mit einem TTL-gesteuerten Blitztandem. Eine Einstellroutine verläuft dann in einer regelmäßigen Abfolge:

- Einstellen der Blende, in der Regel 11 bei ISO 200
- Einstellen der Belichtungszeit mit Werten zwischen 1/80 s und 1/200 s in Abhängigkeit von der gewünschten Farbe des Wassers im Bildhintergrund; ein Blick auf den integrierten Belichtungsmesser ist an dieser Stelle auch kein Schaden
- Gegebenenfalls Nachführen der Blende oder der ISO-Einstellung, wenn die Belichtungszeit aus dem genannten Korridor hinaus läuft
- Blitzbelichtungskorrektur abhängig von Helligkeit und Reflexionsverhalten des Motivs
- Bei schnell bzw. konstant schwimmenden Motiven, so z. B. UW-Sportler, Wechsel auf den kontinuierlichen Autofokus und Blitzen auf den zweiten Vorhang.

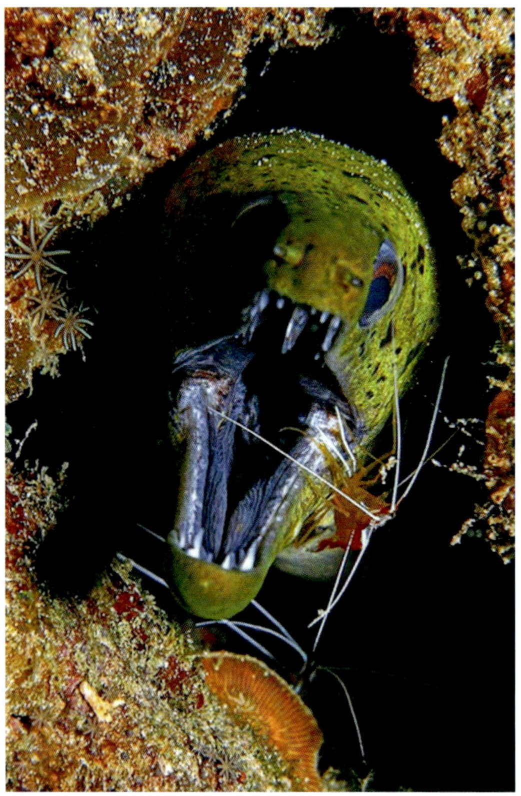

Der manuelle Kameramodus in Kombination mit der TTL-Blitzsteuerung funktioniert auch bei Streiflicht. Dieses betont die Putzergarnele. GD

Beim manuellen Modus bleibt ein Nachteil: In der Regel ist die Belichtungskorrektur nicht vorgesehen. Einstellungen, die in anderen Modi vorgenommen wurden, greifen nicht und verpuffen wirkungslos. Damit steht ein praktisches Hilfsmittel nicht zur Verfügung.

Nun bieten aber einige SLR-Anbieter in einem Untermenü zur Zeitautomatik eine Möglichkeit, die Blende wie gehabt fix einzustellen und zusätzlich die möglichen Belichtungszeiten in einem gewissen Korridor zu definieren. Diese Kombination ist z. B. bei Canon ein Standard und in den Consumer-SLRs ab der EOS 500D zu finden. In der Zeitautomatik AV mit zugeschaltetem Blitz und vorgegebener Blende stellt sich eine Synchronzeit zwischen 1/60 s und 1/200 s automatisch ein. Dieser Bereich wiederum passt geradezu ideal zur WW-Fotografie unter Wasser. Die Freihandgrenze wird in jedem Fall eingehalten und mit einer Kombination der zur Verfügung stehenden Zeiten wird die Mischlichtaufnahme bei mittleren Blenden zum Kinderspiel. Nachregeln ist nur in sehr geringem Maße notwendig und kann je gewünschtem Ergebnis über eine moderate Änderung von ISO-Wert, Belichtungskorrektur oder Blitzbelichtungskorrektur erfolgen.

Tipp:

Wenn über einen gewissen Zeitraum kein lohnendes Motiv in der Nähe ist, sollte die Einstellroutine dennoch ab und an laufen und mit einer Auslösung enden. Zunächst verhindert dies, dass sich die Blitzgeräte wegen mangelnder Aktivität unbemerkt in den Ruhemodus verabschieden und – wenn es dann darauf ankommt – natürlich nicht zünden. Weiter ist ein Teil der Einstellarbeit, abhängig von Wassertiefe und Schwimmrichtung mit oder gegen die Sonne, bereits erledigt und die Reaktionszeiten sind im Fall eines Falles deutlich kürzer.

Zielen ist alles ...

Große Sorgfalt ist bei der Ausrichtung des gesamten Kamerasystems geboten. Diese umfasst neben der Bildgestaltung mittels Kameramonitor oder -sucher auch das Zielen mit dem oder den Blitzgeräten. Das saubere Ausleuchten des Hauptmotives, dazu eventuell auch des Models, entscheidet in der Regel über Wohl und Wehe des Bildresultates. Von daher ist immer wieder zu überprüfen, wohin die Lichtkanonen zielen. Kein Schaden ist es, im Zuge der Bildbegutachtung am Monitor einen Gedanken daran zu verschwenden, ob mit der Blitzausrichtung alles in Ordnung gewesen ist.

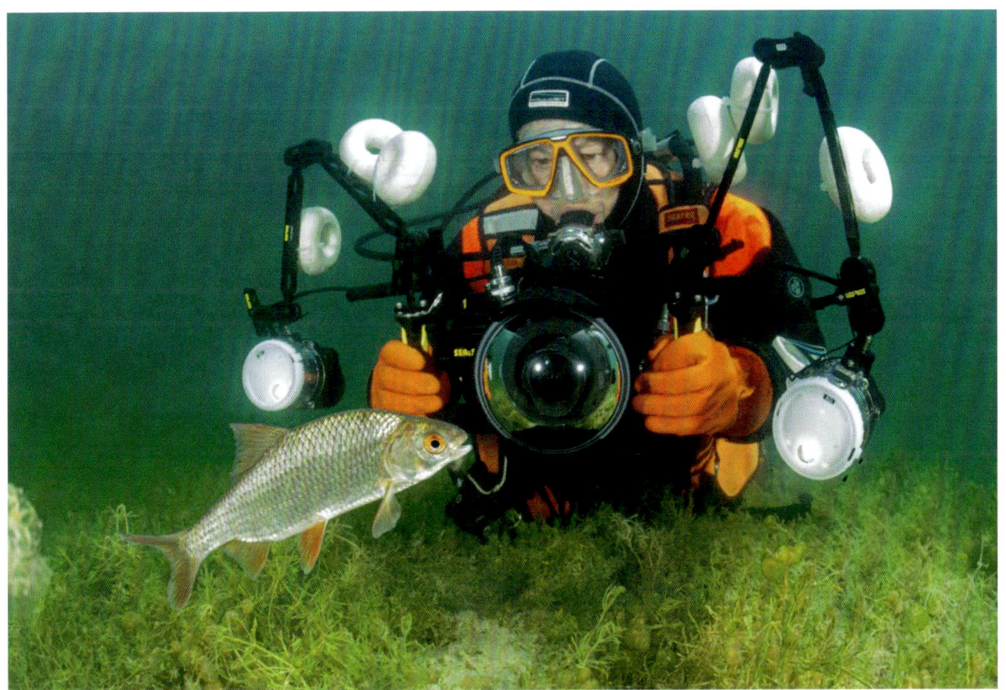

Versuchen Sie auch einmal, Partner oder Partnerin mit Kamera abzulichten. Es muss aber kein Fisch auf dem Bild sein, denn das ist schwierig. HF

Filter-Fotografie

UWF Praxistipps	Kapitel 8.9: Spaß mit der Filterfotografie
UWF Stufe 1	Kapitel: Filterfotografie

UW-Filter

UW-Fotografen haben es nicht leicht, denn Wasser hat eine Eigenfarbe, die sich beim Fotografieren ohne Kunstlicht mit dem natürlichen Umgebungslicht als störender Farbstich über die Bilder legt. Können spezielle UW-Filter hier reüssieren und dabei farbliche und qualitative Vorteile verschaffen?

Schon in den 1960er Jahren haben UW-Fotografen mit Hilfe von Filtern versucht, den Blaustich im Meer zu eliminieren. Der Beweggrund war eher simpel, denn damals gab es noch keine Elektronenblitzgeräte, weshalb das korrekte Belichten mit Blitzbirnchen unterschiedlicher Größe und in den Farben Weiß und Blau erhältlich extrem umständlich, weil zeitraubend und oftmals vom Zufall abhängig gewesen ist. Wie immer, wenn neue Belichtungstechniken beginnen sich durchzusetzen, waren auch die Skeptiker nicht weit. Warum, so fragte man sich schon damals, muss das Blau im Meer verschwinden? Das ist doch die natürliche Farbe! Aber so einfach ist es natürlich nicht. Zwar ist blaues Wasser als Hintergrundfarbe im Meer normal und auf Bildern gern gesehen, aber Aufnahmen mit einem intensiv blauen Farbstich sind bei aller Liebe nicht so hipp. Fatalisten haben sich schon damals damit getröstet, dass wer unter Wasser fotografiert, plötzlich Sorgen hat, die er vorher nicht kannte.

Grundlagen

Sichtbares Licht ist eine elektromechanische Strahlung, bestehend aus diversen Spektralfarben mit unterschiedlichen Wellenlängen von 380 nm bis 780 nm. Man kann beim Abtauchen beobachten, wie rote Korallen mit zunehmender Tiefe farblich unansehnlicher werden. Ab 5 m Tiefe ist vom leuchtenden Rot kaum noch etwas zu sehen. Grund ist die Extinktion des Wassers, der die langwelligen Spektralfarben Rot und Orange als erste zum Opfer fallen. Es sind auch die Farben mit dem geringsten Energieinhalt. Am längsten halten sich Grün bis etwa 30 m Tiefe und Blau, das noch in über 50 m zu erkennen ist. Dann geht die Wasserfarbe je nach Lichteinfall und Transparenz in Violett, Indigo und Schwarz über.

Aber warum kommt es überhaupt zu einem überbordenden Blauanteil auf UW-Bildern, wenn man kein Kunstlicht verwendet? Zwei Verursacher sind die Übeltäter. Einmal die Farbtemperatur des Umgebungslichtes im Wasser und dessen Filterwirkung. Rotes Licht ist warm, aber leider verschwindet es mit zunehmender Tiefe. Blaues Licht empfinden wir hingegen als kalt, was sich auch in der gemessenen Farbtemperatur bestätigt. Bereits ab 1 m Tiefe legt sich die blaue Spektralfarbe so unangenehm übers Bild, dass man dem Farbstich nur mit Kunstlicht, sprich Blitz bzw. LED-Leuchte, oder mit einem UW-Filter bzw. der Korrektur des Weißabgleichs im RAW-Konverter begegnen kann.

UW-Filter für Jedermann?

Können UW-Filter das Allheilmittel für naturgetreue und farbechte UW-Bilder sein? Wohl eher nicht; aber sie sind eine sinnvolle Ergänzung zum Blitz bzw. zur LED-Leuchte. Insbesondere Videografen schätzen die rötlichen UW-Filter im Meer, weil auch die stärksten LED-Leuchten keine vernünftige Aufhellung jenseits eines Meters ermöglichen, der UW-Filter aber im vom Kunstlicht nicht mehr erreichbaren Bereich für angenehme Farben sorgt. Nicht immer farbgetreu, aber für das Auge auch nicht unangenehm.

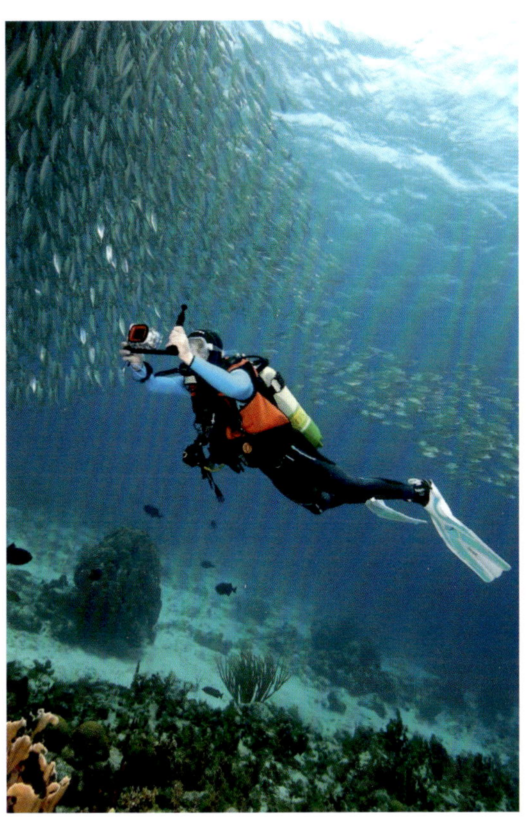

In den oberflächennahen Gewässern ist das Arbeiten mit UW-Filtern bei großflächigen Motiven immer eine Option. GD

UW-Filter zur Meeresfotografie besitzen optisch eine starke Rotfärbung. Ihre Aufgabe ist es, den Blauanteil des Wassers zu reduzieren, also dessen betreffende Wellenlänge von 420 nm bis 500 nm in einer bestimmten Tiefe zu absorbieren. Genau das ist das Problem. Eigentlich müsste man in jeder Tiefe bzw. von Meter zu Meter einen anderen UW-Filter aufbringen. Vom Umstand mal abgesehen, wäre das technisch kaum machbar, denn man müsste auch noch den Sonnenstand berücksichtigen. Die UW-Filterfotografie, die eigentlich das Leben von Hobby- und Urlaubsfotografen erleichtern soll, würde in einen wissenschaftlichen Irrsinn abdriften. Echte UW-Filter zur Reduzierung von Blauwasser können deshalb nicht alle Wassertiefen abdecken. Sie sind so ausgelegt, dass man in den oberen Wasserschichten einen starken Rotanteil im Bild bekommt, weiter unten verlieren die Filter peu à peu ihre Wirkung. Der nutzbare Bereich erstreckt sich von 3 m bis 15 m, ist aber abhängig vom Lichteinfall und der Transparenz des Wassers. Oberhalb von 3 m ist der Rotlichtanteil so stark, dass die Bilder ohne Nachbearbeitung nicht zu gebrauchen sind. Unterhalb von 15 m ist eine vernünftige Filterwirkung kaum noch feststellbar. Es überwiegen sogar die Nachteile, da der Filter das verbleibende Umgebungslicht noch weiter abdunkelt. Wer also glaubt, er könne dem Wrack auf 40 m mittels UW-Filter angenehme und weitgehend natürliche Farben entlocken, wird feststellen, dass an den schroffen Klippen der Realität manche fotografische Illusion scheitert.

Süßwasserfilter

Süßwasserfilter sind in der Szene kaum bekannt, besitzen aber in klarem Wasser bei hellem Umgebungslicht eine durchschlagende Wirkung. Nach unserem Dafürhalten sind sie in diesem Medium sogar idealer als ihre Pendanten für Blauwasser im Meer; vermutlich auch deshalb, weil man im Süßwasser eher nicht in großen Tiefen fotografiert. Auch hier gilt, dass jenseits von 15 m Tiefe deren Wirkung verloren geht. Ihre Aufgabe ist es, den Grünstich im Bereich von 490 nm bis 560 nm zu beseitigen und die Motive so erscheinen zu lassen, als wären diese sanft angeblitzt worden. Deshalb kann man sie auch für Ostseebilder hernehmen. Die Filter dürfen aber nicht das Grün von Wasserpflanzen und Algen entfernen. Diese sollen weiterhin natürlich aussehen. Wenn der Filter das kann, ist er zu gebrauchen und zu empfehlen. Insbesondere im Süßwasser können die dafür speziell konzipierten Magenta-Filter reüssieren und ihre ganze Klasse ausspielen. UW-Filter für Blauwasser können zwar im Süßwasser auch verwendet werden – manche Seen schimmern ja bläulich - sind aber mehr ein Notbehelf.

Vorteil aller Süßwasserfilter ist die Vermeidung von angeblitzten Schwebeteilchen. Trübstoffe kann man zwar mit einem UW-Filter nicht eliminieren, aber optisch soweit unterdrücken, dass man sich erhebliche Nachbearbeitungen ersparen kann. Filterfotografie bei bedecktem Himmel, 2 m Sicht und 3 m Tiefe ergibt Bilder, wie man sie mit Blitzlicht oder LED-Leuchten niemals hinbekommt. Fotografiert werden sollte mit RAW, damit man über Farbton, Weißabgleich und Dynamik einen weitgehend natürlichen Farbeindruck herstellen kann. Vieles ist aber auch persönliche Geschmacksache. Mancher mag seine Süßwasserbilder gern etwas rötlicher und wärmer, andere eher neutraler und kälter.

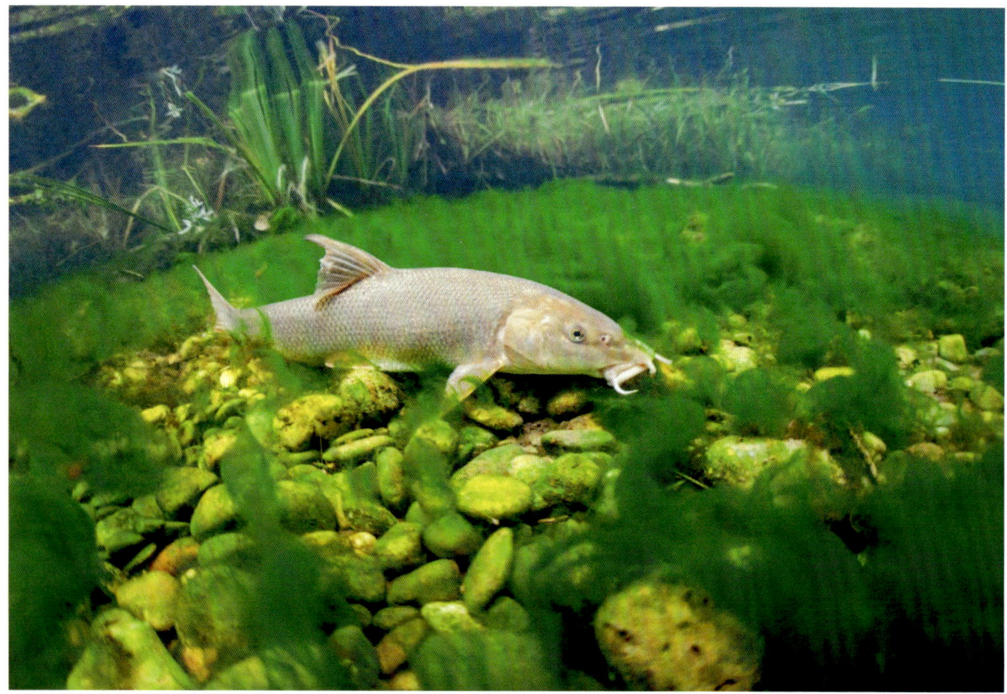

UW-Filter für Süßwasser begünstigen das Grün im Flussnebenarm. HF

Hardware-Filter

Hardware-Filter sind solche, die man entweder vorne im Gewinde oder als Filterplättchen aus Folie an der Hinterlinse eines Objektivs anbringt. Frontfilter können an Objektiven nur bis zu bestimmten Bildwinkeln eingeschraubt werden. Bei extremen WW-Objektiven und Fisheyes tangiert deren stark gewölbte Frontlinse den Filter. Man kann überschlägig sagen, dass Frontfilter bis zu einem Bildwinkel von etwa 100°, respektive einer KB-Brennweite von 17 bis 18 mm aufgebracht werden können.

Entscheidet man sich für Hardware-Filter, ist man bei Kompakt- und Bridgekameras auf Frontfilter angewiesen, weil deren Zoomobjektiv fest installiert ist. Es gibt sie mit diversen Gewindedurchmessern, meistens M52 oder M67. Zwischengrößen überbrückt man mit Gewindeadaptern. Ein Vorteil bringt die alternative Montage am UW-Gehäuse, da man den Filter bei Bedarf entfernen kann und im Port kein Platz für den Filter benötigt wird, was unter Umständen zu Lasten des Objektivauszuges in der Telestellung gehen könnte. Für Systemkamera-Gehäuse gilt das nicht, denn dort können sie meistens nicht montiert werden, weil es für die großen Portdurchmesser solche Filter in der Regel nicht gibt. Man muss den am Objektiv aufgebrachten Filter dann den ganzen Tauchgang belassen.

Gelbe Hardware-Filter werden für die Fluoreszenzfotografie hergestellt. Geteilte Graufilter nivellieren Helligkeitsunterschiede bei Halb und Halb-Aufnahmen. Sonstige Effektfilter werden in der UW-Fotografie nur noch selten als Hardware aufgebracht. Das Meiste wird heute am PC oder in der Kamera selbst fabriziert.

Eine besondere Art von Hardware-Filter sind allerdings die der beiden Engländer Peter Rowland und Dr. Alexander Mustard entwickelten und vertriebenen Magic-Filter. Die Filterplättchen aus dünnen Folien werden an den Hinterlinsen von Super-WW-Objektiven und Fisheyes befestigt. Es gibt sie für Blau- und Grünwasser. Ihre Effizienz ist verblüffend, sowohl im Meer als auch im Süßwasser.

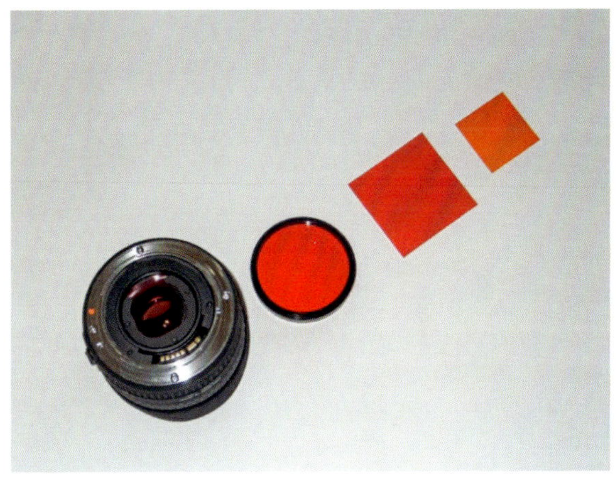

Diverse Filter von Magic-Colors für grüne und blaue Gewässer. HF

Falls Sie die Ausgabe Dezember 2017 der Zeitschrift Tauchen noch zur Hand haben sollten, schauen Sie bitte das Titelbild an. Das Wrack wurde ohne Blitzlicht mit einem Magic-Filter gestaltet; www.magic-filters.com und alex@magic-filters.com.

Auch für Folien-Filter gelten physikalisch dieselben Regeln und Merkmale wie für die an den Frontlinsen befestigten Hardware-Filter. Insbesondere die Magenta-Filterplättchen für Süßwasser liefern eine überzeugende Bildwiedergabe, selbst im Flachwasser.

Ähnlich gestrickt sind die Videofilter des LED-Leuchten-Herstellers Keldan. Dessen Meeres-Plättchenfilter haben wir versuchsweise im Süßwasser eingesetzt und konnten damit erstaunlich positive Ergebnisse erzielen. Im Flachwasser kommt der Weißabgleich an Grenzen, war aber noch beherrschbar; www.keldanlights.com.

Software-Filter in der Kamera

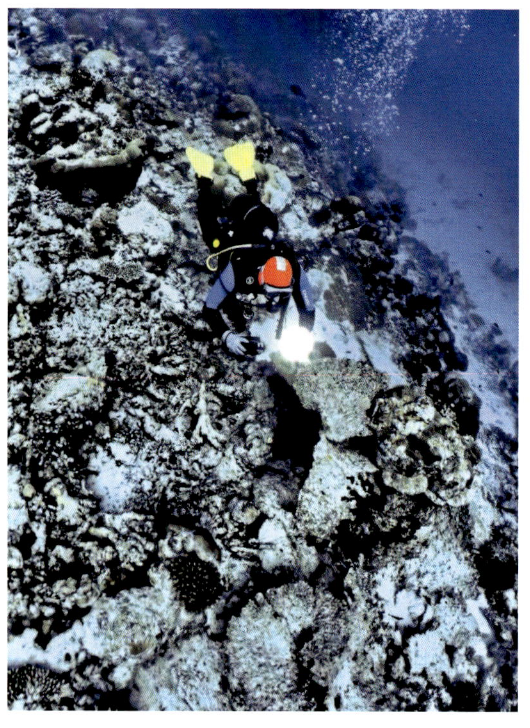

Dramatik-Filter erzeugen eine filmreife Stimmung, die an Science Fiction erinnert. HF

Nahezu alle Kameras verfügen über interne Kamerafilter sowie Scene- und Motiv-Programme. Diese dienen in erster Linie der Vereinfachung der allgemeinen Fotografie. Wer nicht häufig fotografiert, weiß vermutlich nicht, wie man ein Feuerwerk oder einen nächtlichen Bahnhof ablichtet. Zusätzlich bieten die Kameras noch Dramatik-Filter, Pop-Up-Filter sowie Low-Key und High-Key.

Gleiches gilt für die Welt unter Wasser. UW-Fotoprogramme sind mittlerweile fester Bestandteil der Programm-Vielfalt in vielen Kameras. Man findet sie sogar in semiprofessionellen Modellen und auch die echten Profigeräte können zum Teil damit aufwarten. Es geht so weit, dass in manchen Kameras bis zu vier unterschiedliche UW-Filter angewählt werden können. Insbesondere die Kompaktkameras von Olympus treiben es auf die Spitze: Makro, Weitwinkel, Schnorchelfotografie und HDR stehen auf Wunsch zur Verfügung.

Beim letztgenannten Filter werden mehrere Einzelbilder zu einem Bild mit optimaler Lichtverteilung zusammen gefügt; ohne Blitzlicht, aber mit angepasstem Weißabgleich, so dass sehr natürliche Aufnahmen entstehen. Wer will, kann mit einer LED-Leuchte die Farben noch nach eigenem Gusto aufpäppeln. Sinnvoll ist HDR nur bei stationären Motiven.

Das Problem: Während Hardware-Filter mit allen Verschlusszeiten, ISO-Zahlen, Blenden und mit Blitzlicht beliebiger Art kombiniert werden können, ist das bei Software-Filtern nicht der Fall. Hier regelt die Kamera nach einer festen Programmierung, ob Blitzlicht zugeschaltet werden kann oder nicht. Den Weißabgleich gibt die Kamera vor, manchmal auch die ISO-Zahl. RAW-Daten stehen auch nicht immer zur Verfügung.

Doch einige unschätzbare Vorteile haben Software-Filter. Kamerafilter für die UW-Fotografie in Kompaktkameras und CSCs haben in etwa denselben Effekt wie Hardware-Filter, schlucken meistens aber weniger Licht und können differenzierter verwendet werden, weil die Kameras in spezielle Filterungen für Nah- und Makrofotografie sowie für Weitwinkel- und Panorama-Motive unterscheiden. Es macht durchaus Sinn hier umzuschalten, wenn die Zeit dazu bleibt. Einzig spezielle Ausführungen für grüne Gewässer stehen nicht zur Verfügung.

Filter in Kameras haben den Vorteil der ungehinderten Zuschaltung, wenn man weiß, wie man sie abrufen kann. Auch kann man sie rasch wieder abschalten, wenn man sie nicht mehr haben möchte. Mit Hardware-Filtern in Gestalt von Filterplättchen geht das nicht.

Hinweise:

- Dramatik-Filter sind eine Spezialität spiegelloser Systemkameras. Sie zaubern surreale Lichtstimmungen und Strukturen. Diese Bilder haben etwas Dämonenhaftes an sich.
- Pop Up-Filter verstärken die Farben. Man nimmt sie, wenn die UW-Welt trist und etwas farblos ist. Sie kommen auch gut im Nah- und Makrobereich zur Geltung. Allerdings ist die Farbexplosion im Bild nicht jedermanns Sache.
- UW-Filter in Kameras haben wie Hardware-Filter ihren Einsatzbereich von 3 bis 15 m Tiefe. Eine gut beherrschbare Belichtungsverlängerung ist vorhanden, liegt aber unter der von Hardware-Filtern.
- Nah- und Makroaufnahmen, gleich mit welcher Kamera, blitzt man besser; dies aber ohne UW-Filter. Bei anderen internen Filtern ist das Zuschalten eines Blitzgerätes vom jeweiligen Belichtungsprogramm der Kamera abhängig. Oft macht Kunstlicht keinen Sinn, weil der Filtereffekt verloren geht. LED-Licht geht bei Bedarf natürlich immer.
- Vorzugsweise mit Kompaktkameras und CSCs können UW-Bilder mit dem zuschaltbaren Softwareprogramm HDR bewältigt werden. Blitzen ist nicht möglich, denn die Kameras verweigern diesen Zugriff. Das Procedere läuft wie folgt ab: Beim Auslösen erstellt die Kamera üblicherweise drei Bilder, nämlich unterbelichtet, korrekt, überbelichtet, die automatisch miteinander verknüpft werden. Aus jedem der drei Bilder wird die beste lokale Belichtung für das optimale Gesamtbild extrahiert, so dass auf dem HDR-Bild eine sehr ausgewogene Belichtung bis zu den Bildrändern entsteht. Eine LED-Leuchte kann zugeschaltet werden, damit man unter Wasser mit dieser Belichtungsmethode Farben generieren kann.
- Torsionsfilter wölben die Motive. Manchmal kommt das sehr gut an; meistens aber nicht. Befriedigend ist diese Art der Filterung nur, wenn das Motiv insgesamt knackig scharf ist.
- Distorsionsfilter strecken die UW-Welt bis ins Absonderliche. Die Wirkung kann phänomenal gut sein. Sie entzaubert sich aber, wenn das Motiv nicht in der Bildmitte angeordnet ist.
- Pop Up- oder Warm Crisp-Filter kann man in Bildbearbeitungsprogrammen zuschalten. Verstärken sie die Farben unangenehm, muss man korrigierend eingreifen.
- Strudelfilter kann man moderat bei Wasserpflanzen und Anemonen einsetzen. Sie lassen sich bei vorsichtiger Anwendung mit Distorsionsfiltern kombinieren.

Filterfunktion in der Bildbearbeitung

Filter mit zig Funktionen gibt es auch in den mannigfaltigen Bildbearbeitungsprogrammen. Sowohl für unter Wasser als auch für spezielle Effekte wie Verzerrung, Wirbel, Stauchen und Dehnen. Hier eröffnet sich ein riesiges Feld für experimentierfreudige UW-Fotografen, auch für solche, die sich an Fotowettbewerben beteiligen wollen. Vorteil der PC-Filter: Man kann sie nachträglich zuschalten und schauen, ob sich der Effekt beim fertigen Bild positiv oder negativ niederschlägt. Vieles ist dabei Geschmacksache, da Bilder oft stark verfremdet werden.

Einige Filter machen aber durchaus Sinn. Man kann mit ihnen reizvolle Effekte generieren, die bei den Betrachtern nicht selten für Verblüffung und Staunen sorgen. Dies trifft insbesondere auf Bildeffekte zu, die so aussehen, als hätte sie der Fotograf manuell mit großem fotografischem Können erzeugt. PC-Filter lassen sich zudem miteinander kombinieren und überlagern. So entstehen oft skurrile Bilderwelten, die man dem Betrachter aber wiederum erklären muss. Für UW-Einsendefotowettbewerbe sind solche Darstellungen nur bedingt geeignet. In einer Bilderschau können sie hingegen für Aufmerksamkeit und Rätselraten sorgen.

Auf zwei sehr nützliche Funktionen möchten wir an dieser Stelle hinweisen, da sie in bestimmten Situationen durchaus in der Lage sind, eine UW-Fotografie entscheidend aufzuwerten. Beide sind dem Wesen nach Filter, die sich jedoch einmal auf die Farbgebung und das andere Mal auf die Bildschärfe auswirken.

Fotofilter

Diverse Farbeffekte können mit Hilfe der Fotofilter auf ein Bild beaufschlagt und in ihrer Stärke eingestellt werden. Wenig erbaulich sind sogenannte UW-Filter; gerade Taucher werden sofort feststellen, dass diese keine realistischen Ergebnisse bringen. Spannend, vor allem im Zusammenhang mit Wrack-Aufnahmen, scheint dagegen der Sepia-Filter. Geradezu genial zeigen sich Warmfilter in ihrer Wirkung auf helle Haut, unter der ganz regelmäßig geblitzte Poolaufnahmen leiden. Mit wenigen Klicks bekommt das Model wieder eine natürlich aussehende Hautfarbe, ohne dass im Voraus Blitzfilter oder gar Sonnenbank zum Einsatz gekommen wären.

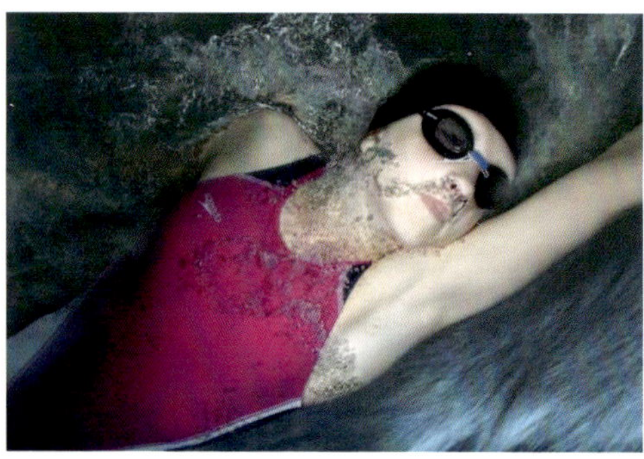

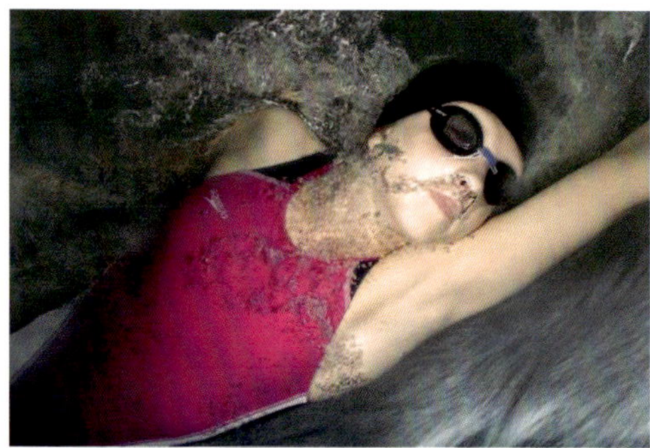

Warmfilter können sehr wirkungsvoll eingesetzt werden, um Hauttöne im Nachgang zu verbessern. Zum Zweck der deutlicheren Darstellung wurde der Einsatz im rechten Bild ein klein wenig übertrieben. HF

Gaußscher Weichzeichner und Bewegungsunschärfen

Weichzeichnungsfilter bewirken, dass die Schärfe im Bild reduziert wird; eigentlich etwas, was der UW-Fotograf so ja nicht haben möchte. Dennoch haben auch diese Werkzeuge ihre Berechtigung. Anhand von zwei Beispielfällen wollen wir das nachvollziehen.

Mit Hilfe eines Weichzeichners lassen sich kleine Fehler kaschieren. Ab und an passiert es, dass ein Model in Richtung Fotograf und Kamera schaut. In der Regel ist eben dies nicht erwünscht; vielmehr sollte der Blick zur Hauptfigur gehen, um später auch den Blick des Betrachters zu dieser zu leiten. Entspricht das Bildergebnis ansonsten der Wunschvorstellung, wird dadurch korrigiert, dass das Model im Bildhintergrund mit Bewegungsunschärfe beaufschlagt wird. Bereits eine leichte Unschärfe um nur wenige Pixel reicht, um die Augenpartie soweit zu verwischen, dass die Blickrichtung nicht mehr festzustellen ist.

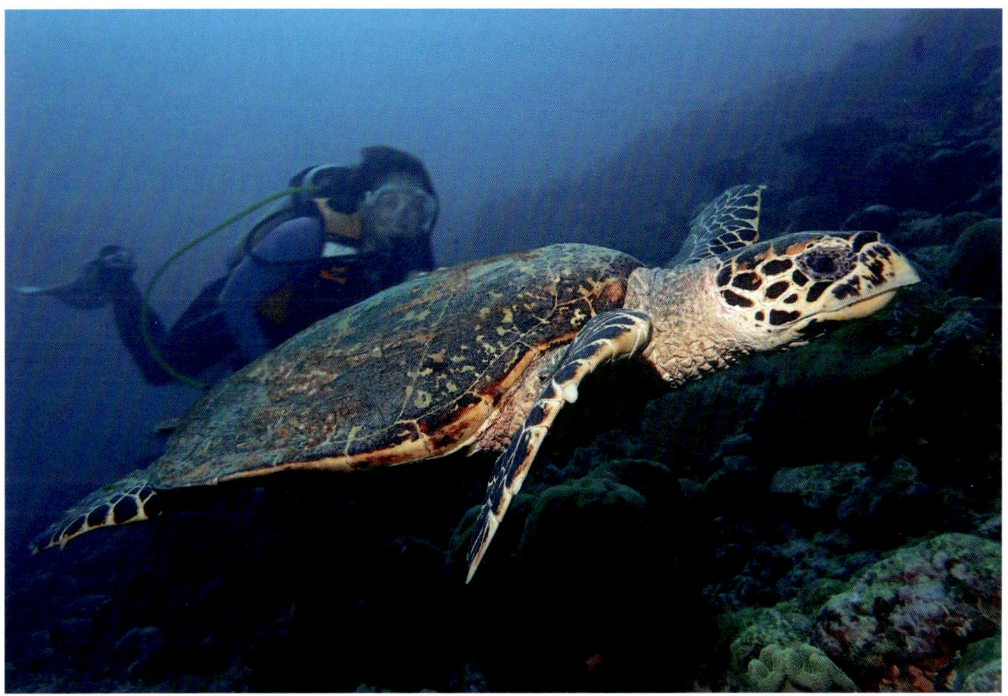

Just beim Auslösen schaute die Partnerin in Richtung Kamera. Ein klein wenig Bewegungsunschärfe, nachträglich bei der Bildbearbeitung gleichmäßig über die Taucherin gelegt, kaschiert den Fauxpas. GD

Bereits besprochen ist die selektive Schärfentiefe. Wir haben herausgearbeitet, dass der Effekt von der Größe des Kamerasensors abhängt und umso stärker ausfällt, je größer dieser ist. Damit ist klar, dass eine digitale Kompakte mit ihrem bescheidenen Sensor im Nachteil ist und der Effekt bei Weitem nicht so stark ausfällt, wie bei der SLR. Mit Hilfe des Gaußschen Weichzeichners lässt sich Unschärfe in den Bildhintergrund einarbeiten, um diesen nachzuahmen.

Filter-Fotografie in der Praxis

Hardware-Filter gleich welcher Art bedingen, dass man sich intensiv mit ihnen auseinander setzt. UW-Filter in Hardware-Ausführung schlucken immer Licht. Das wird dann unangenehm, wenn die Verschlusszeit so lang wird, dass man die Bilder verwackelt. Gegensteuern kann man durch rechtzeitiges Hochsetzen der ISO-Zahl bis zur Rauschgrenze. Bei einem Gelbfilter für die Fluoreszenzfotografie in Kombination mit Blaulicht, zieht die Kamera nachts bei ISO-Auto schon mal bis in höhere Atmosphären davon. Das muss man in Kauf nehmen.

UW-Filter allgemein bringen ergo kein zusätzliches Licht aufs Bild, sie schlucken welches. Das heißt, dass helles Umgebungslicht und klares Wasser einen enormen Gewinn an Bildqualität bringen. Nach Möglichkeit richtet man die Bildachse so aus, dass sich die Sonne seitlich oder im Rücken befindet. Schwierig ist das Aufhellen von Gesichtern hinter Tauchmasken. Oft verbleibt ein Rot-Braun-Stich, ohne dass das Gesicht nennenswert aufgehellt ist. Als Belichtungsprogramm wählt man – sofern verfügbar - die Blendenautomatik mit Verschlusszeiten von 1/60 s bis 1/125 s. Den ISO-Wert behält man im Blick und den Weißabgleich sollte man auf AWB stehen lassen.

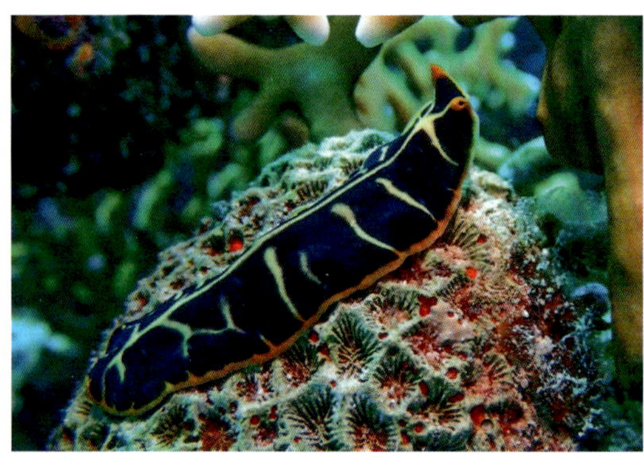

UW-Modus mit Blitzlicht: Teile der Koralle wirken fast kitschig rot. GD

Kann man mit UW-Filtern blitzen? Ja, aber das Blitzlicht sollte sehr verhalten eingesetzt werden, denn die Bilder werden ziemlich rot eingefärbt. Diesen Rotstich muss man nachträglich in der Bildbearbeitung so gut es geht wieder eliminieren. Ein leichter Rosa-Touch schadet aber nicht. Geblitzte Model- bzw. Taucheraufnahmen werden nur etwas, wenn man die Blitzdistanz vergrößert. Wenn es die Kamera gestattet, speichert man alle Aufnahmen mit RAW und JPEG. Wer überzogene Farben scheut, kommt ohne RAW-Entwicklung mit der Korrektur von Weißabgleich und Farbton nicht weit.

Vorteil aller UW-Filter, gleich ob Hardware oder Software, ist die Vermeidung von Trübstoffreflexionen, wenn man dabei ohne Blitzlicht arbeitet. Insbesondere im Süßwasser schafft das unwirkliche Stimmungen und Farbeindrücke, wie sie mit Blitzlicht nicht möglich sind. Zwar sieht man in wirklich trübem Wasser auch Schwebeteilchen, die von der Sonne angestrahlt werden, es ist aber kein Vergleich zu einem Bild, auf dem das Motiv vor lauter Schneegestöber kaum noch zu sehen ist.

Aufhellungen sind mittels LED-Leuchte möglich, doch auch hier knallen die Rottöne unangenehm durch. Wer eine Multifunktionsleuchte besitzt, kann hier statt mit weißem auch mit gelbem oder blauem Licht experimentieren. Blau-kaltes Blitzlicht erzeugen auch INON-Filter vom Typ Blue Diffusor an den Amphibienblitzgeräten S-2000, D-2000 und Z-240. Blue-Diffusoren unterdrücken bzw. mildern den Rotstich. Für das letzte Finish ist aber die Bearbeitung am Rechner unerlässlich. Einfacher wäre es, man könnte mit dem AWB in jeder

Tiefe fotografieren. Aber das funktioniert schon deshalb nicht so recht, weil der Weißabgleich in vielen Kameras nur bis etwa 15 m arbeiten kann.

Manche Zeitgenossen experimentieren mit den Astrokameras Canon EOS 20Da und 60Da. Das sind ab Werk modifizierte SLRs, bei denen durch eine andere Vergütung der Spektralbereich um den Faktor 2,5 angehoben wurde. Diese EOS-Kameras sind deshalb speziell auf die Wellenlänge 656 nm sensibilisiert. Diffuses Rotlicht kann deshalb schärfer und kontrastreicher empfangen werden. Da sich die Kameras fast im Infrarotbereich bewegen, empfiehlt es sich, bei der Landfotografie einen IR-Filter aufzubringen. Diese Modelle sind im Übrigen ziemlich teuer und werden nur auf Bestellung produziert. Für Astrofotografen sind sie eine Bereicherung, unter Wasser eher nicht. Damit angefertigte Bilder haben uns nicht überzeugt, trotz des zart rötlichen und nicht unsympathischen Schimmers. Auch hier geht es letztendlich nicht ohne ausgefeilte Nachbearbeitung hinsichtlich Weißabgleich, Farbton und Dynamik.

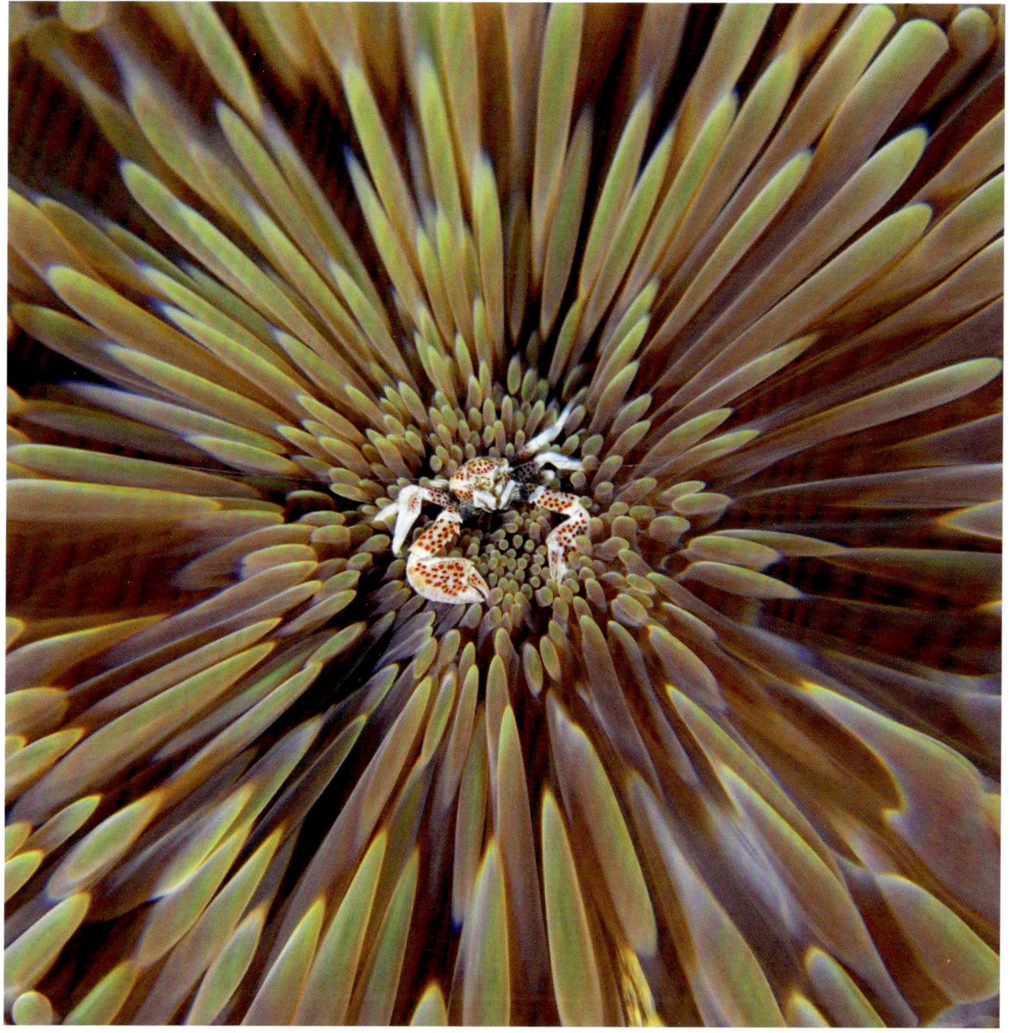

Die Welt der Effektfilter ist eine besondere; hier ein Porzellankrebs einmal ganz anders präsentiert. HF

Hinweise:

- Beliebige Rotfilter haben nicht die Wirkungsweise eines echten UW-Filters. Verlangen Sie deshalb beim Kauf ausdrücklich, dass er für den UW-Einsatz geeignet sein muss.
- Im Süßwasser und in der Ostsee verwendet man Magentafilter.
- Hardware-Filter eignen sich nicht für Makroaufnahmen.
- Wer UW-Filter einsetzt, sollte mit RAW-Daten arbeiten, denn ohne Nachbearbeitung bleiben störende Falschfarben mit Rot- oder Gelbstich zurück. Man kann zwar auch an JPEG-Bildern nachträglich herumfummeln, aber die Ergebnisse sind meist nicht erbaulich.
- Hardwarefilter schlucken Licht. Manchmal so viel, dass man die ISO-Zahl um ein oder zwei Stufen anheben muss. Das wiederum begünstigt das Rauschen.
- Blitzlicht sollte bei Verwendung von UW-Filtern vermieden werden, da sich Rottöne stark ausbreiten. Wer trotzdem blitzt, muss sich mit üppiger Nachbearbeitung bei Weißabgleich und Farbton herumschlagen. Nicht immer bringt man den Rotschleier ganz weg.
- Außen am UW-Gehäuse montierte Hardware-Filter müssen salzwasserfest sein.
- Filter gleich welcher Art und Ausführung vermeiden Trübstoffreflexionen, weil nicht geblitzt werden muss.
- Die Sonne sollte sich idealerweise im Rücken des Fotografen befinden.
- Im Gegenlicht machen UW-Filter mitunter eine bemitleidenswerte Figur, weil in der Regel nicht geblitzt wird und sich deshalb Schatten und Dunkelfelder zeigen.
- Filterplättchen an der Hinterlinse müssen plan eingelegt werden, weil sich sonst Randunschärfen breit machen. Sie zerkratzen im Übrigen sehr schnell.
- Grundsätzlich gilt: UW-Filter können Blitzlicht nicht ersetzen. Sie sind aber eine durchaus vernünftige Ergänzung, wenn Blitzlicht versagt oder gänzlich unangebracht ist; beispielsweise bei Wracks, UW-Landschaften, wenn es sehr trüb ist oder viele Schwebeteilchen und Algenfäden im Wasser treiben.
- UW-Filter sind ungeeignet für Nachttauchgänge. Ausnahme sind Gelbfilter für die Fluoreszenzfotografie.
- Die vernünftig nutzbare Tiefe von UW-Filtern liegt zwischen 3 und 15 m. Wer extensiv nachbearbeitet, kann auch im Flachwasser mit UW-Filtern und RAW fotografieren – muss dann aber auch die Dynamik korrigieren. So können selbst im Flachwasser noch erstaunlich sympathische Farben erzeugt werden.
- Welche Hardware-Filter man auch hernimmt, alle verschlechtern die Bildschärfe und begünstigen das Rauschen, weil man mit den ISO-Werten etwas nach oben gehen muss.
- Aufpassen, dass Sie auf den Hardware-Filtern keine Fingerabdrücke oder Fettflecken hinterlassen. Insbesondere Filterplättchen an der Hinterlinse sind gefährdet und beeinflussen hierdurch die Abbildungsleistungen der Optik bis hin zu Unschärfeflecken.
- Filter gleich welcher Art eignen sich nur bedingt für Live-UW-Fotowettbewerbe, bei denen man die Bilder nicht bearbeiten kann. Wer in der Kamera die Bilder von RAW in JPEG umwandeln und die Bilder aufpeppen kann, hat eventuell das große Los gezogen.

Bild rechts: Aufgenommen in 18 m Tiefe mit zugeschaltetem kamerainternem UW-Filter sowie einem sehr dezenten Blitzlicht. Nachträglich wurde der Weißabgleich im RAW-Konverter korrigiert. HF

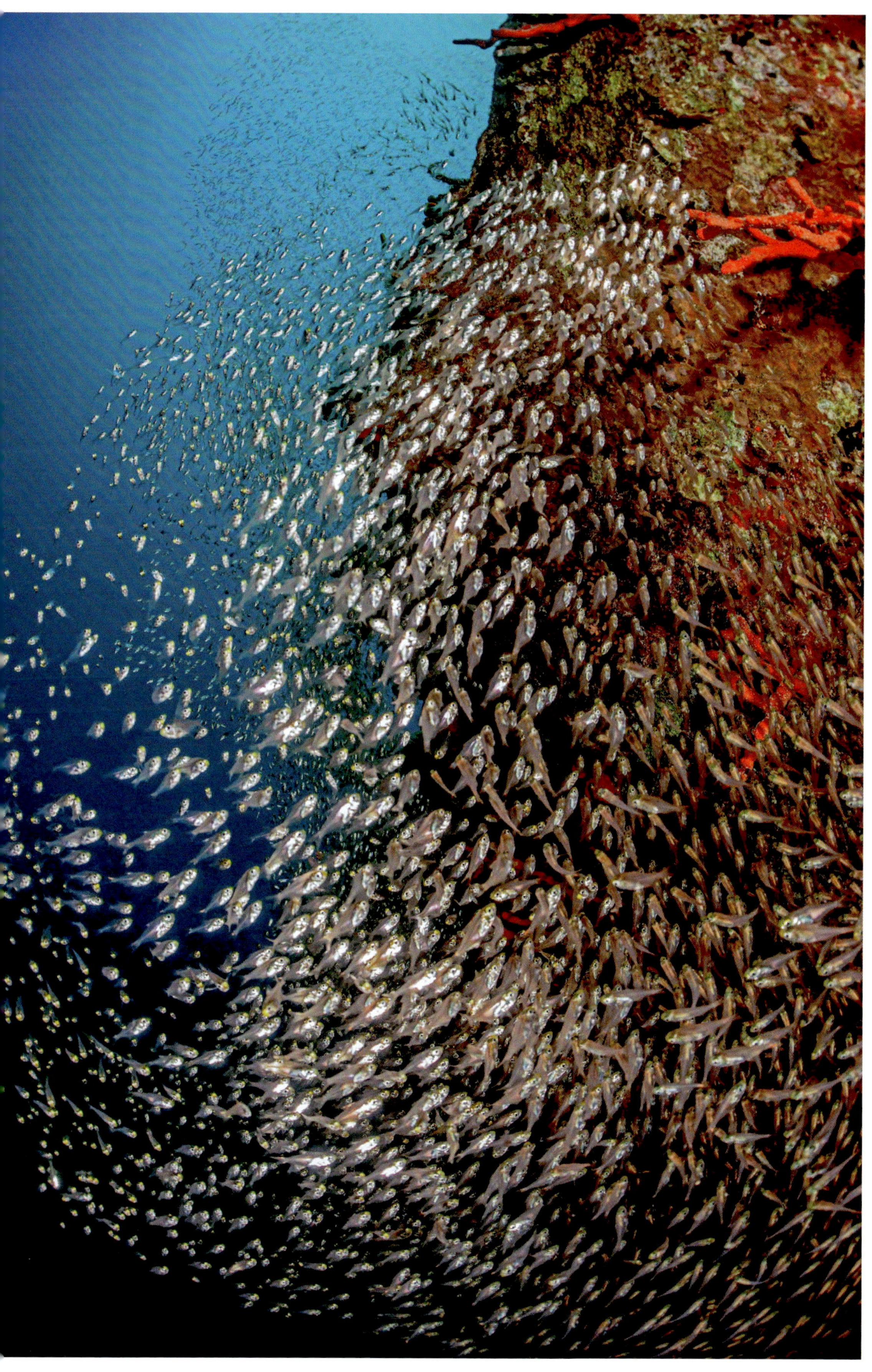

Das Referenz-Kamerasystem

Anhand der TG-Reihe von Olympus zeigen wir, wie sich ein Kamerahersteller den Ausbau eines Kompaktsystems vorstellt. Für Einsteiger bis hin zum ambitionierten Hobbyfotografen ermöglicht dieses Produktkonzept die erfolgreiche UW-Fotografie zu vernünftigen Preisen.

Accessoires für den Einsatz ohne UW-Gehäuse

Die Olympus TG-Reihe kann auch ohne UW-Gehäuse optional sehr formidabel aufgerüstet werden. Zwei Konverter, Tele und Fisheye, ein LED-Ringlicht, eine Silikon-Schutzhülle gegen Beschädigungen, Kameratasche und Stoßschutzgürtel machen aus der amphibischen Kompaktkamera ein sehr variantenreiches Fotogerät, das gegenüber allen anderen aus dieser Klasse seine Einmaligkeit unterstreicht.

Für die UW-Fotografie mit der TG ohne Schutzgehäuse hat die Anschaffung der Konverter primäre Bedeutung. Wobei man wiederum sagen muss, dass der Fisheye-Konverter den größeren Nutzen verspricht. Um die Konverter an der TG-6 befestigen zu können, muss man den Schutzring am Objektiv abdrehen und den Adapter CLA-T01 anbringen. Beide Konverter können auch an Land benutzt werden. Das ist praktisch, falls man unterwegs ist und keine große und schwere Kamera mitnehmen möchte. Mit der TG-6 plus Tele-Konverter und Fisheye-Konverter kann man äußerst flexibel mit diversen Brennweiten fotografieren. Zoomen ist mit beiden Vorsätzen möglich.

Man befestigt die Konverter im Adapter bevor man ins Wasser steigt. Unter Wasser nimmt man die Vorsätze wieder ab und säubert die Glasflächen im Zwischenraum von anhaftenden Luftbläschen. Wenn man das nicht macht, kommt es zu partiellen Unschärfen. Beim Wechseln der Konverter bzw. beim Demontieren ist Vorsicht geboten, weil sie schnell sinken, wenn sie einem aus der Hand rutschen; immer über Sandflächen oder dicht über dem Riff entfernen. Niemals über Schlammboden oder an Steilriffen. Beide Konverter können an der TG-6 nur ohne UW-Gehäuse verwendet werden.

Im Menü finden Sie unter den Zubehöreinstellungen auch einen Modus für die Konverter. Hier kann man für eine bessere und angepasste Bildqualität sowie optimierte Bildwinkel die Bezeichnungen der Konverter anwählen.

Zubehörteile	Teile-Nr.	Montage an	Bildwinkel
Fisheye-Konverter	FCON-T01	TG-Reihe	130°, UW ca. 100°
Zirkular Fisheye-Konverter	FCON-T02	TG-Reihe	zirkular 180°, UW 122°; diagonal 169°, UW 118°
Tele-Konverter	TCON-T01	TG-Reihe	Bildwinkel 8°, 70 mm KB-Brennweite
Montage-Adapter	CLA-T01	TG-Reihe	
Makrolicht	LG-1C	TG-Reihe	
Flash Diffuser	FD-1	TG-Reihe	
Silicone-Case	CSCH-122		

Tele-Konverter TCON-T01

Telekonverter für Kompaktkameras werden im Frontgewinde des Kamerazooms befestigt. Der hier beschriebene TCON-T01 wird in den Adapter CLA-T01 eingeschraubt. Nicht mit Gewalt in den Anschlag drehen und das Gewinde zudem leicht einfetten; dabei aber aufpassen, dass kein Silikonfett an eine der korrespondierenden Linsen gelangt. Das würde, außer milchige Flecken zu erzeugen, auch den Autofokus negativ beeinflussen.

Der Brennweiten-Verlängerungsfaktor beträgt 1,7, so dass sich im Telebereich eine Brennweite von 7,65 mm ergibt, was knapp 43 mm im Vollformat entspricht. Der Mindestabstand beträgt ab Frontlinse 20 cm. Der Kamerablitz kann wegen des moderaten Durchmessers der Objektiv-Fassung weitgehend schattenlos ausleuchten, aber seine Kraft erlischt bei einem Arbeitsabstand von 40 bis 50 cm je nach Motivreflexion.

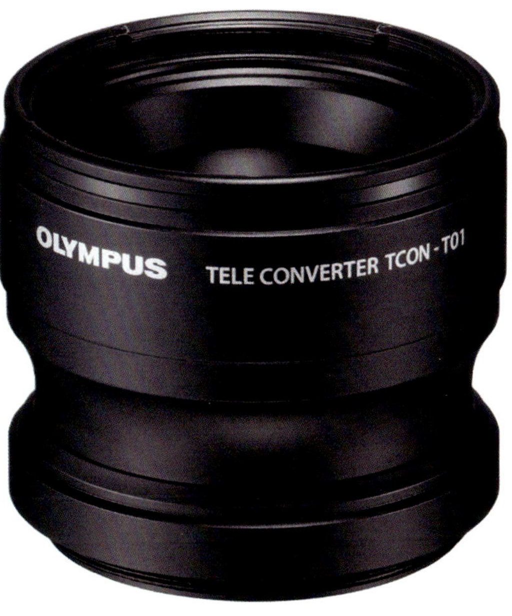

Der Telekonverter benötigt sehr klares Wasser. Aufgrund des engen Bildwinkels ist seine Handhabung nur bedingt für Einsteiger geeignet. PR

Der AF kann zu Störungen neigen. In diesem Fall visiert man ein Motiv in größerer Entfernung an und nähert sich danach der Mindesteinstellgrenze. Wenn man zu nah ist, wird das Fokusfeld rötlich umrahmt. Erscheint es grün, kann die Kamera fokussieren. Beim Zoomen in den WW-Bereich verkleinert sich das Bild kreisförmig. Dann entstehen Gag-Aufnahmen, die einer zirkularen Fisheye-Abbildung ähneln ohne es zu sein, denn der Bildwinkel beträgt nur 46°.

Hinweise:

- Der TCON-T01 ist dicht bis 20 m Wassertiefe, ist also geringfügig druckfester als die Kameras der TG-Reihe. Als Motive kommen Tiere in Frage, die etwas scheu sind und eine größere Fluchtdistanz aufweisen. Vernünftig ist es, den Telekonverter nur in sehr klarem Wasser einzusetzen. Er lässt sich auch mit dem Mikroskop-Modus koppeln. Eine vernünftige Ausleuchtung ist dann aber kaum mehr möglich. Weil die Motiventfernung relativ groß ist für den Kamerablitz oder eine LED-Leuchte, sollte man ISO 400 oder auch mal ISO-Auto einstellen. Es besteht sonst die Gefahr, dass die Bilder unterbelichtet werden.
- Es ist schwierig, mit dem TCON-T01 ein wirklich scharfes Bild in maximaler Vergrößerung hinzubekommen, weil der Bildwinkel sehr klein wird und man mit der kleinen, instabilen TG-6 trotz Bildstabilisation zum Verwackeln neigt.

Fisheye-Konverter FCON-T01

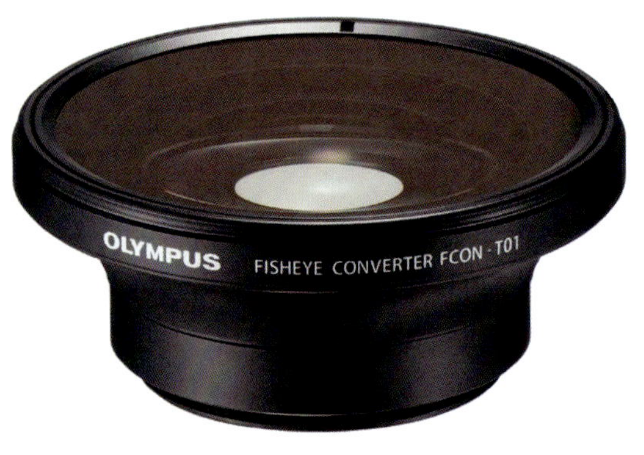

Der Fisheye-Konverter FCON-T01 ist vom Prinzip her ein WW-Konverter mit einer Fisheye-Torsion an den Bildrändern. Er besitzt aufgrund des zivilen Bildwinkels von ca. 100° eine passable Abbildungsleistung. PR

Mit dem FCON-T01 werden Sie im Vergleich zum Tele-Konverter eine bessere Bildausbeute erzielen. Der Brennweiten-Verkürzungsfaktor beträgt 0,74. Aus dem Kamerazoom 4,5-18 mm wird dann eines mit 3,3-13,3 mm, was einem KB-Äquivalent 18,5-74 mm entspricht. Der Bildwinkel vergrößert sich rechnerisch auf etwa 100°.

Im Netz und von Olympus wird für den Fisheye-Konverter ein Bildwinkel von 130° angegeben. Dann allerdings müsste der Verkürzungsfaktor 0,43 betragen. Die Fisheye-Vorsatzlinse erzeugt unter Wasser ca. 100° diagonal mit leicht gebogenen Linien am Bildrand. Daher rührt auch die vom Bildwinkel her gesehen nicht ganz passende Bezeichnung Fisheye-Konverter.

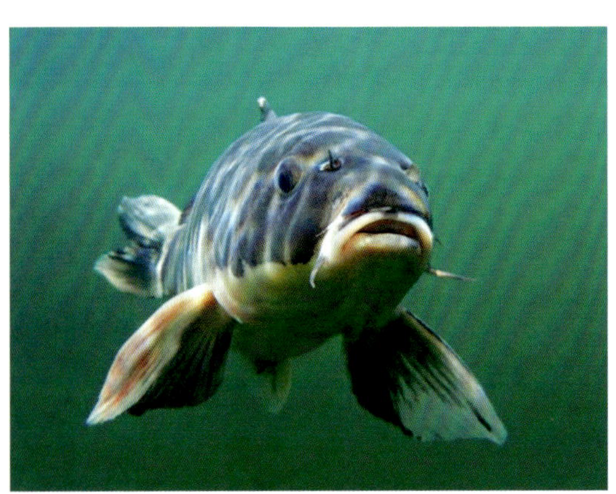

Eine leichte Froschperspektive macht das Bild dynamischer. FCON-T01 ohne Blitzlicht. HF

Zumindest in der Naheinstellung werden erstaunliche Vergrößerungen mit verblüffender Schärfentiefe erzeugt. Auch kann der FCON-T01 mit dem Mikroskop-Modus gekoppelt werden. Hier wird es aber schwierig mit der Ausleuchtung. Blitzlicht funktioniert, kann aber wegen der Abschattung an der Konverterfassung nicht vernünftig genutzt werden. Zum Ausleuchten sollte man zwei LED-Leuchten verwenden. Panoramabilder ergeben mit montiertem Fisheye-Konverter erstaunlich stimmige Bilder. Grundsätzlich kann man alle Bildstile mit dem Fisheye-Konverter kombinieren, ebenso die Scene-Programme. Mit dem großen Bildwinkel hat die experimentelle UW-Fotografie einen gewissen Spaßfaktor.

Hinweis:

- Wählt man FCON-T01 auch im Zubehörmodus der TG-Kamera an, wird der Kamerablitz deaktiviert. Das ist ein Hemmnis, wenn man den Blitz z. B. zusammen mit einer rechts angebrachten LED-Leuchte zur besseren und farblich angepassten Ausleuchtung verwenden will. Olympus hat das so festgelegt, damit die Nutzer nicht vom anfallenden Schlagschatten enttäuscht sind. Man ist beim Hersteller der Meinung besser gar kein Blitzlicht als einen Schlagschatten.

Zirkular Fisheye-Konverter FCON-T02

Der FCON-T02 ist mit seiner extremen Abbildungseigenschaft nicht nur einzigartig im Kompaktsektor, er ist auch erstaunlich flexibel einsetzbar. Von Haus aus ist er ein Zirkular-Fisheye. Montiert man ihn, entsteht ein kreisrundes Bild mit diametral 180° Bildwinkel. Zoomt man dann zweifach in das Bild hinein, bekommt man, wenn die schwarzen Ecken verschwunden sind, ein Fisheye-Bild mit einer Diagonalen von 169°. Allerdings muss man aufpassen, denn diese Angaben gelten nur an Land. Unter Wasser hat das zirkulare Bild 122°. Grund ist der Brechungsindex des Wassers. Zoomt man nun erneut zweifach, bekommt man ein Fisheye ähnliches Bild von diagonal 118°. Zoomt man noch weiter, reduziert sich der Bildwinkel auf 75°.

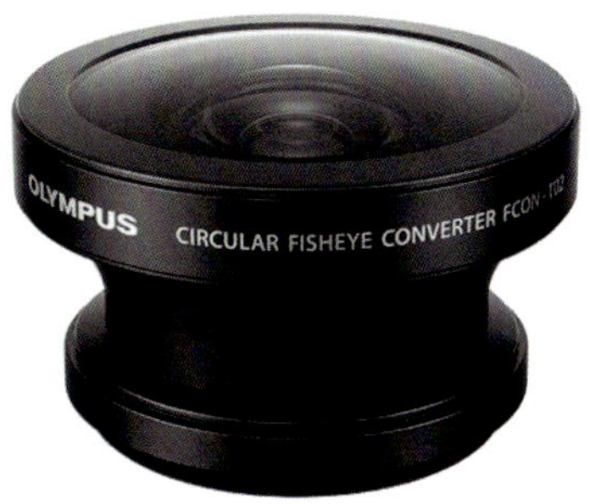

Mit dem FCON-T02 sind zirkulare Bilder mit sehr großem Bildwinkel möglich. Das Zoomen in die diagonale Fisheye-Abbildung ist möglich. Wenn der Vorsatz an einer TG verwendet wird, sind allerdings wegen des direkten Kontaktes mit Wasser keine 180°-Fisheye-Bilder möglich. Der Rand der Zirkularbilder zeigt einen bläulichen Schimmer. PR

Enttäuscht? Muss man nicht, denn die Schärfentiefe ist enorm groß und die Naheinstellung von 1 cm ab Frontlinse bei einem maximalen Brennweitenfaktor von 0,3 erzeugt eine zirkulare äquivalente Vollformat-Brennweite von 7,5 mm mit atemberaubender Perspektive. Außerdem ist der zirkulare Vorsatz mit Stickstoff gefüllt, um ein inneres Beschlagen bei starken Unterschieden in der Temperatur zu verhindern. Der zirkulare Fisheye-Vorsatz ist eine erstaunliche Optik mit großem Einsatzspektrum, weil man Brennweite und Bildwinkel stufenlos ändern kann. Zwischen zirkularem und diagonalem Fisheye-Effekt liegen nur wenige Sekunden zum Ändern der Zoomposition.

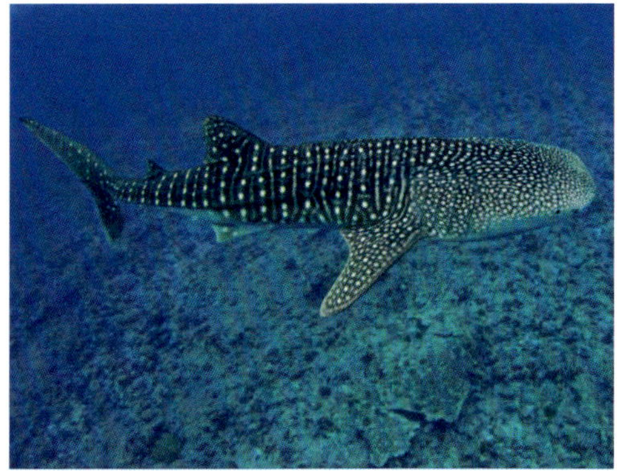

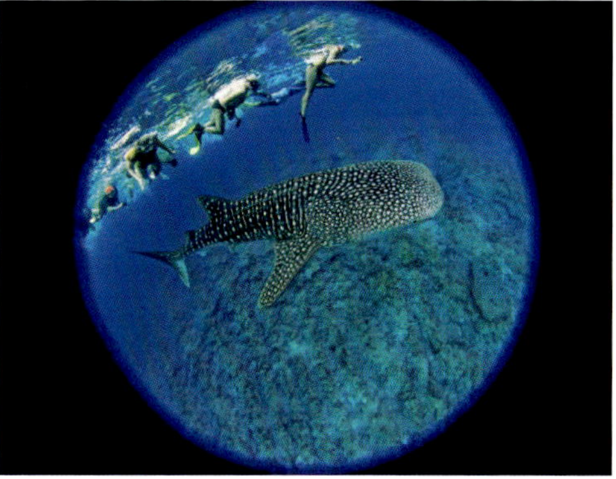

Je nach Stellung des Zoom-Reglers kann man Walhaie mit dem FCON-T02 entweder formatfüllend oder zirkular ablichten. HF

Dicht ist der FCON-T02 bis 20 m. Er wiegt 141 g, ist 35 mm lang und hat einen Durchmesser von 53 mm. In der Praxis erweist er sich als Hans Dampf in allen Gewässern. Ob Walhai oder Hecht mit Taucherin, er ist allen Situationen gewachsen. Endlich gibt es für Normalverdiener die Möglichkeit, mit großen Bildwinkeln zu fotografieren. In den heimischen Gewässern mit ihren teils sehr bescheidenen Sichtweiten, kommt nun auch bei Kompaktfotografen Freude auf, wenn er montiert ist. Man kann sich deshalb auch an runde Bilder gewöhnen, selbst wenn die Randschärfen einen Vergleich mit denen der teuren Fisheyes aus der Profiszene fürchten müssen wie der Teufel das Weihwasser. Dafür kosten die aber auch ein Mehrfaches.

Frage:

Was muss man unternehmen, wenn man mit dem Zirkular-Fisheye von Olympus unter Wasser einen echten 180° Bildwinkel haben will?

Dann müssen Sie sich das Ikelite-Gehäuse für die TG-6 kaufen. Hierfür hat Ikelite seinen Domeport so adaptiert, dass er sowohl den Überwasserbildwinkel des FCON-T01 als auch den des FCON-T02 nach außen bringt; rund oder diagonal, wie es einem beliebt. Dann kann man sogar Halb und Halb-Bilder machen und externe Blitzgeräte anschließen. Dadurch avanciert die Kompaktkamera TG-6 zu einer Fotogerätschaft, die nicht nur fürs Auge, sondern auch im praktischen Einsatz ein Hochamt für ambitionierte Kompakt-UW-Fotografen darstellt.

LED-Ringlicht LG-1

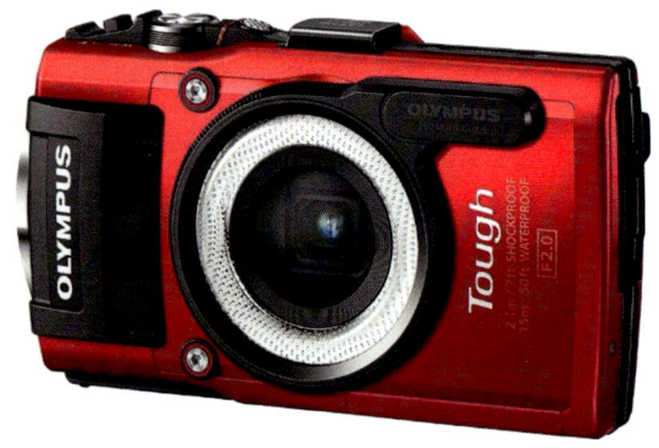

Die Modelle der TG-Serie werden mit dem LED-Ringlicht mehrheitlich an Land für extreme Makros eingesetzt. PR

Das LED-Ringlicht LG-1 ist ein Lichtformer, was schon die Bezeichnung LG-1 für Light Guide erklärt. Es wird an den Kameras der TG-Reihe nach Abnehmen der Zierblende befestigt. Gedacht ist es ausschließlich für den Einsatz im Mikroskop-Modus samt seiner diversen Unterprogramme. Um das LG-1 nutzen zu können, muss das LED-Licht an der Kamera zugeschaltet werden. Dessen Licht wird nun im Ring der LG-1 kreisrund verteilt und hellt das anvisierte Makromotiv gleichmäßig auf. Somit erhält man eine schattenfreie Ausleuchtung.

Weil das LED-Ringlicht nicht besonders stark ist, arbeitet die Kamera im Mikroskop-Modus mit einer Vollautomatik, auf die man hinsichtlich Verschlusszeit, Blende und ISO keinen Einfluss hat. Somit wird verhindert, dass sich der Anwender mit den Belichtungsparametern vertut. Unter dem Strich macht die Kamera hier immer das Richtige. Fehlbelichtungen kommen vor, wenn die Belichtungsparameter an ihre Grenzen kommen. Dann muss man im RAW-Konverter mit der Belichtungskorrektur gegenhalten oder zusätzlich mit einer oder zwei LED-Leuchten aufhellen. Und es besteht keine Garantie gegen Verwacklungen. Wer sich mit dem Mikroskop-Modus auseinander setzt, kommt am LG-1 nicht vorbei.

Flash-Diffuser FD-1

Mit dem Flash-Diffuser FD-1 hat Olympus quasi einen Ringblitz-Ersatz geschaffen, der eine nahtlose und schattenfreie Ausleuchtung im extremen Nahbereich ermöglicht. Der Flash-Diffuser ist ein Vorsatz, der an den Kameras der TG-Reihe befestigt werden kann, wenn man die Zierblende am Objektiv abnimmt. Insofern kann der FD-1 nur an der Kamera selbst und nicht am UW-Gehäuse befestigt werden. Ausgeleuchtet wird mit dem kamerainternen Blitz, dessen Licht kreisrund um das Objektiv verteilt wird. Damit die Bilder optisch nicht allzu flach ausfallen, lässt sich die Ausleuchtung mittels eines kleinen Drehhebels etwas steuern, so dass ein geringer Lichtverlauf von links nach rechts erkennbar wird. Deshalb wirken die damit gemachten Bilder sehr angenehm und harmonisch.

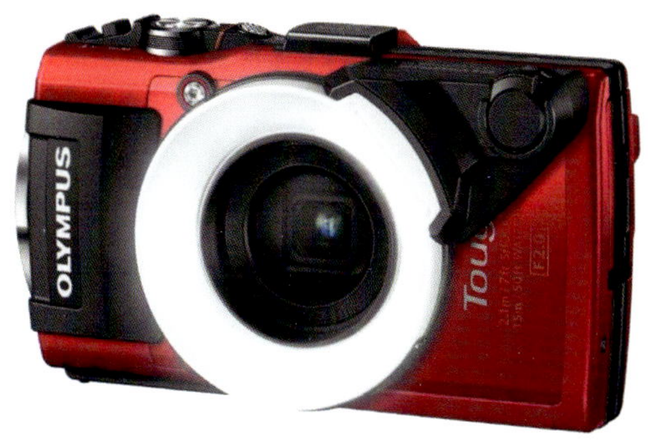

Kein echter Ringblitz, aber der FD-1 kommt ihm in seiner Effizienz sehr nahe. PR

Zu beachten ist, dass der FD-1 einiges an Licht schluckt. Sein Reflexionsverhalten – das Licht wird nämlich auf die ringförmige weiße Diffusorfläche gestrahlt – ist etwas begrenzt. Es empfiehlt sich, die Kamera mindestens mit ISO 200, besser noch mit ISO 400 zu betreiben, damit es nicht zu Unterbelichtungen kommt.

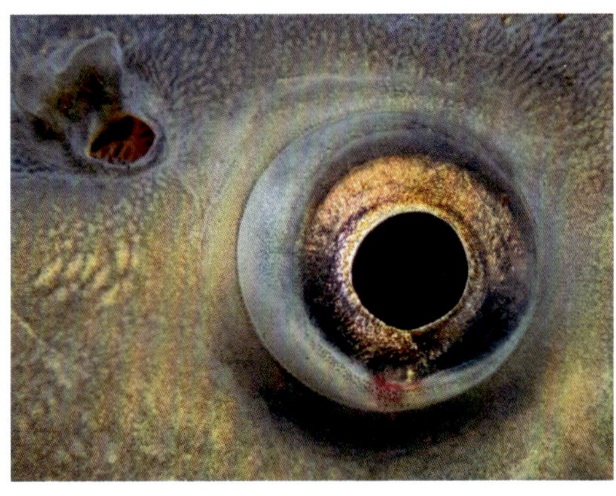

Karpfenauge; abgelichtet im Mikroskop-Modus und mit Flash-Diffuser. HF

Mit dem FD-1 ist es möglich extrem nahe und stark vergrößerte Objekte, z. B. solche, die mit der Mikroskop-Funktion angepeilt wurden, zufriedenstellend auszuleuchten. Weil er an der Kamera direkt angebracht wird, sind Funktionsweise und Handhabung ausgesprochen angenehm.

Accessoires für den Einsatz mit UW-Gehäuse

Zubehörteile	Teile-Nr.	Montage an	
UW-Gehäuse	PT-056		Max. Einsatztiefe 45 m
Blitzgerät	UFL-3	Separate Schiene	
Fiberoptisches Kabel	PTCB-E02	PT-056	
Montageadapter	PSUR-03	PT-056	
Nahlinse	PTMC-01	PT-056	
WW-Konverter	PTEC-01	PT-056	

UW-Gehäuse PT-056

Die TG-Reihe ist bis 15 m für eine Stunde lang wasserdicht. Wer tiefer oder länger damit tauchen möchte, muss sich ein passendes UW-Gehäuse zulegen; meist ist dies dann eines der Olympus PT-Reihe. Man legt die Kamera ohne Halteschlaufe sorgfältig ein. Eine Fixierschraube gibt es nicht. Sitzt die Kamera passgenau, kann man den Rückdeckel schließen. Der Verschluss funktioniert als Exzenter. Nur wenn er sich weitgehend kraftlos bedienen lässt, stimmt der Kamerasitz. Damit kein Reflexionslicht ins Objektiv fällt, liefert Olympus beim Kauf des UW-Gehäuses einen Antireflexring, den man im Bajonett des Objektivs befestigt. Vorher muss dort die Zierblende abgenommen werden. Bilder erhalten dadurch eine bessere Brillanz.

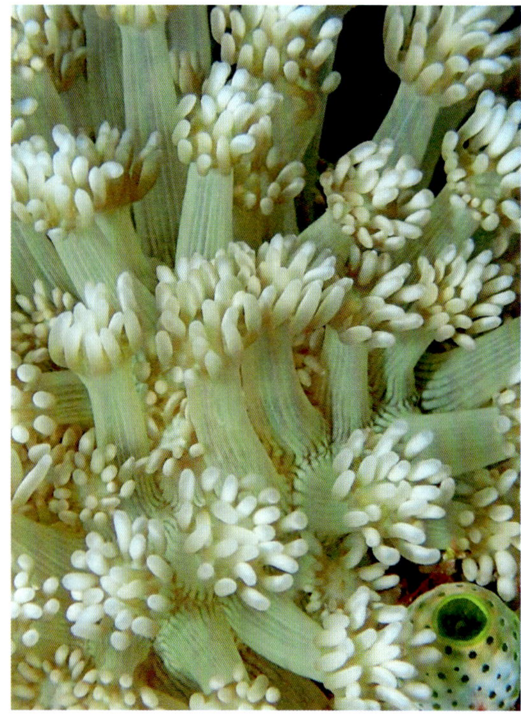

Die Makrolinse PTMC-01 sorgt für eine hervorragende Bildqualität. HF

Alle Kamerafunktionen werden über Bedienelemente nach außen geführt. Aufgrund der geringen Maße von Kamera und UW-Gehäuse sind manche Übertragungen mit dicken Tauchhandschuhen etwas knifflig zu bedienen. Deshalb sollte man vor dem Abstieg die wichtigsten Parameter fest eingestellt haben. Es ist wenig förderlich, während des Tauchganges im Menü herum zu scrollen, um vergessene Einstellungen zu programmieren.

Mit der mitgelieferten Handschlaufe kann man das UW-Gehäuse am Handgelenk sichern und die Kamera einhändig bedienen. Die Motive werden mit dem Monitor anvisiert. Eine Sonnenblende sorgt für gut sichtbare Live View-Bilder, damit man sich auf die Bildgestaltung konzentrieren kann. Der Diffusor am UW-Gehäuse dämpft etwas die Schwebeteilchenreflexionen und sorgt weiter für ein weiches und gut streuendes Frontlicht, so dass Nahaufnahmen recht gut ausgeleuchtet werden. Der Kamerablitz findet hinter dem Diffusor bei etwa 40 bis 60 cm Motivdistanz seine Leistungsgrenze. Abhängig ist das von der Motivreflexion. Wer in der hobbymäßigen UW-Fotografie nach höheren Weihen strebt, kommt an der Investition in ein amphibisches Blitzgerät, eine Nahlinse und einen WW-Konverter nicht vorbei. Zu diesem Zweck legt Olympus dem UW-Gehäuse einen fiberoptischen schwarzen Adapter mit Lichtleiterbuchse bei, der in den Spalt zwischen Diffusor und Gehäuse gesteckt wird. Hierdurch wird auch das Abstrahlen des Kamerablitzes nach vorne unterdrückt.

Hinweise:

- Das UW-Gehäuse PT-056 besitzt keinen Leckwarner. Der Haupt-O-Ring ist deshalb nach jedem Öffnen des Rückdeckels sorgfältig zu säubern und leicht einzufetten.
- Entfernen Sie unter Wasser gelegentlich die Bläschen, die an Frontgläsern anhaften.
- Üben Sie mit der eingebauten Kamera deren Bedienung an Land, denn die Icons auf den Druckknöpfen sind je nach Umgebungslicht nicht immer deutlich zu erkennen.
- Das UW-Gehäuse nicht in der Sonne trocknen und nicht mit Chemikalien reinigen. Nach Salzwassertauchgängen genügt das Wässern in einem Eimer mit Frischwasser.
- Wenn der Exzenterverschluss schwergängig wird, keine Gewalt anwenden. Vermutlich ist Sand eingedrungen oder eine Salzkruste hat sich breitgemacht. Gut spülen, etwas Öl hineinträufeln und den Sicherungsschieber vorsichtig mit einem Schraubendreher bewegen, bis er wieder leichtgängig geht.
- Das UW-Gehäuse von Olympus besitzt auf der Unterseite drei Stativschrauben-Löcher. Es macht deshalb Sinn, sich eine Halteschiene samt Griffen zu besorgen, die sich mit zwei Schrauben am UW-Gehäuse befestigen lässt. In welchen der drei Gewindelöcher ist egal; es müssen nur zwei sein, damit sich das UW-Gehäuse nicht verdrehen kann.

Makro-Konverter PTMC-01

PTMC-01 ist eine original Olympus-Nahlinse mit einer Brennweite von 165 mm, sprich 6 Dioptrien, und hoher optischer Qualität. Technisch gesehen ist es ein Achromat, bestehend aus zwei verkitteten Linsen, mit der die chromatische Aberration bei den Spektralfarben Rot und Blau eliminiert wird. Eingeschraubt wird sie in das Frontgewinde des Montageadapters PSUR-03, kann aber auch an allen anderen UW-Gehäusen oder Ports mit M67-Anschluss verwendet werden.

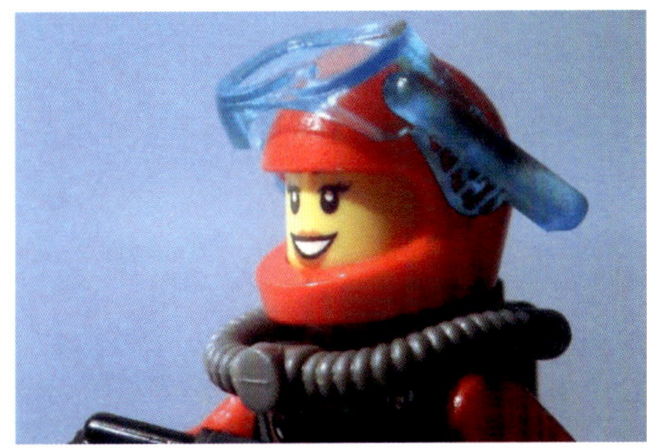

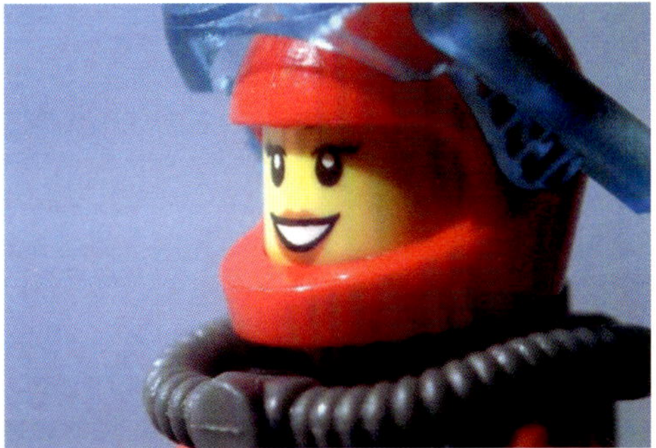

Hier der Vergleich einer Aufnahme ohne (li.) bzw. mit (re.) montiertem Makro-Konverter PTMC-01. GD

Das Basiszoom an der Kamera wird in die Teleposition gebracht. Nur in dieser Zoom-Stellung kann die Nahlinse vernünftig eingesetzt werden. Der Arbeitsabstand ist dann so groß, dass man das Motiv sehr gut mit dem Amphibienblitz UFL-3 ausleuchten kann. Druckfest ist der Makro-Konverter PTMC-01 bis 40 m Tiefe.

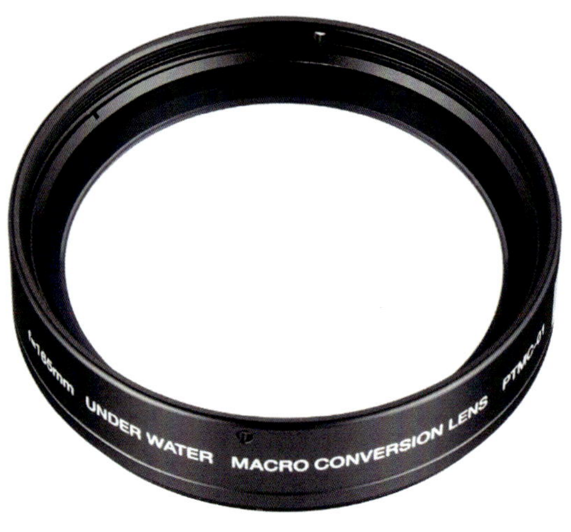

Die Makrolinse PTMC-01 kann nur am UW-Gehäuse, nicht an den TG-Modellen selbst montiert werden. PR

Sind die Ansprüche an die Ausleuchtung nicht sehr hoch angesiedelt, kann man zur Not mit dem integrierten Blitz belichten. Im Bereich von 10 cm bis 30 cm gelingen in Verbindung mit dem Diffusor hin und wieder erstaunliche Ergebnisse. Perfekt belichtet werden die Bilder mit einem oder zwei externen Amphibienblitzgeräten wie dem UFL-3. Der Vergrößerungsfaktor der Nahlinse beträgt etwa zwei.

Mit dem Makro-Konverter können alle Bildstile und Scene-Programme verwendet werden, aber nur das Wenigste macht wirklich Sinn. Vor allem Finger weg von Programmen, bei denen der Kamerablitz nicht zur Verfügung steht. Dann muss man mit LED-Leuchten belichten.

Technische Daten PTMC-01

UW-Vergrößerungsfaktor	Nominal 6 Dioptrien, faktisch ca. 2-fache Vergrößerung
Optische Konstruktion	Achromat aus zwei Linsen in einer Gruppe
Länge	18 mm
Durchmesser	70 mm
Gewicht	144 g
Anschlussgewinde	M67
Maximale Einsatztiefe	40 m

Weitwinkel-Konverter PTWC-01

Für Wrackaufnahmen, UW-Landschaften, Fischschwärme und Taucherbilder benötigt man größere Bildwinkel als die der fest eingebauten Zoomobjektive in Kompaktkameras. PTWC-01 ist eine mächtige Vorsatzoptik, bestehend aus vier Einzellinsen. Bei Fachleuten gilt dieses Monstrum als einer der besten amphibischen WW-Konverter. Trotzdem kann es bei schrägem Sonneneinfall zu Reflexionen und Flecken kommen, die aber nicht das negative Ausmaß anderer, preiswerter WW-Konverter erreichen.

Der Verkürzungsfaktor beträgt unter Wasser 0,6. Das entspricht einem 20 mm Vollformat-Objektiv mit einem Bildwinkel von 90°. Das stramme Gewicht des wie ein Stein sinkenden Vorsatzes wird nur teilweise vom Auftrieb des UW-Gehäuses ausgeglichen. Auftriebskörper an den Blitzarmen erleichtern das Handling.

Wie beim Makro-Konverter empfiehlt es sich auch hier, die Anschlussgewinde einzufetten und den PTWC-01 nur mit verhaltener Kraft einzuschrauben.

Der Kamerablitz kann nicht genutzt werden, weil die Konverterfassung stark abschattet. Aufgrund des großen Bildwinkels bietet sich die Anschaffung von einem, besser zwei UFL-3 Amphibienblitzen an. Im Flachwasser lässt sich der PTWC-01 sehr gut ohne Kunstlicht für stimmungsvolle Aufnahmen einsetzen.

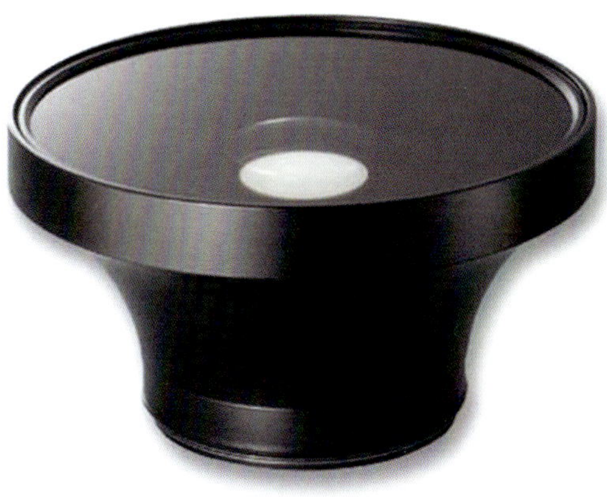

Mit dem Olympus-Weitwinkel-Konverter WCON-P01 gelingen Landschaftsaufnahmen, Abbildungen von großen Fischen und Taucherportraits. PR

Vorsicht ist beim Handling angebracht. Im Gegensatz zu anderen WW-Konvertern besitzt der PTWC-01 keinerlei Stoßschutz in Form eines großen Wulstrings oder einer Sonnenblende. Felsen, Korallen, Schiffsleitern und dergleichen stellen eine permanente Gefahr dar. Nur bei sehr bedachtem Umgang wird die Frontlinse langfristig von Schäden in Form von Kratzern verschont bleiben.

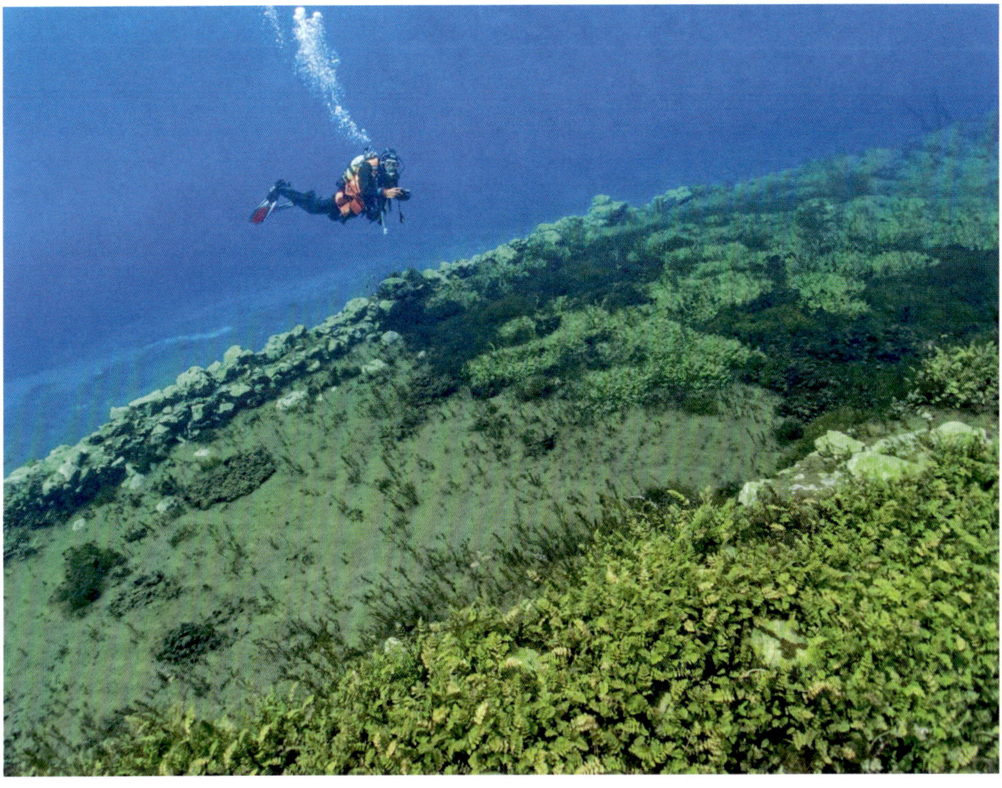

Weitwinkel-Feeling wie mit einer Profikamera. Solche Bilder sind mit einer Olympus-TG möglich. HF

Die fehlende Sonnenblende, auch Streulichtschutz genannt, ist ein Mangel, weil das Sonnenlicht ungehindert auf die Fläche der Frontlinse auftrifft. Das ist der Grund, weshalb schräg einfallende Lichtstrahlen zu Farbflecken und Reflexionen auf den Bildern führen können. Nicht immer kann man sie problemlos in der Nachbearbeitung eliminieren. Achten Sie deshalb nach Möglichkeit darauf, dass sich beim Fotografieren die Sonne im Rücken befindet. Gegenlicht ist besonders heikel. Explizit kann man hier sehen, dass optische Vorsätze nicht die Abbildungsqualität eines echten Objektivs besitzen.

Technische Daten PTMC-01

UW-Vergrößerungsfaktor	0,6-fach
Optische Konstruktion	Vier Linsen in vier Gruppen
UW-Bildwinkel	90°
Länge	68,6 mm
Durchmesser	130,5 mm
Gewicht	1.086 g
Anschlussgewinde	M67
Maximale Einsatztiefe	40 m

Tipp:

Oft kommt es vor, dass man nicht den ganzen Tauchgang über mit dem WW-Vorsatz arbeiten möchte. Beispielsweise, wenn Kleinmotive vor der Kamera auftauchen. Da von Olympus kein Lensholder angeboten wird, ist man gezwungen, den PTWC-01 in der Jackettasche oder besser in einer kleinen Netztasche zu verstauen. Dabei kann es zu Komplikationen kommen, weil der Weitwinkel-Konverter sehr groß und massig ist. Solche Aktionen nicht an einem Steilriff vornehmen. Wenn der WW-Konverter aus der Hand gleitet und sinkt, ist er in der Regel verloren, wenn die Steilwand entsprechend tief abfällt. Schnell nachtauchen hilft wenig, denn die Sinkgeschwindigkeit ist sehr hoch. Das Demontieren und auch die anschließende Montage sollte immer an Flachstellen vorgenommen werden; das Verstauen im Jacket unter Aufsicht des Tauchpartners, damit nichts schief geht.

Adapter PSUR-03 und CLA-T01

Um dem Makro-Konverter PTMC-01 und den WW-Konverter PTWC-01 an einem Olympus-UW-Kompaktkamera-Gehäuse montieren zu können, benötigt man den Schraubadapter PSUR-03. Er wird mit seinem M52 Gewinde in das Frontgewinde des UW-Gehäuses eingeschraubt.

Auf der anderen Seite besitzt er das M67 Standard-Gewinde. In diesem werden die Konverter befestigt. Die Gewinde am UW-Gehäuse und an den Konvertern sollten leicht mit kleinen Tupfern Silikonfett eingerieben werden. Aufpassen, dass dabei keine Fettflecken auf die Gläser gelangen. Grundsätzlich können die Konverter PTMC-01 und PTWC-01 an allen UW-Gehäusen mit M67 Anschlussgewinde verwendet werden; beispielsweise an vielen Olympus-UW-Gehäusen für Systemkameras.

Mit Hilfe des Adapters CLA-T01 werden die Zubehörteile montiert, die direkt an der Kamera, sprich ohne Gehäuse angebracht werden.

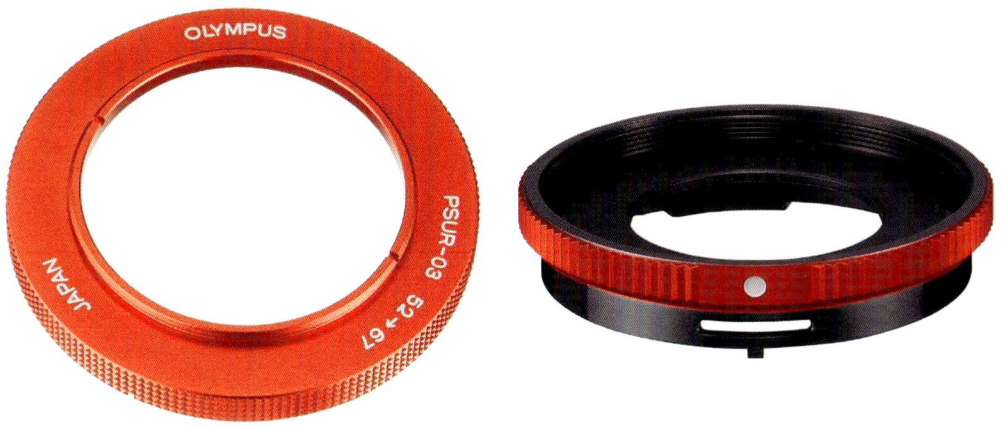

Mit dem Adapter PSUR-03 (li.) befestigt man die Nahlinse PTMC-01 und den WW-Konverter WCON-P01 an den Original-Olympus-UW-Gehäusen. Der Adapter CLA-T01 (re.) ist notwendig, wenn man die Konverter TCON-T01, FCON-T01 und FCON-02 verwenden will. PR

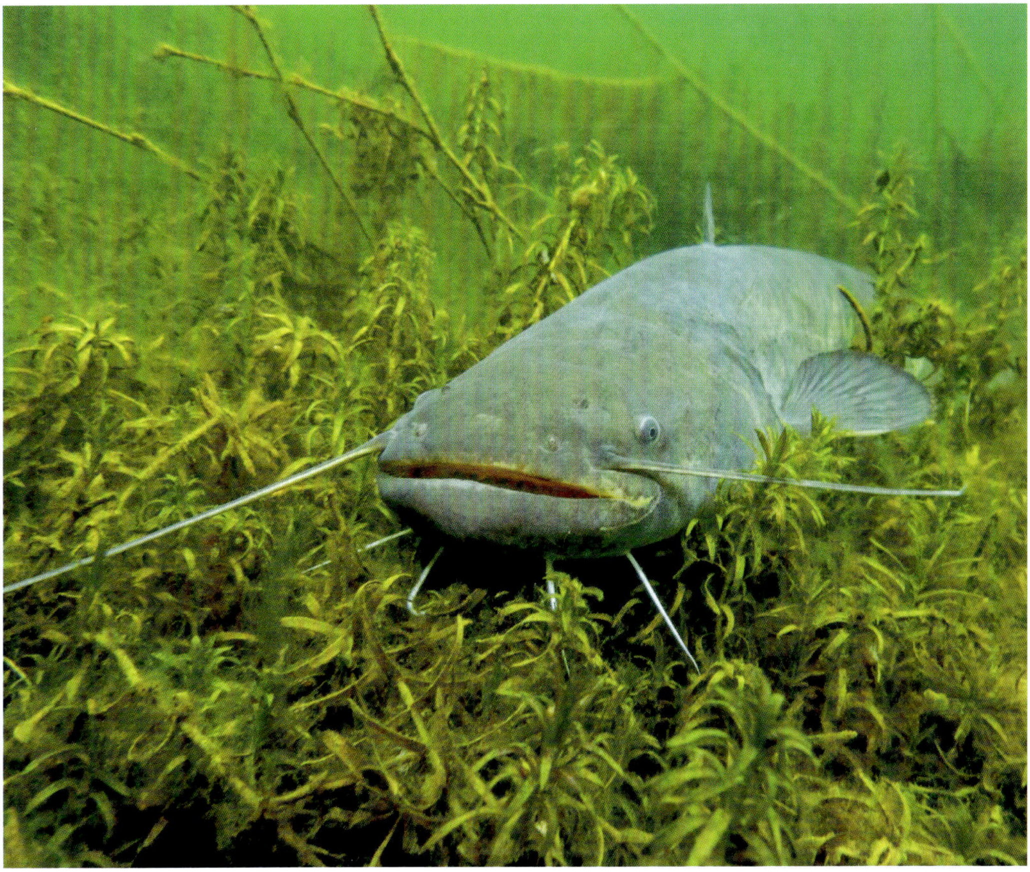

Die Abbildungsqualität der Olympus-Produkte ist für Linsenvorsätze recht gut. HF

Tutorial - Musterbilder in der Detailanalyse

Tutorial-Bild 1: Schnorchler (HF)

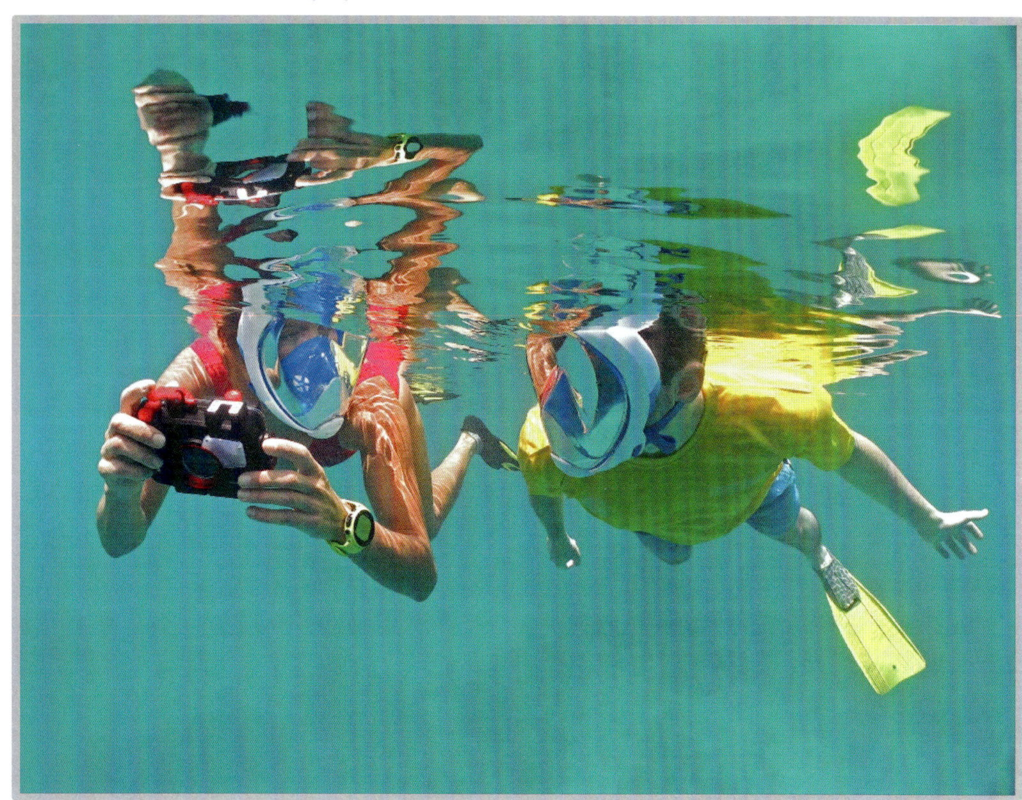

Kameraeinstellungen	
Kamera	Canon Powershot G16 im UW-Gehäuse von Nauticam
Objektiv und KB-Brennweite	Kameraeigenes Objektiv mit 6 mm Entspricht 28 mm KB bei f_{Crop} = 4,6
Zubehör	Weitwinkel-Konverter
Aufnahme-Modus	Manuell
Belichtungszeit	1/400 s
Blendenwert	2,8
Lichtempfindlichkeit	ISO 100
Belichtungsmessung	Mehrfeld
Blitz	Symbiosis SS-2
Blitzkorrektur	
Belichtungskorrektur	+ 2/3 Blendenstufen
Weißabgleich	Manuell

Das Bild wurde beim Schnorcheln mit einer Kompaktkamera im Gehäuse in Kombination mit einem externen Amphibienblitz aufgenommen. Das Kamerasystem wurde zusätzlich mit einem WW-Konverter ergänzt.

Die Idee dahinter war eine Szene einzufangen, die sich von den üblichen UW-Aufnahmen etwas unterscheiden soll. Vollgesichts-Schnorchelmasken sind ein Urlauber-Hit. Man sieht sie überall am Roten Meer, auf den Malediven, in ganz Asien und in der Karibik. Meistens werden sie von Urlaubern getragen, die des Schnorchelns aber nicht mächtig sind.

Solche Menschen kann man nicht attraktiv fotografieren. Ich habe deshalb zwei versierte Taucher für diese Szene hergenommen. Man platziert sie im Wasser am besten so, dass sie je nach Sonnenstand entweder von vorne oder von oben angestrahlt werden. Das erhöht die Chance, dass das Bild durchgehend freundlich belichtet wird. Die Akteure müssen sich anschauen, als ob sie gerade miteinander kommunizieren. Dass die Frau eine Kamera mit dem Zeigefinger am Auslöser in der Hand hält, unterstreicht die Absicht, damit fotografieren zu wollen.

Tutorial-Bild 2: Korallenfenster (HF)

Dicht bewachsene Grotten, Höhlen oder Durchbrüche im Riff eignen sich vorzüglich für frontale Portraits der Tauchpartnerin. Wenn Sie an einem Riff unterwegs sind, schauen Sie nach solchen Lokalitäten. Sie selbst müssen, damit das Bild umgesetzt werden kann, in die Höhle bzw. Grotte hinein schwimmen. Bitte achten Sie dabei darauf, dass keine Korallen abgerissen werden, denn das wäre fatal. Abgesehen von der in Mitleidenschaft gezogenen Flora und Fauna würde man sich den ganzen Motivrahmen und die Sicht durch aufwirbelnde Trübstoffe zerstören. Deshalb nimmt man solche Motive nur in Angriff, wenn der Eingang groß genug ist oder man von hinten in die Grotte hinein gelangen kann. In diesem Fall war es eine durchgehende Öffnung im Riff mit einem unglaublichen Bewuchs.

Die Tauchpartnerin darf nicht direkt in die Kamera des UW-Fotografen schauen und sollte zudem die eigene Kamera so halten, dass der Eindruck entsteht, sie suche ein Motiv. Trotzdem ist es immer erfreulich, wenn es gelingt, das Gesicht gut auszuleuchten. Einfach ist es nicht, denn in den Riff-Durchbrüchen ist der Platz etwas eingeschränkt, so dass man das oder die Blitzgeräte nicht immer wunschgemäß ausrichten kann.

Verwendet wurden zwei amphibische Blitzgeräte, ohne die eine harmonische Ausleuchtung kaum möglich gewesen wäre. ISO, Verschlusszeit und Blende müssen so gewählt werden, dass das Wasser hinter der Partnerin noch blau abgebildet wird; auch dann, wenn die Höhle etwas tiefer liegt.

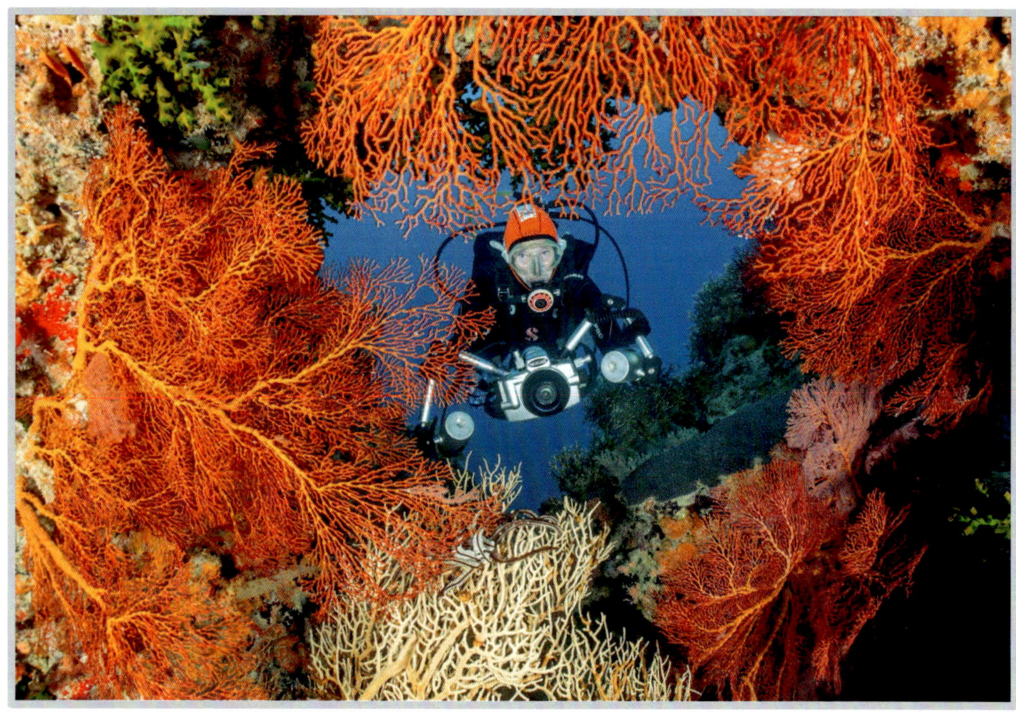

Kameraeinstellungen	
Kamera	Nikon D800 im UW-Gehäuse von Seacam
Objektiv und KB-Brennweite	RS-Fisheye mit 13 mm
Zubehör	
Aufnahme-Modus	Manuell
Belichtungszeit	1/30 s
Blendenwert	11
Lichtempfindlichkeit	ISO 200
Belichtungsmessung	Mehrfeld
Blitz	2 x Seaflash 150
Blitzkorrektur	Manuelle Blitzsteuerung
Belichtungskorrektur	
Weißabgleich	Auto-WB

Tutorial-Bild 3: Fischbegegnung im Süßwasser (HF)

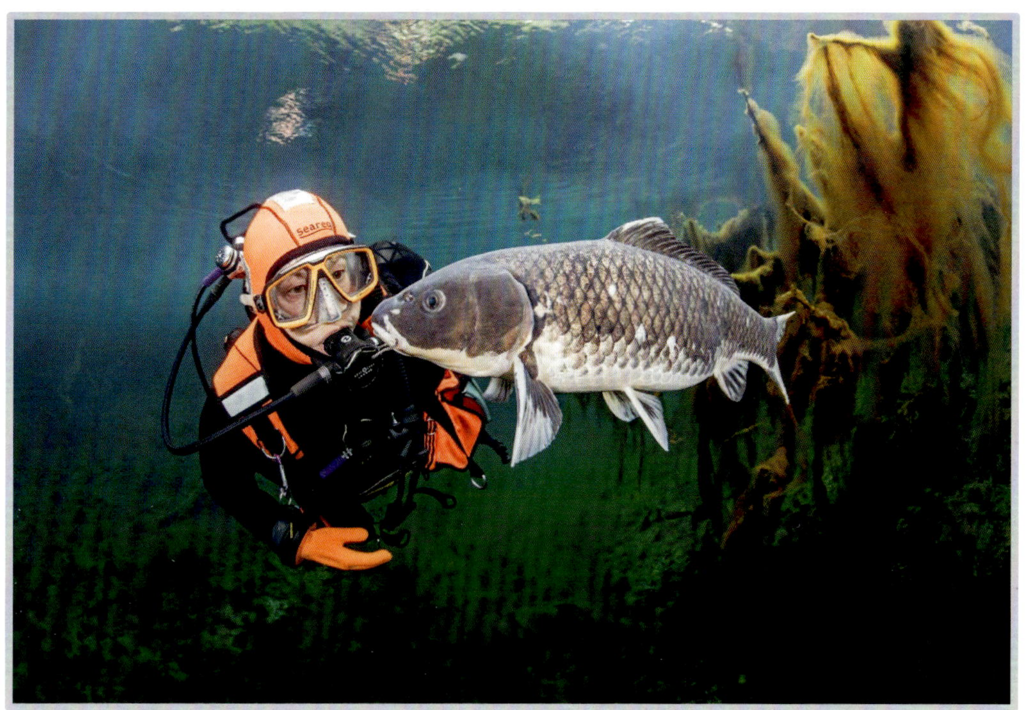

Kameraeinstellungen	
Kamera	Canon EOS 5D Mark IV im UW-Gehäuse von Hugyfot
Objektiv und KB-Brennweite	Canon Fisheye-Zoom mit 15 mm
Zubehör	
Aufnahme-Modus	Manuell
Belichtungszeit	1/30 s
Blendenwert	8
Lichtempfindlichkeit	ISO 200
Belichtungsmessung	Mehrfeld
Blitz	2 x Subtronic P160
Blitzkorrektur	Manuelle Blitzsteuerung
Belichtungskorrektur	
Weißabgleich	Auto-WB

Eine Taucherin mit Fisch im Süßwasser abzubilden ist gelinde gesagt schwierig. Die erste Aufgabe besteht darin, ein halbwegs klares Gewässer zu finden, in dem man diese Aufgabe angehen kann.

Die zweite Crux ergibt sich aus der nicht einfach zu lösenden Situation, sich einem Fisch zu nähern, der nicht gleich in wilder Panik davon schießt. Eigentlich ist es nur machbar, wenn das Gewässer klein ist und sich die darin befindlichen Fische an Taucher gewöhnt haben. Einfach geht es mit Hechten, weil sie standorttreu sind. Problematischer ist es mit Karpfen, doch es geht auch, wie man sieht. Der hier abgebildete ist vermutlich eine Mischung aus Koi und Wildkarpfen, aber so genau kann man das nicht sagen. Es könnte auch eine Mutation bzw. eine Farbvarietät sein. Scheu war er jedenfalls nicht.

Wenn sich eine solche Situation einstellt, muss man schnell handeln. Die Taucherin muss zwingend den Fisch im Auge behalten. Die Blitzbelichtung muss so gehandhabt werden, dass leichtes Mischlicht entsteht. Fisch und Taucherin dürfen nicht überbelichtet werden. Das ist keinesfalls einfach, wenn der Fisch einen weißen Bauch hat.

Um derartige Bilder ein wenig aufzupeppen, sollte die Partnerin etwas Farbe im Equipment zeigen. Dazu gehört auch eine farbige Kopfhaube und eine Maske, die optisch dazu passt.

Tutorial-Bild 4: UW-Rugby (HF)

Solch eine Chance bekommt man nicht jeden Tag. Ich durfte das Training der Damen-UW-Rugby-Nationalmannschaft fotografisch begleiten.

Normalerweise finden solche Lehrgänge in Hallenbädern mit wenig Oberflächenlicht und begrenzten räumlichen Möglichkeiten statt. In diesem Fall trainierten die Damen im Sprungbecken des Pforzheimer Wartberg-Bades. Ein offenes Becken ohne angrenzende Bäume oder Gebäude, in das die Sonne ungehindert einfallen kann, ist eine Traumkulisse, zumal auch Wände und Boden nicht gefliest sind. Deshalb musste ich nicht auf gerade verlaufende Fugen achten, was im Getümmel und der Hektik von Actionbildern nicht ganz einfach ist.

Obligatorisch bei Sportaufnahmen, die keine Bewegungsunschärfen zeigen sollen, ist eine schnelle Verschlusszeit. Hierzu habe ich die kürzest mögliche Synchronzeit, nämlich 1/250 s, vorgewählt. Trotz des hellen Umgebungslichts habe ich die Szene nämlich mit zwei Blitzgeräten aufgehellt, denn die Akteurinnen tummelten sich im Sprungbecken in bis zu fünf Metern Tiefe, wo die Intensität der Farben bereits nachlässt. Zwar machten sich die einheitlich gelben Flossen positiv bemerkbar, der rote Ball tendiert aber bereits hin zu Dunkelbraun.

Belichtungsprobleme kann es geben, wenn die UW-Rugbyspielerinnen eine sehr weiße Haut besitzen. Für eine natürliche, der Seherwartung entsprechende Farbwiedergabe muss man im RAW-Konverter sowohl den Weißabgleich als auch den Farbton korrigieren. Auch eine leichte Zugabe von Rot im Bildbearbeitungsprogramm kann Wunder wirken. Dies sollte man jedoch nicht übertreiben, sonst wirkt es unnatürlich.

Sollten Ihnen im Bild einige Pünktchen auffallen – es sind keine Schwebeteilchen, sondern Luftbläschen, die durch das Abtauchen mitgerissen werden. Manche Spielerinnen lassen auch ein bisschen Luft aus den Lungen, wenn um den Ball gekämpft wird.

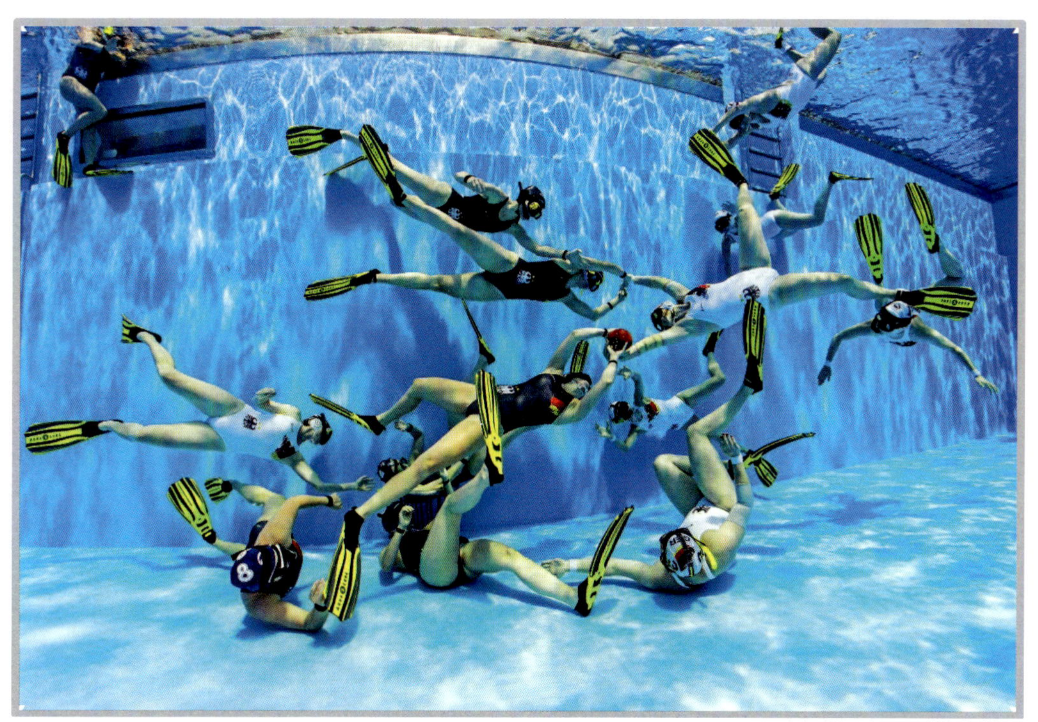

Kameraeinstellungen

Kamera	Nikon D800 im UW-Gehäuse von Seacam
Objektiv und KB-Brennweite	RS-Fisheye mit 13 mm
Zubehör	
Aufnahme-Modus	Manuell
Belichtungszeit	1/250 s
Blendenwert	18
Lichtempfindlichkeit	ISO 100
Belichtungsmessung	Mehrfeld
Blitz	2 x Seaflash 150
Blitzkorrektur	Manuelle Blitzsteuerung
Belichtungskorrektur	
Weißabgleich	Auto-WB

Tutorial-Bild 5: Nase (HF)

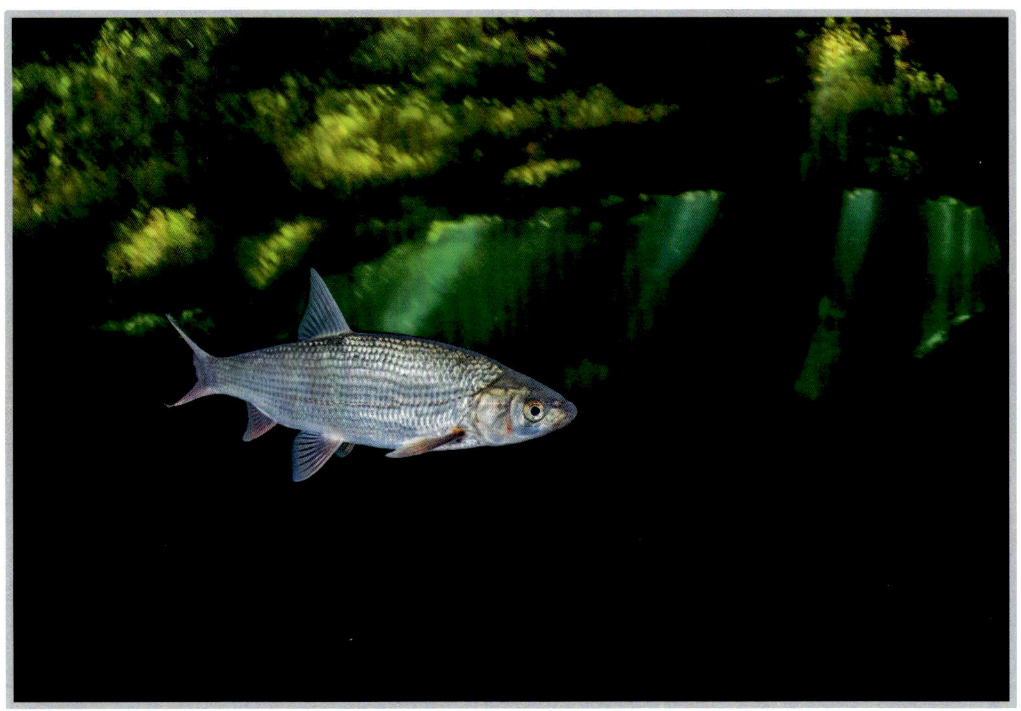

Kameraeinstellungen	
Kamera	Nikon D800 im UW-Gehäuse von Seacam
Objektiv und KB-Brennweite	RS-Fisheye mit 13 mm
Zubehör	
Aufnahme-Modus	Manuell
Belichtungszeit	1/8 s
Blendenwert	9
Lichtempfindlichkeit	ISO 200
Belichtungsmessung	Mehrfeld
Blitz	2 x Seaflash 150
Blitzkorrektur	Manuelle Blitzsteuerung
Belichtungskorrektur	
Weißabgleich	Auto-WB

Die äußeren Bedingungen waren denkbar ungünstig. Schlechte Sicht, düsteres Umgebungslicht, hohe Bäume, Algenteppich auf dem Wasser, aber Sonne. Dann schwamm eine Nase vorbei und dreht ihre Runden. Zwei Schwierigkeiten mussten unter einen Hut gebracht werden:

Nasen sind karpfenartige Fische mit einem Schnauzenvorsatz. Ihre Schuppen sind hell und glitzernd, was ein sehr dezentes Blitzlicht erforderlich macht. Angesichts des dämmrigen Umgebungslichtes kommt dafür faktisch nur eine sehr reduzierte, manuelle Blitzsteuerung in Frage. Im TTL-Betrieb sorgt der Prozessor der Kamera in solchen Situationen für eine Blitzleistung mit Volllast oder zumindest sehr nahe daran. Das würde jedoch zu einer massiven Überbelichtung des Fisches führen.

Weiter schwebte mir im Hinterkopf vor, die laserartigen Sonnenstrahlen, die durch die Algendecke drangen, im Bild festzuhalten. In einem solchen Fall gibt es nur die Möglichkeit einer Langzeitblitzbelichtung. Wenn der Hintergrund düster oder dunkel ist, kann man das eigentliche Motiv auch mit einer sehr langen Synchron- bzw. Verschlusszeit beaufschlagen. Es wird nicht unscharf oder verwackelt abgebildet, wenn man es nicht übertreibt. Was ich nicht wollte, war ein Bild der Nase vor einem rabenschwarzen Hintergrund, obwohl das sicherlich auch attraktiv aussehen würde.

Das Bildergebnis ist perfekt gelungen. Die Belichtungstechnik ist zumindest für Gelegenheitsfotografen etwas überraschend und ungewohnt. Nur Mut, machen Sie es nach.

Tutorial-Bild 6: Hecht (HF)

Fotografieren in Baggerseen und Kiesgruben führt manchmal zu überraschenden Begegnungen. Als ich am Ufer entlang tauchte, sah ich unter einer dichten Algendecke diesen mächtigen Hecht stehen. Zum Glück war er noch einige Meter entfernt, denn meine ausgestoßene Atemluft hätte die Algendecke in Sekundenschnelle zerstört. Der Hecht wäre unruhig geworden und hätte sich auf und davon gemacht. Aus wär‘s gewesen mit einem tollen Portrait.

Zu allem Unglück stand der Hecht nahe einem ins Wasser gefallenen, verzweigten Ast. Wie sollte ich da in eine perfekte Position mit spannender Perspektive gelangen? Ich holte tief Luft, hielt den Atem an und ließ mich langsam in Richtung Fisch treiben. Sich seiner Größe bewusst machte der Hecht keine Anstalten zu fliehen. Ich zwängte mich am Ast vorbei und hielt das UW-Gehäuse an den gestreckten Armen von mir, konnte aber im großen Gehäusesucher das Bild noch gut einsehen und gestalten. Alles andere als ideal waren die Blitzgeräte ausgerichtet. Es war einfach zu eng und zu flach, die Blitzarme stießen an den versunkenen Ast, erste Trübstoffe rieselten herunter.

Da half nur die Routine und effektives Ausrichten der Fotogerätschaft. Blitzstärke, Verschlusszeit, Blende und ISO hatte ich vorher schon eingestellt. Zum Glück hatte ich zwei Blitzgeräte montiert und ein Fisheye aufgezogen. Es gelangen mir drei Bilder, wovon das hier gezeigte das Beste ist. Dann wurde die Sicht von Trübstoffen eingehüllt, denn ich musste mal wieder atmen. Der Hecht machte sich langsam auf und davon. Das war ihm dann doch zu viel des Guten.

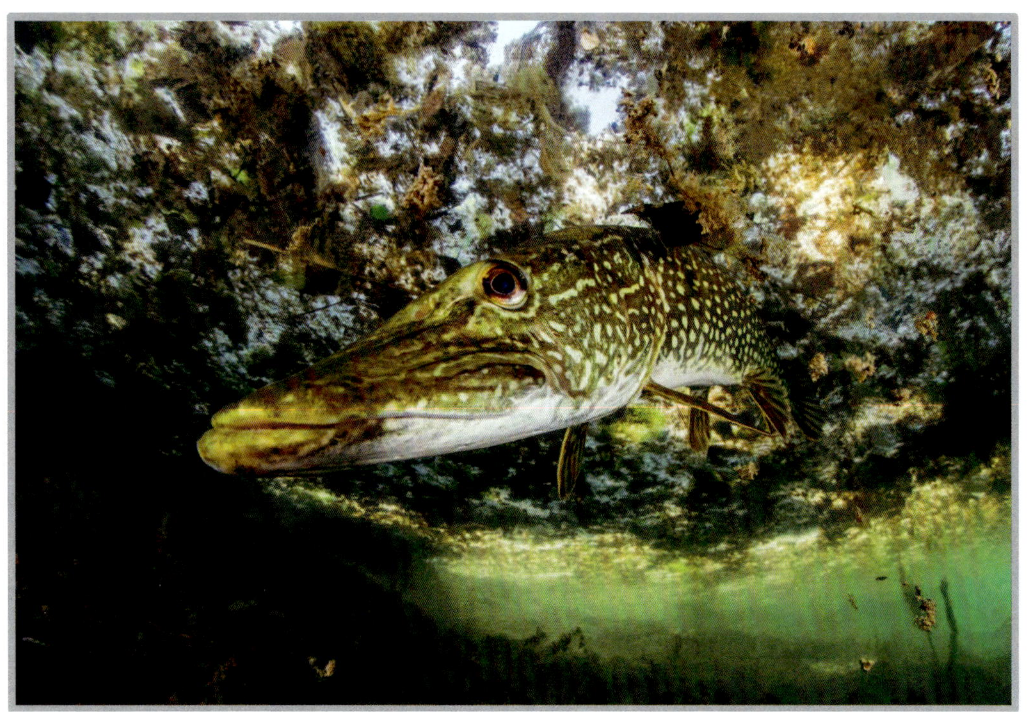

Kameraeinstellungen	
Kamera	Canon EOS 5D Mark IV im UW-Gehäuse von Hugyfot
Objektiv und KB-Brennweite	Canon Fisheye-Zoom mit 14 mm
Zubehör	
Aufnahme-Modus	Manuell
Belichtungszeit	1/30 s
Blendenwert	9
Lichtempfindlichkeit	ISO 200
Belichtungsmessung	Mehrfeld
Blitz	2 x Seaflash 60
Blitzkorrektur	Manuelle Blitzsteuerung
Belichtungskorrektur	
Weißabgleich	Auto-WB

Tutorial-Bild 7: Ammenhai (HF)

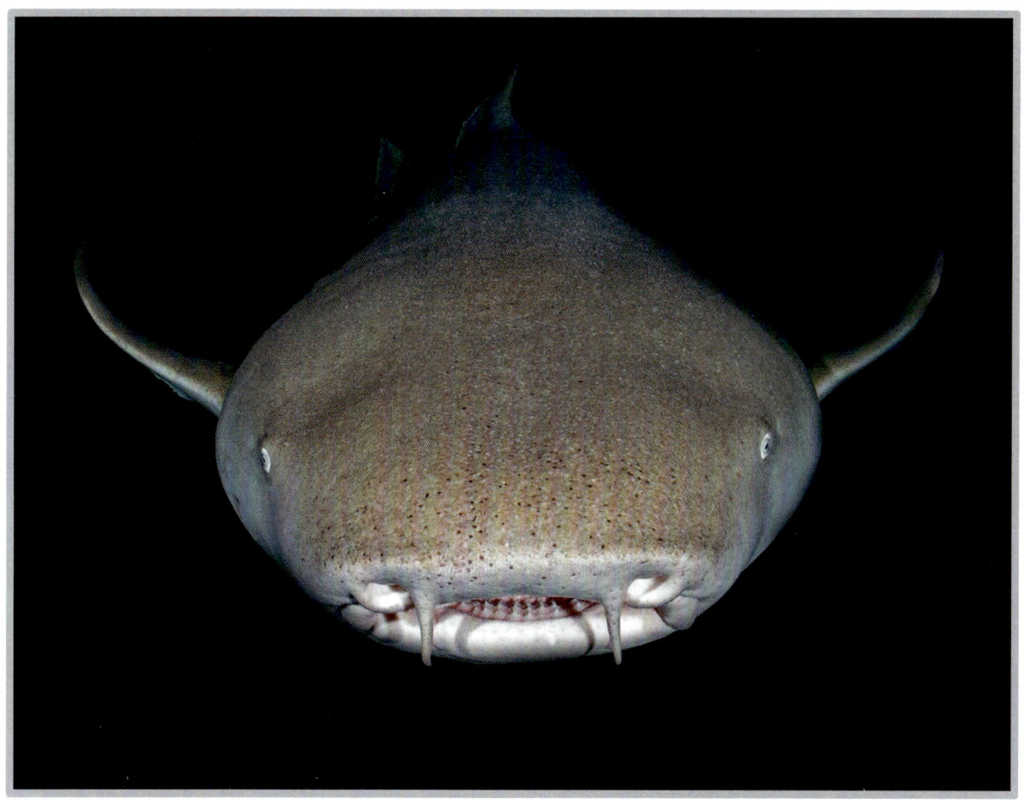

Kameraeinstellungen	
Kamera	Nikon D800 im UW-Gehäuse von Seacam
Objektiv und KB-Brennweite	RS-Fisheye mit 13 mm
Zubehör	
Aufnahme-Modus	Manuell
Belichtungszeit	1/20 s
Blendenwert	14
Lichtempfindlichkeit	ISO 200
Belichtungsmessung	Mehrfeld
Blitz	2 x Seaflash 150
Blitzkorrektur	Manuelle Blitzsteuerung
Belichtungskorrektur	
Weißabgleich	Auto-WB

Ammenhaie sind nachtaktiv und eigentlich ungefährlich. Allerdings ist es unangenehm, wenn sie zuschnappen, weil sie nicht mehr loslassen. Man stirbt nicht, trägt aber Quetschwunden davon. Ansonsten könnte man sie streicheln, wenn sie an Taucher gewohnt sind, sollte sich dies aber bitte verkneifen. Dass und ob sie das als angenehm empfinden, ist sowieso nicht belegt. Ammenhaie sind keine Kuscheltiere, aber sehr gefällige Fotomotive; insbesondere, wenn sie sehr groß sind. Drei Meter können das schon werden und dann ist ein Objektiv mit einem großen Bildwinkel von Vorteil.

Normalerweise liegen Ammenhaie tagsüber in Höhlen oder unter großen Korallenstöcken. Solche Aufnahmen sind eigentlich nichts Besonderes. Der Ammenhai liegt am Boden und man knipst ihn als statisches Motiv. Spannender, aber auch deutlich schwieriger, ist es, einen frei schwimmenden Ammenhai, der frontal auf einen zu schwimmt, gut belichtet und exakt in der Bildmitte platziert, abzulichten. Da muss man seine Fotogerätschaft blind beherrschen und insbesondere die Blitztechnik auf den Fisch abstimmen. Am Rücken ist er braun gefärbt, der Bauch und die Körperseiten sind sehr weiß. Die Kunst liegt darin, dass man leicht von oben herab fotografiert und jedes Auge an den Seiten zu sehen ist – ebenso das leicht geöffnete Maul mit den spitzen Riffelzähnen. Damit knackt er die Schalen von Muscheln, die Panzer von Langusten sowie Schneckenhäuser.

Tutorial-Bild 8: Anemone (HF)

Diese Anemone findet man nur im Atlantik vor der portugiesischen Algarve-Küste. Das weitgehend unbekannte Wesen ist eine einzige Farborgie und lebt in Kolonien an den Felswänden unterseeischer Höhlen. Helles Umgebungslicht scheint das Tier nicht unbedingt zum Leben zu benötigen. Mäßige Dämmerung reicht wohl aus.

Wir haben es hier mit einem Makromotiv zu tun, denn die Schirme der Anemonen sind nicht größer als Centstücke. Eine Herausforderung an das taucherische und fotografische Können ist die Tarierung, wenn der Seegang zu nimmt und Wellenberge in die Höhle schwappen. Dann wird man aus allen Makroträumen gerissen, weil kaum noch etwas geht. Festhalten an den steilen Felswänden ist nicht möglich, weil man sonst die Anemonen beschädigen oder sogar abreisen würde. Es ist die Zeit der schnellen Entscheidungen.

Voraussetzung ist eine Kamera mit schnellem Autofokus und ein Tele-Makroobjektiv, damit man die Anemonenschirme verhältnismäßig groß ablichten kann. Wer will, kann TTL-blitzbelichten. Ich mache es eher manuell, weil ich dann sicher bin, immer dieselbe Blitzleistung zu bekommen. Korrigieren kann ich schneller und sogar besser mit der Blende, weil ich nicht die Blitzgeräte ständig verstellen muss. Die sitzen aber sowieso dicht am Makroport, so dass auch diese Alternative funktionieren würde. Um dem Bild eine optische Spitze zu geben, habe ich einen Torsionsfilter zugeschaltet, der das Bildzentrum vergrößert und heraushebt.

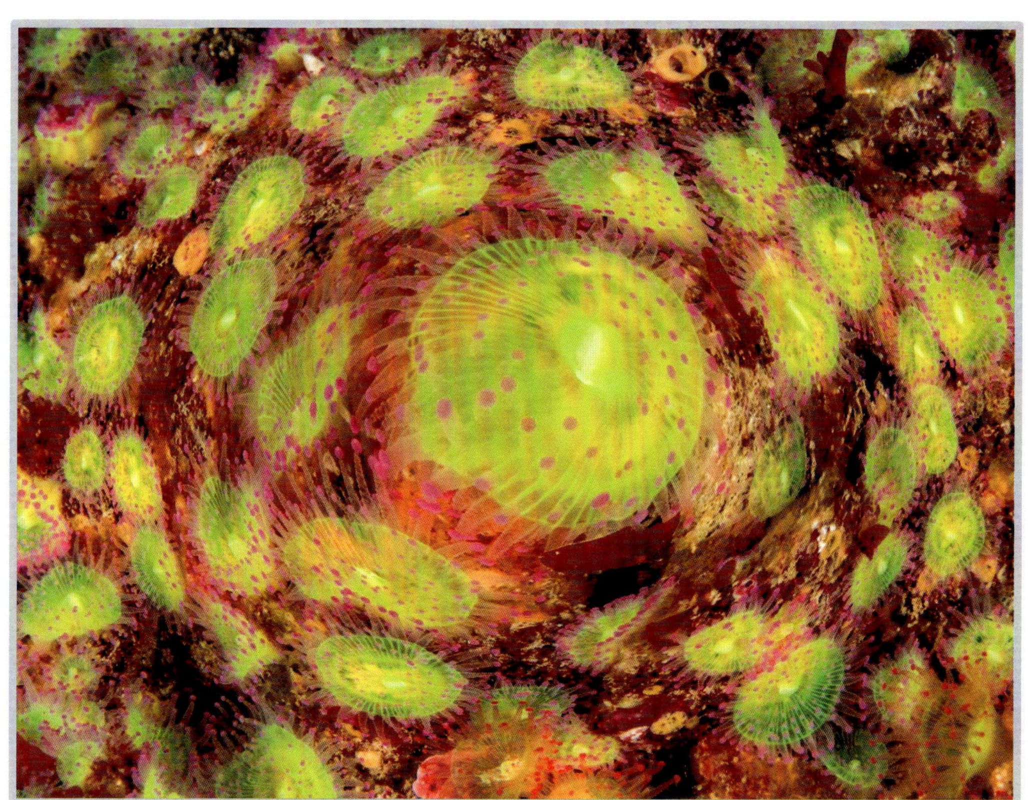

Kameraeinstellungen	
Kamera	Olympus E-M1 Mark II Im UW-Gehäuse von Seacam
Objektiv und KB-Brennweite	Olympus-Makro mit 60 mm Entspricht 120 mm KB bei f_{Crop} = 2,0
Zubehör	
Aufnahme-Modus	Manuell
Belichtungszeit	1/60 s
Blendenwert	16
Lichtempfindlichkeit	ISO 200
Belichtungsmessung	Mittebetont
Blitz	2 x Seaflash 60
Blitzkorrektur	Manuelle Blitzsteuerung
Belichtungskorrektur	
Weißabgleich	Auto-WB

Tutorial-Bild 9: Babyschwimmen (GD)

Unverhofft mag man gebeten werden, beim Babyschwimmen einige Fotos anzufertigen. Die Erwartungen der Eltern sind dabei hoch und orientieren sich an spektakulären Aufnahmen, die diese aus dem Internet kennen. Diese zu erfüllen ist alles andere als einfach. Das Erste wovon man sich trennen muss, ist die geliebte schwarze Tauchermaske. Wer glaubt, dass Kleinkinder keine Angst vorm Schwarzen Mann hätten, der täuscht sich gewaltig. Aber man lernt ja dazu und bei meinem zweiten Einsatz kam eine transparente Maske zum Einsatz. Zudem waren die Blitzarme mit reichlich roten Auftriebskörpern für Fischereinetze versehen.

Seriöse Anbieter von Babyschwimmen sorgen für adäquate Wassertemperaturen, nutzen in der Regel Therapiebecken; diese wiederum befinden sich meist indoor und zudem im Keller der Einrichtung. Das Umgebungslicht fällt also sparsam aus und am Blitzlichteinsatz führt kein Weg vorbei. Hier gibt es zwei Knackpunkte: Verabschieden muss man sich von diesem Projekt, wenn das Wasser anstelle von Chlor mit Ozon desinfiziert wird. Millionen kleinster Bläschen sorgen dann für Reflexionen, die man so selbst im trüben Baggersee nicht zu sehen bekommt.

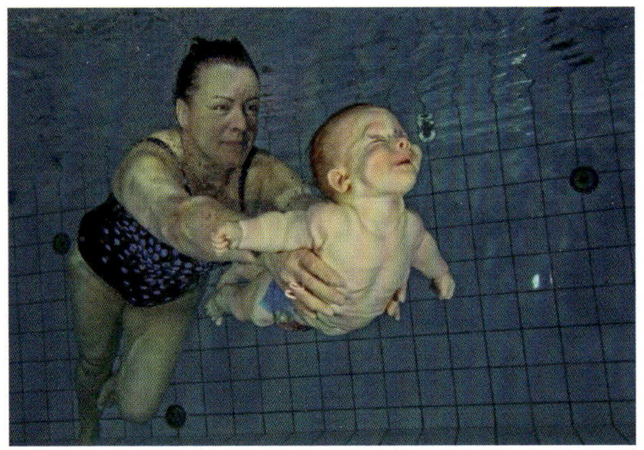

Bildmaterial, das mit einem getönten Diffusor entsteht, zeigt eine übertriebene Farbsättigung und muss in die Bildbearbeitung. Gut, dass die Kursleiterin Synchronschwimmerin gewesen ist; auf solche Models ist Verlass. GD

Babyhaut ist in unseren Breiten meist zartblass. Knallt hier das Blitzlicht mit der Farbtemperatur, wie wir sie im Freiwasser einsetzen, führt dies zu Überstrahlungen, im besten Fall zu käseweißen Hautstellen. Dann ist trotz RAW-Modus nichts mehr zu retten, denn wo reines Weiß ist, fehlt jegliche Farbinformation. Wer die Farbtemperatur nicht nachregeln kann, findet Abhilfe in farbigen Diffusoren. Ich improvisiere diese aus gefärbten Feinstrumpfhosen, die ich mit einem weißen Diffusor vor den Blitz klemme. Das Originalbild kommt dann zwar mit überzogener Sättigung aus der Kamera, aber Farbe im Nachgang zu reduzieren ist einfacher, als welche dazu zu geben.

Verabschieden muss man sich von der Annahme, dass jedes Kind die Taucheinsätze mitmacht; und das ist nicht nur abhängig von der Tagesform. Gut ausgebildete Kursleiter testen im Vorfeld, was überhaupt möglich ist und erkennen dies sehr zuverlässig. Die Tauchphase selbst ist von kurzer Dauer; zwei, drei Sekunden, mehr Zeit bleibt nicht. Daher muss sorgfältig choreografiert werden. Sollen Eltern oder Geschwister mit auf das Bild, steigt der Ausschuss. Angespannte Gesichtszüge, verschiedene Eintauchtiefen und dergleichen ruinieren Bilder.

Um auch den Eltern nicht tauchender Kinder eine Alternative bieten zu können, sollte man technisch auf Halb und Halb-Aufnahmen vorbereitet sein. Komplett verbietet es sich, das UW-Gehäuse in der feuchtegesättigten Umgebung des Therapiebeckens zu öffnen. Die hohe Luftfeuchte sorgt für ein Beschlagen und bis die Trockenmittel wirken, ist die Kursstunde vorbei. Das Kamerasystem muss zwingend komplett daheim vorbereitet werden.

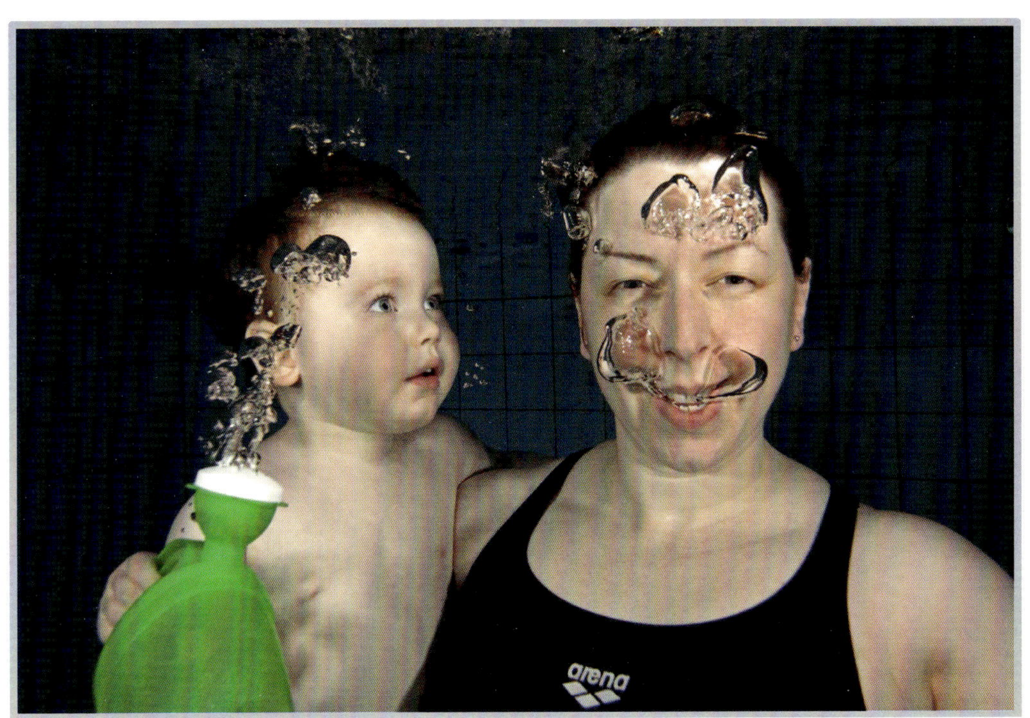

Kameraeinstellungen	
Kamera	Canon EOS 450D
Objektiv und KB-Brennweite	Canon-WW-Zoom mit 10-22 mm Entspricht 16-35 mm KB bei f_{Crop} = 1,6
Zubehör	
Aufnahme-Modus	Manuell
Belichtungszeit	1/80 s fix
Blendenwert	8
Lichtempfindlichkeit	ISO 200
Belichtungsmessung	Mehrfeld
Blitz	2 x Sea & Sea YS 110 α mit TTL-Steuerung
Blitzkorrektur	Minus 3/3
Belichtungskorrektur	
Weißabgleich	Auto WB

Tutorial-Bild 10: Pfeilkrabbe (GD)

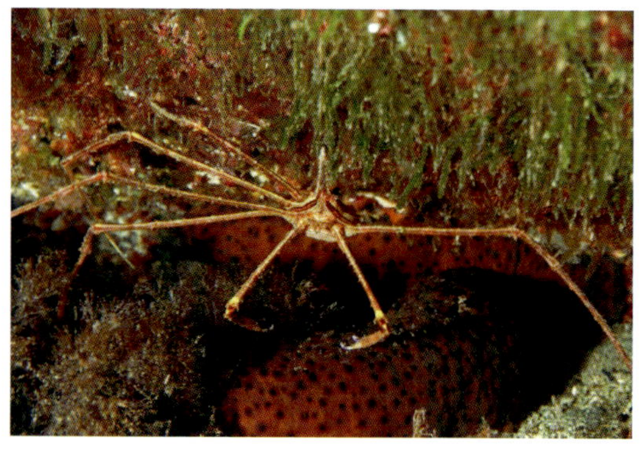

Braun vor Braun, das ist eine ungünstige Voraussetzung. Zudem fordern die Proportionen der Pfeilkrabbe eine kreative Bildgestaltung. GD

Im Atlantik sind Pfeilkrabben allgegenwärtig. An vielen Stellen sitzen sie im Riff; oft aber in Spalten oder unter Überhängen, die zu allem Überfluss noch eine wenig attraktive Farbgebung haben.

Auf der anderen Seite zeigen diese Tiere eine sehr geringe Fluchttendenz und die Körperformen können gerade beim nicht tauchenden Betrachter punkten. Das Gesicht wirkt skurril und wird durch den Pfeilfortsatz an der Stirn noch zusätzlich betont. Eine gut gemachte Aufnahme lädt zum Betrachten ein.

Knifflig gestaltet sich der Bildaufbau, denn der Hintergrund ist regelmäßig nicht weit entfernt. Oft zeichnet er sich durch Farbtöne aus, die keinen großen Kontrast zum Rostbraun der Pfeilkrabbe bieten. Klar, die Pfeilkrabbe deckt so den Rücken und tarnt sich zudem. Man muss folglich in die Trickkiste greifen, um vernünftige Bilder zu bekommen.

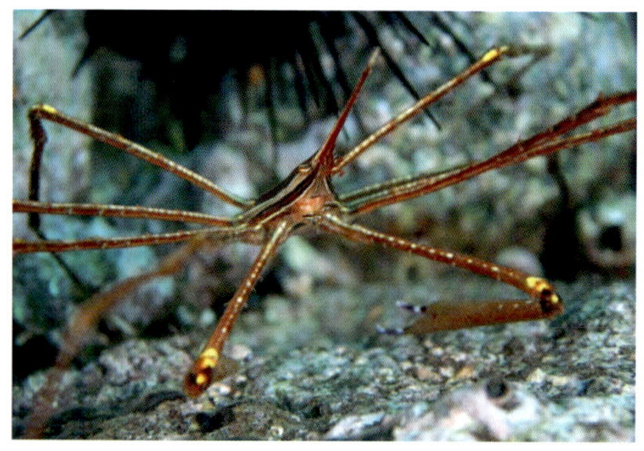

Die Zeit für die Suche nach einer Pfeilkrabbe vor hellem Hintergrund ist gut investiert. Die enge Tiefenschärfe hilft weiter, die Figur im Bild heraus zu arbeiten. GD

Eine Möglichkeit, die Figur vom Bildgrund zu isolieren, ist die selektive Schärfe. Durch Öffnen der Blende schmilzt die Tiefenschärfe im Bild und der Körper der Pfeilkrabbe wird dadurch hervorgehoben und betont. Die langen Gliedmaßen driften mit der Umgebung in die Unschärfe ab. Im Vergleich der beiden kleinen Bildmuster wird klar, was dieser Effekt bringt.

Ein weiteres Mittel, um einen Brei aus ähnlichen Farbtönen auseinander zu dividieren, ist der Einsatz eines Snoots. Dieser schattet den nahen Hintergrund vom Blitzlicht ab, so dass er dunkler wird und die Pfeilkrabbe davor mit knalligen Farben abgelichtet werden kann. Neben der sauberen Ausrichtung des Snoots ist eine leichte Unterbelichtung, alternativ die Umschaltung von Mehrfeld- auf Punktmessung anzuraten. So wird eine Überbelichtung der Figur umgangen, die ohne Korrektur wegen der vielen dunklen Bildteile auftreten könnte.

Um die Ausrichtung des Blitzlichtes so einfach wie möglich zu halten, habe ich hier einen kurzen Hot Shoe anstelle von Blitzarmen eingesetzt und mit eingeschaltetem Pilotlicht gearbeitet. Weitere technische Schwierigkeiten bestehen bei Aufnahmen dieser Art nicht.

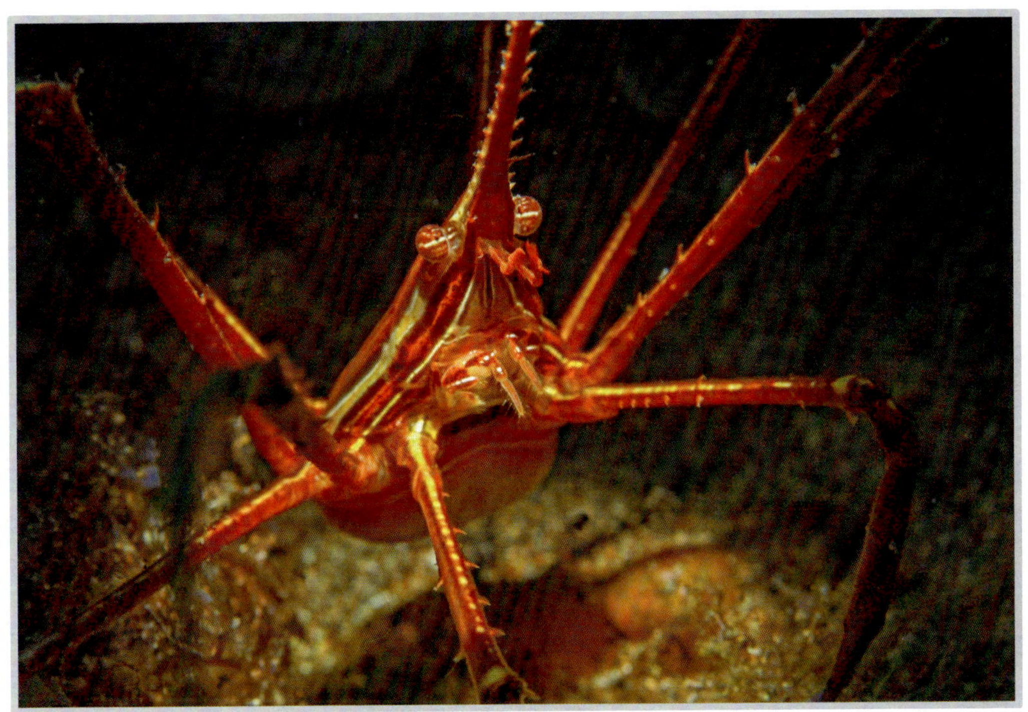

Kameraeinstellungen	
Kamera	Canon EOS 450D
Objektiv und KB-Brennweite	Canon-Makro mit 60 mm Entspricht 96 mm KB bei f_{Crop} = 1,6
Zubehör	Snoot
Aufnahme-Modus	Zeitautomatik
Belichtungszeit	1/200 s fix
Blendenwert	11
Lichtempfindlichkeit	ISO 100
Belichtungsmessung	Mehrfeld
Blitz	Sea & Sea YS 110 α mit TTL-Steuerung
Blitzkorrektur	Minus 2/3
Belichtungskorrektur	
Weißabgleich	Auto-WB

Tutorial-Bild 11: Großdorn-Husarenfisch (GD)

Kreatives Blitzen funktioniert auch ohne Farbdiffusoren und Snoots. Entgegen der beiden vorangegangenen Tutorialbilder wurde beim Porträt des Großdorn-Husarenfisches auf derartiges Zubehör verzichtet.

Vom Roten Meer bis zum Übergang von Indischem zum Pazifischen Ozean zählen Husarenfische zu den Allerweltsbürgern. In Höhe der Tropen und Subtropen findet man sie regelmäßig an Riffwänden in leichten Strömungen. Aufgrund ihrer moderaten Größe von etwa 40 cm benötigt man für den Großdorn-Husarenfisch auch keine speziellen Objektive oder Konverter. Sowohl die Optiken der Kompaktkameras als auch die Kit-Objektive der Systemkameras eignen sich hervorragend für derartige Motive.

Attraktiv ist die prägnante Farbgebung der Fische. Eine mögliche Bildidee ist es, diese zu betonen und mit einem UW-Bild zu punkten, das von diesen roten Farbtönen dominiert wird. Entsprechend der Theorie zum Komplementärkontrast gelingt dies besonders gut, wenn der Hintergrund in Blau oder Grün gehalten wird. Es bietet sich also an, den Husarenfisch vor Blauwasser abzulichten, was auch immer wieder zu tollen Bildresultaten führt.

Den größten Farbkontrast zu Rot bildet aber ein grüner Farbton. Von daher galt es, die Situation zu nutzen. Um den Hintergrund nicht unnötig und über Gebühr aufzuhellen, habe ich hier mit einem Streiflicht von links fotografiert und dazu mit der Point Shooting-Technik gearbeitet. Am Schattenwurf der Brustflosse sowie auf der Stirn ist dieser Effekt in der Lichtführung deutlich zu erkennen. Auf den Hintergrund fällt dagegen kaum Kunstlicht. Dies führt dazu, dass der Komplementärfarbkontrast durch einen Hell-Dunkel-Kontrast ergänzt wird.

Die vorgewählte Unterbelichtung um 2/3 Blendenstufen verstärkt die Verdunklung des Hintergrundes, da die Blitzreichweite reduziert wird. Zugleich sorgt sie für eine große Sättigung der roten und gelben Farbtöne. Da der Fischkörper einen sehr großen Anteil des Bildes einnimmt, funktionierte die Kameraautomatik bei dieser Aufnahme perfekt. Das Resultat ist ein klassisches Fischportrait, das mit einer Minimalausrüstung zustande kam. Viel plakativer lässt sich solch eine Portraitaufnahme kaum noch realisieren.

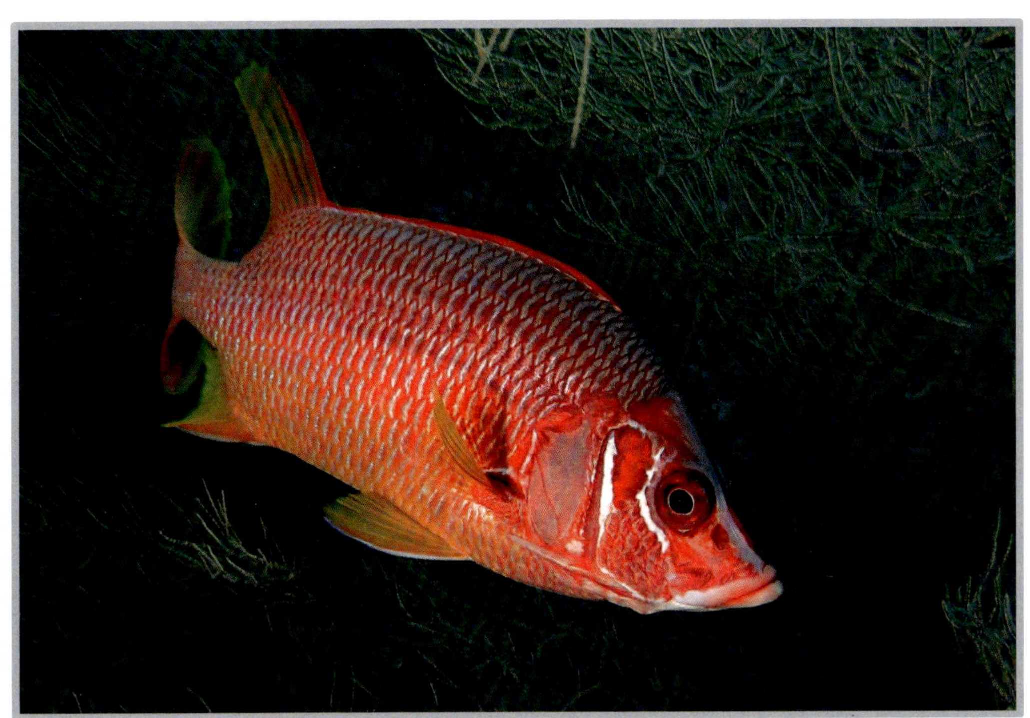

Kameraeinstellungen	
Kamera	Olympus TG-4
Objektiv und KB-Brennweite	Kameraeigenes Objektiv mit Zoom auf 5,5 mm Entspricht 30 mm KB bei f_{Crop} = 5,6
Zubehör	
Aufnahme-Modus	UW-Modus Makro
Belichtungszeit	1/125 s
Blendenwert	3,2
Lichtempfindlichkeit	ISO 200
Belichtungsmessung	Mehrfeld
Blitz	Olympus UFL-3 mit TTL-Steuerung
Blitzkorrektur	
Belichtungskorrektur	Minus 2/3
Weißabgleich	Unterwasser

Tutorial-Bild 12: Pygmäen-Seepferdchen (GD)

Pygmäen-Seepferdchen gehören mit zu den attraktivsten Motiven, die man mit einem Makro-Objektiv ablichten kann. Die Gattung der Seepferdchen ist per se schon ein Sympathieträger und es gilt auch hier: je kleiner das Tier, desto größer der Niedlichkeitsfaktor.

Praktisch ist die klare Farbgebung der Szene, denn die Pygmies passen sich ihrer Wirtskoralle an. Da sie keine Oberflächengewässer zu mögen scheinen, sorgt die Tiefe in Kombination mit einer geschlossenen Blende dafür, dass der Hintergrund schwarz im Bild erscheint.

Pygmäen-Seepferdchen sind standorttreu. Von daher lässt sich die Fotosession planen und vorbereiten. Bei der Ausstattung gilt es, all das an den Start zu bringen, was den größten Abbildungsmaßstab ermöglicht. Die höchste Vergrößerung ist eben gut genug. Im vorliegenden Fall habe ich den Abbildungsmaßstab von 1:1, den das Objektiv anbietet, mittels eingeschraubtem Achromat noch deutlich vergrößert. Auch die Wahl einer APS-C Kamera mit einem Crop-Faktor von 1,6 steuerte Vergrößerungswirkung im Vergleich zum Vollformat bei. In der Summe ergab sich so ein Abbildungsmaßstab größer als 2:1.

Da die angepeilten Motive meistens im Korallengeäst sitzen, sind zwei Blitzgeräte das Minimum, um unschöne Schatten aufzuhellen.

Eine professionelle Tauchgangsplanung schadet im Übrigen auch nicht. Das vorliegende Tutorialbild wurde in knapp 30 m Tiefe aufgenommen; unter Anrechnung der Sättigung aus den Vortagen blieb nicht viel an Nullzeit über und kein Pygmäen-Seepferdchen posiert freiwillig; Geduld und eine gute Reaktion sind gefragt. Dankenswerter Weise hatte der Dive-Guide die Buddyteams versetzt abtauchen lassen. Jeder Fotograf hatte seine zehn Minuten; diese sollte man nutzen, nicht für Dauerfeuer, sondern für überlegt gestaltete Bilder.

Trotz der größtmöglichen Vergrößerung der Optiken wurde dieses Bild leicht zugeschnitten.

Kameraeinstellungen

Kamera	Canon EOS 450D
Objektiv und KB-Brennweite	Canon Makro mit 100 mm Entspricht 160 mm KB bei f_{Crop} = 1,6
Zubehör	Achromat
Aufnahme-Modus	Zeitautomatik
Belichtungszeit	1/200 s fix
Blendenwert	22
Lichtempfindlichkeit	ISO 200
Belichtungsmessung	Mehrfeld
Blitz	Sea & Sea YS 110 α mit TTL-Steuerung
Blitzkorrektur	Minus 1/3
Belichtungskorrektur	
Weißabgleich	Auto-WB

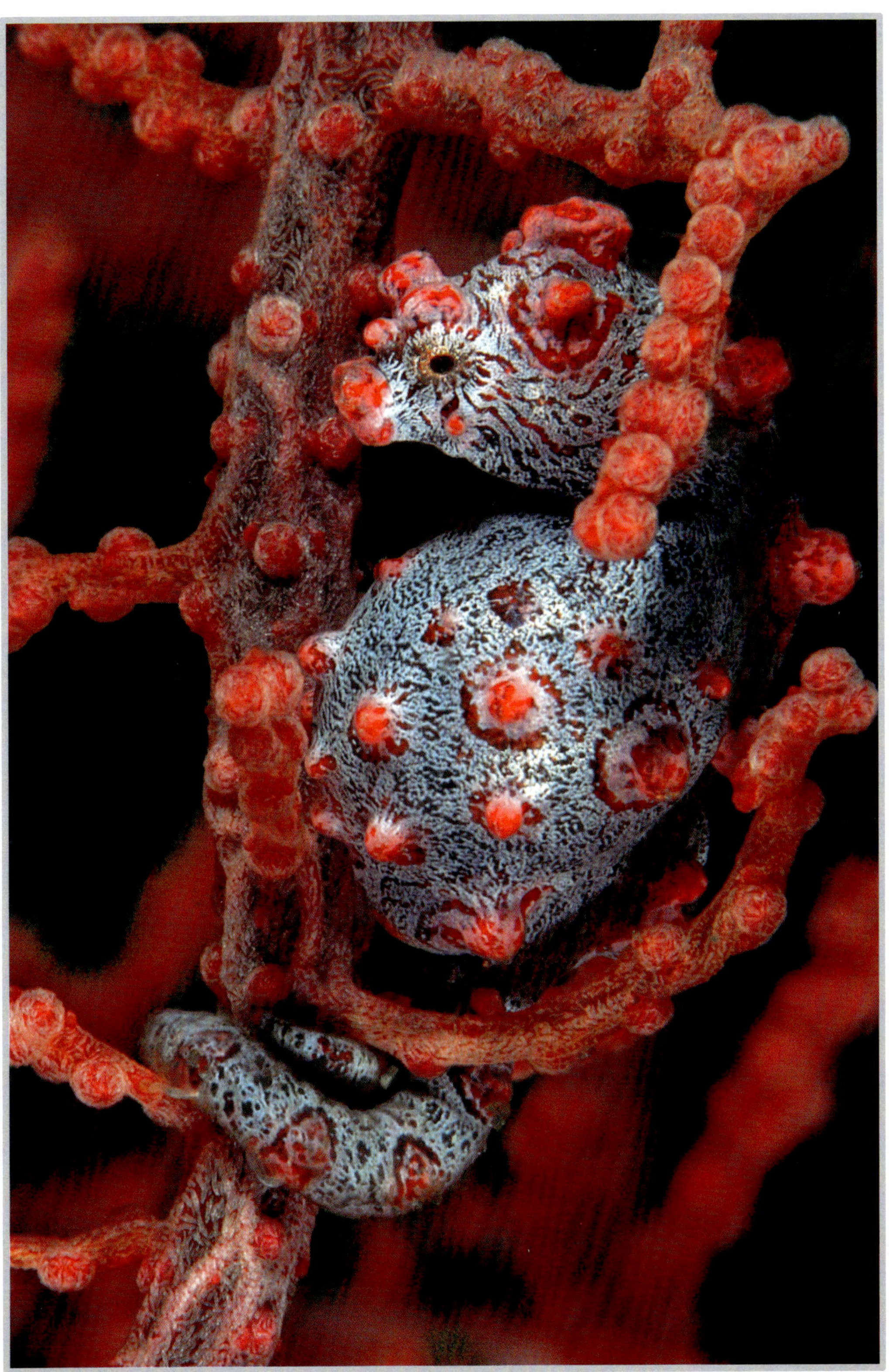

Tutorial-Bild 13: Engelhai (GD)

Haie machen sich auf UW-Fotos immer gut. Dabei muss es nicht immer der riesige Hochseehai sein. Aus den vielen hundert verschiedenen Arten fallen einige durch außergewöhnliche Formgebung auf. Zu diesen gehört der Engelhai; ein eher ruhiger Zeitgenosse.

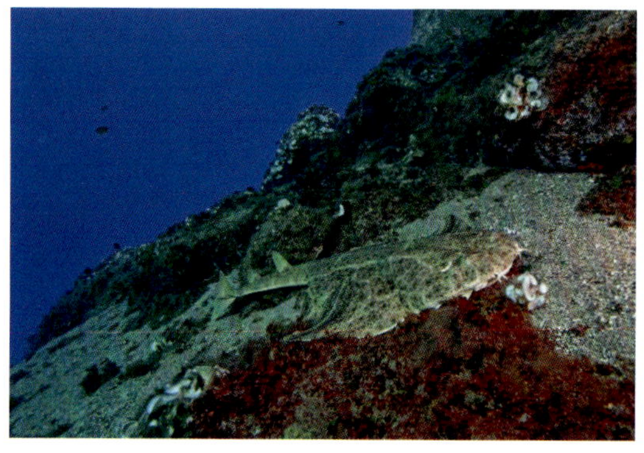

Haiportraits gehören zu den Highlights im Fotoarchiv. GD

Mit diesem Tutorial-Bild soll auf die Bedeutung eines eingespielten Teams aus Fotograf und Model hingewiesen werden. In sehr vielen Fällen erfahren WW-Aufnahmen eine deutliche Aufwertung, wenn zusätzlich zum Hauptmotiv noch ein Taucher im Bild ist.

Vergleichen wir dazu das Bild links mit dem Tutorial-Bild:

Technisch gesehen sind beide Aufnahmen gleich. Die Kamera wurde im Manuellen Modus eingestellt und die Tandemblitze liefern TTL-gesteuert eben ausreichend Licht, um die Szenen aufzuhellen. Große Farbkleckse konnten sowieso nicht betont werden, da sie an dieser Stelle der UW-Landschaft nicht vorkommen. Das Tutorial-Bild wartet lediglich mit einem Model im Hintergrund auf. Dies hat die unbestrittenen Vorteile, dass zum einen der Blick des Models später den des Betrachters lenkt und diesem zum anderen ein Größenvergleich angeboten wird. Die Relation können dann auch Nicht-Taucher sofort erfassen.

Die Wirkung dieses Größenvergleichs wird durch die kurze Brennweite unterstrichen und weiter leicht verschoben. Der große Bildwinkel sorgt dafür, dass das Model im Hintergrund gegenüber dem Engelhai kleiner wirkt. Dadurch erscheint der kleine, etwa meterlange Hai im Vordergrund größer zu sein, als er tatsächlich gewesen ist.

Erwischt man einen frei schwimmenden Engelhai, so schaut dieser auf den ersten Blick gemütlich aus. Wahrscheinlich ist er auch tiefenentspannt, sonst wäre er nämlich längst weg gewesen. Aber sein gemächlich erscheinendes Schwimmtempo mitzuhalten ist mit Kamera auf Dauer sportlich; eine noch weitere Strecke musste in diesem Fall das Model zurücklegen, um in den Hintergrund zu kommen.

Derartige Bildkompositionen mögen einfach ausschauen, aber Zeit für eine ausgedehnte Kommunikation bleibt keine. Solch eine Zusammenarbeit muss sich ein Team im Laufe der Zeit antrainieren und erarbeiten. Die Modelleistung gilt es dabei ebenso zu würdigen wie die des Fotografen.

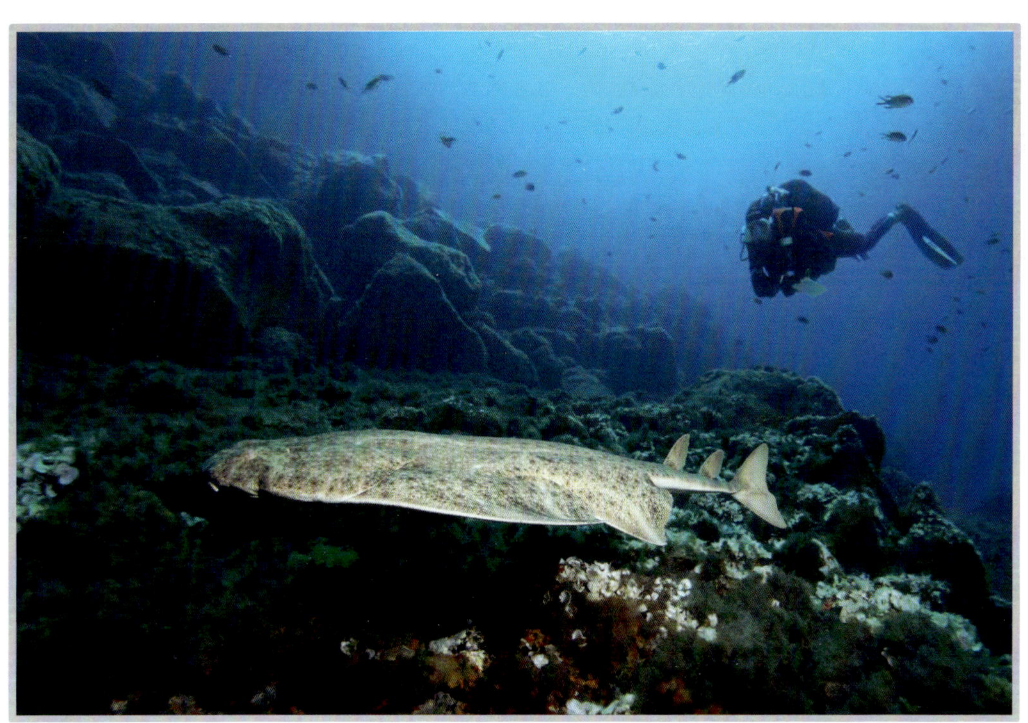

Kameraeinstellungen

Kamera	Canon EOS 450D
Objektiv und KB-Brennweite	Canon-WW-Zoom mit 10-22 mm Entspricht 16-35 mm KB bei f_{Crop} = 1,6
Zubehör	
Aufnahme-Modus	Manuell
Belichtungszeit	1/125 s fix
Blendenwert	11
Lichtempfindlichkeit	ISO 200
Belichtungsmessung	Mehrfeld
Blitz	2 x Sea & Sea YS 110 α mit TTL-Steuerung
Blitzkorrektur	
Belichtungskorrektur	
Weißabgleich	Auto WB

Tutorial-Bild 14: Im Baggersee (GD)

Auch Tutorial-Bild 14 zeigt, wie wichtig ein Model mit Blick auf die Wirkung einer Aufnahme ist. Bilder von Amberkrebsen gibt es zuhauf. Bilder mit Amberkrebs und Model sind eher selten. Wie so oft liegt das wohl an den Größenunterschieden, die eine sinnige Bildgestaltung erschweren.

Die Leistung des Fotografen ist hier nicht weiter erwähnenswert. Im Flachwasser bei Tageslicht funktioniert fast jede Kameraautomatik, Blitzlicht wird nicht benötigt und der Fisheye-Konverter ermöglicht eine kurze Motivdistanz, was den Krebs optisch ein wenig größer erscheinen lässt. Die Kamera wurde einfach am ausgestreckten Arm – die Flossen blieben also in gesunder Entfernung zum Boden - in die gewünschte Position gehalten und drei, viermal ausgelöst.

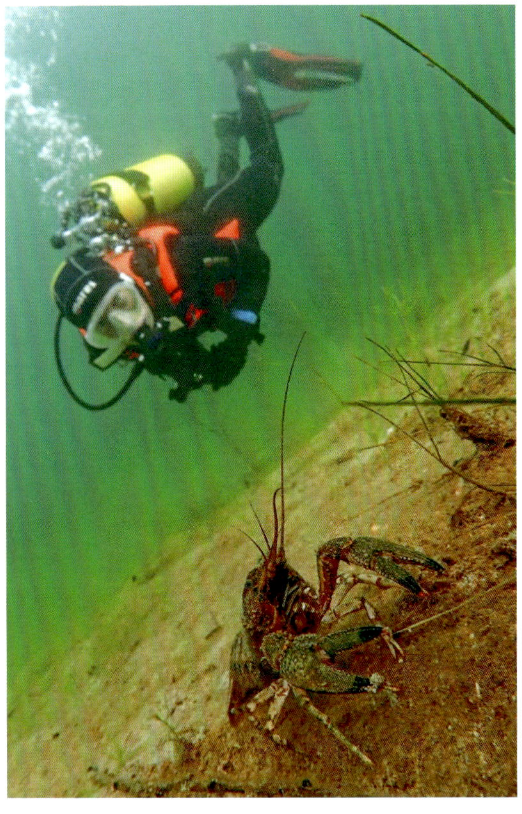

Der Wechsel vom Hoch- ins Querformat ist bei Kompakten ohne Blitzaufbau einer Sache von Sekundenbruchteilen. GD

Den Bonuspunkt für das Tutorial-Bild rechts hat viel mehr das Model für die Tarierleistung verdient. Fünf Zentimeter tiefer und es erfolgt der Einschlag im Boden; fünf Zentimeter höher und der Kopf ist nur noch angeschnitten im Bild; dies bei langsamer Annäherung, um den Krebs nicht durch hektische Bewegungen zu verscheuchen.

Vor diesem Hintergrund sollte jeder UW-Fotograf mehr als nur einen Gedanken dahingehend investieren, wer aus seinem taucherischen Umfeld die entsprechenden Fähigkeiten, vor allem Geduld, den Blick für Details und natürlich auch eine optisch ansprechende Tauchausrüstung mitbringt.

Ein erfahrenes Model leistet auf jeden Fall einen größeren Beitrag als unsinnige Ausgaben für die UW-Fotoausrüstung. Wie so oft sind gute Beziehungen wertvoll und wollen und müssen gepflegt werden.

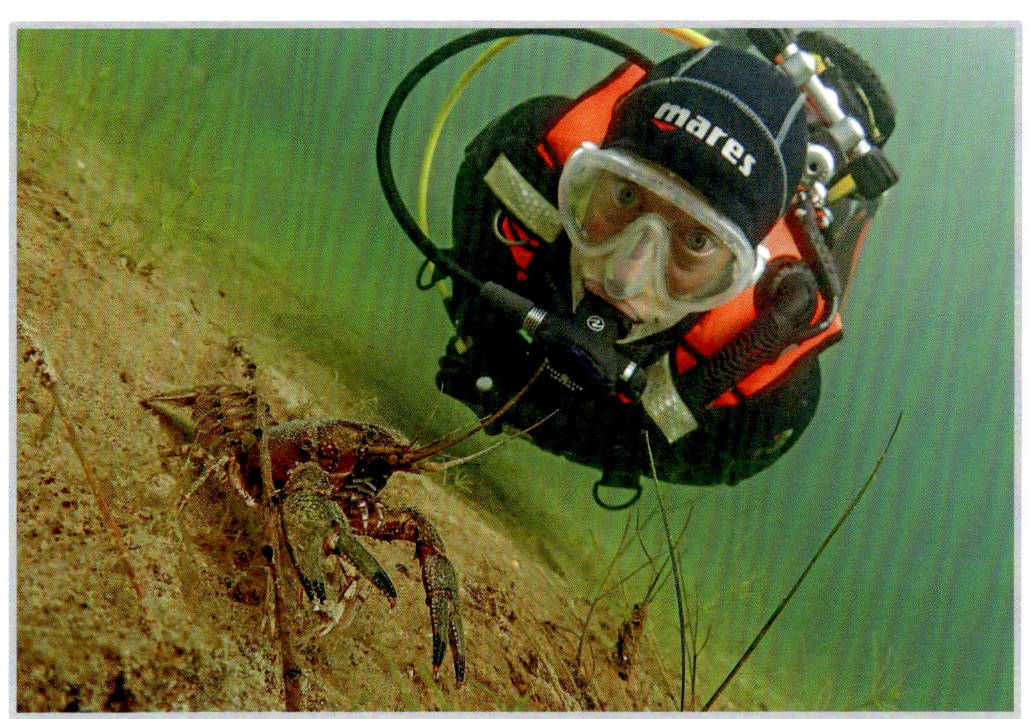

Kameraeinstellungen	
Kamera	Olympus TG-4
Objektiv und KB-Brennweite	Kameraeigenes Objektiv mit Zoom auf 4,5 mm Entspricht 25 mm KB bei f_{Crop} = 5,6
Zubehör	Fisheye-Konverter FCON-T01 Bildwinkel 130°
Aufnahme-Modus	UW-Modus
Belichtungszeit	1/125 s
Blendenwert	2,8
Lichtempfindlichkeit	ISO 160
Belichtungsmessung	Mehrfeld
Blitz	
Blitzkorrektur	
Belichtungskorrektur	
Weißabgleich	Unterwasser

Tutorial-Bild 15: Partielle Beleuchtung (GD)

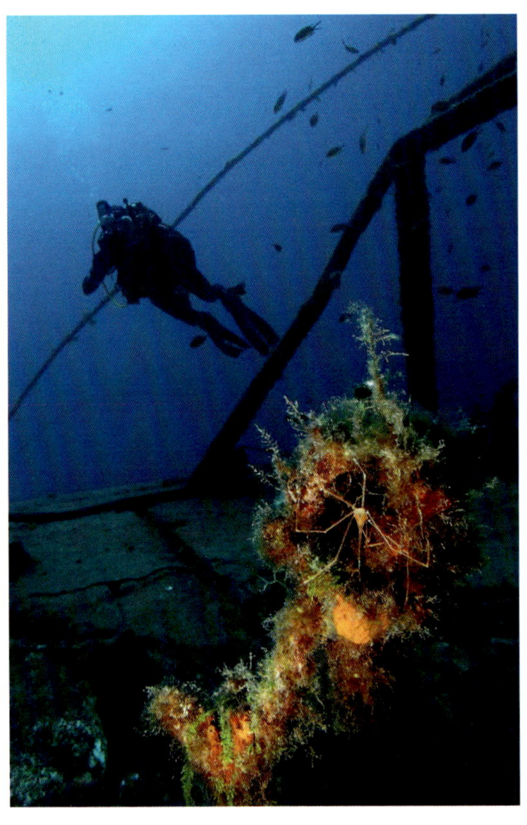

Schritt eins der Bildserie gilt der Ausrichtung des ersten Amphibienblitzgerätes. GD

Bild 15 ist ein Muster für die partielle Ausleuchtung. Die Idee ergab sich spontan mit dem Auffinden der Gespensterkrabbe an einem exponierten Wrackteil.

Die ersten Aufnahmen der Serie zeigen zunächst die Krabbe etwas größer mit dem Model weiter im Hintergrund. Diese waren die Sicherheitsvariante, da die Fluchttendenz unklar gewesen ist. Zugleich dienten diese Aufnahmen dazu, den ersten Amphibienblitz auszurichten und dessen Leistung einzupegeln. Der relative große Blauwasseranteil erforderte letztlich eine Minus-Korrektur um 2/3 Blendenstufen. Nachdem die ersten Bilder im Kasten waren, wurde das Model hinzu dirigiert, das zweite Blitzgerät eingeschaltet und auf das Model ausgerichtet. Danach entstand die Tutorial-Aufnahme.

Diese Vorgehensweise kann so für eine Vielzahl von Motiven herangenommen werden, die sich an Wracks fast immer finden lassen. Ausgehend von einer Basiseinstellung werden die nötigen Änderungen vorgenommen, die Blitze ausgerichtet, das Model positioniert und dann so lange fotografiert, bis alles passt oder der Hauptdarsteller keine Lust mehr hat.

Kameraeinstellungen	
Kamera	Canon EOS 450D
Objektiv und KB-Brennweite	Canon-WW-Zoom mit 10-22 mm Entspricht 16-35 mm bei f_{Crop} = 1,6
Zubehör	
Aufnahme-Modus	Manuell
Belichtungszeit	1/80 s
Blendenwert	11
Lichtempfindlichkeit	ISO 200
Belichtungsmessung	Mehrfeld
Blitz	2 x Sea & Sea YS 110 α mit TTL-Steuerung
Blitzkorrektur	Minus 2/3
Belichtungskorrektur	
Weißabgleich	Auto WB

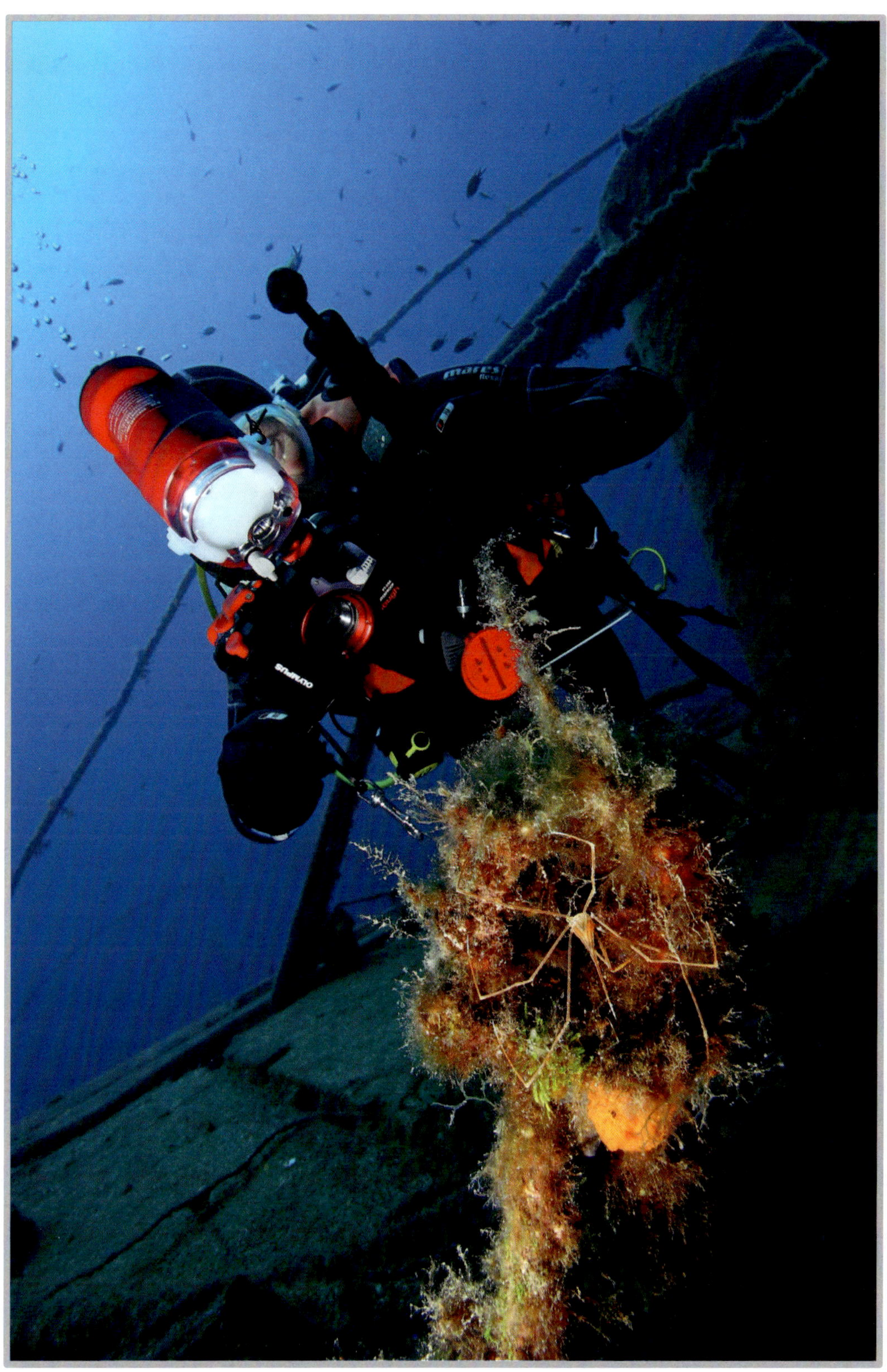

Tutorial-Bild 16: Blaustreifen-Schnapper (GD)

Das finale Bild der Tutorial-Reihe haben wir ausgewählt, um zu zeigen, dass gerade WW-Aufnahmen sowohl im manuellen als auch in einem Automatikmodus aufgenommen werden können. Im Fall der hier ausgewählten Zeitautomatik ist es primär von Bedeutung einen Blendenwert vorzuwählen, der eine akzeptable Belichtungszeit zur Folge hat. So kann man der Kamera einiges an Arbeit überlassen und braucht nicht ständig Blende oder Belichtung nachzuführen.

Dies stellt gerade bei der Aufnahme von Schwärmen eine gewisse Erleichterung dar. Schnapper tendieren nämlich dazu, sich bei der Annäherung von Tauchern in eher länglichen Formationen aus dem Staub zu machen. Sie machen sich im wahrsten Sinne des Wortes dünn, was wenig attraktive Bildergebnisse ergibt. Von daher gilt es zunächst gemeinsam mit dem Model die Fische behutsam in eine ansehnliche Form zu bringen. Hat man das geschafft, sollte man keine Zeit mehr mit Kameraeinstellungen verbraten, sondern direkt loslegen können.

Aufgrund des großen Blauwasseranteils wurde hier die Blitzleistung um 2/3 Blendenstufen reduziert. Ergänzend erfolgte eine Belichtungskorrektur, um dem hellen Korallensand Rechnung zu tragen und eine Überstrahlung der weißen Fischunterseiten auszuschließen.

Natürlich kommt angesichts dieser Kamera- und Blitzeinstellungen keine besonders große Lichtmenge aus den Blitzkanonen. Das Kunstlicht ist so dimensioniert, dass der Schwarm aufgehellt wird. Aber Motive, die praktischerweise mit gelben Farbtönen aufwarten, benötigen keine intensive Ausleuchtung, um zu wirken.

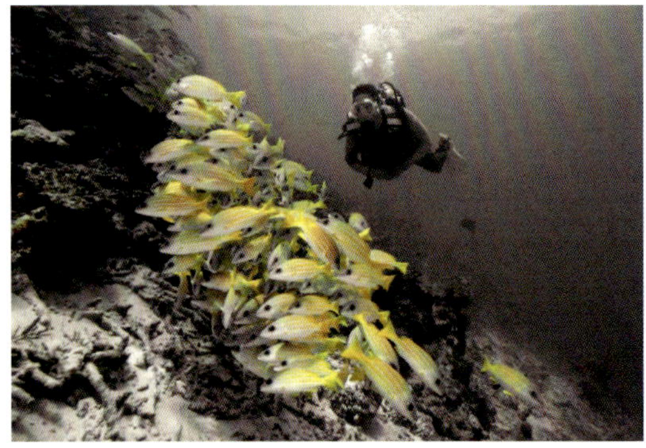

Colour Key-Auskopplung des Tutorial-Bildes. GD

Um ein wenig mit der gelben Farbe zu spielen, habe ich das Tutorial-Bild als Colour Key-Variation ausgearbeitet; dazu wurden alle Farbkanäle mit Ausnahme von Gelb heruntergezogen. Solche Bearbeitungen sind innerhalb einer Minute umgesetzt und bei passender Gelegenheit darf man sicher auch derartige Bilder präsentieren.

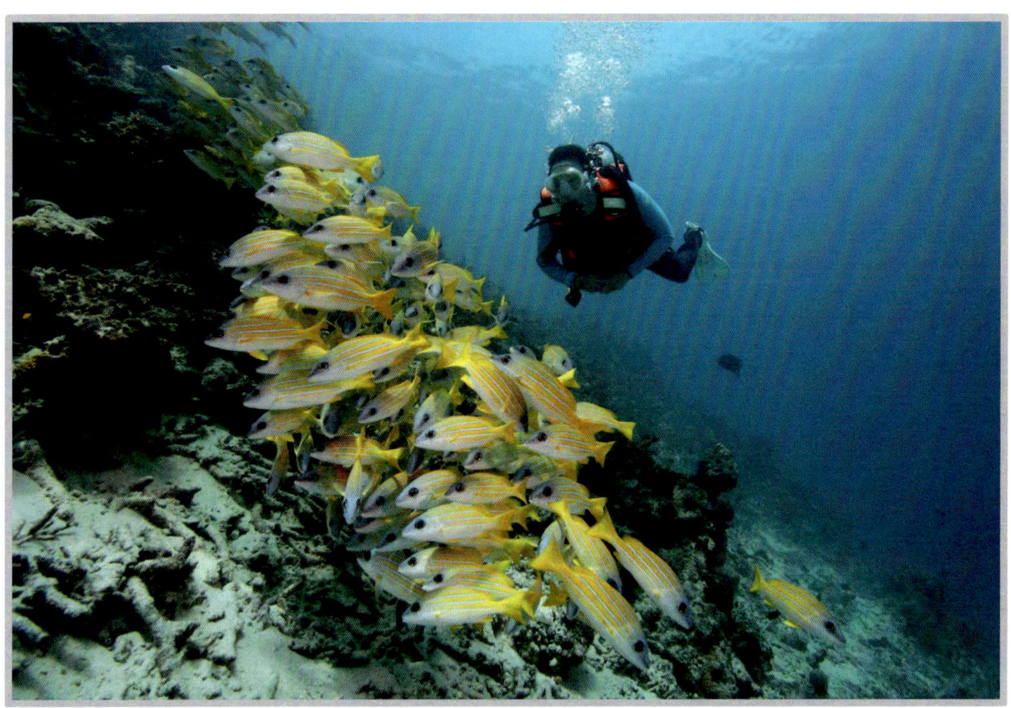

Kameraeinstellungen	
Kamera	Canon EOS 500D
Objektiv und KB-Brennweite	Canon-WW-Zoom mit 10-22 mm und f_{Crop} = 1,6 entspricht 16-35 mm KB
Zubehör	
Aufnahme-Modus	Zeitautomatik
Belichtungszeit	1/125 s
Blendenwert	11
Lichtempfindlichkeit	ISO 200
Belichtungsmessung	Mehrfeld
Blitz	2 x Sea & Sea YS 110 α mit TTL-Steuerung
Blitzkorrektur	Minus 2/3
Belichtungskorrektur	Minus 2/3
Weißabgleich	Auto WB

Abkürzungen - Impressum

Abkürzungsverzeichnis	
°	Grad
4K, 6K	Faktor 1.000 (Kilo) bei der Bildauflösung (4K = 4.000 Px Bildhorizontale)
AF	Autofokus
APS-C	Bildsensor im Format 3:2 (Advanced Photo System Typ C)
AWB	Automatischer Weißabgleich
B	Bild
cm, cm^3	Zentimeter, Kubikzentimeter
CRI	Farbwiedergabeindex (Color Rendering Index)
CSC	Spiegellose Systemkamera (Compact System Camera)
dpi	Bildpunkte pro Inch (dots per inch)
f_{Crop}	Crop-Faktor
g	Gramm
GB	Giga-Bite
HDR	Hochkontrastbild (High Dynamic Range)
ISO	Lichtempfindlichkeit nach International Organization for Standardization
K	Grad Kelvin, Einheit der Farbtemperatur
KB	Kleinbild (= Diaformat 24 x 36 mm)
kg	Kilogramm
LED	Leuchtdiode (light-emitting diode)
m	Meter
MFT	Bildsensor im Format 4:3 (Micro Four Thirds)
min	Minute
mm, mm^2	Millimeter, Quadratmillimeter
Mpx	Megapixel
nm	Nanometer
Px	Pixel
Ra	Einheit des CRI-Wertes
RAW	Bilddateiformat basierend auf Originaldaten (raw = roh)
s	Sekunde
s/w	Schwarz/weiß
SLR	Spiegelreflex-(Kamera)
TTL	Blitzmessverfahren durch die Kameraoptik (through the lens)
UW	Unter Wasser
WB	Weißabgleich (white balance)
WW	Weitwinkel

Bibliografische Information der Deutschen Nationalbibliothek
Die Deutsche Nationalbibliothek verzeichnet diese Publikation in der Deutschen Nationalbibliografie; detaillierte bibliografische Daten sind im Internet über http://dnb.dnb.de abrufbar.

1. Auflage
ISBN (print) 978-3-89594-917-3
ISBN (PDF) 978-3-89594-906-7
ISBN (eBook) 978-3-89594-905-0

Text und Bilder in diesem Buch wurden von Herbert Frei (HF) und Gunter Daniel (GD) angefertigt. Herstellerbilder sind mit PR gekennzeichnet. In anderen Fällen sind die Autoren bis auf folgenden Ausnahmen unter den Bildern angegeben:

Portrait Joachim Schneider (Seite 5)	Peter Sutter
Portraits Herbert Frei (Umschlag, Seite 4)	Helma Frei
Portraits Gunter Daniel (Umschlag, Seite 4)	Bettina Rudy
Titelfoto:	Herbert Frei
Weitere Umschlagbebilderung:	Herbert Frei (2), Gunter Daniel (4)
Bildbearbeitung:	Helma Frei
Lektorat:	Bettina Rudy
Layout:	Gunter Daniel

Printed in Germany 2020

Verlag Stephanie Naglschmid - Senefelderstr. 10 - 70178 Stuttgart - https://naglschmid.de

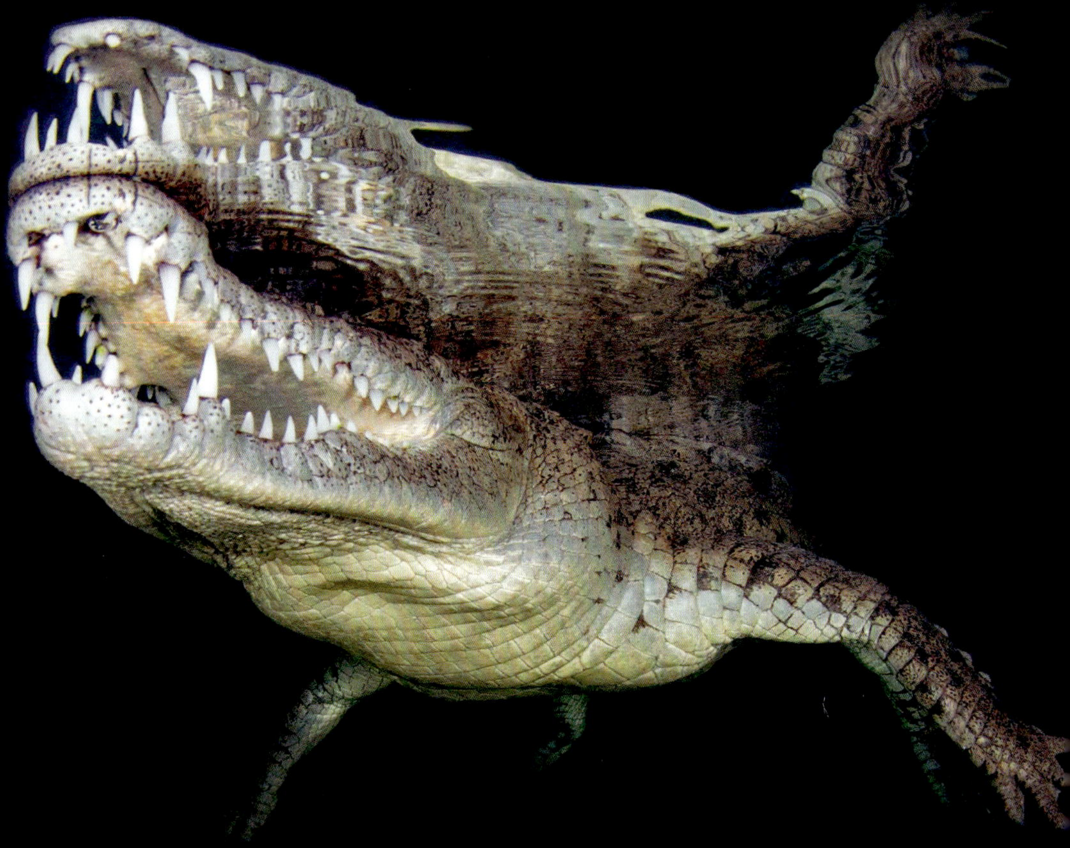

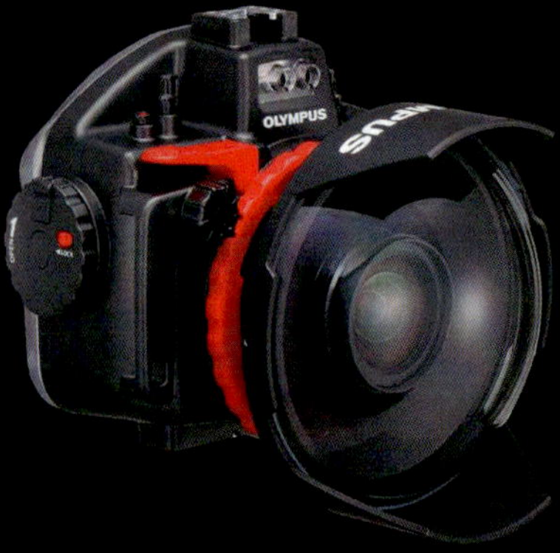

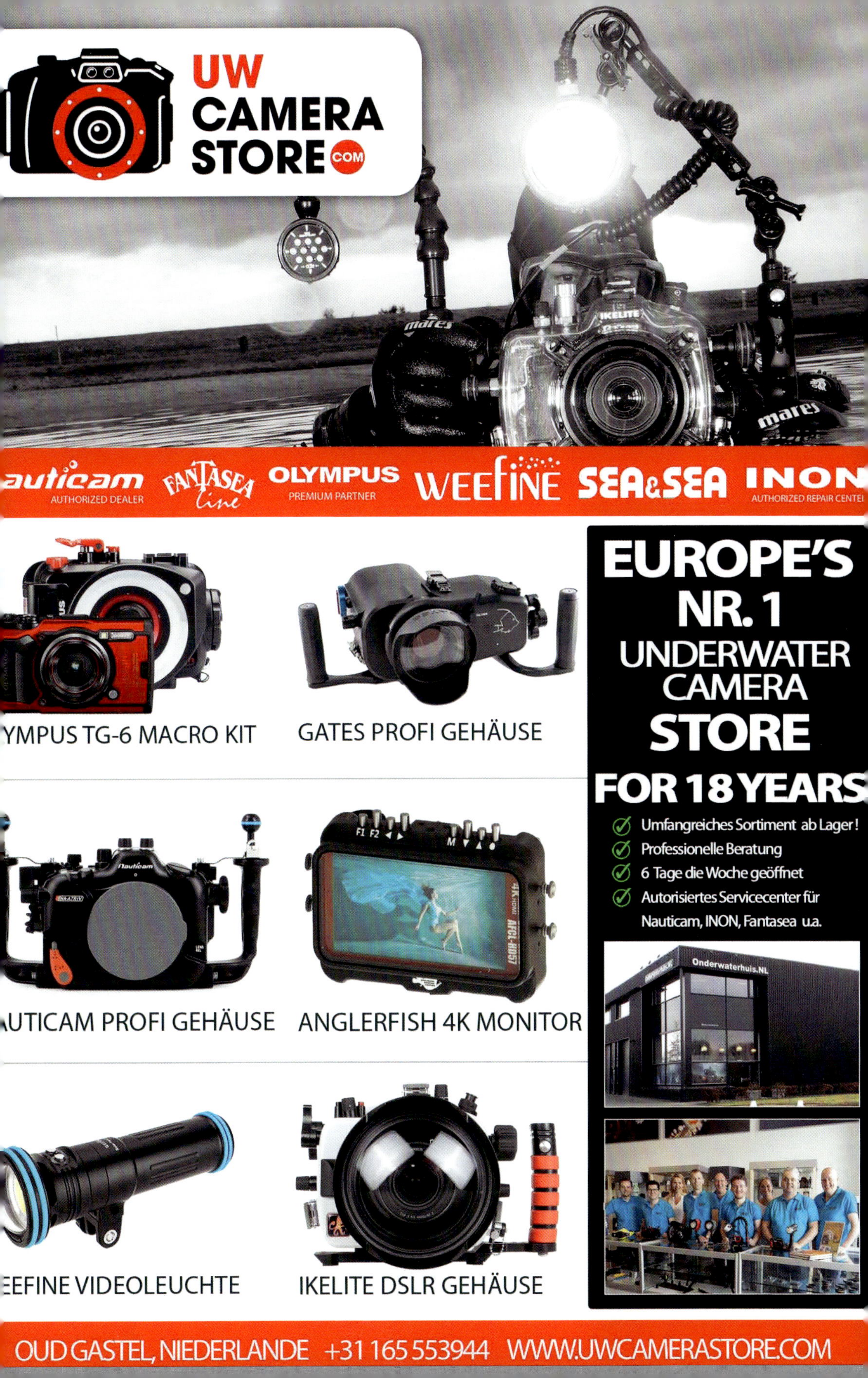

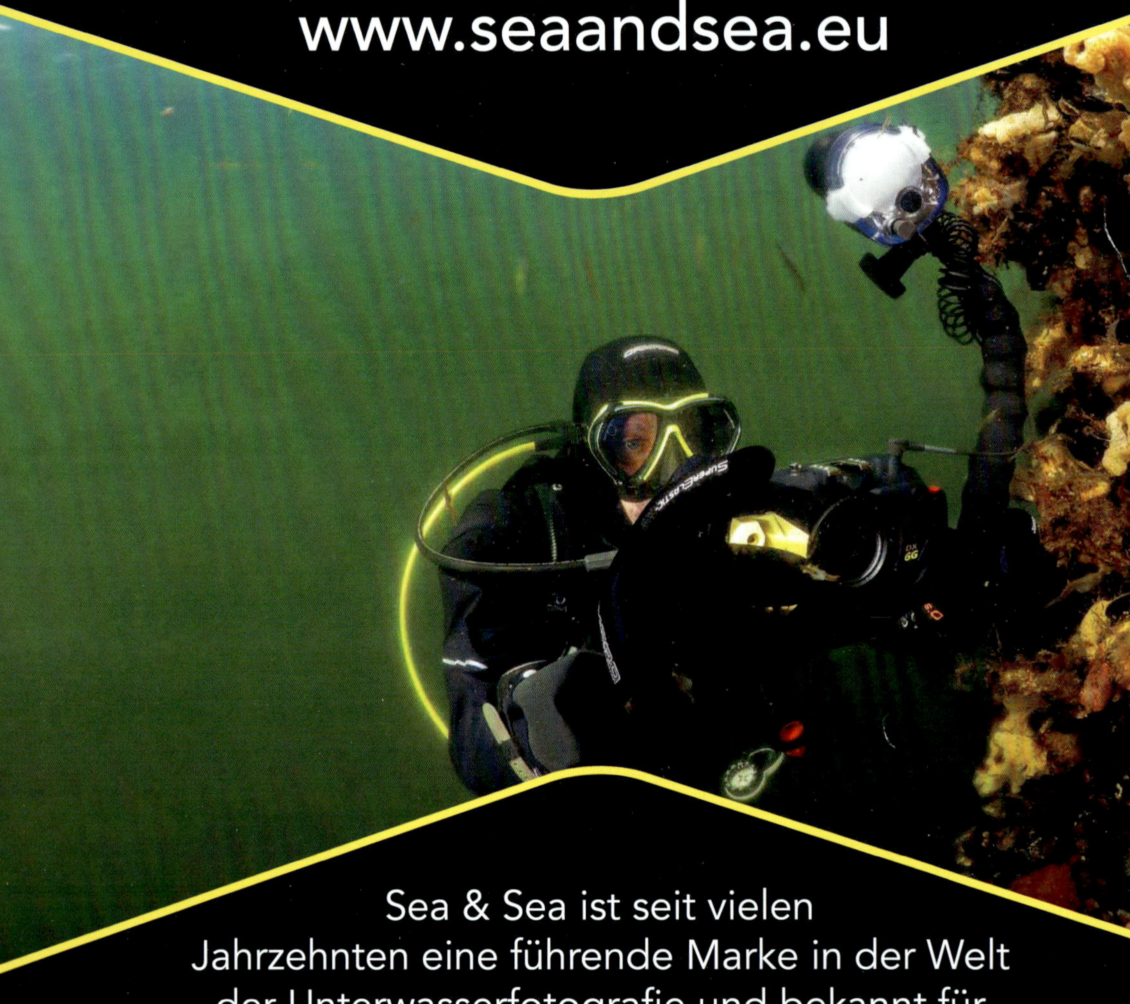